安徽省哲学社会科学规划项目(批准号:AHSKQ2019D062)研究成果

# 安徽省城市建成环境对居民体力活动影响的实证研究

孙文树 著

合肥工業大學出版社

# 前　言

城市建成环境作为城市规划建设在空间上的反映，是影响居民体力活动和健康的重要载体。我国工业化、城市化和机动化的快速发展显著改变了城市建成环境的特征，带来居民体力活动缺乏和环境污染等问题，深刻地影响了人们的生活方式，导致肥胖、心血管等慢性疾病的增加。因此，关于城市建成环境对居民体力活动的影响，已成为近年来的研究热点。社会生态系统理论关注个体与环境之间的关系，强调人与社会系统各要素在环境中的相互作用。环境因素逐渐成为人类活动领域研究的热点，尤其是建成环境因素与体力活动、健康主题的研究在公共卫生与预防医学、运动健康促进、城市规划与设计领域均呈现增多和学科交叉的趋势，但该领域尚处于初期阶段，所做的研究还不够系统。

人类行为受到客观环境的影响，行为的变化与其所处的特定地点有关，而体力活动作为一种特定的行为同样具有地域属性。在不同的语境和地域下，研究城市建成环境对居民体力活动的影响对城市规划和管理工作、中微观的空间规划实践有现实的指导意义。近年来，越来越多的研究提出居民体力活动与城市建成环境存在关联，并且该关联随各年龄段人群生活方式的不同而不同。目前，该领域的实证研究主要集中于西方欧美国家，我国的研究则以综述、探索类研究为主，实证研究有待进一步开展，与 IPEN（International Physical Activity and the Environment Network，国际体力活动与环境网）及国际同行的交流与合作也没有很好地建立起来。我国颁布实施的《国家环境与健康行动计划（2007—2015）》《“健康中国 2030”规划纲要》等政策，对城市生态环境建设与健康城市建设提出了要求。因此，本书选择安徽省城市建成环境和居民体力活动进行调查，收集并分析影响居民体力活动的城市建成环境要素，通过对安徽省城市建成环境和居民体力活动的测量与评价，分析安徽省城市建成环境各要素对居民体力活动的影响，为安徽省城市的新建设和改建奠定理论基础，为提高安徽省乃至全国居民的体力活动和健康水平提供参考借鉴。

本书采用问卷调查、数理统计等研究方法，主要内容包括七个部分：第一部分是导论，第二部分是城市建成环境与体力活动研究进展（文中彩图可通过扫描文末二维码查看），第三部分是城市建成环境对居民体力活动影响的 Meta 分析，第四部分是安徽省城市建成环境的测量与评价，第五部分是安徽省居民体力活动的测量与评价，第六部分是安徽省城市建成环境对居民体力活动的影响，第七部分是结论与建议。

作者在撰写本书的过程中，吸收了国内外一些学者在城市建成环境和体力活动方面的研究成果，引用了一些学者的研究资料，在调查的过程中得到许多专家和居民的帮助与支持，本书的出版还得到了安徽省哲学社会科学规划办公室的资助。在此向相关人员和单位一并表示感谢！

由于作者水平有限，加之时间仓促，书中难免有不当之处，敬请广大读者批评指正。

孙文树

2022 年 1 月

# 目　录

# 1 导 论

## 1.1 研究背景

近十多年来，我国城市在规模急剧扩张、密度不断推高的同时，以机动化为导向的城市营建模式从根本上改变了传统的街巷尺度，深刻地影响了人们的生活方式，城市可持续发展面临挑战。我国工业化、城市化和机动化的快速发展显著改变了城市建成环境的特征，带来居民体力活动缺乏和环境污染等问题，导致肥胖、心血管等慢性疾病的增加（武力，2009）。城市建成环境作为城市规划建设在空间上的反映，是影响居民体力活动和健康的重要载体。城市作为一个高度综合和复杂的巨系统，保障其公共健康和可持续发展是城市规划的重要目标之一。随着大量人口居住在更大规模和更高密度的城市，城市生态环境质量和公共健康将面临严峻的挑战。目前，我国城镇化水平已经超过50%，未来还将有4亿人口进入城市，如何在高密度的城市建成环境中保障公共健康，将成为宜居城市和新型城镇化发展的重要议题。近年来，我国提出了城市生态环境建设与健康城市建设的要求，颁布并实施了《国家环境与健康行动计划(2007—2015)》。2016年中共中央、国务院印发的《"健康中国2030"规划纲要》中也明确指出："把健康城市和健康村镇建设作为推进健康中国建设的重要抓手，保障与健康相关的公共设施用地需求，完善相关公共设施体系、布局和标准，把健康融入城乡规划、建设、治理的全过程，促进城市与人民健康协调发展。"辩证唯物主义告诉我们，人类的日常行为会随着环境的变化而变化。人类行为受到客观环境的影响，行为的变化与其所处的特定地点有关，而体力活动作为一种特定的行为同样具有地域属性。在不同的语境和地域下，研究城市建成环境对居民体力活动的影响对城市规划和管理工作、中微观的空间规划实践有现实的指导意义。因此，本书以安徽省为例，探寻城市建成环境对居民体力活动的影响，从而为居民增加体力活动、促进健康提供指导。

## 1.2 研究现状

### 1.2.1 城市建成环境的测量及其与居民健康的关系研究

一直以来，城市规划与公共健康就有着紧密的联系。城市规划史上的几次重要变革都与城市公共卫生应对和健康促进密切相关。例如，霍华德(Howard)的"田园城市"构想、柯布西耶(Corbusier)提出的现代城市规划方案及赖特(Wright)关于"广亩城市"的规划设想等。这些规划思潮与理念都希望以新的方式优化建成环境的规划,改善居住、就业和休闲空间,打造一个有利于提升居民体力活动和公共健康水平的建成环境。城市建成环境对居民健康的影响是近年来公共健康研究领域的新热点。通过对现有的研究文献进行梳理与分析,建成环境与居民健康之间的关系并未取得具有说服力的一致性结果,其原因可能是多方面的。例如,建成环境变量的选取并不能够很好地与受调查者的生活实际相匹配,多数研究中只对年龄、性别和受教育程度等变量进行了统计学控制(张子成,2007)。

建成环境主要有三种测量方法:主观的社区居民步行性量表(Neighborhood Environment Walkability Scale,NEWS)、客观的基于地理档案数据库分层分析的地理信息系统(Geographic Information System,GIS)、系统观测。建成环境的这三种测量中使用较多的是 NEWS 法和 GIS 法。GIS 法对环境的测量客观、高效、准确,但由于地图、数据库的更新问题可能会存在数据的时效性较差且无法对人置身环境中的切身感受进行测量的问题;而 NEWS 法可以弥补这一不足,NEWS 法可以通过对受访人员及周边环境的调查,及时、有效地捕捉到与之相关的数据。

### 1.2.2 体力活动相关环境的研究

体力活动相关环境的研究主要集中在三大领域:一是健康领域,包括公共健康、运动科学和行为学科;二是城市规划领域,包括交通行为、城市设计和地理学科;三是娱乐休闲领域。体力活动(Physical Activity,PA)是指任何由骨骼肌收缩导致能量消耗的身体运动,主要包含工作相关的体力活动、家庭中的体力活动、交通中的体力活动及闲暇时间的体力活动四个部分。体力活动水平通常由持续时间、频率、强度、类型或者模式来描述,其中前三者是评价体力活动的主要定量指标,也是衡量体力活动总量的主要测度。不同研究领域对体力活动所采取的量度也不尽相同。例如,城乡规划和交通领域的研究主要关注包括步行出行和使用交通工具在内的出行模式,如步行交通模式选择、每周步行出行的频率、步行到商店的频率等(张子成,2007);公共健康领域的研究则主要关注休闲性步行总量、中等体力活动强度及体力活动总量是否满足推荐的体力活动量。不过,近来这些领域通过相互借鉴,在体力活动的研究中已经开始交叉和融合。

参与建成环境与体力活动、健康主题研究的国内学者主要集中在公共卫生与预防医学、城市规划与设计和运动健康促进三个领域。研究水平还处于起步阶段,所涉及的研究人员为数不多,但正逐渐呈现研究者增多和多学科背景的趋势。国外在从事体力活动相关的环境研究中涉及很多方面,如心理、自然、建筑和社会人文等。

### 1.2.3 建成环境与体力活动的关系研究

建成环境作为体力活动的影响因素之一,已成为近年来的研究热点。世界卫生组织在《饮食、身体活动与健康全球战略》报告中指出:缺乏身体活动是导致全球慢性非传染性疾病的第四大主要因素,"将身体不活动减少 10%"已成为 2013—2020 年预防控制非传染性疾病全球行动计划的系列目标之一。关于建成环境对居民体力活动的影响已逐渐受到研究者的重视。2004 年,美国的萨利(Salli)教授、比利时的德布尔多(De Bourdeaudhuij)博士和澳大利亚的欧文(Owen)教授在世界行为医学大会上共同发起、创建了国际体力活动与环境网(International Physical Activity and the Environment Network,以下简称IPEN),为本领域研究人员相互分享研究成果及相关资料等提供了平台,增进了体力活动与相关环境研究人员之间的交流与合作。1946年,卢因(Lewin)引入了生活空间的概念,采用社会生态学模型代替了传统的人与环境之间的关系,指出了内在的需求、价值和态度,以及外在的环境相互作用对行为的影响,进而摆脱了人与环境的二元论,为人与环境的研究建立了新的方向,同时其研究也转向强调在人与环境互动和发生行为的过程中相互作用的环境属性。"社会-生态"模型指出体力活动受到个人特征(如社会经济特征、态度、喜好、时间要求),物质环境因素(土地利用类型、交通系统、规划设计特征),社会环境因素(社会规范、社会网络、社区资源)的多元影响,特别是在社会生态模型的指引下,建成环境对体力活动的影响研究已经有了很大进展,但是在研究过程中客观物质环境和心理感知环境对行为活动的交互影响和影响程度依然有待进一步研究,以便进一步明确理论模型的指向(吕和武等,2016)。美国大量使用各类干预全民体力活动的模型,如生态模型、格林模式、多层次社区健康模式和干预规划图等,各类模型在政府支持下以改变建成环境和政策环境为主要手段干预全民的体力活动,同时囊括健康科学、行为科学、交通运输、城市规划、政策等领域的知识,多层次、全方位地干预全民体力活动。

综上,随着社会经济的发展,机械化和信息化的逐渐普及,人们的生产和生活方式均发生了巨大变化,居民的体力活动模式也相应表现出显著的变化。社会生态系统理论关注个体与环境之间的关系,强调了人与社会系统各要素在环境中的相互作用。环境因素逐渐成为人类活动领域研究的热点,尤其是建成环境因素与体力活动、健康主题的研究在公共卫生与预防医学、运动健康促进、城市规划与设计领域均呈现增多和学科交叉的趋势,但该领域尚处于初期阶段,所做的研究不够系统。近年来,越来越多的研究提出居民体力活动与建成环境存在关联,并且该关联随各年龄段人群生活方式的不同而不同(吕和武等,2016)。目前,这类研究多集中在国外,尤其是美国、加拿大、日本等发达国家;我国关于这方面的研究较少,与IPEN及国际同行的交流与合作也没有很好地建立起来。我国在该领域研究的本土化理论不足,导致思维创新和突破的难度加大,给不同人群和区域的实证研究带来困难(吕和武等,2016)。目前,该领域的实证研究主要集中于西方欧美国家,我国的研究则以综述、探索类研究为主,实证研究有待进一步开展。

## 1.3 研究对象

本书以安徽省城市建成环境和居民体力活动作为研究对象。

## 1.4 研究意义

近年来,我国提出了城市生态环境建设与健康城市建设的要求,颁布并实施了《国家环境与健康行动计划(2007—2015)》、印发了《"健康中国2030"规划纲要》,可见建成环境与体力活动、健康的关系受到国家的高度重视。体力活动作为一种特定的行为同样具有地域属性,在不同的语境和地域下,研究城市建成环境对居民体力活动的影响对城市规划和管理工作、中微观的空间规划实践有现实的指导意义。本书对安徽省的城市建成环境和居民体力活动进行调查,分析安徽省城市建成环境各要素对居民体力活动的影响,找出影响居民体力活动的有利的城市建成环境因素和不利的城市建成环境因素,为城市建成环境与居民体力活动之间的关系提供实证支撑,为安徽省的城市规划建设和我国城市环境建设提供理论借鉴,为提高安徽省乃至全国居民的体力活动和健康水平提供有益参考。

## 1.5 研究方法

### 1.5.1 文献资料法

通过中国知网、Web of Science(以下简称 WOS)等数据库进行文献检索和文献整理分析,为后期的问卷制作和论文撰写奠定理论基础。

### 1.5.2 问卷调查法

采用建成环境主观测量量表-社区居民步行性量表的中文改良版本 NEWS-CS 和国际体力活动问卷的中文版本 IPAQ-CS 对安徽省的城市居民进行问卷调查,在皖北、皖中和皖南的城市中各选择一个城市、每个城市选取 300 多名城市居民进行调查。

### 1.5.3 访谈法

通过对安徽省城市居民的访谈,了解居民对城市建成环境的主观看法和切身感受,明晰制约居民体力活动的环境因素,为城市新建设和改建工作及提高居民健康行为提出切实可行的建议。

### 1.5.4 数理统计法

采用 SPSS22.0、Amos22.0 等软件进行统计学分析,主要运用回归分析、因素分析、相关分析等方法对数据进行统计分析。

## 1.6 研究创新

### 1.6.1 佐证城市建成环境促进居民体力活动的安徽数据

随着《"健康中国 2030"规划纲要》的制定,如何把公共设施体系和布局与居民的健康协调起来成为城市建设中亟待解决的问题。因此,本书以安徽省为例,探寻城市建成环境对居民体力活动的影响，从建成环境角度研究促进居民体力活动的途径，丰富我国不同地域建成环境促进居民体力活动的佐证数据，可为安徽省乃至我国城镇化建设提供参考依据，为居民体力活动水平提高和健康促进提供指导。

### 1.6.2 理论研究与实证研究的协同发展

以往关于体力活动的研究主要集中在公共卫生领域，环境因素与人类活动的研究在我国尚处于初期阶段，所做的研究不够系统。本书基于社会生态系统理论研究城市建成环境与居民体力活动之间的关系。社会生态系统理论关注个体与环境之间的关系，强调了人与社会系统各要素在环境中的相互作用(郭琼，2012)。本书通过实证调查，探讨城市建成环境各因素对不同类型体力活动的量化关系，分析不同人群的城市建成环境感知评价和体力活动水平，使城市建成环境与体力活动之间的研究内容不断丰富，使理论研究与实证研究协同发展，为实践建成环境促进居民体力活动提供支撑。

## 1.7 研究总体框架

本书拟从以下七个部分展开研究。

第一部分是导论。

本部分主要介绍研究背景、研究意义、研究方法及研究创新等。

第二部分是建成环境与体力活动研究进展。

本部分主要通过查阅文献和相关资料，采用知识图谱对建成环境与居民体力活动的研究进行可视化分析，呈现目前的研究热点和趋势，并对国内外的研究热点和趋势进行对比分析，为本课题的研究奠定理论基础。

第三部分是城市建成环境对居民体力活动影响的 Meta 分析。

本部分通过中国知网、EBSCO、WOS 等多个数据库和电子平台对建成环境与体力活动的研究文献进行检索，通过 Meta 分析来检验城市建成环境与居民体力活动之间的关系，通过对多个研究结果之间一致性的评价、效应值的评估等，增加城市建成环境与体力活动之间关系的说服力。

第四部分是安徽省城市建成环境的测量与评价。

本部分主要通过问卷调查对安徽省的城市建成环境进行测量和评价。采用国际标准的建成环境主观测量量表-社区居民步行性量表的中文改良版 NEWS－CS 来调查安徽省的城市建成环境现状。本书在皖北、皖中、皖南各选择一个城市，每个城市选择 300 多位居民进行建成环境的调查。各城市在经济水平、人口密度等方面的差别必然导致城市建成环境的差异，在安徽省不同地域选择城市，保证了本书可以收集到不同建成环境特点的有关数据，可以全面了解安徽省目前的城市建成环境现状。

第五部分是安徽省居民体力活动的测量与评价。

本部分主要通过问卷调查对安徽省居民的体力活动水平现状进行测量。采用国际体力活动问卷的中文版本 IPAQ－CS，该问卷的信效度经过了世界范围内不同国家的实践检验。

本书在皖北、皖中、皖南各选择一个城市，在每个城市区域招募 300 名以上的居民参与问卷调查。

第六部分是安徽省城市建成环境对居民体力活动的影响。

本部分主要对数据进行统计分析。采用 SPSS22.0、Amos22.0 等软件对数据进行统计学分析，通过回归分析、相关分析来探讨安徽省城市建成环境各因素与居民体力活动水平之间的相关关系。

第七部分是结论与建议。

结合安徽省城市建成环境的测量与评价、居民体力活动的测量与评价以及两者之间的关系等，得出总的研究结论，为安徽省城市环境规划建设和促进居民健康提出建议。

# 2 建成环境与体力活动研究进展——基于知识图谱的可视化分析

## 2.1 引 言

随着社会经济的快速发展和机械化、信息化的普及，生活以快节奏、重压力的方式危害着人类的健康。据世界卫生组织统计，世界70%左右的人口处于亚健康状态，心脑血管疾病、高血压等慢性疾病已成为人类健康的主要危害源，慢性疾病造成的死亡人数已占人类死亡总数的60%且呈迅速增加之势(Jackson，2003；中国科学院，2009)。人类的健康与体力活动、生活方式密切相关，有研究表明，缺乏足够的体力活动是人类疾病高发的重要原因之一，世界卫生组织已将缺乏体力活动认定为一种全球性非传染性疾病(刘耀阳等，2013；谭少华等，2015)。因此，多年来公共健康一直是全世界最重要的研究热点之一，且已有研究指出，良好的城市环境规划建设对人类身心健康具有积极的作用，社会生态学理论也指出了人与环境之间存在关系(谭少华等，2015；刘琪，2014)。环境因素成为人类健康行为领域研究的热点，而大量的研究已经证实促进居民体力活动能显著提升公共健康水平，因此关于建成环境与居民体力活动的研究成为公共健康、公共卫生与预防医学、城市科学等多个学科领域的研究热点和前沿。

## 2.2 研究设计

### 2.2.1 研究工具

采用CiteSpace5.3、Sati4.0和Excel软件作为工具对文献进行分析。

### 2.2.2 数据来源

文献检索共分三个部分进行，分别是建成环境、体力活动、建成环境与体力活动。首先是建成环境的检索。在中国知网中以“建成环境”为主题对核心期刊、CSSCI、CSCD期刊进行检索，共检索到430篇文献；在WOS核心数据集中以“built environment(建成环境)”为主题进行检索，共检索到81974篇文献，以“ARTICLE”和“REVIEW”进行精炼后，共有80384篇文献。其次是体力活动的检索。在中国知网中以“体力活动”为主题对核心期刊、

CSSCI、CSCD期刊进行检索，共检索到1741篇文献；在WOS核心数据集中以“physical activity(体力活动)”为标题进行检索，共检索到56368篇文献，以“ARTICLE”和“REVIEW”进行精炼后，共有37095篇文献。最后是建成环境与体力活动的检索。在中国知网中以“建成环境”与“体力活动”为主题对核心期刊、CSSCI、CSCD期刊进行检索，共检索到84篇文献；在WOS核心数据集中以“built environment”and “physical activity”为主题进行检索，共检索到5347篇文献，以“ARTICLE”和“REVIEW”进行精炼后，共有5221篇文献。所有文献的检索时间均为2020年08月01日，对检索到的文献数据均进行了过滤和查重预处理。

## 2.3 建成环境研究进展

### 2.3.1 文献的发表情况

论文的发表数量和发表年份可以在一定程度上体现出学者对该领域的关注程度和研究情况。图2-1是国内期刊在建成环境领域的发表数量和发表年份，图2-2是国外期刊在建成环境领域的论文数量和发表年份。从图2-1和图2-2可以看出，国内外期刊在建成环境领域的研究情况存在非常明显的差距。首先，从论文的发表数量来看，国内期刊在该领域的论文数量远远少于国外期刊的论文数量。例如，2019年国内期刊在该领域的研究论文数量为87篇，而国外期刊在该领域的研究论文数量为10135篇，这从一定程度上反映出国外期刊对该领域研究的兴趣和关注，国内期刊还没有达到这样的一个程度。然后，从论文的发表趋势来看，无论是国内期刊还是国外期刊在该领域的发表数量都呈现上升趋势，这说明国内外对该领域的研究越来越重视，但国内的增势远远不如国外。最后，从论文的发表年份来

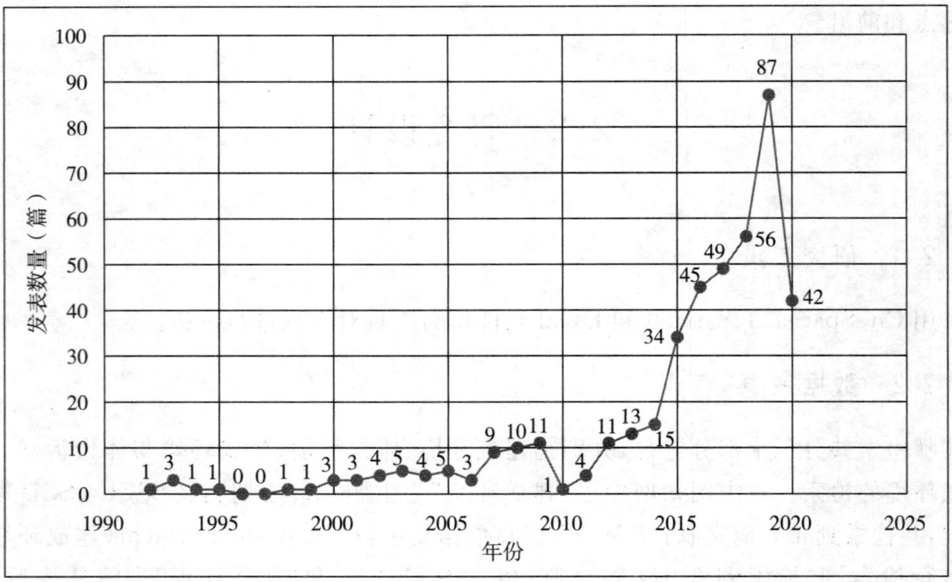


图2-1 建成环境中文期刊论文发表情况

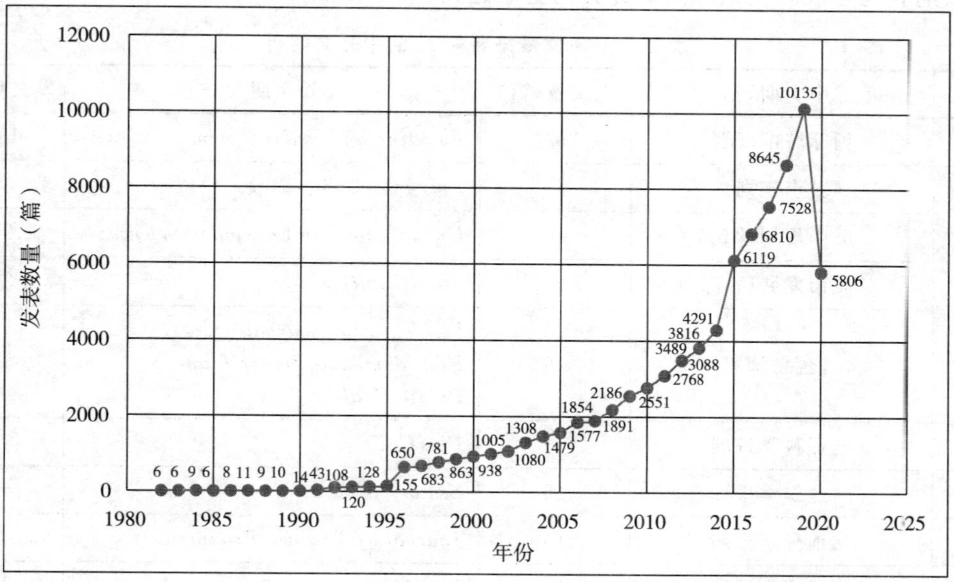

图 2-2　建成环境外文期刊论文发表情况

看，国内期刊对该领域的研究开始于 1992 年(关于"四川省首座环境放射性废物库建成投入使用"的报道)，而国外期刊开始于 1982 年(有 6 篇文献)。可以看出，国内学者关于建成环境的研究起始比较晚，并且起始的关注程度比较低。国外期刊从 1982 年以来，每年都有关于建成环境的论文发表，并且数量远远多于国内；国内期刊从 1992 的第 1 篇文献发表以来，直到 2012 年的 20 年间，论文的发表数量都非常少，增速缓慢，甚至在 1996 年和 1997 年没有任何的研究文献发表。总体来看，国内学者在建成环境领域的研究还远远不如国外学者。相信随着经济的发展和国家对生态环境的重视，国内学者对该领域的关注势必达到前所未有的高度，其相关的研究成果也会不断涌现。

### 2.3.2　期刊的分布情况

通过对期刊分布的研究，可以为查找文献资料提供快速通道(朱建明等，2018)。通过对建成环境的中外文期刊进行整理发现，发表建成环境的中文核心期刊涉及 100 多种，其主要分布在资源规划、地理、环境、建筑、交通、体育等学科领域。从表 2-1 中可以看出，建成环境的国内研究成果主要发表在城市规划、地理科学等学科领域的期刊上，发文量排名前 10 的期刊中有 6 个是城市与规划方面的期刊，2 个地理方面的期刊，1 个建筑方面的期刊，1 个运动医学方面的期刊，这与该领域的研究方向是息息相关的。但也可以看出，该领域涉及的研究范围比较广，因为建成环境关系到城市的发展与规划、环境的建设、居民各方面的生活等。随着人们对健康的关注及"健康中国"战略的实施，越来越多的有关建成环境与人类健康的研究主题浮现出来，越来越多的与体育学科相结合的研究频繁出现，因此在排名前 20 的期刊中有 3 个体育类期刊也就不足为奇。中文期刊在该领域的发文量远远低于外文期刊的发文量，中文期刊中排名第一的《国际城市规划》发文量为 33 篇，而外文期刊中排名第一的 *Building and Environment*(《建筑与环境》)发文量为 1340 篇，可见差距还是非常大的，并且该期刊与建成环境领域的研究方向更贴近，联系更紧密。

**表 2-1　发文量排名前 20 的中外文期刊**

| 排名 | 中文期刊 | 发文量（篇） | 外文期刊 | 发文量（篇） |
|---|---|---|---|---|
| 1 | 《国际城市规划》 | 33 | *Building and Environment* | 1340 |
| 2 | 《城市规划》 | 26 | *Energy and Buildings* | 1027 |
| 3 | 《城市规划学刊》 | 26 | *Lecture Notes in Computer Science* | 960 |
| 4 | 《城市发展研究》 | 26 | *Sustainability* | 875 |
| 5 | 《规划师》 | 26 | *International Journal of Environmental Research and Public Health* | 515 |
| 6 | 《地理科学进展》 | 19 | *Plos One* | 483 |
| 7 | 《建筑学报》 | 18 | *Sensors* | 450 |
| 8 | 《地理学报》 | 16 | *Journal of Cleaner Production* | 408 |
| 9 | 《现代城市研究》 | 15 | *Ieee Access* | 347 |
| 10 | 《中国运动医学杂志》 | 13 | *Science of the Total Environment* | 346 |
| 11 | 《地理科学》 | 10 | *Sustainable Cities and Society* | 327 |
| 12 | 《中国园林》 | 10 | *Health Place* | 317 |
| 13 | 《地理研究》 | 9 | *Indoor And Built Environment* | 308 |
| 14 | 《交通运输系统工程与信息》 | 7 | *Applied Energy* | 294 |
| 15 | 《体育与科学》 | 7 | *Bmc Public Health* | 289 |
| 16 | 《人文地理》 | 6 | *Automation In Construction* | 280 |
| 17 | 《科技导报》 | 6 | *Building Research and Information* | 273 |
| 18 | 《中华流行病学杂志》 | 6 | *Transportation Research Record* | 272 |
| 19 | 《环境保护》 | 5 | *Energies* | 268 |
| 20 | 《中国体育科技》 | 5 | *Landscape And Urban Planning* | 217 |

建成环境领域发文量排名前 10 的外文期刊分别是 *Building and Environment*（《建筑与环境》）、*Energy and Buildings*（《能源与建筑》）、*Lecture Notes in Computer Science*（《计算机科学》）、*Sustainability*（《可持续发展》）、*International Journal of Environmental Research and Public Health*（《国际环境与公共卫生杂志》）、*Plos one*（《公共科学图书馆》）、*Sensors*（《传感器》）、*Journal of Cleaner Production*（《清洁生产杂志》）、*Ieee Access*（《电气与电子工程师协会进展》）、*Science of the Total Environment*（《整体环境科学》）。可以看出，外文期刊中关注该领域研究成果的期刊主要集中在建筑、能源、计算机、环境卫生、清洁等学科领域，这与中文期刊的学科领域是十分相似的。在外文期刊中，在该领域发文及研究方向主要包括 engineering（工程学）、environmental sciences ecology（生态学）、computer science（计算机科学）、public environmental occupational health（公共环境职业卫生）、construction building

technology(建筑施工技术)、science technology other topics(科技及其他专题)、business economics(商业经济学)、chemistry(化学)、energy fuels(能量燃料)、materials science(材料科学)等。外文期刊在该领域的发文量非常高,排名前20的期刊其发文量都超过了200篇,这与国外对该领域的研究关注度高及研究起始早是分不开的。

### 2.3.3 研究机构的分布情况

运用软件CiteSpace5.3对有关建成环境的中文文献研究机构进行共现分析,得到如图2-3所示的网络共现图。从图中可以看出,国内对建成环境进行研究的机构主要分布在高校中的建筑、城市规划、地理科学、环境等学科单位。节点的大小代表了研究机构的研究数量,从图2-3及统计分析发现,研究数量在5篇以上的机构分别是同济大学建筑与城市规划学院(27篇)、南京大学建筑与城市规划学院(19篇)、中山大学地理科学与规划学院(17篇)、北京大学城市与环境学院(12篇)、清华大学建筑学院(9篇)、中国科学院(以下简称中科院)地理科学与资源研究所(8篇)、广东省城市化与地理环境空间模拟重点实验室(7篇)、上海体育学院(7篇)、香港大学建筑学院(6篇)、武汉大学城市设计学院(5篇)、东南大学建筑学院(5篇)、北京大学深圳研究生院城市规划与设计学院(5篇)、辛辛那提大学地理系(5篇)、重庆大学建筑城规学院(5篇)、中国人民大学公共管理学院(5篇)。值得一提的是,上海体育学院在该领域的研究比较多,是体育学中对该领域研究最多的机构,说明该机构对建成环境与体育锻炼、健康的关注较多。研究数量排在前三的研究机构是同济大学建筑与城市规划学院、南京大学建筑与城市规划学院和中山大学地理科学与规划学院。这三个机构在该领域的研究具有较大的影响力,中介中心性分别为0.03、0.05和0.03,网络节点的连线数量也是较多的,尤其是中山大学地理科学与规划学院的连线数量最多,说明该机构与其他单位的合作是最多的,而其他研究机构在该领域的合作关系较少,甚至很多研究机构都是单

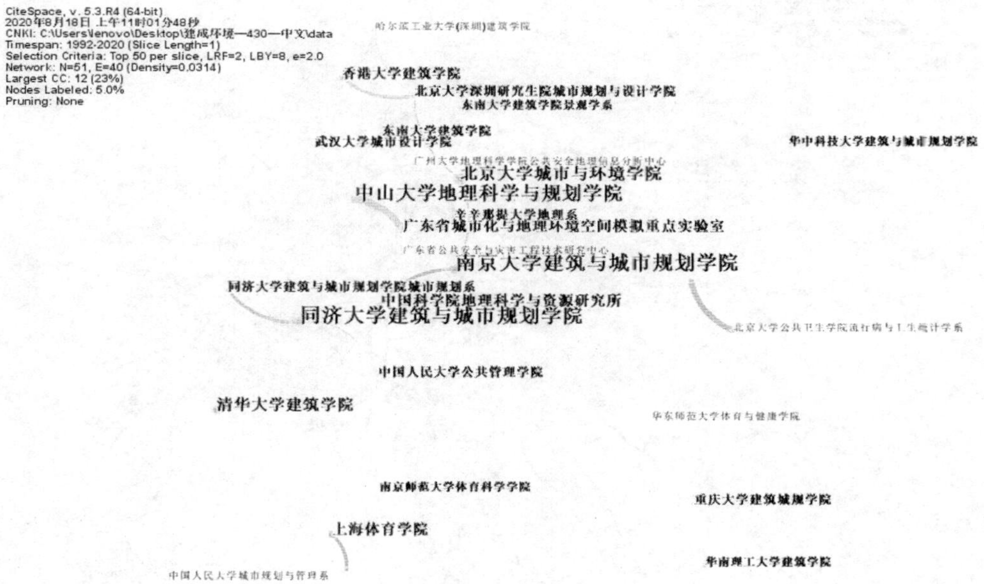


图2-3 建成环境中文期刊研究机构共现网络

打独斗。可见,国内关于建成环境的研究机构主要集中在高校,这与高校注重科研是分不开的,这些研究机构为建成环境的改善及未来的环境建设和城市规划做出了很大的贡献,未来这些研究机构之间的合作和交流还亟待增强。

目前,外文期刊中发文量排在前10的国家分别是美国、中国、英国、澳大利亚、加拿大、德国、法国、意大利、西班牙、荷兰,这些国家的发文量占比分别为28.329%、13.594%、9.353%、6.383%、5.787%、5.288%、4.640%、4.562%、4.158%、2.986%。这10个国家在该领域的发文量占据了总量的85.08%,可见其在该领域的研究地位和重要性。中国在该领域的外文期刊中发文量占据第二名,可见我国学者对该领域的关注度之高和研究贡献之大,这也是我国研究机构中文文献数量偏少的原因之一,同时说明了目前我国学者在该领域的研究热情是十分高的。

运用软件CiteSpace5.3对有关建成环境的外文文献研究机构进行共现分析,得到如图2-4所示的网络共现图。从图中可以看出,在研究机构中排名前10的单位分别是Chinese Acad Sci(中科院,996篇)、Univ Calif Berkeley(美国加州大学伯克利分校,689篇)、Univ Melbourne(澳大利亚墨尔本大学,595篇)、Univ Michigan(美国密歇根大学,575篇)、Univ Washington(美国华盛顿大学,565篇)、Univ Illinois(美国伊利诺伊大学,552篇)、Tsinghua Univ(中国清华大学,544篇)、Univ Toronto(加拿大多伦多大学,530篇)、Hong Kong Polytech Univ(中国香港理工大学,511篇)、UCL(英国伦敦大学学院,511篇)。可见,国外关于建成环境的研究机构也主要集中在高校,在排名前10的研究机构中中国有3个、美国有4个,说明这两个国家在该领域的研究机构和研究力量是比较强大的,对该领域的关注度较高。每个研究机构的发文量也是非常多的,排名前10的机构其发文量都在500篇以上,尤其是中科院,其发文量接近1000篇,这对研究起步(开始于2000年)较晚的中科院来讲能

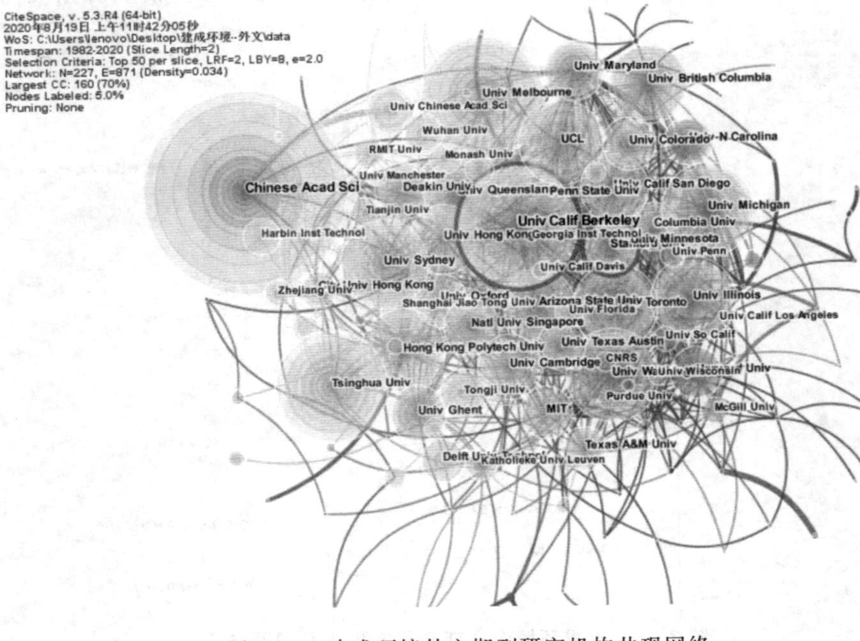


图2-4 建成环境外文期刊研究机构共现网络

位列第一是非常不容易的，同时说明该研究机构在该领域每年的研究成果数量是非常惊人的，其在该领域的国际地位显而易见。值得我们关注的是，图中有两个黑色的圈，它们分别是美国加州大学伯克利分校和斯坦福大学，其中介中心性分别是 0.14 和 0.1，充分说明了这两个研究机构的重要性及它们的枢纽作用。另外，从图中可以看出，这两个研究机构之间的连线非常多，说明研究机构之间的合作是比较紧密的，它们之间的合作打破了机构之间、国家之间的壁垒，形成了比较庞大且有影响力的科研团队，有利于做出更多高质量和创新性的成果，这也是国内许多研究机构今后需要学习和加强的地方。

### 2.3.4 作者发文量情况

通过软件 CiteSpace5.3 对作者的发文量及合作情况进行了分析，结果如图 2－5 所示。图中字体的大小代表发文量的多少，字体越大发文量越多，连线的粗细与作者之间的合作程度呈正相关。由图 2－5 和表 2－2 可知，发文量超过 5 篇的作者共有 12 位，排在前 3 名的分别是中山大学地理科学与规划学院的周素红（11 篇）、福州大学建筑与城乡规划学院的张延吉（10 篇）、南京大学建筑与城市规划学院的甄峰（10 篇），说明这 3 位作者对该领域的研究较多。从某种程度上来说，这 3 位作者的研究代表了该领域研究的前沿，对该领域的发展有着较大的研究贡献。在这 12 位作者中，有 7 位是地理与城乡规划学科的教师，有 3 位是体育学科的教师，有 2 位是公共卫生学科的教师。可见，有关建成环境领域的研究主要集中在地理学科、建筑学科与城市规划学科，有关建成环境与居民锻炼、健康、安全等的研究也在逐渐兴起，尤其是体育学科对该领域的关注越来越多，仅次于地理与城乡规划学科。通过对该领域的研究主题进行分析发现（图 2－6），排在前 10 位的主题词有建成环境、城市建成环境、体力活动、老年人、城市规划、城市设计、上海市、身体活动、健康城市、实证研究。可见，该领域的已有研究主要集中在四个方面，分别是有关建成环境本身的研究、城市建成环境的相关研究、建成环境与居民体力活动的相关研究和案例分析（群体、城市）方面。

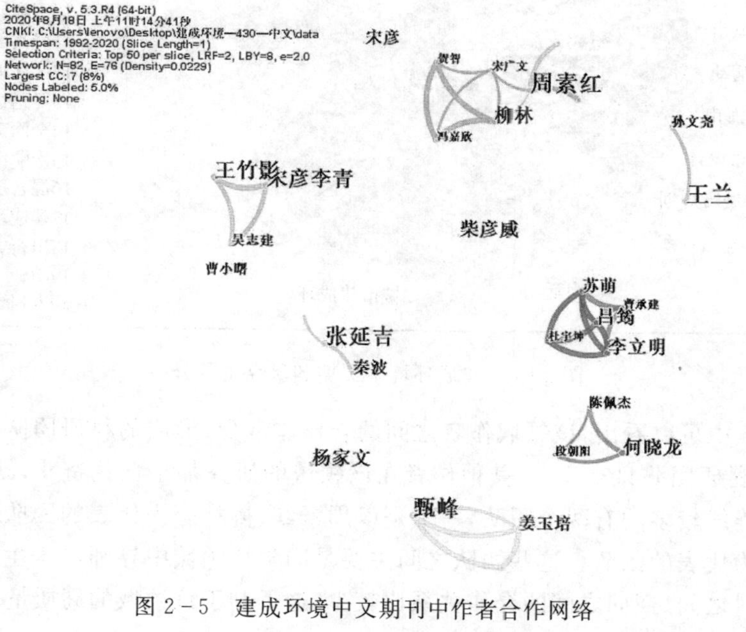


图 2－5　建成环境中文期刊中作者合作网络

表 2-2　中文期刊中高产作者的发文量

| 排名 | 作者 | 发文量(篇) | 单位 |
| --- | --- | --- | --- |
| 1 | 周素红 | 11 | 中山大学地理科学与规划学院 |
| 2 | 张延吉 | 10 | 福州大学建筑与城乡规划学院 |
| 3 | 甄峰 | 10 | 南京大学建筑与城市规划学院 |
| 4 | 宋彦李青 | 9 | 南京师范大学体育科学学院 |
| 5 | 王竹影 | 9 | 南京师范大学体育科学学院 |
| 6 | 王兰 | 8 | 同济大学建筑与城市规划学院 |
| 7 | 吕筠 | 8 | 北京大学公共卫生学院 |
| 8 | 李立明 | 8 | 北京大学公共卫生学院 |
| 9 | 何晓龙 | 7 | 上海体育学院 |
| 10 | 柳林 | 6 | 辛辛那提大学地理系 |
| 11 | 秦波 | 6 | 中国人民大学城市规划与管理系 |
| 12 | 柴彦威 | 6 | 北京大学城市与环境学院 |

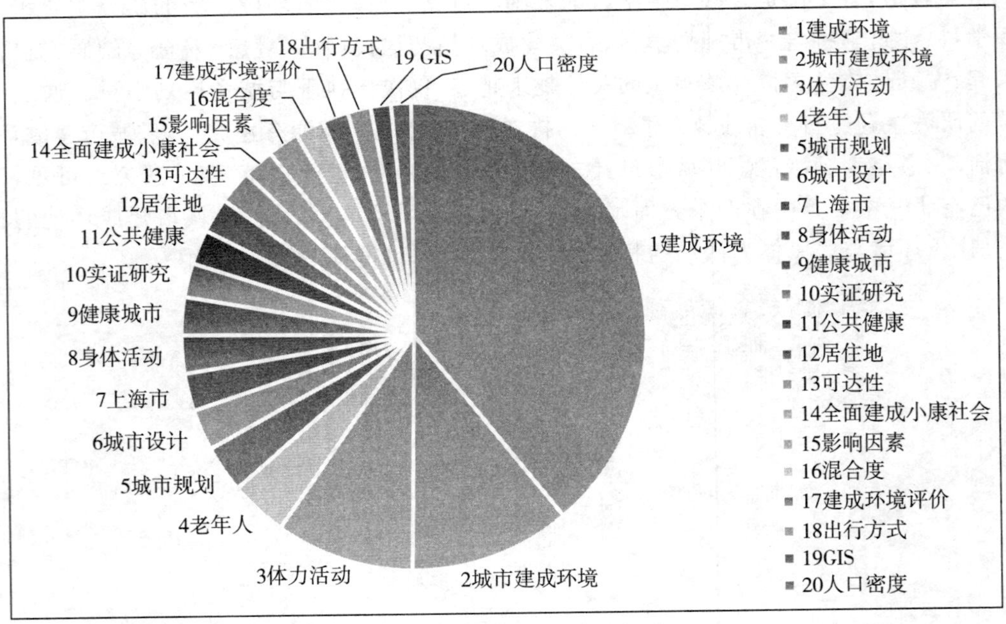


图 2-6　建成环境中文期刊研究主题分布

从图 2-5 中可以看出，该领域作者之间的合作非常少，形成的科研团队只有寥寥几个，3 个人以上的科研团队只有 5 个，其他作者在该领域的研究都是自我奋斗，缺少学科之间的交流。其中，连线较多的有两个团队，一个是以周素红、柳林等为代表的团队，另一个是以吕筠、李立明等为代表的团队。这些团队之间主要是同学科领域中导师与学生、同事之间的合作，而不同学科之间、横向之间的合作关系比较少，这不利于该领域的高质量发展。

软件 CiteSpace 对外文期刊中的中国作者发文量的图谱统计是不准确的,因为在该软件中对作者的统计是简写。例如,中国的 Zhang Yong、Zhang Yi、Zhang Ying、Zhang Yu 等都统计为 Zhang Y。故此处使用软件 Sati4.0 对外文期刊中中国作者的发文量情况进行统计,具体如表 2-3 所示。由表 2-3 可以看出,发文量排名前 20 的作者中有 2 位是中国的作者,分别是 Wang Wei 和 Zhang Lei,发文量分别是 52 篇和 46 篇,虽然远远低于 Sallis James F 的 147 篇的发文量,但已经非常可观了。在 2016 年之前,中国作者只有 Wang Wei 的发文量超过了 20 篇(排在世界第 45 位);但在 2016 年以后,中国作者发文量在 20 篇以上的作者有 16 位,包括 Wang Zhe(31 篇)、Wang Wei(30 篇)、Liu Yang(29 篇)、Lu Yi(29 篇)、Zhang Lei(29 篇)、Gou Zhonghua(29 篇)、Wang Yan(25 篇)、Li Wei(24 篇)、Wang Lei(24 篇)、Wang Xin(24 篇)、Li Baizhan(23 篇)、Liu Wei(23 篇)、Zhang Wei(23 篇)、Li Jing(22 篇)、Zhang Yu(22 篇)、Wang Jun(21 篇)。仅仅通过三年多的时间,这些作者的发文量就超过了 20 篇,可见自 2016 年以来中国作者在该领域的研究之快及对该领域的研究之热。

**表 2-3　外文期刊中高产作者的发文量**

| 排名 | 作者 | 发文量/篇 | 排名 | 作者 | 发文量/篇 |
|---|---|---|---|---|---|
| 1 | Sallis James F. | 146 | 11 | Sugiyama Takemi | 55 |
| 2 | Giles-Corti Billie | 136 | 12 | Norback D | 54 |
| 3 | Saelens Brian E. | 89 | 13 | Kaczynski Andrew T. | 53 |
| 4 | Cerin Ester | 82 | 14 | Wang Wei | 52 |
| 5 | Frank Lawrence D. | 77 | 15 | Deforche Benedicte | 51 |
| 6 | De Bourdeaudhuij Ilse | 73 | 16 | Cain Kelli L. | 51 |
| 7 | Owen Neville | 73 | 17 | Evenson Kelly R. | 49 |
| 8 | Kerr Jacqueline | 71 | 18 | Van Dyck Delfien | 48 |
| 9 | Conway Terry L. | 71 | 19 | Mavoa Suzanne | 47 |
| 10 | Rodriguez Daniel A. | 57 | 20 | Zhang Lei | 46 |

### 2.3.5 研究热点与前沿

关键词是对文章内容和研究核心的高度概括,通过对关键词的聚类分析揭示该领域的高频和高中介性词组,从而发现该领域内的研究热点(赵丙军,2013)。通过 CiteSpace 软件进行关键词聚类分析发现,国内建成环境研究的高频关键词组主要有六个,分别是风景园林、青少年、影响因素、大数据、广州、北京,具体如图 2-7 所示。该图谱中高频关键词包括建成环境(315 次)、城市规划(72 次)、体力活动(55 次)、影响因素(17 次)、老年人(13 次)、健康(13 次)等。结合期刊内容、聚类词组和高频关键词进行分析,国内期刊在建成环境领域的研究热点可以概括为以下四个方面:一是城市建成环境的规划与设计,包括城市交通、建筑、风景园林等的规划与设计;二是建成环境与居民体力活动的关系,包括城市交通、城市小区设计、居住环境、城市环境等对居民体力活动、健康等的影响;三是建成环境对不同人群的影响,包括对青少年、成年人、老年人等的锻炼、出勤方式的影响;四是不同城市的建成环境现状,针对不同城市尤其是一线城市,如广州、北京等已有建成环境的分析。研究前沿是指最有发展潜力且能够代表未来发展趋势的研究主题,CiteSpace 软件用突现词来表示研究前沿(马婧等,2019)。通过软件运行得到国内期刊在建成环境领域的突现关键词有四个,分别是建成环境(突现率为 20.92)、城市规划(突现率为 16.37)、体力活动(突现率为 6.27)、全面建成小康社会(突现率为 3.91)。由此可见,在未来一段时间内,国内学者在建成环境领域的研究主要集中在建成环境自身方面的相关研究、城市建成环境与规划、建成环境与体力活动的关系、全面建成小康社会背景下的建成环境研究。无论是研究热点还是研究前沿,其中都包含了建成环境和体力活动,因此,建成环境与体力活动研究无论在当前还是未来一段时间内都是我国学者研究的热点问题。

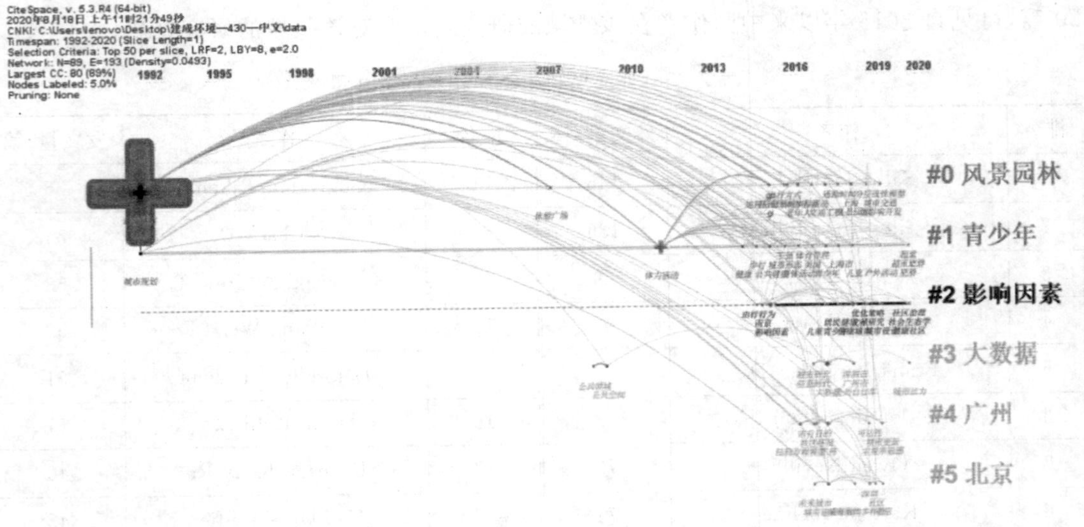


图 2-7　中文期刊建成环境关键词时间线图谱

运用 CiteSpace 软件,对国外期刊中建成环境领域内的关键词网络节点进行聚类分析(图 2-8),得到八个聚类词组即 sustainability(可持续性)、physical activity(体力活动)、mobile robot(移动机器人)、thermal comfort(热舒适性)、sick building syndrome(室内空气综合征)、climate change(气候变化)、internet(互联网)、crystal structure(透明的结构)。继而分析发现,在该领域中排名前 10 的高频关键词包括 environment(环境,5792 次)、built environment(建成环境,5541 次)、model(模型,4421 次)、performance(表现,3575 次)、system(体系,3384 次)、physical activity(体力活动,3236 次)、impact(影响,3218 次)、design(设计,3166 次)、health(健康,3097 次)、management(管理,2223 次)。结合聚类词组和高频关键词的相关文献进行分析,国外期刊在建成环境领域的研究热点主要包括四个方面:一是环境、建成环境发展的可持续性;二是建成环境与体力活动的关系,包括影响因素、健康管理等;三是高科技发展对环境建设的影响,包括互联网发展、机器人等在环境建设中的运用;四是气候与建成环境的关系,包括热环境、室内空气环境、气候变化等对建成环境的影响。

进一步对突现关键词进行分析发现，在该领域中，国外期刊中的突现关键词有 83 个，其中突现率在 10 以上的关键词有 64 个，排名前 10 的突现关键词分别为 crystal structure（透明的结构，突现率为 193.23）、body mass index（身体质量指数，突现率为 103.05）、adult（成年人，突现率为 100.16）、space（空间，突现率为 97.67）、challenge（挑战，突现率为 96.24）、sick building syndrome（室内空气综合征，突现率为 93.76）、information（信息，突现率为 82.88）、intervention（干预，突现率为 73.4）、public health（公共健康，突现率为 72.93）、flow（车流，突现率为 72.88）。可见，在未来一段时间内，国外期刊学者在建成环境领域的研究主要包括环境自身的结构与设计、建成环境对成年人的影响、建成环境对居民身体健康的影响、如何对建成环境进行干预等方面。从国外期刊在建成环境的研究热点和研究前沿可以发现，建成环境对居民的体力活动、健康行为等影响仍是未来一段时间内学者们的研究热点和前沿问题。

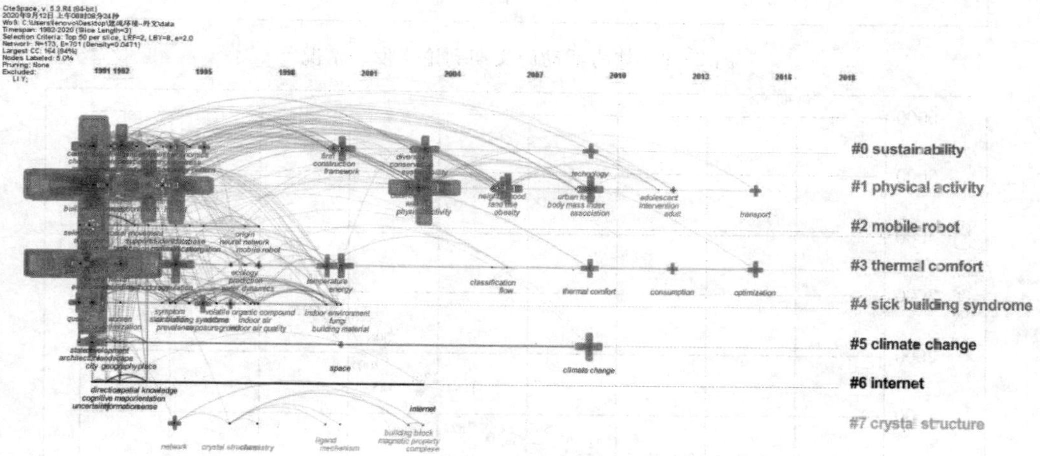


图 2-8 外文期刊建成环境关键词时间线图谱

## 2.4 体力活动研究进展

### 2.4.1 文献的发表情况

图 2-9 和图 2-10 分别是国内外期刊在体力活动领域的发文量情况，从图中可以看出，国内外期刊关于体力活动的发文量总体趋势都呈上升状态。国内学者关于体力活动的研究开始于 1992 年，一直到 2005 年，发文量的变化趋势不明显；从 2005 年到 2016 年期间，发文量呈明显的上升趋势；2018 年出现了一点下滑；2019 年发文量最多(155 篇)。国外学者关于体力活动的研究开始于 1982 年，一直到 1995 年，发文量的变化起伏非常小；从 1996 年至今，发文量呈明显的上升趋势；2019 年的发文量最多(5411 篇)。可以看出，国外学者在该领域的研究比国内学者早了整整 10 年，并且国内期刊的发文量与国外期刊相比差距显著。

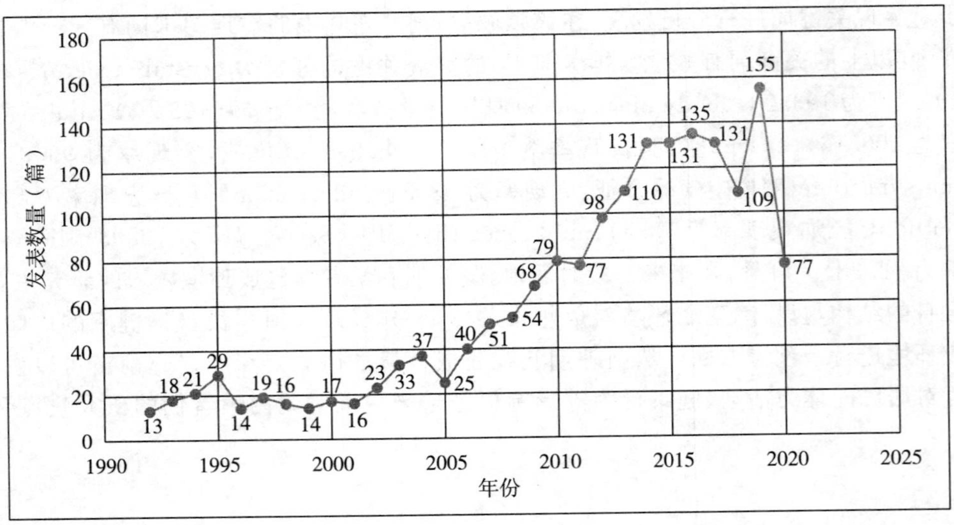


图 2-9　体力活动中文期刊论文发表情况

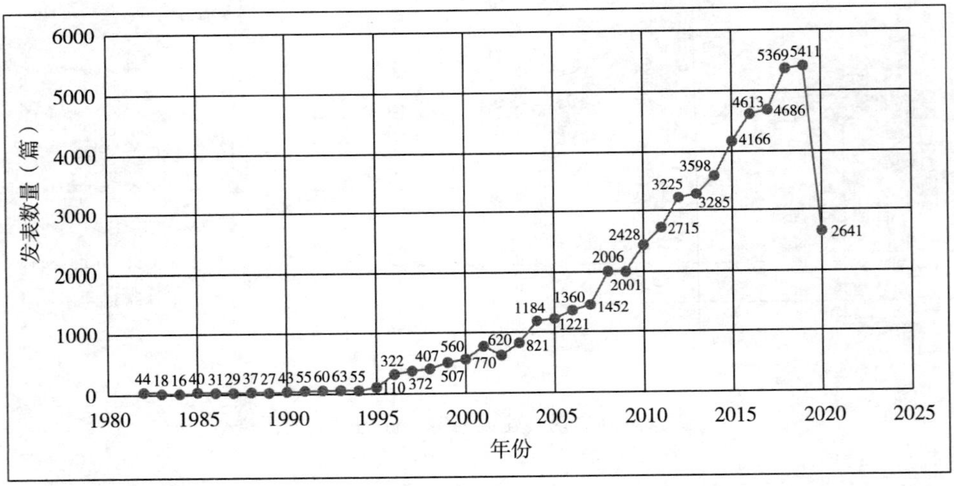


图 2-10　体力活动外文期刊论文发表情况

### 2.4.2　期刊的分布情况

通过对体力活动中文期刊进行整理发现，发表该领域的中文核心期刊涉及 266 种，主要分布在医学、卫生、体育等学科领域。从表 2-4 中可以看出，体力活动在国内的研究成果主要发表在卫生医学杂志和体育学杂志上，其中发文量排名前 10 的期刊中卫生医学杂志有 7 个、体育学杂志 3 个、老年学杂志 1 个(其中,《中国运动医学杂志》是一个体育和医学的交叉杂志)。由此可见，有关体力活动的研究成果主要集中在医学和体育学学科，这也是近几年许多学者比较关注的体医融合研究主题。体力活动发文量排名前 10 的外文期刊分别是 *Journal of Physical Activity Health*(《体力活动健康杂志》)、*Bmc Public Health*(《英国医学会公共卫生》)、*Medicine and Science In Sports and Exercise*(《体育运动医学科学》)、*International Journal of Behavioral Nutrition and Physical Activity*(《国际行为营养与体力活动杂志》)、*Preventive Medicine*(《预防医学》)、*Plos One*(《公共科学图书馆》)、*International Journal of Environmental Research and Public Health*(《国际环境与公共卫生杂志》)、*American Journal of Preventive Medicine*(《美国预防医学杂志》)、*Journal of Aging and Physical Activity*(《衰老与体力活动杂志》)、*Research Quarterly For Exercise and Sport*(《运动研究季刊》)。可以看出,发表体力活动成果的国外期刊主要集中在医学和体育学等学科领域,这与国内期刊是十分相似的。在排名前 10 的国外期刊中,医学领域的期刊包含 5 个,体育学领域的期刊包含 5 个,图书馆期刊 1 个(其中,医学和体育学交叉期刊 1 个)。国外期刊在该领域的发文量非常高,排名第一的期刊其发文量为 1256 篇,是国内排名第一期刊的 10 倍。

**表 2-4 发文量排名前 10 的中外文期刊**

| 排名 | 中文期刊 | 发文量(篇) | 外文期刊 | 发文量(篇) |
|---|---|---|---|---|
| 1 | 《中国学校卫生》 | 126 | *Journal of Physical Activity Health* | 1256 |
| 2 | 《中华流行病学杂志》 | 92 | *Bmc Public Health* | 949 |
| 3 | 《中国公共卫生》 | 79 | *Medicine and Science in Sports and Exercise* | 793 |
| 4 | 《中国运动医学杂志》 | 79 | *International Journal of Behavioral Nutrition and Physical Activity* | 701 |
| 5 | 《北京体育大学学报》 | 66 | *Preventive Medicine* | 674 |
| 6 | 《体育科学》 | 61 | *Plos One* | 669 |
| 7 | 《现代预防医学》 | 56 | *International Journal of Environmental Research and Public Health* | 576 |
| 8 | 《中国老年学杂志》 | 49 | *American Journal of Preventive Medicine* | 394 |
| 9 | 《中华预防医学杂志》 | 46 | *Journal of Aging and Physical Activity* | 338 |
| 10 | 《卫生研究》 | 42 | *Research Quarterly For Exercise and Sport* | 322 |

### 2.4.3 研究机构的分布情况

图 2-11 是中文期刊中体力活动研究机构的图谱,图中的节点越大、字体越大代表该研究机构的发文量越多。由图可以看出,发文量排在前列的研究机构分别是上海体育学院(72 篇)、北京体育大学(62 篇)、北京大学公共卫生学院流行病与卫生统计学系(24 篇)、国家体育总局体育科学研究所(20 篇)、上海体育科学研究所(18 篇)、南京师范大学体育科学学院(16 篇)、中国疾病预防控制中心营养与食品安全所(14 篇)、华东师范大学体育与健康学院(13 篇)、江苏省体育科学研究所(13 篇)、陕西理工学院体育学院(12 篇)。以上研究机构主要分布在高校及研究所,在排名前 10 的研究机构中,体育院校占据了 5 个、体育科研所有 3 个,可见对体力活动的相关研究主要还是集中在体育学及医学学科领域内,这与该研究主题也是相符的。从图谱的连线可以看出,几个较大的研究机构,如北京体育大学、上海体育学院等之间,以及与发文量较多的其他研究机构之间都有着直接或间接的联系,说明在体力活

动研究领域，我国的研究机构尤其是发文量较多的研究机构起到了很好的纽带和引领作用，这对该领域的发展是十分有利的。

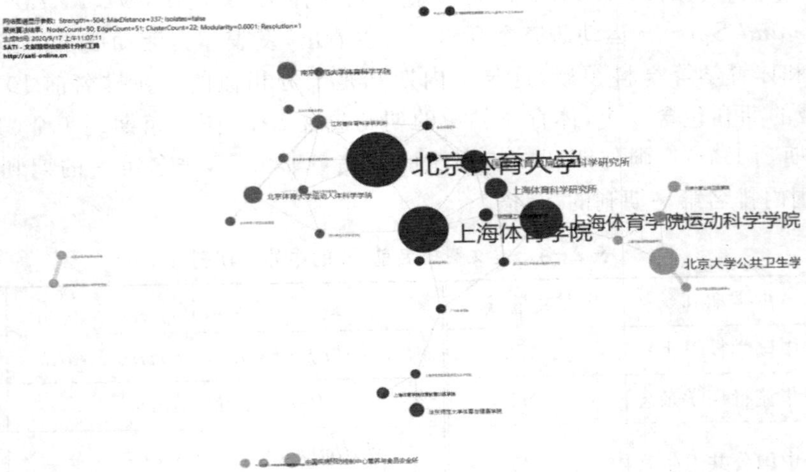


图 2-11　体力活动中文期刊研究机构共现网络

图 2-12 是外文期刊中体力活动研究机构的共现网络，发文量排在前 10 位的研究机构分别是 Univ N Carolina（美国北卡罗来纳大学，673 篇）、Univ Illinois（美国伊利诺伊大学，637 篇）、Univ Queensland（澳大利亚昆士兰大学，615 篇）、Univ Sydney（澳大利亚悉尼大学，590 篇）、Univ S Carolina（美国南卡罗莱纳大学，574 篇）、Karolinska Inst（瑞典卡罗琳学院，560 篇）、Univ Alberta（加拿大阿尔伯塔大学，549 篇）、Univ British Columbia（英国哥伦

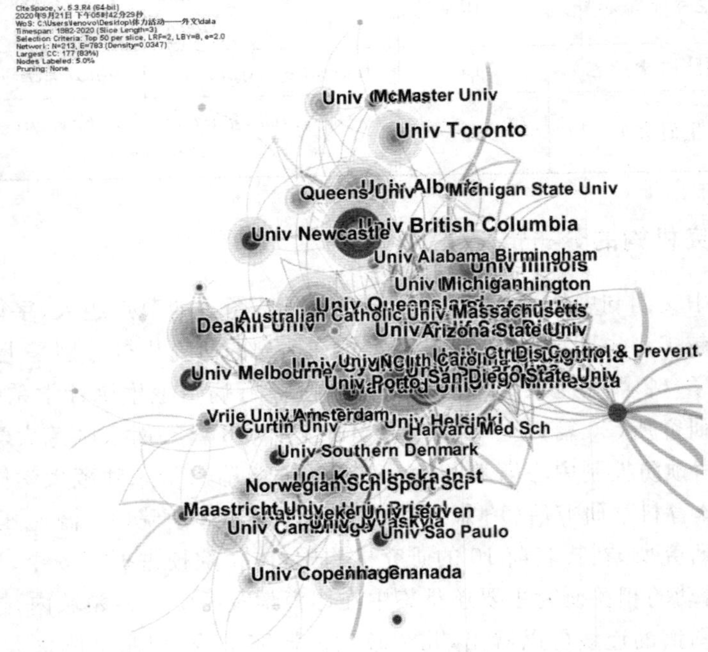


图 2-12　体力活动外文期刊研究机构共现网络

比亚大学，500 篇）、Harvard Univ（美国哈佛大学，494 篇）、Univ Toronto（加拿大多伦多大学，481 篇）。可以看出，发文量排在前列的研究机构主要是高校，并且以美国、澳大利亚和加拿大的高校居多，其中，排在前 10 的高校中美国有 4 所、澳大利亚 2 所、加拿大 2 所、瑞典和英国各 1 所，这些国家对体力活动的研究较多，在世界上起到了引领作用。从共现网络的连线可以看出，这些研究机构之间有着直接或间接的合作关系，尤其是本国的研究机构之间。

### 2.4.4 作者发文量情况

通过软件 Sati4.0 软件对中文期刊作者的发文量及合作情况进行了分析，结果如图 2-13 所示。由图可见，发文量排在前列的有陈佩杰（37 篇）、王正珍（34 篇）、李立明（30 篇）、吕筠（26 篇）、徐斐（22 篇）、李红娟（21 篇）、王志勇（21 篇）、李国强（20 篇）、庄洁（17 篇）、谢敏豪（17 篇）、江崇民（16 篇）、洪忻（16 篇）、陶芳标（16 篇）、王竹影（15 篇）等，其中，发文量超过 15 篇的有 13 位作者，排在前三位的分别是上海体育学院的陈佩杰、北京体育大学的王正珍和北京大学的李立明，这三位学者也形成了在该领域的研究团队。从作者的合作情况可以看出，体力活动在国内主要形成了七个研究团队，分别是陈佩杰带领的上海体育学院团队、王正珍带领的北京体育大学团队、李立明和吕筠带领的北京大学团队、王志勇等所在的南京市疾病预防控制中心团队、李国强等所在的陕西理工学院团队、赵连成等所在的中国医学科学院阜外心血管病医院团队、江朝强等所在的广州市第十二人民医院团队。这些团队中主要是来自体育学和医学领域的作者，团队内部形成了自己的研究专题和团队力量，但团队与团队之间，以及与其他作者之间的交流合作很少。进一步结合中文期刊中体力活动的研究主题发现（图 2-14），排在前列的主题词有体力活动、体力活动水平、危险因素、高血压、糖尿病、老年人、建成环境、影响因素等。由此可见，该领域的已有研究主要集中在体力活动、健康、疾病、环境、人群等方面，那么关于该领域的研究主要集中在体育学和医学领域也就不足为奇了，并且现在的体医结合研究非常热门，不但具有较高的实践价值，而且能有效提高社会效益。

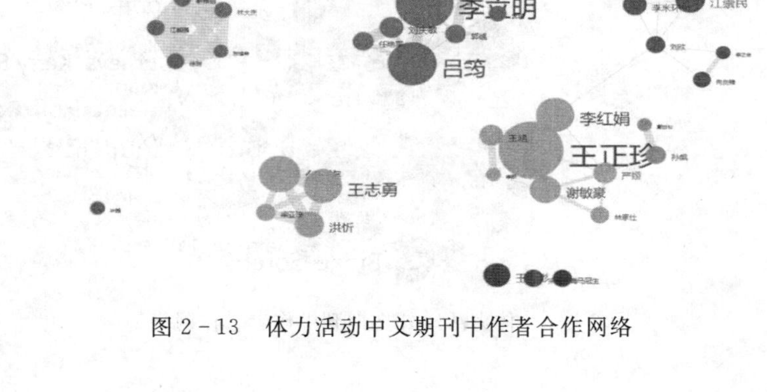


图 2-13 体力活动中文期刊中作者合作网络

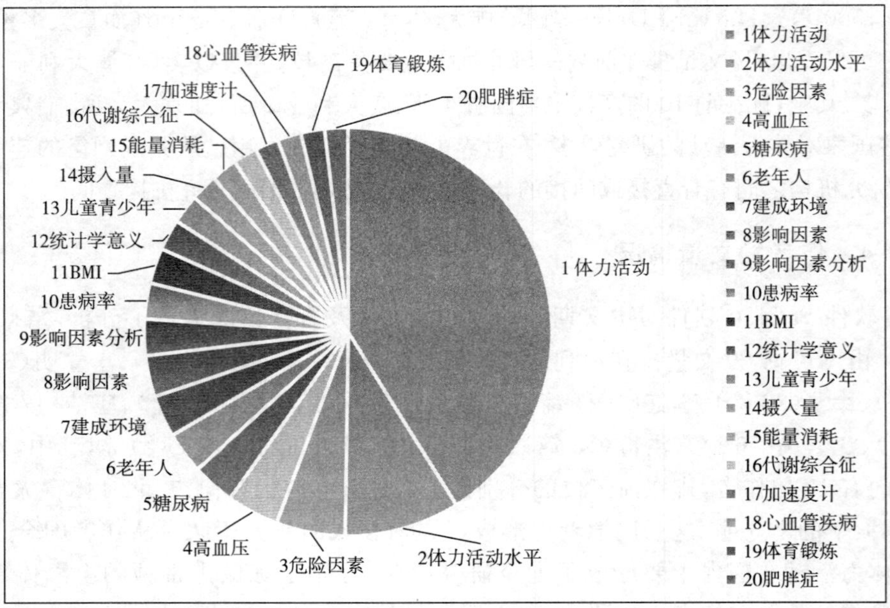


图 2-14　体力活动中文期刊研究主题分布

通过软件 Sati4.0 对外文期刊中作者的发文量及合作情况进行了在线分析(图 2-15),发现发文量排在前 10 位的作者有 Ekelund Ulf(181 篇)、Sallis James F(164 篇)、Pate Russell R(154 篇)、De Bourdeaudhuij Ilse(148 篇)、Motl Robert W(145 篇)、Evenson Kelly R(143 篇)、Brage Soren(131 篇)、Loprinzi Paul D(130 篇)、Rhodes Ryan E(130 篇)、Courneya Kerry S(123 篇)。这些作者的发文量都超过了 120 篇,最高个人发文量为 181 篇,远远超过国内的最高发文量 37 篇,说明国外作者在某个领域的研究纵深性非常好。从图 2-15 中可以看出,在这个领域内,进行研究的国外作者相互之间的联系非常多,而本国作者之间以及国与国之间的作者都相互有着比较多的合作交流,并形成了该研究领域的国际性合作团队。

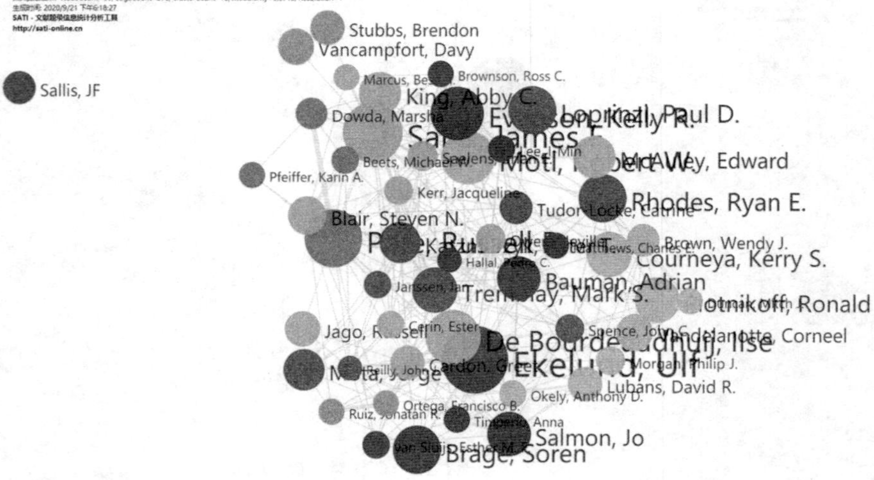


图 2-15　体力活动外文期刊中作者合作网络

### 2.4.5 研究热点与前沿

关键词聚类分析发现，中文期刊在体力活动领域的聚类词组主要有八个，分别是高血压、体力活动、运动、学生、建成环境、过氧化物酶体增殖物激活受体、能量消耗、糖尿病患者，具体如图 2－16 所示。进一步通过关键词内容概要发现，该图谱中高频关键词排在前 10 位的有体力活动（586 次）、糖尿病（100 次）、高血压（98 次）、影响因素（96 次）、危险因素（89 次）、青少年（78 次）、运动（76 次）、肥胖（75 次）、建成环境（67 次）、学生（67 次）。结合文献内容、聚类词组和高频关键词进行分析发现，国内学者关于体力活动的研究热点主要有四个方面：一是体力活动与疾病的关系研究，包括体力活动与高血压、糖尿病、肥胖的关系研究；二是不同群体的体力活动研究，包括青少年、学生等群体的体力活动状况研究；三是体力活动与建成环境的关系研究；四是体力活动的影响因素、运动方式等的研究。由此可见，体力活动与建成环境的关系研究依然是体力活动领域的研究热点问题。通过软件分析得到体力活动领域的突现关键词有 26 个，可见该领域出现了许多新的研究问题，其中，突现率在 5 以上的关键词有 10 个，分别是体力活动（突现率为 19）、建成环境（突现率为 10.94）、危险因素（突现率为 8.52）、儿童（突现率为 8.37）、运动活动（突现率为 6.23）、能量消耗（突现率为 6.21）、运动（突现率为 5.94）、患病率（突现率为 5.87）、冠心病（突现率为 5.25）、生活方式（突现率为 5）。由此可见，国内学者在体力活动领域的研究前沿问题主要包括体力活动与疾病的关系研究、体力活动与建成环境的关系研究、儿童的体力活动、体力活动的危险因素研究、体力活动与生活方式的关系研究等方面。

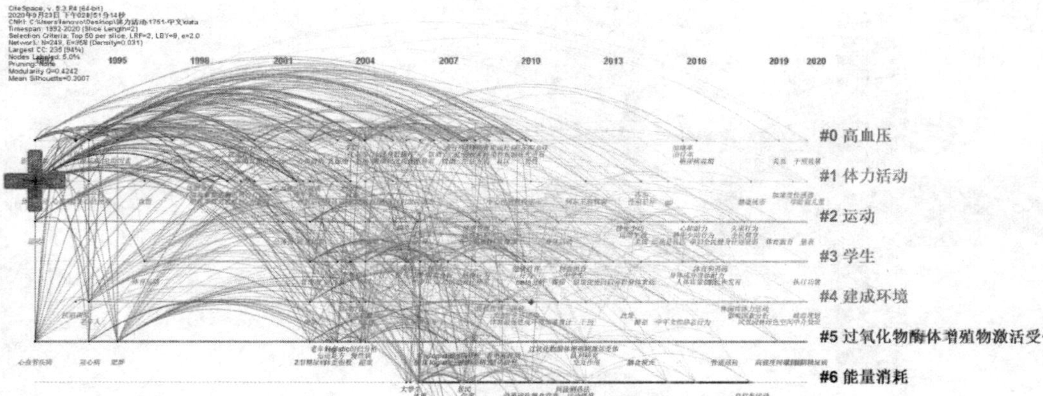


图 2－16 中文期刊体力活动关键词时间线图谱

运用 CiteSpace 软件对外文期刊中体力活动的关键词进行聚类分析，结果得到六个聚类词组，分别是 women（妇女）、children（儿童）、intervention（干预）、physical activity（体力活动）、validity（有效性）、osteoporosis（骨质疏松症），具体如图 2－17 所示。进一步对该领域的关键词进行分析发现，排名前 10 的高频关键词包括 physical activity（体力活动，13 985 次）、exercise（锻炼，12 824 次）、health（健康，7247 次）、obesity（肥胖症，5453 次）、children（儿童，5436 次）、adolescent（青少年，4252 次）、adult（成年人，3805 次）、risk（风险，3454 次）、

association(关联,3427 次)、intervention(干预,3355 次)。通过聚类词组和高频关键词可以看出,外文期刊关于体力活动的研究热点主要包括三个方面:一是不同人群的体力活动研究,包括妇女、儿童、青少年、成年人等;二是体力活动对一些疾病的干预研究,包括肥胖、骨质疏松等的干预研究;三是体力活动的有效性研究,主要是体力活动、锻炼等对人类健康的效果、风险等的研究。进一步对突现关键词进行分析发现,共有 73 个突现关键词出现,其中突现率在 100 以上的关键词有 18 个,分别为 coronary heart(冠心病,突现率为 233.23)、disease(疾病,突现率为 225.55)、men(男人,突现率为 170.21)、depression(抑郁症,突现率为 164.19)、impact(影响,突现率为 154.11)、age(年龄,突现率为 145.76)、environment(环境,突现率为 140.45)、epidemiology(流行病学,突现率为 137.71)、leisure time(休闲时间,突现率为 137)、motivation(动机,突现率为 130.82)、weight(体重,突现率为 123.56)、education(教育,突现率为 119.41)、inactivity(静止状态,突现率为 119.11)、barrier(障碍,突现率为 116.52)、energy expenditure(能量消耗,突现率为 116.33)、Meta analysis(元分析,突现率为 103.05)、nutrition(营养,突现率为 102.56)、pattern(模式,突现率为 100.61)。由此可见,目前外文期刊研究中体力活动领域突现了一些新的研究前沿专题,包括:体力活动对一些疾病的影响研究,如对冠心病、抑郁症、肥胖等疾病的干预与影响研究;体力活动的影响因素研究,如群体(如男人)、年龄、教育程度、休闲时间、环境、营养等对体力活动的影响;不同强度的体力活动研究,如静止状态、大强度、中等强度等的体力活动及能量消耗情况;关于体力活动研究的元分析。

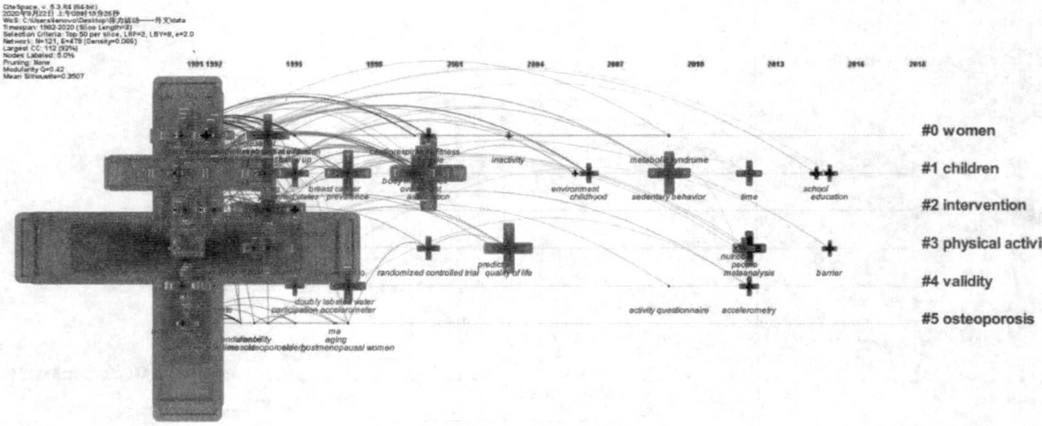


图 2-17 外文期刊体力活动关键词时间线图谱

## 2.5 建成环境与体力活动研究进展

### 2.5.1 文献的发表情况

图 2-18 和图 2-19 分别是国内外期刊在建成环境与体力活动领域的发文量情况,国内

期刊共发表了 84 篇研究论文、国外期刊共发表了 5347 篇研究论文。从图中可以看出，国内期刊关于建成环境与体力活动的研究开始于 2011 年，国外期刊开始于 1992 年，国内研究比国外研究起步晚了将近 20 年。从发文量来看，国内 2011—2013 年的发文量非常少，从 2014 年开始出现了一个较大幅度的增长，但在 2016 年和 2017 年有一个小的跌宕；国外 1992—2004 年发展比较缓慢，2005—2019 年增幅明显，呈直线上升状态，2019 年最高发文量为 711 篇。可见，国内在该领域的研究起步晚、研究成果较少，与国外的研究还存在较大的差距。

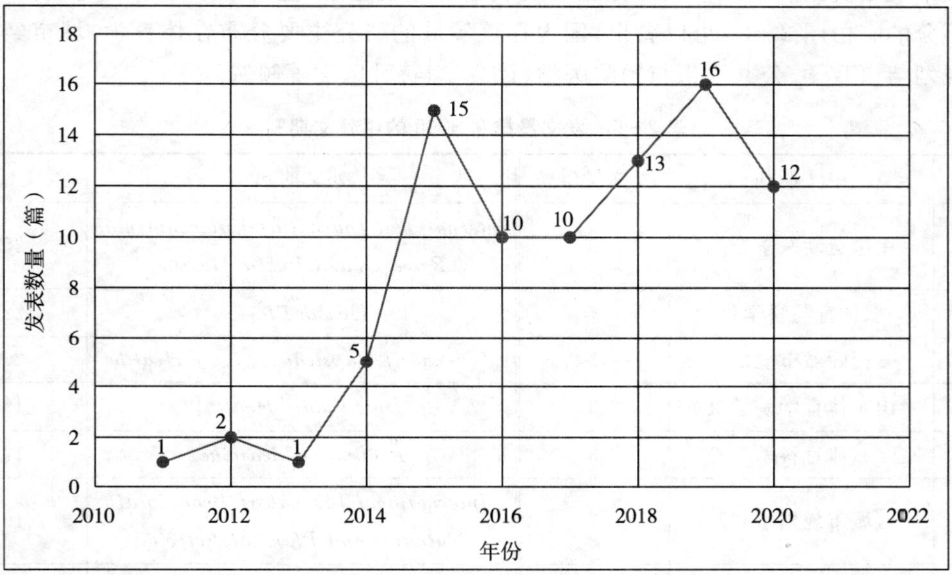


图 2-18　建成环境与体力活动中文期刊论文发表情况

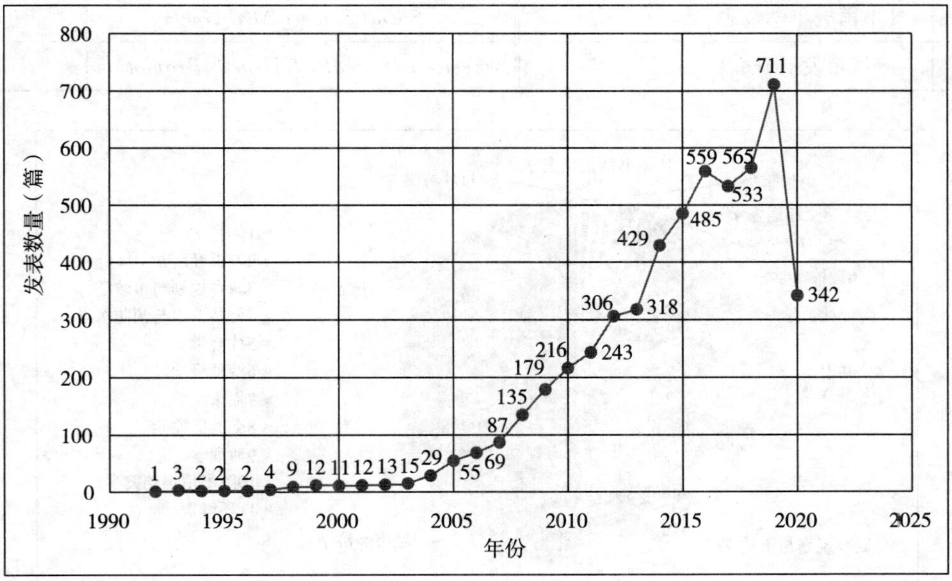


图 2-19　建成环境与体力活动外文期刊论文发表情况

### 2.5.2 期刊的分布情况

通过整理发现，发表建成环境与体力活动的中文核心期刊涉及 30 种，其中发文量排名前 10 的期刊有《中国运动医学杂志》《体育与科学》等，具体见表 2-5。在这 10 种期刊中，体育类期刊有 4 种、城市规划类期刊有 3 种、地理学期刊有 2 种，还有 1 个是《中国老年学杂志》，但其发文量都不是很高，排名第一的《中国运动医学杂志》为 9 篇。由此可见，体育类期刊和城市规划类期刊对该领域研究成果的欢迎和重视程度，这与该领域的研究学科分布是密不可分的。由图 2-20 可以看出，国内在该领域的研究主要分布在体育学、城市经济学、城乡规划与市政学、公共卫生与预防医学、社会学、特种医学等领域。

表 2-5 发文量排名前 10 的中外文期刊

| 排名 | 中文期刊 | 发文量(篇) | 外文期刊 | 发文量(篇) |
|---|---|---|---|---|
| 1 | 《中国运动医学杂志》 | 9 | *International Journal of Environmental Research and Public Health* | 259 |
| 2 | 《体育与科学》 | 7 | *Health Place* | 225 |
| 3 | 《国际城市规划》 | 7 | *Journal of Physical Activity Health* | 205 |
| 4 | 《山东体育学院学报》 | 3 | *Bmc Public Health* | 193 |
| 5 | 《体育科学》 | 3 | *Preventive Medicine* | 174 |
| 6 | 《城市规划学刊》 | 3 | *International Journal of Behavioral Nutrition and Physical Activity* | 167 |
| 7 | 《规划师》 | 3 | *American Journal of Preventive Medicine* | 151 |
| 8 | 《地理科学》 | 3 | *Journal of Transport Health* | 134 |
| 9 | 《中国老年学杂志》 | 3 | *Social Science Medicine* | 95 |
| 10 | 《城市发展研究》 | 3 | *American Journal of Health Promotion* | 79 |

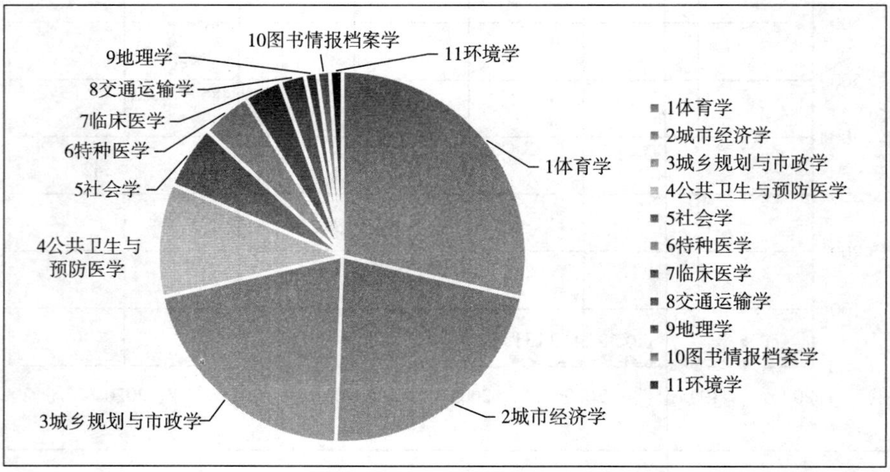


图 2-20 建成环境与体力活动中文期刊研究的学科分布

建成环境与体力活动发文量排名前 10 的外文期刊分别是 *International Journal of Environmental Research and Public Health*（《国际环境与公共卫生杂志》）、*Health Place*（《健康指南》）、*Journal of Physical Activity Health*（《体力活动健康杂志》）、*Bmc Public Health*（《英国医学会公共卫生》）、*Preventive Medicine*（《预防医学》）、*International Journal of Behavioral Nutrition and Physical Activity*（《国际行为营养与体力活动杂志》）、*American Journal of Preventive Medicine*（《美国预防医学杂志》）、*Journal of Transport Health*（《运输健康杂志》）、*Social Science Medicine*（《社会科学医学杂志》）、*American Journal of Health Promotion*（《美国健康促进杂志》）。由此可见，外文期刊在该领域的研究也主要集中在医学和体育学等学科领域，这与中文期刊是十分相似的。不同的是外文期刊在城市规划学和地理学的研究较少。在排名前 10 的外文期刊中，医学领域的期刊有 5 个、健康领域的期刊有 3 个、体育学领域的期刊有 2 个，排名第一的外文期刊发文量为 259 篇。

### 2.5.3 研究机构的分布情况

图 2－21 是中文期刊中建成环境与体力活动研究机构的分布图，发文量排在前列的研究机构分别是上海体育学院（14 篇）、北京大学公共卫生学院（12 篇）、南京师范大学体育科学学院（8 篇）、同济大学建筑与城市规划学院（7 篇）、华东师范大学体育与健康学院（4 篇）、福州大学建筑与城乡规划学院（3 篇）、哈尔滨工业大学建筑学院（3 篇）、杭州市疾病预防控制中心（3 篇）、中山大学地理科学与规划学院（3 篇）、首都体育学院（3 篇）、苏州工业园区服务外包职业学院（3 篇）。这些研究机构主要分布在高校，在排名前 10 的研究机构中，体育院校或体育学院占据了 4 个、建筑与规划机构占据了 4 个，可见对建成环境与体力活动的相关研究主要还是集中在体育学科及建筑学科，这与该研究主题也是相符的。从图 2－21 的连线可以看出，最大的研究机构是上海体育学院，它与其他研究机构之间的合作最多；其次是北京大学公共卫生学院、南京师范大学体育科学学院等，这些研究机构或团队相互之间的交流与合作较少。

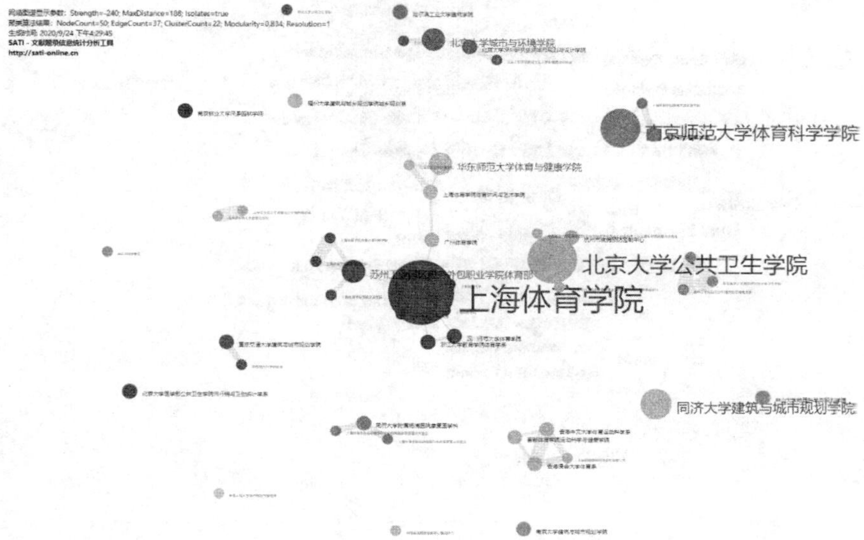


图 2－21　建成环境与体力活动中文期刊研究机构共现网络

图 2 - 22 是外文期刊中建成环境与体力活动研究机构的共现网络，发文量排在前 10 位的研究机构分别是 Univ Melbourne（澳大利亚墨尔本大学，203 篇）、Univ Washington（美国华盛顿大学，188 篇）、Univ Calif San Diego（美国加州大学圣地亚哥分校，172 篇）、Univ British Columbia（英国哥伦比亚大学，165 篇）、Deakin Univ（澳大利亚迪肯大学，154 篇）、Univ N Carolina（美国北卡罗来纳大学，150 篇）、Univ Hong Kong（中国香港大学，123 篇）、San Diego State Univ（美国圣地亚哥州立大学，121 篇）、Univ Ghent（比利时根特大学，117 篇）、Univ Michigan（美国密歇根大学，111 篇）。由此可以看出，发文量排在前列的研究机构都是高校，并且以美国、澳大利亚的高校居多，其中排在前 10 的高校中美国有 5 所，澳大利亚有 2 所，中国、比利时和英国各 1 所，这些国家在建成环境与体力活动领域的研究成果较多。从图 2 - 22 中的连线可以看出，这些研究机构之间有着直接或间接的合作关系，并且研究机构 Univ British Columbia（英国哥伦比亚大学）、Univ Ghent（比利时根特大学）、Univ Sydney（澳大利亚悉尼大学）、San Diego State Univ（美国圣地亚哥州立大学）、Arizona State Univ（美国亚利桑那州立大学）、Univ Washington（美国华盛顿大学）、Univ Hong Kong（中国香港大学）、Univ Minnesota（美国明尼苏达大学）、Univ Oxford（英国牛津大学）用黑色圈进行重点标注，其中介中心性都大于 0.1，表明这些研究机构在该领域的研究起到了重要的连接作用。

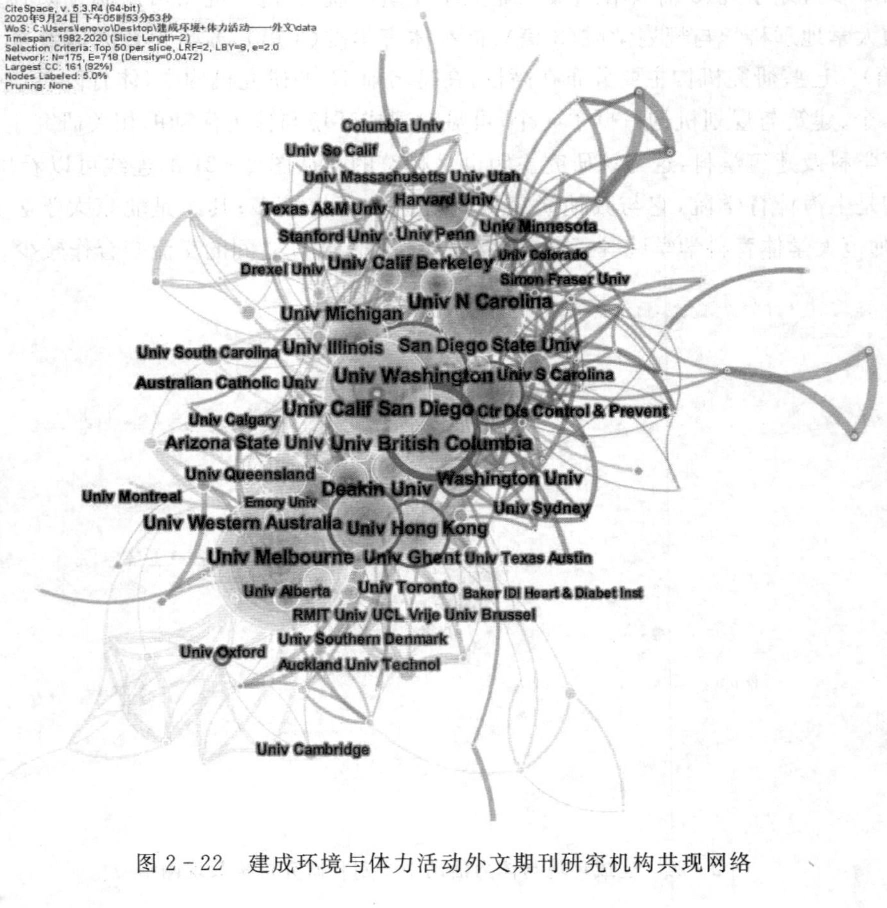


图 2 - 22　建成环境与体力活动外文期刊研究机构共现网络

### 2.5.4 作者发文量情况

通过软件 Sati4.0 对中文期刊中作者的发文量及合作情况进行了分析，结果如图 2-23 所示。由图可以看出，建成环境与体力活动领域主要有五个研究团队，分别是陈佩杰带领的上海体育学院团队、李立明和吕筠带领的北京大学团队、王志勇等所在的南京市疾病预防控制中心团队、顾东风等所在的中国医学科学院阜外心血管病医院团队、江朝强等所在的广州市第十二人民医院团队。这些团队形成了自己的研究专题和团队力量，但只有两个团队，即王正珍带领的北京体育大学团队与李国强等所在的陕西理工学院团队之间有着很少的合作，其他团队之间都没有合作。发文量排在前 10 位的作者有陈佩杰(37 篇)、王正珍(34 篇)、李立明(30 篇)、吕筠(26 篇)、徐斐(22 篇)、李红娟(21 篇)、王志勇(21 篇)、李国强(20 篇)、庄洁(17 篇)、谢敏豪(17 篇)，其中发文量超过 30 篇的有 3 位作者，这 3 位作者也形成了在该领域的研究团队。进一步结合中文期刊中的研究主题发现(图 2-24)，排在前列的主题词有建成环境、体力活动、老年人、城市建成环境、健康城市、休闲型体力活动、公共健康、健康促进、环境影响因素、GIS 等，由此可见关于该领域的研究主要集中在城市建成环境、不同人群的体力活动、健康等方面。

通过软件 Sati4.0 对外文期刊中作者情况进行了在线分析(图 2-25)，发文量较多的作者有 Sallis James F.(144 篇)、Giles-Corti Billie(115 篇)、Saelens Brian E.(89 篇)、Cerin Ester(80 篇)、Frank Lawrence D.(75 篇)、Conway Terry L.(71 篇)、Kerr Jacqueline(71 篇)、De Bourdeaudhuij Ilse(69 篇)、Owen Neville(69 篇)、Kaczynski Andrew T.(52 篇)。这些作者的发文量都超过了 50 篇，最高个人发文量为 144 篇，远远超过国内的最高个人发文量 37 篇。从图谱的连线可以看出，在这个领域进行研究的国外作者之间的联系非常多，作者之间的连线纵横交错，单个团队或单个作者进行独立研究的很少，这与国内作者的共线

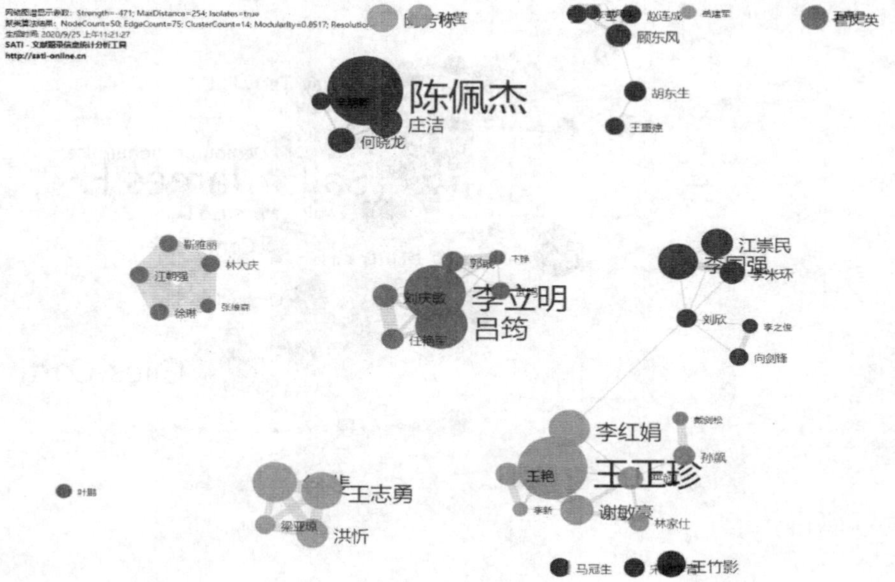


图 2-23 建成环境与体力活动中文期刊中作者合作网络

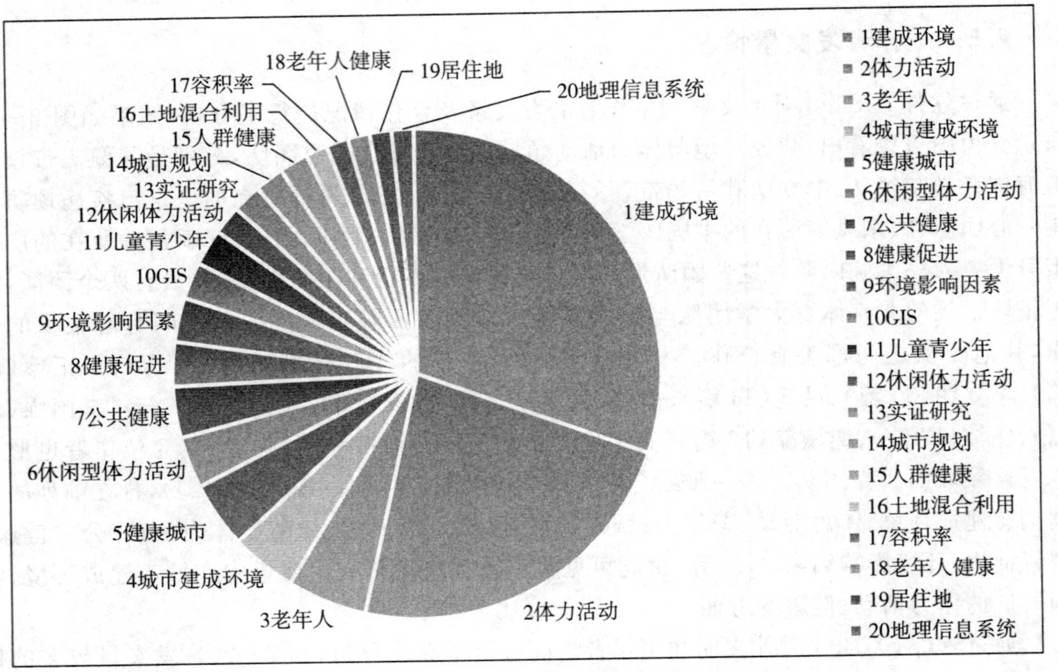


图 2-24　建成环境与体力活动中文期刊研究主题分布

图谱形成了鲜明的对比,说明在同一个领域内进行研究的国外作者之间经常通过学术会议或合作研究进行交流与联系。

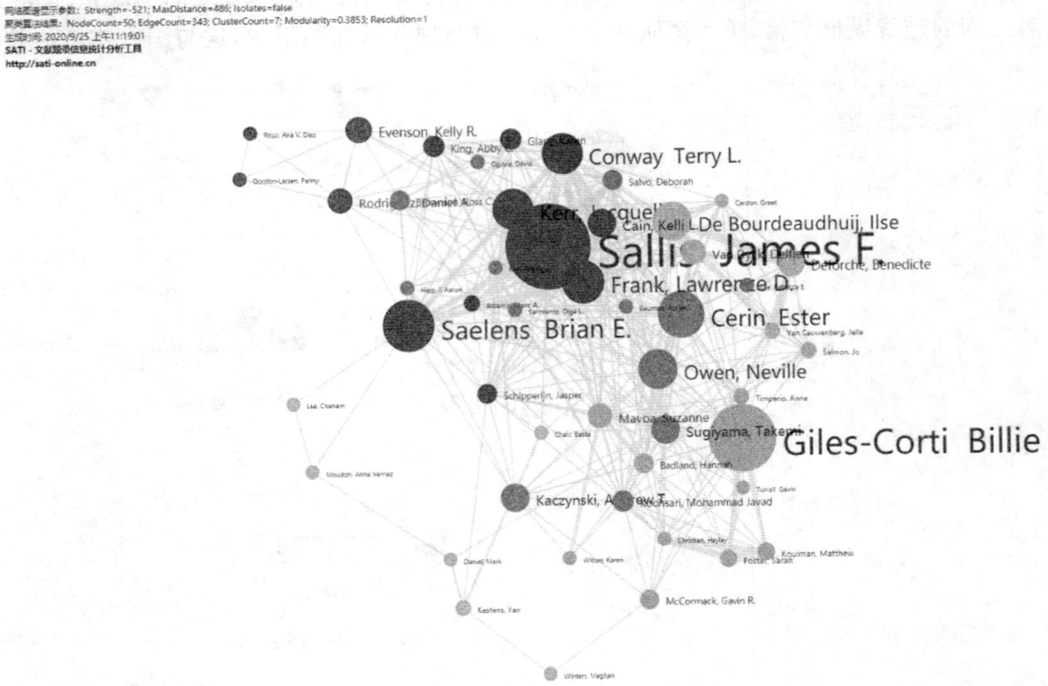


图 2-25　建成环境与体力活动外文期刊中作者合作网络

### 2.5.5　研究热点与前沿

通过软件 Sati4.0 对关键词进行图谱分析发现(图 2－26),中文期刊在建成环境与体力活动领域的高频关键词主要有建成环境(64 次)、体力活动(47 次)、健康城市(9 次)、老年人(9 次)、健康(8 次)、休闲型体力活动(6 次)、儿童(5 次)。结合文献内容发现,国内学者关于建成环境与体力活动的研究热点主要有三个方面:一是建成环境与体力活动自身的相关研究;二是不同群体的研究,包括老年人、儿童等;三是体力活动与建成环境在健康城市、人类健康发展中的研究。该领域的突现关键词只有 1 个,即老年人(突现率为 2.44),说明目前国内学者在该领域的研究前沿主要是建成环境与老年人体力活动的关系研究。

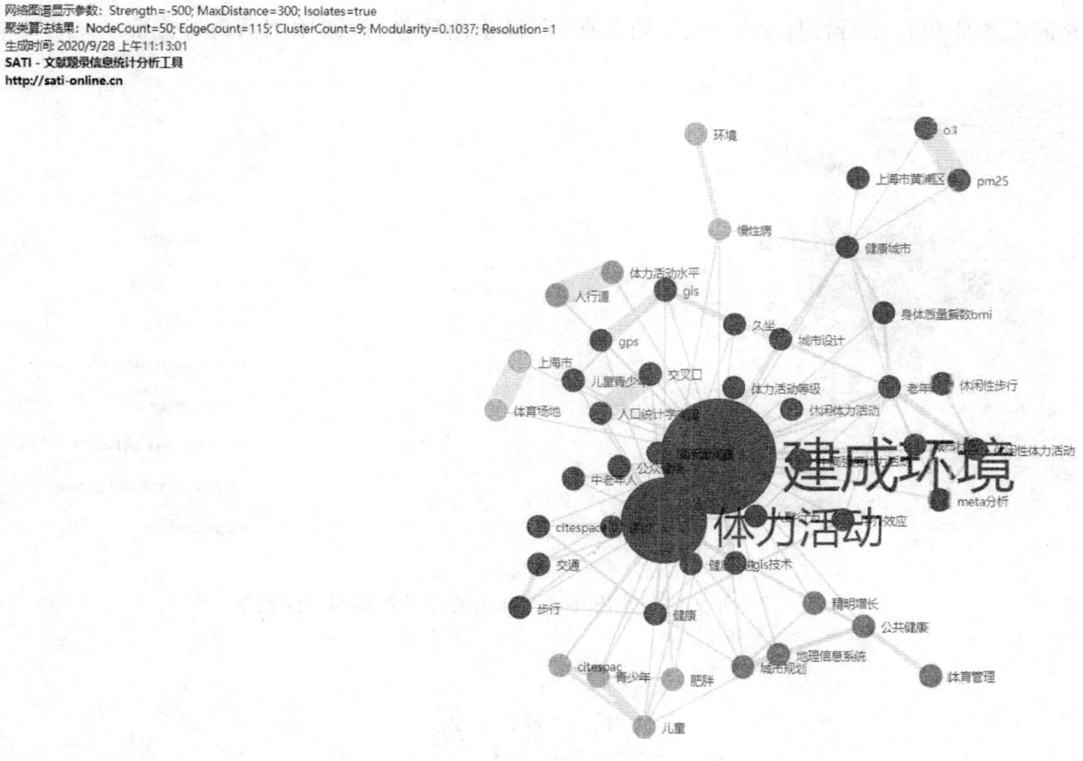


图 2－26　中文期刊建成环境与体力活动关键词共现图谱

运用 CiteSpace 软件对外文期刊进行分析,得到建成环境与体力活动领域的八个聚类词组,分别是 walkability(可步行性)、green space(绿色空间)、obesity(肥胖)、social participation(社会参与)、prevention(预防)、sedentary behavior(久坐行为)、environmental perceptions(环境感知)、education(教育),具体如图 2－27 所示。进一步对该领域的关键词进行分析发现,排名前 10 的高频关键词包括 physical activity(体力活动,3249 次)、built environment(建成环境,2756 次)、walking(步行,1463 次)、health(健康,1306 次)、obesity(肥胖,1210 次)、association(关联,795 次)、neighborhood(邻近,719 次)、environment(环境,592 次)、adult(成年人,568 次)、walkability(可步行性,554 次)。通过聚类词组和高频关键词可以看出,外文期刊关于建成环境与体力活动的研究热点主要包括四个方面:一是建成环境与步行性体力活动的关系研究，包括建成环境的可步行性、步行友好性、邻近区域的环境等；二是建成环境与体力活动对人类健康的影响研究，包括肥胖、久坐行为等的干预影响；三是建成环境与体力活动的关联性研究，主要包括绿色空间、环境感知、环境自身等的研究；四是建成环境与体力活动在不同人群中的研究，包括成年人、老年人、儿童等。进一步对突现关键词进行分析发现，共有 48 个突现关键词出现，其中突现率排名前 10 的关键词有 neighborhood walkability（社区步行性，突现率为 26.13）、access（进入，突现率为 25.02）、urban sprawl（城市扩张，突现率为 24.64）、green space（绿色空间，突现率为 23.12）、availability（有效性，突现率为 22.05）、participation（参与，突现率为 20.81）、quality of life（生活质量，突现率为 19.92）、time（时间，突现率为 19.41）、active travel（旅游活动，突现率为 19.33）、accessibility（可达性，突现率为 18.88）。由此可见，目前外文期刊在该领域的研究前沿主要包括步行性体力活动、城市扩张、居民生活质量、旅游休闲活动等方面。

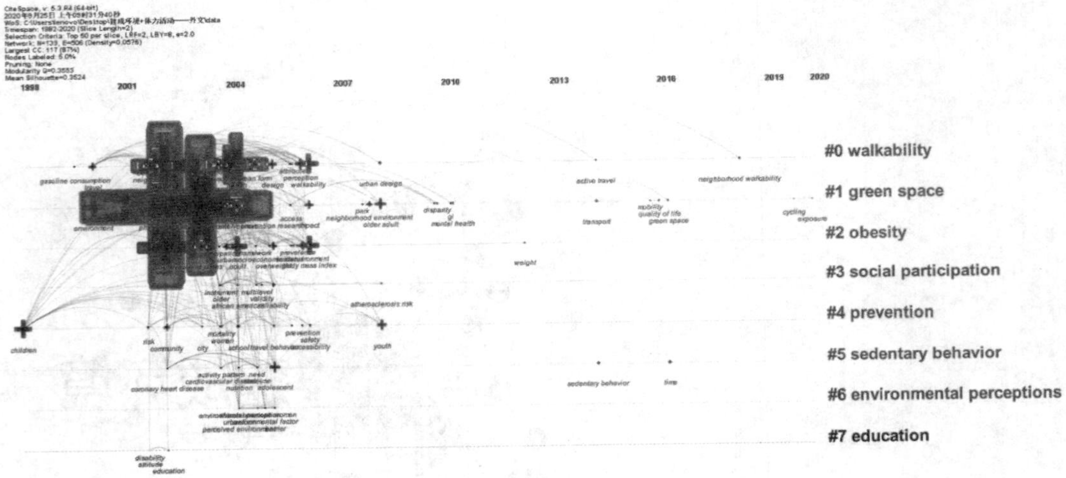


图 2-27 外文期刊建成环境与体力活动关键词时间线图谱

## 2.6 小 结

### 2.6.1 建成环境研究进展

国内学者在建成环境领域方面的研究晚于国外学者，在发文量上也远远少于国外；国内的研究成果主要发表在城市规划、地理科学等学科领域的期刊上，国外的研究成果主要集中在建筑、能源、计算机、环境卫生、清洁等学科领域的期刊上；国内外的研究机构都主要集中在高校，尤其是美国的加州大学伯克利分校和斯坦福大学对该领域的研究有重要的引领作用；国内在该领域的研究热点为城市建成环境的规划与设计、建成环境与居民体力活动的关系、建成环境对不同人群的影响、不同城市的建成环境现状，国外在该领域的研究热点为建成环境发展的可持续性、建成环境与体力活动的关系、高科技发展对环境建设的影响、气候与建成环境的关系；国内在该领域的研究前沿主要集中在建成环境自身方面的相关研究、城市建成环境与规划、建成环境与体力活动的关系、全面建成小康社会背景下的建成环境研究，国外在该领域的研究前沿包括环境自身的结构与设计、建成环境对成年人的影响、建成环境对居民身体健康的影响、如何对建成环境进行干预等方面。

### 2.6.2　体力活动研究进展

国外学者在体力活动领域的研究比国内学者早了整整 10 年，并且国内期刊的发文量与国外期刊相比差距显著；国内的研究成果主要发表在卫生医学杂志和体育学杂志上，国外期刊主要集中在医学和体育学等学科领域；国内的研究机构主要分布在高校及研究所，国外的研究机构主要集中在高校；国内在该领域的研究热点主要有体力活动与疾病的关系研究、不同群体的体力活动研究、体力活动与建成环境的关系研究、体力活动的影响因素和运动方式等的研究，国外在该领域的研究热点主要包括不同人群的体力活动研究、体力活动对一些疾病的干预研究、体力活动的有效性研究；国内在该领域的研究前沿主要包括体力活动与疾病的关系研究、体力活动与建成环境的关系研究、儿童的体力活动、体力活动的危险因素研究、体力活动与生活方式的关系研究等，国外在该领域的研究前沿包括体力活动对一些疾病的影响研究、体力活动的影响因素研究、不同强度的体力活动研究、关于体力活动研究的元分析。

### 2.6.3　建成环境与体力活动研究进展

国内在建成环境与体力活动领域的研究起步晚、研究成果较少，与国外的研究还存在较大的差距；国内在该领域的研究主要分布在体育学、城市经济学、城乡规划与市政学、公共卫生与预防医学、社会学、特种医学等领域，国外在该领域的研究主要集中在医学和体育学等学科领域；国内外的研究机构都主要集中在高校；国内在该领域的研究热点主要有建成环境与体力活动自身的相关研究、不同群体的研究、体力活动与建成环境在健康城市、人类健康发展中的研究，国外在该领域的研究热点主要包括建成环境与步行性体力活动的关系研究、建成环境与体力活动对人类健康的影响研究、建成环境与体力活动的关联性研究、建成环境与体力活动在不同人群中的研究；国内在该领域的研究前沿主要是建成环境与老年人体力活动的关系研究，国外在该领域的研究前沿主要包括步行性体力活动、城市扩张、居民生活质量、旅游休闲活动等方面。

# 3 城市建成环境<br>对居民体力活动影响的 Meta 分析

## 3.1 引　言

近年来,越来越多的研究提出居民体力活动与城市建成环境存在关联,城市建成环境对居民健康的影响成为新热点,有关体力活动与城市建成环境的关系、体力活动与生活方式、不同强度的体力活动等成为国内外研究前沿,并且国际上创建了 IPEN,供学者们分享研究成果和进行交流。目前,我国在该领域的研究主要以综述、探索类研究为主,实证研究比较缺乏,并且与 IPEN 及国际同行的交流与合作也没有很好地建立起来。因此,本章通过中国知网、EBSCO、WOS 等多个数据库和电子平台对城市建成环境与体力活动的研究文献进行检索后,进行 Meta 分析,通过对多个研究结果之间一致性的评价、效应值的评估等,为进一步研究城市建成环境与体力活动之间的关系提供更科学的依据和参考,为城市规划部门和公共健康管理部门提供指导。

## 3.2 相关概念的界定

体力活动指任何由骨骼肌的运动引起的能量消耗的身体活动,包括交通性体力活动、工作体力活动、家务体力活动和休闲体力活动(吴志建等,2018),其中休闲体力活动主要包括体育锻炼,不包括闲暇时间看电视、使用电脑、玩电子游戏等久坐少动的活动。体力活动水平通常由持续时间、频率、强度、类型或者模式来描述,其中前三者是评价体力活动的主要定量指标,也是衡量体力活动总量的主要测度,不同研究领域对体力活动所采取的量度也不尽相同。

城市建成环境是相对于自然环境而言的一种人造环境,包括从都市的土地利用模式到都市的交通系统再到私人建筑及其周围空间的一切(Ewing,2005)。城市建成环境主要指城市规划环境,包括居住密度和强度、土地混合利用、服务方便性、街道连接性、景观审美质量和区域空间格局等。

## 3.3 研究假设与研究设计

### 3.3.1 研究假设

目前,城市建成环境对居民体力活动的影响已经得到了许多的验证,但关于城市建成环境各指标对居民体力活动是否都有影响及作用力的大小至今没有统一，甚至存在矛盾的地方，并且关于城市建成环境和居民体力活动指标的选择也没有一个统一的标准。以往大部分学者对城市建成环境的测量主要有三种方式，本书采用针对中国社会环境特点的中文改良版本 NEW－CS，因此建成环境的指标包括居住密度、土地混合度、服务方便性、街道连接性、骑行/步行基础设施、环境美观度、交通安全、治安安全八个维度。Meta 分析中也以这八个因子作为城市建成环境的构成因素，包含其中任何一个因素的文献都可纳入，分析这些因素对居民体力活动的影响。关于居民体力活动的衡量，不同研究领域学者对体力活动所采取的量度也不尽相同，本书采用国际体力活动问卷的中文版本 IPAQ－CS，该问卷的信效度已经经过了世界范围内不同国家的实践检验，该问卷主要包括工作相关的体力活动、家庭中的体力活动、交通中的体力活动及闲暇时间的体力活动。与城市建成环境相关的体力活动还包括休闲型步行总量、中等体力活动强度及体力活动总量，为了更好地了解该领域的研究进展，在进行 Meta 分析时，体力活动包含以上体力活动的任何一种形式的文献都可纳入。

3.3.1.1　*居住密度与体力活动*

关于居住密度与体力活动的关系，国内外学者进行了大量的研究。Zhang 等(2019)通过对中国广州郊区居民的调查发现，居住密度对居民的休闲体力活动不存在显著的影响。Vancampfort 等(2013)通过对比利时的 138 名精神分裂症患者进行调查发现，居住密度对患者的体力活动有显著影响。Troped 等(2010)通过对马萨诸塞州的 148 名成年人进行调查发现，居住密度对居民的剧烈体力活动有显著的影响。Buck 等(2015)通过对欧洲 300 名 6～9 岁的儿童进行测量发现，居住密度对儿童中等强度的体力活动有显著影响。Witten 等(2012)通过对新西兰 48 个社区的 2033 名成年人进行横断面调查发现，居住密度与自我报告的交通、休闲、步行性体力活动没有任何关系，但与客观测量的体力活动存在中等强度的关联。Lu 等(2018)通过对香港的 720 名老年人的调查显示，居住密度对交通步行、娱乐步行和剧烈的体力活动都没有显著影响。Sun 等(2020)通过对中国西安的 728 名成年人进行研究发现，居住密度对男性居民的体力活动没有显著影响，对女性剧烈的交通体力活动有显著的负向影响。Tamura 等(2019)通过对马萨诸塞州的 142 名居民进行测试发现，居住密度对测试者中等强度的体力活动、小强度的体力活动都具有显著的负向影响。Wu 等(2019)通过对中国南京的 399 名老年人的调查发现，居住密度对老年人的体力活动没有显著影响。Loh 等(2019)通过对澳大利亚墨尔本的 358 名青少年的调查发现，居住密度对青少年的剧烈体力活动有正向调节作用。Ying 等(2015)通过对中国上海 13 个社区的 1100 名 46～80 岁居民进行调查发现，居住密度与居民的体力活动没有显著的相关性。Lee 等(2016)通过对已有研究进行系统综述发现，关于居住密度和体力活动之间的关系研究发现不一致。Durand 等(2011)通过对 44 篇有关理性增长计划文献的分析发现，居住密度与增加体力活动水平(主要是步行)有关。黄晓燕等(2020)通过对中国西安的 813 名居民的调查发现，居住密度对居民的交通步行活动和休闲步行活动都没有显著的影响。吴志建等(2018)通过对纳入文献进行方法学质量评价显示，居住密度能促进老年人的休闲体力活动。吴嘉玉等(2021)通过对中国南京的 477 名居民的调查发现，居住密度对居民的久坐行为具有显著的影响。段银娟等(2020)通过对苏州、杭州、青岛和成都四个城市的 3789 名居民的调查显示，居住密度越高，居民的休闲体力活动水平越高。王厚雷等(2020)通过对中国南京的 501 名老年人的调查发现，居住密度对老年人的户外体力活动没有显著影响。王丽岩等(2017)通过对中国沈阳的245名中老年人的调查发现，居住密度对中老年人的体力活动没有显著影响。以上学者对居住密度与体力活动的关系进行了研究，虽然研究结论不一致，但一般来说，居住密度越高，居民进行近距离事务采取步行的可能性越大。因此，本书对居住密度与体力活动的关系进行如下假设。

H1a:城市建成环境中的居住密度对居民的体力活动有显著影响。

3.3.1.2 土地混合度与体力活动

Vancampfort等(2013)通过对比利时的138名精神分裂症患者进行调查发现，土地组合的多样性对患者的体力活动有显著影响。Li等(2008)通过对波特兰的1221名居民的调查发现，土地利用组合对步行性体力活动、交通性体力活动和工作中的体力活动都具有正向的显著影响。Troped等(2010)通过对马萨诸塞州的148名成年人进行调查发现，土地组合多样性对居民的剧烈体力活动没有显著的影响。Wineman等(2014)通过对美国的814名居民的调查发现，高密度和多用途土地倾向于阻止步行。Buck等(2015)通过对欧洲300名6～9岁的儿童进行测量发现，土地组合的多样性对儿童中等强度的体力活动没有显著影响。Witten等(2012)通过对新西兰48个社区的2033名成年人进行横断面调查发现，土地组合的多样性与体力活动的关联较弱。Lu等(2018)通过对香港的720名老年人的调查显示，土地利用对交通步行、娱乐步行和剧烈的体力活动都有显著影响。Sun等(2020)通过对中国西安的728名成年人进行研究发现，土地利用对居民的体力活动没有显著影响。Kolbe-Alexander等(2015)通过对南非老年人的调查发现，土地利用组合与老年人休闲时间剧烈的体力活动呈负相关。Ying等(2015)通过对中国上海13个社区的1100名46～80岁居民进行调查发现，土地使用与居民的体力活动呈显著正相关。Durand等(2011)通过对44篇有关理性增长计划文献的分析发现，混合土地使用与增加体力活动水平(主要是步行)有关。Elshahat等(2020)通过对33项研究的综合分析发现，土地利用组合多样性与交通体力活动呈显著正相关。Mikko等(2018)通过对纳入的21项前瞻性队列研究和30项自然实验进行分析发现，土地利用混合与体力活动的增加有关。Zapata-Diomedi等(2016)通过系统地识别澳大利亚建成环境和体力活动相关的同行评审和灰色文献发现，土地使用的多样性鼓励居民进行体力活动。吴志建等(2018)通过对纳入文献进行方法学质量评价显示，土地混合使用率能促进老年人的休闲体力活动。王厚雷等(2020)通过对中国南京的501名老年人的调查发现，土地利用混合度对老年人的户外体力活动没有显著影响。吴轶辉等(2016)通过对老年人休闲体力活动研究的梳理发现，土地混合利用度与老年人休闲体力活动存在相关。关于土地利用的多样性，国内外学者进行了大量的实证和理论研究，但得出的结论不一致。土地利用的多样性是指土地混合利用(主要指区域内土地的混合利用)，通常由土地利用混合度或土地混合使用率来衡量，主要通过空间安排使多种不同性质、功能的土地临近，鼓励了交通的主动模式(鲁斐栋等，2015)。因此，土地利用的多样性对居民的体力活动应该有影响，故本书的研究假设如下。

H1b:城市建成环境中的土地混合度对居民的体力活动有显著影响。

3.3.1.3 服务方便性与体力活动

Su等(2014)通过从杭州市三种类型行政规划单元的30个社区中随机抽取1440名参

与者进行调查发现，娱乐服务对男性居民的休闲体力活动影响显著，而对女性居民的休闲体力活动影响不显著。Heinrich等(2007)通过对美国的452名成年人的调查发现，服务的方便程度对居民的体力活动没有显著影响。Maddison等(2009)通过对新西兰奥克兰的110名青少年的调查发现，目的可达性对青少年的体力活动没有显著的影响。Vancampfort等(2019)通过对非洲乌干达的99名精神疾病门诊患者进行调查发现，服务的方便程度对患者的步行性体力活动有显著影响。Sun等(2020)通过对中国西安的728名成年人进行研究发现，服务方便程度对居民的体力活动没有显著影响。吴嘉玉等(2021)通过对中国南京的477名居民的调查发现，生活便利度对居民的久坐行为具有显著的影响。段银娟等(2020)通过对苏州、杭州、青岛和成都四个城市的3789名居民的调查显示，公共服务的可及性与居民的休闲体力活动水平呈正相关。通过以上学者的研究可以看出，服务的方便程度对居民的体力活动没有达成一致意见。一般来说，服务的方便程度越高，越有利于促进居民进行身体活动，因此，本书的研究假设如下。

H1c:城市建成环境中的服务方便性对居民的体力活动有显著影响。

3.3.1.4 *街道连接性与体力活动*

Zhang等(2019)通过对中国广州郊区居民的调查发现，街道连接性对居民的休闲体力活动存在显著的影响。Su等(2014)通过从杭州市三种类型行政规划单元的30个社区中随机抽取1440名参与者进行调查发现，街道连接性对男性居民的休闲体力活动影响显著，而对女性居民的休闲体力活动影响不显著。Vancampfort等(2013)通过对比利时的138名精神分裂症患者进行调查发现，街道连接性对患者的体力活动有显著影响。Li等(2008)通过对波特兰的1221名居民的调查发现，街道连接性对体力活动都具有正向的显著影响。Troped等(2010)通过对马萨诸塞州的148名成年人进行调查发现，十字路口密度对居民的剧烈体力活动没有显著影响。Wineman等(2014)通过对美国的814名居民的调查发现，街道连接性对居民的步行性体力活动有正向的促进作用。Boone-Heinonen等(2011)通过对美国的12701名青少年的调查发现，街道连接性越高，女性青少年的剧烈体力活动越低。Heinrich等(2007)通过对美国的452名成年人的调查发现，街道连接性对居民的体力活动有显著影响。Buck等(2015)通过对欧洲300名6～9岁的儿童进行测量发现，街道的连接性对儿童中等强度的体力活动有显著影响。Vancampfort等(2019)通过对非洲乌干达的99名精神疾病门诊患者进行调查发现，街道连接性对患者的步行性体力活动有显著影响。Witten等(2012)通过对新西兰48个社区的2033名成年人进行横断面调查发现，街道连接性与休闲体力活动存在一定的关系。Lu等(2018)通过对香港的720名老年人的调查显示，十字路口密度对交通步行、娱乐步行和剧烈的体力活动都有显著影响。Goon等(2020)通过对加拿大萨斯卡通的816名9～14岁儿童接受关于建成环境认知的调查显示，街道连接性对儿童的剧烈体力活动有显著影响。Sun等(2020)通过对中国西安的728名成年人进行研究发现，街道连接性对男性居民的休闲体力活动有显著的负向影响。Michael等(2015)通过对奥地利参加体检的904名居民进行调查发现，街道连通性对休闲体力活动和交通体力活动有显著的影响。Tamura等(2019)通过对马萨诸塞州的142名居民进行测试发现，街道连接性对测试者中等强度的体力活动、小强度的体力活动都具有显著的负向影响。Wu等(2019)通过对中国南京的399名老年人的调查发现，街道连通性对老年人的体力活动有显著影响。Ying 等(2015)通过对中国上海 13 个社区的 1100 名 46～80 岁居民进行调查发现,街道连接性与居民的体力活动呈正相关。Christie 等(2020)通过综合有关加拿大成人建筑环境与体力活动之间关系的文献发现,街道连接性与体力活动呈正相关。吴志建等(2018)通过对纳入文献进行方法学质量评价显示,街道连通性对老年人的休闲体力活动未产生影响。段银娟等(2020)通过对苏州、杭州、青岛和成都四个城市的 3789 名居民的调查显示,街道连接性与居民的休闲体力活动水平呈正相关。王厚雷等(2020)通过对中国南京的 501 名老年人的调查发现,街道连通性对老年人的户外体力活动有显著影响。靳明等(2017)通过对中国石家庄的 2356 名青少年的调查显示,街道连通性不能显著影响青少年的体力活动。吴轶辉等(2016)通过对老年人休闲体力活动研究的梳理发现,街道连通性与老年人休闲体力活动存在相关。通过以上国内外学者的研究可以发现,只有一项研究显示街道连通性对居民的体力活动没有显著影响。因此,本书的研究假设如下。

H1d:城市建成环境中的街道连接性对居民的体力活动有显著影响。

#### 3.3.1.5 骑行/步行基础设施与体力活动

Zhang 等(2019)通过对中国广州郊区居民的调查发现,步行基础设施对居民的休闲体力活动存在显著的影响。Su 等(2014)通过从杭州市三种类型行政规划单元的 30 个社区中随机抽取 1440 名参与者进行调查发现,活动设施对男性居民的休闲体力活动影响显著,而对女性居民的休闲体力活动影响不显著。Vancampfort 等(2013)通过对比利时的 138 名精神分裂症患者进行调查发现,骑行/步行的基础设施对患者的体力活动有显著影响。Adlakha 等(2015)对美国密苏里州的 2015 名居民进行电话采访发现,骑行设施对工作体力活动、通勤体力活动、休闲体力活动和总的体力活动都有显著的影响。Heinrich 等(2007)通过对美国的 452 名成年人的调查发现,步行基础设施对居民的体力活动没有显著影响。Maddison 等(2009)对新西兰奥克兰的 110 名青少年的调查发现,步行友好性对青少年的体力活动没有显著的影响。Boone-Heinonen 等(2010)通过对美国的 12 701 名青少年的调查发现,公共体力活动设施的可用性对青少年的体力活动没有显著影响。Lu 等(2018)通过对香港的 720 名老年人的调查显示,休闲设施对交通步行、娱乐步行没有显著影响,对剧烈的体力活动有显著影响。Goon 等(2020)通过对加拿大萨斯卡通的 816 名 9～14 岁儿童接受关于建成环境认知的调查显示,设施的可用性对儿童的剧烈体力活动有显著影响。Sun 等(2020)通过对中国西安的 728 名成年人进行研究发现,骑行/步行基础设施对男性居民的休闲体力活动有显著的正向影响。Michael 等(2015)通过对奥地利参加体检的 904 名居民进行调查发现,骑行/步行基础设施对休闲体力活动有显著的影响。Yu 等(2020)通过对中国深圳的 986 名居民进行调查发现,基础设施的可用性对居民休闲体力活动和中等强度的体力活动都具有显著的影响。Loh 等(2019)通过对澳大利亚墨尔本的 358 名青少年的调查发现,娱乐设施对青少年的剧烈体力活动有正向调节作用。Elshahat 等(2020)通过对 33 项研究的综合分析发现,娱乐设施导致休闲期间的体力活动增加。Mikko 等(2018)通过对纳入的 21 项前瞻性队列研究和 30 项自然实验进行分析发现,骑行/步行基础设施与总体以及交通相关体力活动的增加有关。Timperio 等(2015)通过回顾 2011～2014 年间公布的最新证据发现,社区步行/自行车基础设施与交通体力活动有关。黄晓燕等(2020)通过对中国西安的 813 名居民的调查发现,步行基础设施对居民的交通步行活动和休闲步行活动都有显著的影响。吴嘉玉等(2021)通过对中国南京的477名居民的调查发现,步行设施对居民的久坐行为没有显著的影响。段银娟等(2020)通过对苏州、杭州、青岛和成都四个城市的3789名居民的调查显示,体力活动场所的可及性越高,居民的休闲体力活动水平越高。靳明等(2017)通过对中国石家庄的2356名青少年的调查显示,设施可利用性能显著影响青少年的体力活动。通过以上学者的研究显示,大部分的研究结果证实骑行/步行基础设施对居民的体力活动有显著影响。因此,本书的研究假设如下。

H1e:城市建成环境中的骑行/步行基础设施对居民的体力活动有显著影响。

3.3.1.6 *环境美观度与体力活动*

Su等(2014)通过从杭州市三种类型行政规划单元的30个社区中随机抽取1440名参与者进行调查发现,社区环境美观度对男性居民的休闲体力活动影响不显著,而对女性居民的休闲体力活动影响显著。Vancampfort等(2013)通过对比利时的138名精神分裂症患者进行调查发现,环境美观度对患者的体力活动有显著影响。Boone-Heinonen等(2011)通过对美国的12 701名青少年的调查发现,环境的美观多样性对青少年的体力活动有显著的正向影响。Heinrich等(2007)通过对美国的452名成年人的调查发现,环境美观度对居民的体力活动没有显著影响。Witten等(2012)通过对新西兰48个社区的2033名成年人进行横断面调查发现,街区景观与休闲体力活动存在一定的关系。Sun等(2020)通过对中国西安的728名成年人进行研究发现,环境美观度对男性居民总的体力活动和休闲体力活动有显著的正向影响。Yu等(2020)通过对中国深圳的986名居民进行调查发现,环境美观度对居民休闲体力活动和中等强度的体力活动都具有显著的影响。Kolbe-Alexander等(2015)通过对南非老年人的调查发现,社区美学对老年人休闲体力活动有显著影响。黄晓燕等(2020)通过对中国西安的813名居民的调查发现,社区及周边建筑外观对居民的交通步行活动有显著影响,对休闲步行活动没有显著影响。吴志建等(2018)通过对纳入文献进行方法学质量评价显示,美学感知能促进老年人的休闲体力活动。段银娟等(2020)通过对苏州、杭州、青岛和成都四个城市的3789名居民的调查显示,美观度越好,居民的休闲体力活动水平越高。靳明等(2017)通过对中国石家庄的2356名青少年的调查显示,美学性能显著影响青少年的体力活动。王丽岩等(2017)通过对中国沈阳的245名中老年人的调查发现,环境美化情况与中老年人的体力活动存在联系。以上学者的研究中只有两项研究显示环境的美观性对居民的体力活动没有显著影响,一般来说,爱美之心人皆有之,环境的好坏直接影响居民锻炼的心境、频率等。因此,本书的研究假设如下。

H1f:城市建成环境中的环境美观度对居民的体力活动有显著影响。

3.3.1.7 *交通安全与体力活动*

Su等(2014)通过从杭州市三种类型行政规划单元的30个社区中随机抽取1440名参与者进行调查发现,交通安全对居民的休闲体力活动影响不显著。Adlakha等(2015)对美国密苏里州的2015名居民进行电话采访发现,交通安全对通勤体力活动、休闲体力活动有显著的影响,对工作体力活动和总的体力活动没有显著的影响。Sun等(2020)通过对中国西安的728名成年人进行研究发现,交通安全对居民任何形式的体力活动都没有显著的影响。Michael等(2015)通过对奥地利参加体检的904名居民进行调查发现,交通安全对休闲体力活动有显著的影响。Yu等(2020)通过对中国深圳的986名居民进行调查发现,交通安全对居民休闲体力活动有显著的影响。Kolbe-Alexander 等(2015)通过对南非老年人的调查发现,交通安全与老年人交通体力活动呈负相关。Wu 等(2019)通过对中国南京的 399 名老年人的调查发现,交通安全对老年人的体力活动没有显著影响。黄晓燕等(2020)通过对中国西安的 813 名居民的调查发现,交通安全对居民的交通步行活动和休闲步行活动都没有显著的影响。吴志建等(2018)通过对纳入文献进行方法学质量评价显示,交通安全能促进老年人的休闲体力活动。王丽岩等(2017)通过对中国沈阳的 245 名中老年人的调查发现,交通安全与中老年人的体力活动存在联系。以上大部分学者的研究显示,交通安全对居民的体力活动有显著影响。如果交通不安全,则肯定会影响居民的出行和步行,居民会从心理上产生负担,增加进行体力活动的阻碍和顾虑。因此,本书的研究假设如下。

H1g:城市建成环境中的交通安全对居民的体力活动有显著影响。

3.3.1.8 *治安安全与体力活动*

Su 等(2014)通过从杭州市三种类型行政规划单元的 30 个社区中随机抽取 1440 名参与者进行调查发现,治安安全对居民的休闲体力活动影响不显著。Derose 等(2019)通过对美国洛杉矶高度贫困社区 48 个公园的 3213 名公园使用者进行调查发现,感知犯罪与公民在公园进行身体锻炼存在正向显著差异,并且女性与男性相比,女性较少在公园进行体育活动,原因包括对个人安全和步行路径的担忧。Vancampfort 等(2013)通过对比利时的 138 名精神分裂症患者进行调查发现,治安安全性对患者的体力活动有显著影响。Adlakha 等(2015)对美国密苏里州的 2015 名居民进行电话采访发现,治安安全对通勤体力活动有显著的影响,对休闲体力活动、工作体力活动和总的体力活动没有显著的影响。Boone-Heinonen 等(2010,2011)通过对美国 12 701 名青少年的调查发现,犯罪率对青少年的体力活动有显著影响。Maddison 等(2009)对新西兰奥克兰的 110 名青少年的调查发现,感知安全性对青少年的体力活动没有显著的影响。Goon 等(2020)通过对加拿大萨斯卡通的 816 名 9～14 岁儿童接受关于建成环境认知的调查显示,感知的犯罪对儿童的剧烈体力活动有显著影响。Sun 等(2020)通过对中国西安的 728 名成年人进行研究发现,犯罪率对居民任何形式的体力活动都没有显著的影响。Michael 等(2015)通过对奥地利参加体检的 904 名居民进行了调查发现,治安安全感对休闲体力活动和总的体力活动有显著的影响。Yu 等(2020)通过对中国深圳的 986 名居民进行调查发现,治安安全对居民休闲体力活动和中等强度的体力活动都具有显著的影响。Elshahat 等(2020)通过对 33 项研究的综合分析发现,犯罪的防范增加了总的体力活动和步行水平。吴志建等(2018)通过对纳入文献进行方法学质量评价显示,环境安全性能促进老年人的休闲体力活动。吴嘉玉等(2021)通过对中国南京的 477 名居民的调查发现,步行安全对居民的久坐行为具有显著的影响。靳明等(2017)通过对中国石家庄的 2356 名青少年的调查显示,安全性能显著影响青少年的体力活动。王丽岩等(2017)通过对中国沈阳的 245 名中老年人的调查发现,治安安全与中老年人的体力活动存在联系。以上学者关于治安安全与居民体力活动之间的关系研究,得出了不同的结论。一般来说,是否安全是居民进行体力活动的影响因素,不安全会增加居民进行体力活动的阻碍和顾虑。因此,本书的研究假设如下。

H1h:城市建成环境中的治安安全对居民的体力活动有显著影响。

3.3.1.9 *建成环境整体与体力活动*

Katapally 等(2016)通过对六个大洲 38 个国家的儿童和青少年的调查发现,整体的体力活动与建成环境之间不存在显著相关。Carlson 等(2012)通过对居住在美国马里兰州的巴尔的摩和华盛顿州的西雅图的 719 名社区的老年人进行调查发现,城市建成环境与社会心理因素对老年人的体力活动存在协同交互作用。Frank 等(2007)通过对美国亚特兰大的 3522 名居民进行调查发现,创造适合步行的环境可能会导致更高水平的体力活动和更少的驾驶,并使肥胖率降低。Carroll-Scott 等(2013)通过对 1048 名五年级和六年级学生进行调查发现,邻里社会关系与锻炼频率呈正相关,不同区域的社区环境特征与儿童的 BMI(body mass index,身体质量指数)和健康行为独立相关,健康行为与建成的社会和社会经济环境资产有关,而不健康行为与建成的环境抑制因素有关。Adlakha 等(2015)对美国密苏里州的 2015 名居民进行电话采访发现,社区建成环境对休闲体力活动、工作体力活动和总的体力活动有显著的影响,对通勤体力活动没有显著的影响。Ding 等(2012)通过对美国两个地区的 2199 名成年人的调查发现,建成环境对不具备积极心理倾向的成年人的体力活动有更大的影响。Hager 等(2013)通过对美国的 224 名青少年学生的调查发现,学生对建筑环境的感知对剧烈的体力活动有显著影响,对步行距离的感知对剧烈体力活动也有显著影响。Calise 等(2012)通过对美国奥斯汀的 424 名拆迁户居民的调查发现,居民在不同社区环境下体力活动的不同,证实了建筑环境对居民体力活动的影响。Loh 等(2019)通过对澳大利亚墨尔本的 358 名青少年的调查发现,建筑环境对青少年的剧烈体力活动有更强的促进作用。Lee 等(2016)通过对已有研究进行系统综述发现,测量的大多数建成环境属性与报告的体力活动显著相关。Sallis 等(2020)对 IPEN 的八篇重要的论文数据进行重新分析发现,无论是客观测量还是自我报告的邻里环境属性,都与所有体力活动结果(加速度计评估的总体力活动,报告的步行交通和休闲)密切相关。Christie 等(2020)通过综合有关加拿大成年人建筑环境与体力活动之间关系的文献发现,相对于客观测量的建筑环境,自我报告的建筑环境和体力活动之间的联系不太一致。Bonaccorsi 等(2020)通过伞式综述方法对纳入的 11 篇文献进行分析显示,建筑环境的特定元素可以促进老年人的身体健康活动。Durand 等(2011)通过对 44 篇有关理性增长计划文献的分析发现,与理性增长规划相关的建筑环境的几个特征可能会促进重要形式的体力活动。Rhodes 等(2020)通过对 46 个独立研究的系统分析发现,在控制了个人层面的因素后,没有证据表明建筑环境与体力活动有直接关联。Zapata-Diomedi 等(2016)通过系统地识别澳大利亚建成环境和体力活动相关的同行评审和灰色文献发现,建筑环境是有利于体力活动的,强调了城市健康规划对人口体力活动水平的影响。吕和武等(2017)通过系统梳理英国、美国、新加坡三个国家的相关研究发现,建成环境与全民体力活动之间存在显著的相关性。沈晶等(2019)通过系统梳理 2018 年 4 月前的相关文献发现,建成环境整体上对中国青少年儿童的体力活动有显著影响。以上大部分学者的研究显示,建成环境对居的民体力活动有影响。因此,本书的研究假设如下。

H1:城市建成环境整体对居民的体力活动有显著影响。

### 3.3.2 控制变量的影响

由于各独立研究之间存在一定的差异和局限性,建成环境对居民体力活动影响的研究可能受到某些潜在调节变量的影响。本书将中介变量作为调节变量中的测量因素,将文化因素和样本因素作为调节变量中的情景因素，进而分析这些调节变量对城市建成环境和居民体力活动关系的影响。

3.3.2.1 中介变量

在城市建成环境对居民体力活动影响的研究中，许多用到了中介变量，如样本的群体性、种族、性别、社会经济地位、社会支持、社会心理、个人偏好等。如果居民有着积极的社会心理和社会支持，就会增强两者之间的关系；而收入或社会经济地位较低会弱化两者之间的关系。因此，本书认为，中介变量的存在会影响两者之间的关系，并提出如下研究假设。

H2：城市建成环境与居民体力活动的关系受到中介变量的影响。

3.3.2.2 文化因素

文化对居民的价值观和行为方式有着直接的影响，因此不同的区域、社会环境、成长背景势必会对居民的出行行为、个人偏好、休闲方式等产生影响，进而影响城市建成环境与居民体力活动之间的关系。因此，在不同的文化背景下，城市建成环境对居民体力活动的影响是不一样的。本书的文化因素主要根据调查对象区域的不同进行划分，主要分为东方文化（包括中国、非洲等）和西方文化（主要包括美国、新西兰、澳大利亚、加拿大等资本主义国家），并提出如下研究假设。

H3：城市建成环境与居民体力活动的关系受到文化因素的影响。

3.3.2.3 样本因素

不同的群体有着不同的价值观念，进而产生不同的行为方式。例如，青少年、成年人和老年人在进行体育锻炼的目的上是不同的，青少年是为了减肥、学习运动技术等，成年人和老年人是为了提高身体素质、缓解疲劳和压力、预防疾病、康复与疗养等。因此，不同的样本群体对城市建成环境和居民体力活动关系会产生一定的影响。本书将调查样本分为儿童青少年群体、成年人群体和老年人群体，并提出如下研究假设。

H4：城市建成环境与居民体力活动的关系受到样本因素的影响。

综合前面的文献回顾和研究假设，本书总体的研究假设框架如图 3-1 所示。

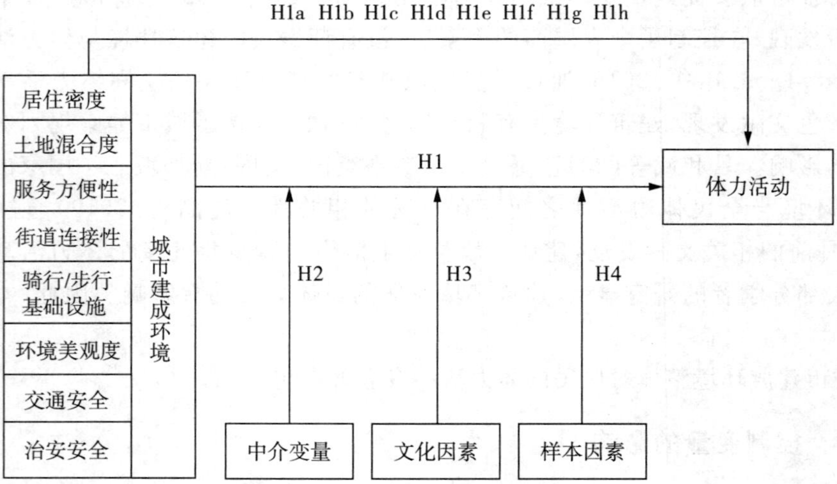


图 3-1 研究假设框架

### 3.3.3　研究设计

3.3.3.1　文献检索

本书采取 Meta 分析的方法对多个具有相同研究目的文献进行综合分析。通过中国知网、EBSCO、WOS 等多个数据库和电子平台进行检索，检索时间是 2021 年 1 月 31 日，同时对相关文献进行人工二次检索，尽可能保证文献数据的代表性和完整性。

3.3.3.2　文献筛选与资料提取

因为不同的研究者采用的研究变量、调查对象、研究方法等是不同的，研究结果间存在一定的差异性，所以本研究拟定的文献纳入标准是：①中文文献或英文文献；②定量研究；③建成环境的测量标准至今虽然没有完全统一，但至少包含居住密度、土地混合度、服务方便性、街道连接性、骑行/步行基础设施、环境美观度、交通安全、治安安全八个维度中的一个维度；④体力活动根据属性不同可以分为交通体力活动、工作体力活动、家务体力活动、休闲体力活动，根据强度不同可以分为小强度、中等强度和大强度，有的用总的体力活动或体力活动来表达，因此选取的文献至少包含其中的一种体力活动形式；⑤单个研究中有报告样本规模、测量方式及相关的表达数据；⑥如果同一研究多次发表，则只将其中的一次纳入研究范围。

本书的 Meta 分析严格按照 PRISMA 声明的流程进行。首先按照筛选流程对检索的文献进行筛选，最终共有 40 篇文献纳入标准，其中外文 32 篇、中文 8 篇。具体的文献筛选流程如图 3－2 所示。

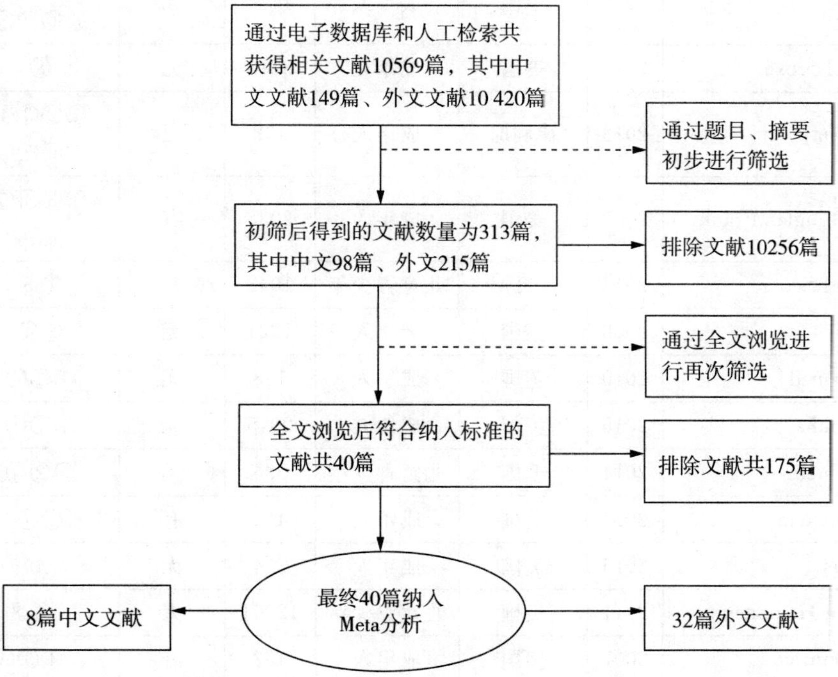


图 3－2　文献筛选流程

## 3.4 研究结果

### 3.4.1 纳入文献的基本情况

研究中既要讨论建成环境各因素对体力活动的影响，又要讨论建成环境整体对体力活动的影响效应。因此，对文献中建成环境的不同维度对体力活动的影响系数、95%CI、平均值等，利用软件 RM5.4 进行转化，然后采用加权平均的方法，得到整体的最终效应值。如果碰到建成环境的不同维度对体力活动影响的文献，则通过逐层取平均值的方法，得到最终的效应值。本书采用软件 CMA2.0，使用相关系数作为效应值。研究过程为：把单个研究中的 $r$ 值转换为 Fisher'z 值，求出 Fisher'z 值的加权平均值转换为相关系数，得到最终的效应值。研究文献基本情况及效应值，如表 3-1 所示。

表 3-1 文献基本情况及效应值

| 第一作者 | 年份 | 调查地区 | 调查对象 | 样本量 | 中介变量 | 建成环境 | 效应值 |
|---|---|---|---|---|---|---|---|
| Tianyao Zhang | 2019 | 中国 | 成年人 | 513 | 无 | ①②③④⑤⑥⑧ | 0.436 |
| Jordan A. Carlson | 2012 | 美国 | 成年人 | 718 | 有 | ②⑤⑥ | 0.844 |
| Meng Su | 2014 | 中国 | 成年人 | 1434 | 无 | ①②③④⑤⑥⑦⑧ | 0.733 |
| Kathryn P. Derose | 2019 | 美国 | 成年人 | 3213 | 无 | ⑧ | 0.029 |
| Davy Vancampfort | 2013 | 比利时 | 成年人 | 138 | 无 | ①②③④⑤⑥⑦⑧ | 0.977 |
| Lawrence Douglas Frank | 2007 | 美国 | 成年人 | 2088 | 有 | ①③④⑤⑥⑦⑧ | 0.986 |
| Amy Carroll-Scott | 2013 | 美国 | 儿童青少年 | 1048 | 有 | ①⑧ | 0.968 |
| Fuzhong Li | 2008 | 美国 | 老年人 | 1221 | 无 | ②④ | 0.535 |
| Philip J. Troped | 2010 | 美国 | 成年人 | 148 | 无 | ①②④ | 0.583 |
| Deepti Adlakha | 2015 | 美国 | 成年人 | 2015 | 无 | ①⑦⑧ | 0.281 |
| Christoph Buck | 2011 | 德国 | 儿童青少年 | 596 | 无 | ①②④ | 0.698 |
| Jean D. Wineman | 2014 | 美国 | 成年人 | 460 | 有 | ①④ | 0.894 |
| Geraint Ellis | 2016 | 美国 | 成年人 | 814 | 无 | ④ | 1.000 |
| Janne Boone-Heinonen | 2011 | 美国 | 儿童青少年 | 12701 | 无 | ④⑥⑧ | 0.017 |
| Katie M Heinrich | 2007 | 美国 | 成年人 | 452 | 有 | ③④⑤⑥ | 0.781 |
| Ralph Maddison | 2009 | 新西兰 | 儿童青少年 | 110 | 有 | ③⑤⑧ | 0.962 |
| Janne Boone-Heinonen | 2010 | 美国 | 儿童青少年 | 12701 | 有 | ⑤⑥⑧ | 0.026 |

（续表）

| 第一作者 | 年份 | 调查地区 | 调查对象 | 样本量 | 中介变量 | 建成环境 | 效应值 |
|---|---|---|---|---|---|---|---|
| Jennifer L. Gay | 2011 | 美国 | 成年人 | 477 | 有 | ②③④⑧ | 0.951 |
| Ding Ding | 2012 | 美国 | 成年人 | 2199 | 有 | ③⑤⑥ | 0.823 |
| Erin R. Hager | 2013 | 美国 | 儿童青少年 | 224 | 无 | ③④ | 0.084 |
| Christoph Buck | 2015 | 欧洲 | 儿童青少年 | 300 | 无 | ①②④ | 0.760 |
| Davy Vancampfort | 2019 | 非洲 | 成年人 | 99 | 无 | ③④⑤⑥⑦⑧ | 0.994 |
| Karen Witten | 2012 | 新西兰 | 成年人 | 2033 | 无 | ①②④⑥ | 0.824 |
| Yi Lu | 2018 | 中国香港 | 老年人 | 720 | 无 | ①②③④⑤ | 0.733 |
| Shatabdi Goon | 2020 | 加拿大 | 儿童青少年 | 816 | 无 | ④⑥⑧ | 0.048 |
| Yuliang Sun | 2020 | 中国 | 成年人 | 728 | 无 | ①②③④<br>⑤⑥⑦⑧ | 0.730 |
| Ting Yu | 2020 | 中国 | 成年人 | 986 | 无 | ④⑤⑥⑦⑧ | 0.994 |
| Kosuke Tamura | 2019 | 美国 | 成年人 | 142 | 无 | ①④ | 0.990 |
| Tracy L. Kolbe-Alexander | 2015 | 南非 | 老年人 | 44 | 有 | ①②④⑤<br>⑥⑦⑧ | 0.763 |
| Zhi-jian Wu | 2019 | 中国 | 老年人 | 399 | 无 | ①②④⑤<br>⑥⑦⑧ | 0.998 |
| Venurs H. Y. Loh | 2019 | 澳大利亚 | 儿童青少年 | 358 | 有 | ①②④ | 0.082 |
| Zhang Ying | 2015 | 中国 | 成年人 | 1100 | 无 | ①②④ | 0.106 |
| 黄晓燕 | 2020 | 中国 | 成年人 | 813 | 有 | ①③④⑤<br>⑥⑦ | 0.881 |
| 吴志建 | 2019 | 中国 | 老年人 | 499 | 无 | ①②③④ | 0.931 |
| 吴嘉玉 | 2021 | 中国 | 成年人 | 477 | 有 | ①③④⑤⑦ | 0.721 |
| 王厚雷 | 2020 | 中国 | 老年人 | 501 | 无 | ①②④ | 0.019 |
| 段银娟 | 2020 | 中国 | 成年人 | 3789 | 无 | ①③④⑤⑥ | 0.354 |
| 靳明 | 2017 | 中国 | 儿童青少年 | 2356 | 无 | ③④⑤⑥⑧ | 0.977 |
| 王丽岩 | 2017 | 中国 | 老年人 | 245 | 无 | ①⑥⑦⑧ | 0.334 |
| 吴志建 | 2018 | 欧美、亚洲 | 老年人 | 24775 | 无 | ①②③④<br>⑥⑦⑧ | 0.175 |

注：①居住密度；②土地混合度；③服务方便性；④街道连接性；⑤骑行/步行基础设施；⑥环境美观度；⑦交通安全；⑧治安安全。

### 3.4.2 纳入文献的质量评价

对纳入标准的文献进行信息提取，由两位研究人员按照制作的提取表格分别独立提取文献，然后对提取内容进行比对，对提取内容不同的文献共同进行研究，达成一致意见的纳入，不能达成一致意见的删除。两位研究人员采用Combie横断面研究评价工具对纳入的文献进行质量评价。Combie横断面研究评价工具共包括七个指标，总分为7分，分别按照"是""否"和"不清楚"归类并给予1、0和0.5分，对不适合判定的指标用"～"表示并给予1分，6.0～7.0分质量为A级，4.0～5.5分质量为B级，小于4.0分质量为C级(罗杰等，2013)。纳入研究的40篇文献的质量学评价如表3-2所示，其中36篇研究文献的质量为A级，4篇研究文献的质量为B级。

表3-2 纳入研究文献的质量学评价

| 第一作者 | 发表年份 | $A_1$ | $A_2$ | $A_3$ | $A_4$ | $A_5$ | $A_6$ | $A_7$ | 总分 |
|---|---|---|---|---|---|---|---|---|---|
| Tianyao Zhang | 2019 | 是 | 是 | 是 | 是 | 是 | — | 是 | 7 |
| Jordan A. Carlson | 2012 | 是 | 是 | 否 | 不清楚 | 不清楚 | — | 是 | 5 |
| Meng Su | 2014 | 是 | 是 | 是 | 是 | 是 | — | 是 | 7 |
| Kathryn P. Derose | 2019 | 是 | 是 | 是 | 是 | 不清楚 | — | 是 | 6.5 |
| Davy Vancampfort | 2013 | 是 | 是 | 不清楚 | 不清楚 | 是 | — | 是 | 6 |
| Lawrence Douglas Frank | 2007 | 是 | 是 | 是 | 是 | 是 | — | 是 | 7 |
| Amy Carroll-Scott | 2013 | 是 | 是 | 是 | 是 | 是 | — | 是 | 7 |
| Fuzhong Li | 2008 | 是 | 是 | 不清楚 | 是 | 是 | — | 是 | 6.5 |
| Philip J. Troped | 2010 | 是 | 是 | 是 | 是 | 是 | — | 是 | 7 |
| Deepti Adlakha | 2015 | 是 | 是 | 不清楚 | 是 | 是 | — | 是 | 6.5 |
| Christoph Buck | 2011 | 是 | 是 | 不清楚 | 不清楚 | 不清楚 | — | 是 | 5.5 |
| Jean D. Wineman | 2014 | 是 | 是 | 是 | 是 | 是 | — | 是 | 7 |
| Geraint Ellis | 2016 | 不清楚 | 是 | 是 | 是 | 不清楚 | — | 是 | 6 |
| Janne Boone-Heinonen | 2011 | 是 | 是 | 是 | 是 | 是 | — | 是 | 7 |
| Katie M Heinrich | 2007 | 是 | 是 | 不清楚 | 是 | 是 | — | 是 | 6.5 |
| Ralph Maddison | 2009 | 是 | 是 | 不清楚 | 不清楚 | 是 | — | 是 | 6 |
| Janne Boone-Heinonen | 2010 | 是 | 是 | 是 | 是 | 是 | — | 是 | 7 |
| Jennifer L. Gay | 2011 | 是 | 是 | 是 | 是 | 是 | — | 是 | 7 |
| Ding Ding | 2012 | 是 | 是 | 是 | 是 | 是 | — | 是 | 7 |
| Erin R. Hager | 2013 | 是 | 是 | 是 | 是 | 是 | — | 是 | 7 |
| Christoph Buck | 2015 | 是 | 是 | 是 | 是 | 是 | — | 是 | 7 |
| Davy Vancampfort | 2019 | 是 | 不清楚 | 不清楚 | 不清楚 | 是 | — | 是 | 5.5 |
| Karen Witten | 2012 | 是 | 是 | 是 | 是 | 是 | — | 是 | 7 |
| Yi Lu | 2018 | 是 | 是 | 不清楚 | 是 | 是 | — | 是 | 6.5 |
| Shatabdi Goon | 2020 | 是 | 是 | 是 | 是 | 是 | — | 是 | 7 |
| Yuliang Sun | 2020 | 是 | 是 | 不清楚 | 是 | 是 | — | 是 | 6.5 |
| Ting Yu | 2020 | 是 | 是 | 是 | 是 | 是 | — | 是 | 7 |

（续表）

| 第一作者 | 发表年份 | $A_1$ | $A_2$ | $A_3$ | $A_4$ | $A_5$ | $A_6$ | $A_7$ | 总分 |
|---|---|---|---|---|---|---|---|---|---|
| Kosuke Tamura | 2019 | 是 | 是 | 是 | 是 | 是 | — | 是 | 7 |
| Tracy L. Kolbe-Alexander | 2015 | 是 | 不清楚 | 不清楚 | 不清楚 | 是 | — | 是 | 5.5 |
| Zhi-jian Wu | 2019 | 是 | 是 | 是 | 是 | 是 | — | 是 | 7 |
| Venurs H. Y. Loh | 2019 | 是 | 是 | 是 | 是 | 是 | — | 是 | 7 |
| Zhang Ying | 2015 | 是 | 是 | 是 | 是 | 是 | — | 是 | 7 |
| 黄晓燕 | 2020 | 是 | 是 | 是 | 是 | 是 | — | 是 | 7 |
| 吴志建 | 2019 | 是 | 是 | 是 | 是 | 是 | — | 是 | 7 |
| 吴嘉玉 | 2021 | 是 | 是 | 是 | 是 | 是 | — | 是 | 7 |
| 王厚雷 | 2020 | 是 | 是 | 不清楚 | 是 | 是 | — | 是 | 6.5 |
| 段银娟 | 2020 | 是 | 是 | 是 | 是 | 是 | — | 是 | 7 |
| 靳明 | 2017 | 是 | 是 | 是 | 是 | 是 | — | 是 | 7 |
| 王丽岩 | 2017 | 是 | 是 | 是 | 是 | 是 | — | 是 | 7 |
| 吴志建 | 2018 | 是 | 是 | 否 | 不清楚 | 是 | — | 是 | 6.5 |

注：$A_1$设计科学；$A_2$数据收集策略合理；$A_3$报告了样本应答率；$A_4$样本对总体的代表性好；$A_5$研究目的和方法合理；$A_6$报告了检验效能；$A_7$统计方法合理。

### 3.4.3 城市建成环境整体对居民体力活动影响的效应关系分析

在进行元分析之前，必须进行整体效应值的检验。根据漏斗图原理，如果点集中在漏斗图的底部且集中在中线的一侧，则表明存在发表偏倚（朱慧等，2013）。由图 3－3 可见，效应值的分布大部分集中在漏斗图的顶部，但在中线的两侧分布不均匀，因此，可能存在发表偏倚。为了进一步对发表偏倚进行检验，引入失安全系数（Rosenthal's Fail-safe N）进行估计，当安全篇数大于 $5K+10$（$K$ 为效应量）时，则认为发表偏差较小。本研究的安全篇数为388532，效应量为 40，结果 $5\times40+10=210<388532$，因此存在发表偏差的可能性较小。另外，采用 Begg 秩相关法检验报告偏倚，结果显示 P(2－tailed)为 0.843，大于 0.05，说明不存在出版偏倚。本研究综合失安全系数和 Begg 秩相关法的检测结果，说明存在发表偏倚的可能性较小。

发表偏倚不是漏斗图不对称的唯一原因，也可能是存在异质性而导致的（罗杰等，2013）。进一步采用 $Q^2$ 检验对各纳入研究结果进行异质性检验，由于 $Q^2$ 检验的统计检验力较低，按照 $a=0.10$ 的检验标准。若 $P<0.1$ 且 $I^2>40\%$，则说明各研究结果间存在异质性，采用随机效应模型进行 Meta 分析；若 $P>0.1$ 且 $I^2<40\%$，则说明各研究结果间存在同质性，采用固定效应模型进行 Meta 分析。在对建成环境对体力活动影响的分析中发现，$Q^2$ 检验的 $P<0.1$ 且 $I^2>40\%$，说明各研究结果间存在异质性，因此采用随机效应模型进行 Meta 分析。通过随机模型分析发现（表 3－3），平均效果量为 0.816（95%$CI$，0.733－0.875；$Z=10.656$，$P=0.000$），*I-SQUARED* 的值为 99.947%，表明 99.947%的

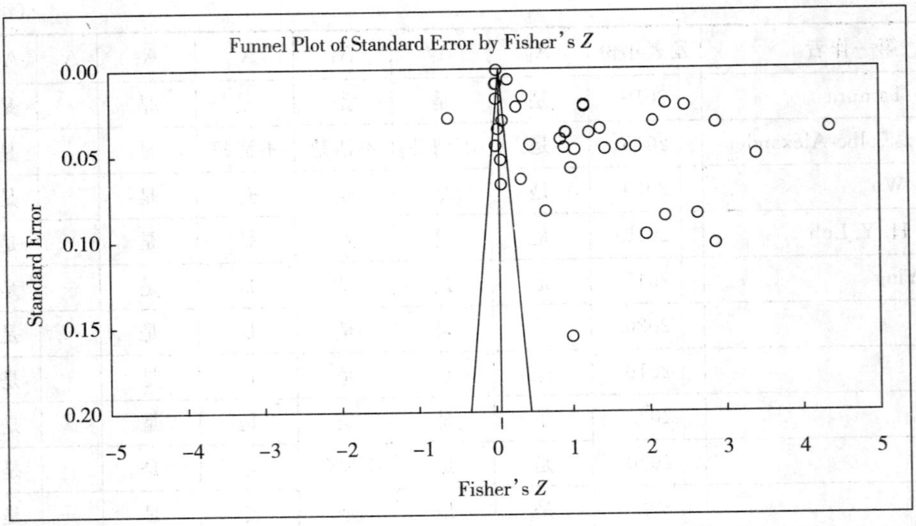


图 3-3 效应值分布的漏斗图

观察变异是由效应值之间的差异引起的，随机误差造成的观察变异只占了 0.053%，假设 H1 得到验证。

表 3-3 效应值的异质性检验

| 模型 | 效应值 | 样本数 | 异质性 | | | 双尾检验 | | 95%置信区间 | |
|---|---|---|---|---|---|---|---|---|---|
| | | | Q 值 | df(Q) | I-squared | Z 值 | P 值 | 下限 | 上限 |
| 随机模型 | 0.816 | 84450 | 73728.1 | 39 | 99.947 | 10.656 | 0.000 | 0.733 | 0.875 |

### 3.4.4 城市建成环境各维度对体力活动影响的分析

表 3-4 列出的是城市建成环境的居住密度、土地混合度、服务方便性、街道连接性、骑行/步行基础设施、环境美观度、交通安全、治安安全各维度对体力活动的影响。我们对每个维度所关联的文献进行了重新编码，对部分文献中对建成环境没有严格按照这八个维度进行划分的，通过对维度的描述或维度中各个题项的内容进行归类，无法进行匹配的维度进行舍弃，因此根据具体的城市建成环境研究维度统一进行了归纳和处理。通过表 3-4 中的结果可以看出，居住密度与体力活动之间的相关系数是 0.869($P<0.001$)，土地混合度与体力活动之间的相关系数为 0.760($P<0.001$)，服务方便性与体力活动之间的相关系数为 0.865($P<0.001$)，街道连接性与体力活动之间的相关系数为 0.781($P<0.001$)，骑行/步行基础设施与体力活动之间的相关系数为 0.817($P<0.001$)，环境美观度与体力活动之间的相关系数为 0.740($P<0.001$)，交通安全与体力活动之间的相关系数为 0.828($P<0.001$)，治安安全与体力活动之间的相关系数为 0.757($P<0.001$)。由此说明，建成环境各维度对体力活动的影响都很显著，假设 H1a、H1b、H1c、H1d、H1e、H1f、H1g、H1h 得到验证。并且，从表 3-4 中我们可以看出，居住密度对居民体力活动的影响最大，其次是服务方便性，环境美观度对体力活动的影响最小，这为相关部门进行城市和社区规划设计提供了一定的参考作用。

**表 3－4　城市建成环境各维度的元分析结果**

| 维度 | 效应值 | 样本数 | 异质性 | | | 双尾检验 | | 95%置信区间 | |
|---|---|---|---|---|---|---|---|---|---|
| | | | *Q* 值 | df(*Q*) | I-squared | *Z* 值 | *P* 值 | 下限 | 上限 |
| 居住密度 | 0.869 | 40212 | 39357.9 | 21 | 99.947 | 4.890 | 0.000 | 0.662 | 0.953 |
| 土地混合度 | 0.760 | 38194 | 18605.2 | 18 | 99.903 | 4.672 | 0.000 | 0.521 | 0.888 |
| 服务方便性 | 0.865 | 42918 | 31506.6 | 17 | 99.946 | 3.956 | 0.000 | 0.579 | 0.961 |
| 街道连接性 | 0.781 | 63980 | 44909.7 | 31 | 99.931 | 6.312 | 0.000 | 0.619 | 0.880 |
| 骑行/步行基础设施 | 0.817 | 32779 | 25012.1 | 19 | 99.924 | 5.280 | 0.000 | 0.618 | 0.917 |
| 环境美观度 | 0.740 | 70027 | 41306.6 | 20 | 99.952 | 5.060 | 0.000 | 0.524 | 0.866 |
| 交通安全 | 0.828 | 34241 | 22397.6 | 12 | 99.946 | 3.852 | 0.000 | 0.489 | 0.950 |
| 治安安全 | 0.757 | 53137 | 30670.0 | 18 | 99.941 | 5.553 | 0.000 | 0.565 | 0.871 |

### 3.4.5　控制变量对体力活动影响的分析

在城市建成环境对体力活动影响的 $Q^2$ 检验中发现，研究结果间具有异质性，因此采用随机效应模型进行 Meta 分析。进一步对研究的敏感性进行分析，从图 3－4 中可以看出，研究结果间存在较大的异质性，因此通过亚组分析进行处理，本书主要是把中介变量、文化因

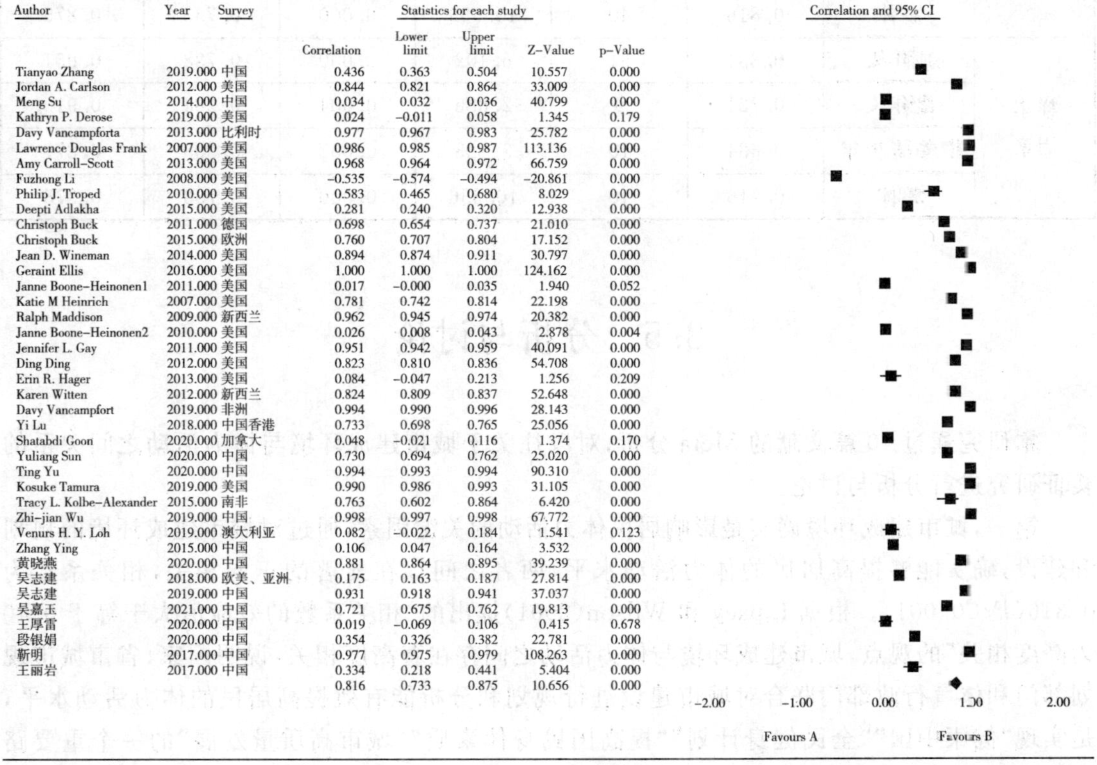


图 3－4　随机效应模型的敏感性分析

素和样本因素作为亚组进行分析。本研究的异质性检验显著，表明城市建成环境对体力活动的影响作用受到某些潜在调节变量的影响。对本研究的 40 篇文献进行细致梳理后，共总结了中介变量、文化因素、样本因素三个调节变量，三个调节变量对体力活动影响的检验结果如表 3－5 所示。由表 3－5 可知，城市建成环境与体力活动之间的关系受有无中介变量的影响，在有中介变量的情况下，两者的显著程度更高，因此，假设 H2 得到验证；城市建成环境与体力活动之间的关系受文化因素的影响，在东方文化背景下，城市建成环境对体力活动的影响更显著，假设 H3 得到验证；城市建成环境与体力活动之间的关系受样本因素的影响，在成年人调查群体中，两者的关系更显著，其次是老年人群体，最后是儿童青少年群体，假设 H4 得到验证。

**表 3－5　调节变量的检验结果**

| 调节变量 | | 效应值 | 文献量 | 双尾检验 | | 95%置信区间 | |
|---|---|---|---|---|---|---|---|
| | | | | $Z$ 值 | $P$ 值 | 下限 | 上限 |
| 中介变量 | 有 | 0.853 | 12 | 3.963 | 0.000 | 0.565 | 0.956 |
| | 无 | 0.798 | 28 | 8.978 | 0.000 | 0.693 | 0.869 |
| | 整体 | 0.825 | 40 | 9.954 | 0.000 | 0.736 | 0.886 |
| 文化因素 | 东方 | 0.821 | 17 | 7.532 | 0.000 | 0.695 | 0.898 |
| | 西方 | 0.813 | 23 | 5.496 | 0.000 | 0.623 | 0.912 |
| | 整体 | 0.816 | 40 | 10.656 | 0.000 | 0.733 | 0.875 |
| 样本因素 | 成年人 | 0.884 | 21 | 6.102 | 0.000 | 0.738 | 0.951 |
| | 老年人 | 0.721 | 9 | 2.886 | 0.004 | 0.284 | 0.910 |
| | 儿童青少年 | 0.684 | 10 | 3.128 | 0.002 | 0.303 | 0.877 |
| | 整体 | 0.816 | 40 | 10.656 | 0.000 | 0.733 | 0.875 |

## 3.5　分析与讨论

本研究通过 40 篇文献的 Meta 分析，对以往关于城市建成环境与体力活动之间关系的实证研究进行分析与讨论。

第一，城市建成环境确实是影响居民体力活动的关键因素，通过对城市建成环境的规划和建设，确实能够提高居民的体力活动水平，两者之间存在显著的正向相关，相关系数为 0.816($P<0.001$)。根据 Lipsey 和 Wilson(2001)提出的“相关系数的效应值大于等于 0.40 为高度相关”的观点，城市建成环境与体力活动之间存在着高度相关，说明国家、省市城市规划部门和体育行政部门联合对城市建设进行规划和分析能有效提高居民的体力活动水平，是实现“健康中国”“全民健身计划”“提高国民身体素质”“城市高质量发展”的一个重要路径。因此，政府部门和体育行政部门一方面要积极地制定政策促进居民健康水平的提高，另一方面要在进行城市环境建设和规划时充分考虑居民体力活动因素，让体育真正成为居民

生活的一部分。

第二,城市建成环境的居住密度、土地混合度、服务方便性、街道连接性、骑行/步行基础设施、环境美观度、交通安全、治安安全均对居民的体力活动水平有显著影响,相关系数分别为0.869、0.760、0.865、0.781、0.817、0.740、0.828、0.757。由此表示,城市建成环境的八个维度对居民体力活动水平都有很高程度的影响,尤其是居住密度对居民体力活动水平的影响程度最高,其次是服务方便性和交通安全。学者们对居住密度对体力活动影响的研究结论较为一致,认为居住密度是衡量一定范围内土地使用紧凑度和活动数量的指标,居住密度越高,人们需要通勤的距离就越小,越有利于减少机动车出行,因此,高密度的开发对体力活动的影响主要是提升交通性步行出行(王兰等,2020)。土地混合度主要指区域内土地利用的多样性和活动的丰富程度,土地混合利用主要通过空间安排使多种性质不同的土地相互临近甚至功能叠加,有利于缩短人们的出行距离、提供多元的吸引点,进而促进积极出行。需要说明的是,土地混合利用在一定密度的基础上影响居民的体力活动,当密度过高时会在很大程度上影响居民的交通性步行(鲁斐栋等,2015)。服务方便性主要指居民目的的可达性和获得设施服务的难易程度,已有研究充分证明,商业零食、休闲娱乐、体育、绿地和开放空间、公交站点等设施对体力活动具有显著的正面影响(王兰等,2020)。街道连接性指通向目的地的方向和路径的选择数量,它会影响居民出行路径和交通模式的选择,高连接性会鼓励居民主动出行方式的选择。但目前关于街道连接性对居民体力活动影响的结论是不一致的,有正向的相关、负向的相关和没有关系几种结论,本研究通过元分析发现,以往文献关于街道连接性对居民体力活动的影响整体是正向的相关。骑行/步行基础设施是提高居民进行步行或自行车运动的一种常用方法,一些研究已经证明,增加基础设施能够促进步行活动,但对其他体力活动的作用尚不明确。本文的元分析也证明了基础设施对居民体力活动的正向促进作用,但对体力活动的形式没有进行细分。环境美观度对居民的步行、骑行活动有重要的影响,漂亮的街边风景、公园、绿化空间、建筑物等都能促进和吸引人们自觉或不自觉地增加步行、骑行的体力活动总量。现在,我国很多城市都建立了健身路径、行人路径、单车路径等,倡导和吸引人们养成健康的生活方式。一般来说,人们都是喜欢美好的事物,因此,居民的美学感知能够解释环境美观度可以提升居民的积极体力活动。人们的体力活动与安全感存在相关。例如,脏乱的街道、昏暗的路灯、拥挤的街道等都会让人感觉不安全,这些建成环境可能会影响人们是否选择步行或骑自行车,因为人们要考虑到交通安全和治安安全的问题。以往文献研究证明,交通安全和治安安全与人们的体力活动正向相关。如果居民觉得周边的交通情况糟糕或担心基本的人身安全问题,则肯定不会从事或尽量减少步行、骑行等体力活动。

第三,通过敏感性分析和异质性检验,发现研究间存在显著的异质性,表明有某些潜在变量在起作用。通过控制变量的检验发现,中介变量、文化因素、样本因素均对城市建成环境与体力活动之间的关系有显著的影响。研究表明,是否存在中介变量对城市建成环境与体力活动之间的关系影响显著,并且有中介变量比没有中介变量的情况下,城市建成环境对居民体力活动的影响更大($r_{有}=0.853$,$r_{无}=0.798$)。这说明在实践中,城市建成环境对居民体力活动的影响受到一些中间因素的影响,当这些因素发生作用时,城市建成环境对居民体力活动的影响增大。例如,居民的社会经济水平、个人偏好、社会心理属性等都会在城市建成环境与居民体力活动关系中起到作用。因此，城市社区环境规划和建设要考虑到这些中介变量。在东方文化背景下，城市建成环境对居民体力活动的影响更大一点（$r_{东方}=0.821$，$P<0.001$）。这意味着，对于中国、非洲等的居民而言，城市建成环境在居民体力活动中发挥的作用更大，因此，中国、非洲等国家和地区为了更好地提高居民的体力活动水平，更应该注重城市建成环境的规划和设计。样本因素中，城市建成环境对成年人体力活动的影响最大，其次是老年人和儿童青少年（$r_{成年人}=0.884$，$r_{老年人}=0.721$，$r_{儿童青少年}=0.684$）。成年人需要工作，日常事务繁多，对闲暇时间的安排会相对谨慎一些，因此，对体力活动的环境更为在意、要求也会更多一些；老年人这一群体闲暇时间较多，可以有时间作出更多的选择，并且这一群体的经济条件较好、更注重对健康的追求，因此对体力活动的城市建成环境有更高的个人要求；儿童青少年群体没有独立的经济能力，主要受学校体育和家庭环境的影响较多，因此这一群体受城市建成环境的影响相对小一些。

## 3.6 结论与展望

### 3.6.1 结论

(1)城市建成环境整体上对居民体力活动有着显著的正向影响。

(2)城市建成环境中的居住密度、土地混合度、服务方便性、街道连接性、骑行/步行基础设施、环境美观度、交通安全、治安安全均对居民体力活动有显著影响，其中居住密度影响效果最大，环境美观度影响效果最小。

(3)通过对控制变量的检验发现，中介变量、文化因素、样本因素均对城市建成环境与居民体力活动之间的关系有显著影响，其中在有中介变量、东方文化背景、成年人群体的情况下，城市建成环境对居民体力活动的影响更大。

### 3.6.2 研究局限与展望

本部分还存在一定的局限性，首先，在文献收集方面，只收集、整理了汉语、英语文献，并且剔除了部分无法计算相关系数的文献，样本的全面性还有待提高；其次，本书仅关注了城市建成环境八个维度对整体体力活动的影响，而对体力活动的具体内容没有进行划分，因此城市建成环境维度对哪种形式的体力活动效应更大还未进行区分。未来的研究，首先，应该尽可能地收集全面的文献进行 Meta 分析，用更多形式的数据计算影响的效果量；其次，未来应该对城市建成环境每个维度对哪种形式的体力活动有影响、其影响程度有多大等进行进一步的划分研究，进而制订切实可行的、更为详细的措施方案；最后，本书只对影响城市建成环境与居民体力活动的关系的控制变量进行了表层分析，未来研究应该深入挖掘调节变量对两者关系的具体作用机制和影响路径等。

# 4 安徽省城市建成环境的测量与评价

## 4.1 引言

城市建成环境对居民健康的影响是近年来公共健康研究领域的新热点。城市建成环境主要指城市规划环境，是一种人造环境，主要包括建筑密度和强度、土地混合利用、街道衔接性、街道密度、景观审美质量和区域空间格局等。通过对现有研究文献的梳理与分析发现，城市建成环境与健康之间的关系并未取得具有说服力的结果，其原因可能是多方面的。例如，城市建成环境变量的选取并不能够很好地与受调查者的生活实际相匹配，多数研究中只对年龄、性别和受教育程度等变量进行了统计学控制。本章对安徽省城市建成环境进行调查与分析，了解安徽省城市建成环境的现状，探寻不同特征的居民对城市建成环境的感知和评价，希望通过城市环境规划建设为居民增加体力活动和促进健康提供指导。

## 4.2 测量工具

本书对安徽省城市建成环境的测量主要采用问卷调查的方式进行。《安徽省城市建成环境、居民体力活动调查问卷》共包含了五大部分，即导语、个人基本情况、城市建成环境情况、体力活动情况、结束语，本章主要对问卷中的城市建成环境情况进行分析。建成环境主要有三种测量方法：主观的社区居民步行性量表、客观的基于地理档案数据库分层分析的地理信息系统、系统观测。本书中城市建成环境部分问卷的制定主要采用国际标准的建成环境主观测量量表—社区居民步行性量表来调查安徽省的城市建成环境现状，该量表的国际版本 NEWS 由美国研究人员开发，其信效度已经过多次实践检验，随后作为国际标准的建成环境主观测量量表，被广泛应用于世界各国研究，并且多个国家的研究人员针对本国社会环境特点将量表改良为本国版本。本书的量表参照香港大学的 Cerin(2010)、吴昳辉(2017)及朱雯(2017)等学者的问卷进行了编制，编制的过程中问卷的总体结构没有改变，包括八个因素：居住密度、土地混合度、服务方便性、街道连接性、骑行/步行基础设施、环境美观度、交通安全、治安安全，只根据实际情况对一些条目的表达进行了修改和增减。最终编制的建成环境问卷共有 55 个条目，除居住密度和土地混合度外，其他六个城市建成环境因素的评价均采用 4 分制，根据认可度由低到高依次为非常不同意（1 分）、比较不同意（2 分）、比较同意(3 分)、非常同意(4 分)。居住密度采用 5 分制,分数随密度增大递增。土地混合度由步行至目的地的步行时间量化,包括五个时间选项和一个“不清楚”选项,时间选项由用时最少的“1～5 分钟”到用时最多的“30 分钟以上”。建成环境因素的最终得分为所包含子项的平均分。本书在皖北、皖中、皖南各选择一个城市进行调查,最终选择了皖北的蚌埠市、皖中的合肥市、皖南的黄山市作为调查城市,每个城市调查居民 300 人以上,通过分析对安徽省目前的城市建成环境现状进行了解,并对不同地域城市间的建成环境特点进行比较分析。

## 4.3 描述性统计分析

本书选择了皖北的蚌埠市、皖中的合肥市、皖南的黄山市作为调查城市,调查采用线上和线下相结合的方式进行,共发放调查问卷 1200 份,经过整理,去除填答不完整、规律答题等无效问卷后,最终收到有效问卷 994 份。从表 4 - 1 可以看出,本次调查中男性有 470 人,女性有 524 人,女性比男性人数略多一些。从年龄上看,至今世界上没有统一的年龄划分标准,按照《中华人民共和国老年人权益保障法(2018 年修正)》第二条指出的六十周岁以上的公民为老年人。《中华人民共和国民法典》第十七条指出不满十八周岁的自然人为未成年人。按照中国以往的年龄段划分标准,中国居民的年龄段可以大致划分为四个阶段,即 12～18 岁为少年、19～35 岁为青年、36～59 岁为中年、60 岁及以上为老年,本书按照这个标准对调查的样本进行了划分,其中少年有 30 人、青年有 480 人、中年有 478 人、老年有 6 人,可见本次调查以青年和中年居民为主。从居民的 BMI 指数来看,按照通常的划分标准,体重过轻(BMI 指数小于 18.5)的有 118 人,体重正常(BMI 指数为 18.5～23.99)的有 508 人,体重过重(BMI 指数为 24～27.99)的有 267 人,肥胖(BMI 指数大于等于 28)的有 101 人。由此可见,体重正常居民占据了 51.1%,体重过轻或过重、肥胖居民也占据了将近一半的比例,这应该引起居民和相关部门的重视,因为体重比从一定程度上反映了居民的健康状况。从调查区域来看,本书实行了抽样调查,其中皖北区域选择了蚌埠市,样本量为 369 份;皖中区域选择了合肥市,样本量为 307 份;皖南区域选择了黄山市,样本量为 318 份。从居民的文化程度来看,初中及以下的居民为 175 人,占比 17.6%;高中(含中专)为 233 人,占比 23.4%;大学(含大专)为 471 人,占比为 47.4%;研究生及以上为 115 人,占比 11.6%。由此可见,文化程度的分布呈正态,符合一般城市的居民文化程度特征。调查显示,817 人目前是有工作的,177 人没有工作。从月平均收入来看,小于 2000 元的有 135 人,2000～3999 元的有 125 人,4000～5999 元的有 269 人,6000～7999 元的有 223 人,8000～10000 元的有 144 人,1 万元以上的有 98 人。

**表 4 - 1 调查样本的基本情况**

| 变量 | 选项 | 频数 | 比例 |
|---|---|---|---|
| 性别 | 男性 | 470 | 47.3% |
| | 女性 | 524 | 52.7% |

（续表）

| 变量 | 选项 | 频数 | 比例 |
|---|---|---|---|
| 年龄分组 | 少年（12～18岁） | 30 | 3.0% |
| | 青年（19～35岁） | 480 | 48.3% |
| | 中年（36～59岁） | 478 | 48.1% |
| | 老年（60岁及以上） | 6 | 0.6% |
| BMI指数 | 过轻（小于18.5） | 118 | 11.9% |
| | 正常（18.5～23.99） | 508 | 51.1% |
| | 过重（24～27.99） | 267 | 26.8% |
| | 肥胖（大于等于28） | 101 | 10.2% |
| 调查区域 | 蚌埠 | 369 | 37.1% |
| | 合肥 | 307 | 30.9% |
| | 黄山 | 318 | 32.0% |
| 文化程度 | 初中及以下 | 175 | 17.6% |
| | 高中（含中专） | 233 | 23.4% |
| | 大学（含大专） | 471 | 47.4% |
| | 研究生及以上 | 115 | 11.6% |
| 是否工作 | 有 | 817 | 82.2% |
| | 没有 | 177 | 17.8% |
| 月平均收入 | 小于2000元 | 135 | 13.6% |
| | 2000～3999元 | 125 | 12.6% |
| | 4000～5999元 | 269 | 27.1% |
| | 6000～7999元 | 223 | 22.4% |
| | 8000～10000元 | 144 | 14.5% |
| | 1万元以上 | 98 | 9.8% |

## 4.4 安徽省城市建成环境的测量结果

### 4.4.1 居住密度测量情况

居住密度主要是衡量一定范围内住宅的紧凑程度和居住人口的数量，由人口密度和建筑密度两部分构成。该量表由五个题项构成，分别是：①你家附近3层以下的住宅有多普遍（包括独栋住宅、别墅、联排别墅、小洋房）？②你家附近4～6层的住宅楼有多普遍（主要指没有电梯的多层住址，不包括阁楼）？③你家附近7～12层的住宅楼有多普遍？④你家附近13～20层的住宅楼有多普遍？⑤你家附近20层以上的住宅楼有多普遍？由表4-2可以看出，第一题的平均得分为 2.04，72.2%的居民家附近独栋住宅、别墅、联排别墅、小洋房没有或很少，说明调查的大部分居民是普通的工薪阶层居民；第二题的平均得分为 3.25，其中选择"有些"和"很多"的居民占了大多数，说明大部分居民家附近 4～6 层的住宅楼还是比较普遍的；第三题的平均得分为 3.46，其中 25.6%的居民选择的是"有些"、42.7%的居民选择的是"很多"；第四题的平均得分为 3.54，是居住密度中得分最高的一个题项，其中 44.6%的居民选择的是"很多"，说明安徽省城市居民家附近 13～20 层的住宅楼是非常普遍的；第五题的平均得分为 2.61，其中选择"很少"和"有些"的居民占据了大多数。整体来看，安徽省居民居住密度的平均得分为 2.98，说明安徽省城市居民的居住密度处于中等水平（最高分为 5 分，最低为 1 分，本文采用如下标准：小于 1.5 分为低水平，1.5～2.5 分为中等偏下水平，2.6～3.5 分为中等水平，3.6～4.5 分为中等偏上水平，大于 4.5 分为高水平，土地混合度采用相同标准），其中得分最高的是第四题。随着城市化进程的发展，安徽省城市居民家附近 13～20 层的住宅楼最普遍，这与安徽省的城市大多是全国的二三线城市及其经济发展水平是密切相关的，虽然安徽省也是全国的人口大省，但与国内的一线城市相比其人口密度还是较低的，故其人口居住压力没有那么大，城市整体住宅楼的高度还是以 7～20 层为主，6 层以下的无电梯老住宅楼在逐渐减少，而新建的住宅楼超过 20 层以上的也较少。居住密度中的城市建筑物是一边连接着城市一边连接着生活的中间载体，它不仅是一个独立的建筑物，还有着丰富的内涵，对居民的生活有着深刻的影响。居住密度对居民体力活动的影响结论至今不统一，居住密度与体力活动在挪威呈正比，而在日本呈反比，一项来自我国南京的研究发现呈反比但并未得到充分支持，因此，居住密度与体力活动之间的关系可能不是简单的正相关关系（温煦等，2014）。

表 4-2　安徽省城市居住密度情况表

| 题项 | 平均值 | 没有 | 很少 | 有些 | 很多 | 全部 |
|---|---|---|---|---|---|---|
| A1 | 2.04 | 324，32.6% | 393，39.6% | 202，20.3% | 65，6.5% | 10，1.0% |
| A2 | 3.25 | 131，13.2% | 118，11.9% | 272，27.3% | 318，32.0% | 155，15.6% |
| A3 | 3.46 | 89，9.0% | 82，8.2% | 254，25.6% | 425，42.7% | 144，14.5% |
| A4 | 3.54 | 66，6.6% | 78，7.8% | 257，25.9% | 443，44.6% | 150，15.1% |
| A5 | 2.61 | 147，14.8% | 347，34.9% | 267，26.9% | 210，21.1% | 23，2.3% |

### 4.4.2　土地混合度测量情况

土地混合度是指区域内各种性质不同土地的相互临近和容纳状况，体现了土地利用的多样性（李孟飞，2017）。一般来说，土地混合度越高，说明城市用地的多样化，越能提高居民非机动车出行和休闲娱乐的概率，提高居民的体力活动。该量表由 22 个题项组成（具体题项内容如表 4-3 所示），土地混合度得分越高，说明社区周边土地的综合利用度越低，即土地混合度越低。"不知道"说明社区周边没有该类商铺、店铺等，或者距离居民的住宅较远造成居民不清楚到达的时间，因此"不知道"的情况计分为 6，说明土地混合度较低。经过统计后的情况如表 4-3 所示，可见，题项 1 的平均得分为 2.04，442 人居住的周边都有 1～5 分钟便可到达的便利店或小卖部，说明安徽省城市建设过程中非常重视生活的方便程度，这也是居民选择住房的一个重要参考标准；题项 2 的平均得分为 3.20，大部分居民到达大型商场或超市的时间在 6～30 分钟之间，大型商场或超市需要的各方面的运营基数比较大，因此不可能过于密集；题项 3 的平均得分为 3.07，大部分居民到达五金店的时间在 6～30 分钟之间；题项 4 的平均得分为 3.13，大部分居民居住的社区距离菜市场的步行时间在 6～20 分钟之间；题项 5 的平均得分为 3.43，居民距离洗衣店或干洗店的距离在各个步行时间段的人数是比较均衡的，说明这一条件对居民选择居住环境的影响程度不高，原因在于现在几乎每家有全自动洗衣机或多功能(烘干、干洗)洗衣机及熨烫机，居民对洗衣店或干洗店的需求度不高；题项 6 的平均得分为 3.35，大部分居民到达服装店或鞋店的步行时间在 20 分钟左右，居民对这一条件的要求一般，因为现在的网购十分便利，服装或鞋子在网上购买的很多；题项 7 的平均得分为 2.49，步行时间 6～10 分的居民最多，说明居民对居住环境周边是否有药店或药房是比较在意的；题项 8 的平均得分为 2.80，大部分居民到达理发店或美容店的步行时间在 1～20 分钟之间，这也是居民日常生活所必需的一部分，所以居民对居住环境周边是否有理发店或美容店还是比较重视的；题项 9 的平均得分为 4.18，这项得分比较高，说明土地混合度较低，原因在于大部分居民日常忙于工作和家务，在有限的空闲时间即使看书也大多阅读电子书籍，不想在路上花费时间；题项 10 的平均得分为 3.09，很多居民在买房的时候会考虑到小孩的上学问题，对好学校附近的学区房更是倾慕。这是居民选择居住环境考虑的一项重要因素；题项 11 的平均得分为 2.81，大部分居民到达幼儿园或其他学校的时间在 6～20 分钟之间，在孩子还小的时候，家长尤其是上班族家长的生活是非常忙碌的，因此住宅附近是否有幼儿园或其他学校会是其选择住宅的一个重要因素；题项 12 的平均得分为 2.25，这个题项得分较低，说明土地的混合度较高，这与居民现在很多用品采用网购的生活方式是分不开的；题项 13 的平均得分为 3.10，因为现在居民的消费几乎不用现金，所以居民对这一土地混合度的要求不高；题项 14 的平均得分为 3.17，随着居民健康意识的提高和国家“健康中国 2030”战略的实施，很多居民去快餐店的次数在减少，因此对住宅周边是否有快餐店并不是很在意；题项 15 的平均得分为 2.59，虽然居民对健康的生活方式有了很高的认识和追求，但日常生活中快节奏的生活和较大的工作压力，使得居民没有时间去做饭，因此居民对住宅周边是否有普通的餐厅或饭店比较在意，尽可能提高生活的方便程度；题项 16 的平均得分为 3.77，大部分居民到达电影院的步行时间在 11～30 分钟之间，虽然现在很多居民重视闲暇时间的生活质量，但网络的发达、家庭影院的冲击等使得居民对这一条件的要求并不是很高；题项 17 的平均得分为 3.65，虽然人难免会生病，但毕竟不是经常的，因此居民对住宅附近是否有医院并不在意，相反，大部分居民可能为了日常生活的安静不想距离医院太近；题项 18 的平均得分为 2.38，居民对居住环境附近是否有地铁站、公交站、共享单车站等比较重视，因为这关系到居民日常生活、上班出行的便利程度，是城市建成环境中能否满足居民出行需求的一个重要因素；题项 19 的平均得分为 3.49，大部分居民到达公园的步行时间在 11～30 分钟之间；题项 20 的平均得分为 2.84，目前中国的大部分城市都存在交通拥挤、停车困难的问题，因此这一关系日常生活便利性的问题居民是比较在意的；题项 21 的平均得分为 3.88，对大部分的普通居民尤其是中年人来说，目前都是处于快节奏、高强度的生活方式中，闲暇娱乐的时间是比较有限的；题项 22 的平均得分为 3.51，大部分居民到达体育馆或健身房的步行时间是11～30分钟，这在一般城市来说是普遍的现象，这与城市体育设施的布局是分不开的。有研究表明，土地混合度与居民进行积极的体力活动正相关，但只有土地混合度达到一定密度才能对体力活动造成影响(Frank等，2004；Learnihan等，2011)。总的来说，安徽省城市土地混合度的总体平均得分为3.10，处于中等水平。居民整体上对居住小区周边的便利店/小卖部、快递点/快递站、公交站/地铁站/共享单车站、药店/药房、普通的餐厅或饭店的重视程度排在前五位，对日常生活的用、行、吃等基本条件是否便利比较重视，而对图书馆、娱乐中心、电影院等休闲生活条件的重视程度排在最后，这与网络的发展、居民的闲暇生活时间有限等是分不开的。

**表4-3　安徽省城市土地混合度情况表**

| 题项 | 平均值 | 1～5分钟 | 6～10分钟 | 11～20分钟 | 20～30分钟 | 30分钟以上 | 不知道 |
|---|---|---|---|---|---|---|---|
| B1 便利店/小卖部 | 2.04 | 442 | 267 | 146 | 89 | 41 | 9 |
| B2 大型超市/商场 | 3.20 | 103 | 218 | 281 | 189 | 178 | 25 |
| B3 五金店 | 3.07 | 151 | 237 | 232 | 198 | 119 | 57 |
| B4 菜市场 | 3.13 | 128 | 248 | 237 | 184 | 142 | 55 |
| B5 洗衣店/干洗店 | 3.43 | 115 | 214 | 198 | 188 | 156 | 123 |
| B6 服装店/鞋店 | 3.35 | 88 | 186 | 253 | 258 | 172 | 37 |
| B7 药店/药房 | 2.49 | 241 | 303 | 246 | 138 | 59 | 7 |
| B8 理发店/美容店 | 2.80 | 216 | 241 | 213 | 214 | 71 | 39 |
| B9 图书馆 | 4.18 | 32 | 94 | 157 | 201 | 402 | 108 |
| B10 小学 | 3.09 | 127 | 224 | 261 | 219 | 138 | 25 |
| B11 幼儿园/其他学校 | 2.81 | 159 | 286 | 263 | 185 | 72 | 29 |
| B12 快递点/快递站 | 2.25 | 307 | 354 | 183 | 91 | 46 | 13 |
| B13 银行/信用社 | 3.10 | 99 | 238 | 313 | 189 | 117 | 38 |
| B14 快餐店(西式或中式) | 3.17 | 119 | 256 | 211 | 201 | 158 | 49 |
| B15 普通的餐厅或饭店 | 2.59 | 209 | 337 | 205 | 150 | 79 | 14 |
| B16 电影院 | 3.77 | 41 | 123 | 238 | 267 | 264 | 61 |
| B17 医院 | 3.65 | 52 | 134 | 258 | 264 | 239 | 47 |
| B18 公交站/地铁站/共享单车站 | 2.38 | 287 | 303 | 230 | 103 | 53 | 18 |
| B19 公园 | 3.49 | 66 | 168 | 277 | 246 | 173 | 64 |
| B20 公共停车场 | 2.84 | 200 | 303 | 203 | 119 | 84 | 85 |
| B21 娱乐中心 | 3.88 | 36 | 157 | 174 | 261 | 257 | 109 |
| B22 健身房/体育馆 | 3.51 | 60 | 188 | 264 | 239 | 158 | 85 |

### 4.4.3 服务方便性测量情况

服务方便性主要是指居民获得相关服务或进行相关活动的难易程度，越容易获得说明服务方便性越高。该量表由五个题项构成（表 4-4），其中题项 2 和题项 5 是反向计分题，在计算平均值的时候对题项 2 和 5 进行了反向计分，因此所有的题项都是得分越高，说明服务方便性越高。由表 4-4 可以看出，题项 1 的平均得分为 2.98，大部分居民可以轻松步行到达很多小商店，说明日常生活的方便程度还是很高的；题项 2 反向计分后的平均得分为 2.58，大约一半的居民认为在住宅附近的购物场所停车比较困难，其余的居民认为不是很困难，这跟居民所在城市和居住的地理位置是密切相关的；题项 3 的平均得分为 2.86，大部分居民住宅附近是有很多地方可以去的，说明居住环境周边的服务便利性较高；题项 4 的平均得分为 2.63，一半以上的居民到达公共交通站是比较容易的，还有 399 位居民认为到达公共交通站不是那么容易；题项 5 反向计分后的平均得分位 3.04，837 位居民认为家附近的步行障碍不是很多，虽然安徽省位于我国的中部地区，地形上有一半的平原和一半的丘陵地带，但调查的三个城市中除了黄山市的地形以山地和丘陵为主外，蚌埠市和合肥市都还是以平原地势为主，因此步行的障碍并不明显。安徽省城市服务方便性整体上的平均得分为 2.82（最高得分为 4 分，最低得分为 1 分，因此，本文采用如下划分：小于 0.5 分为低水平，0.5～1.5 分为中等偏下水平，1.6～2.5 分为中等水平，2.6～3.5 分为中等偏上水平，大于 3.5 分为高水平。下同），处于中等偏上水平，说明安徽省居民对城市建成环境的服务方便性还是比较满意的。

表 4-4 安徽省城市服务方便性情况表

| 题项 | 平均值 | 非常不同意 | 比较不同意 | 比较同意 | 非常同意 |
|---|---|---|---|---|---|
| C1 从我家可以轻松步行到达很多小商店 | 2.98 | 92 | 145 | 448 | 309 |
| C2 在附近的购物场所停车很困难 | 2.58 | 217 | 311 | 299 | 167 |
| C3 在我家附近有很多地方可以去 | 2.86 | 99 | 198 | 437 | 260 |
| C4 从我家步行到公交站或地铁站或共享单车站很容易 | 2.63 | 225 | 174 | 337 | 258 |
| C5 我家附近有很多的步行障碍（如高速公路、轨道、河流、隧道），令我感到步行到其他地方很困难 | 3.04 | 250 | 587 | 106 | 51 |

### 4.4.4 街道连接性测量情况

街道连接性主要指出发地和目的地之间的路径数量和道路状况，连接性越好越容易到达目的地（李孟飞，2017）。该量表由三个题项构成，各题项的平均得分和答题情况如表 4-5 所示。题项 1 的平均得分为 2.55，有 317 人选择了"比较同意"，说明安徽省居民住宅附近的道路连通性比较好；题项 2 的平均得分为 2.72，有 461 人选择了"比较同意"，说明大部分居民住宅附近的路口之间的距离比较短；题项 3 的平均得分为 2.72，有 411 人选择了"比较同意"、235 人选择了"非常同意"，说明安徽省居民住宅附近的道路比较畅通，可以规划多条路线到达目的地。安徽省道路布局与2016年中共中央与国务院发布的《关于进一步加强城市规划建设管理工作的若干意见》中提出的“窄马路,密路网”理念相一致,该理念强调不再建设封闭小区并将已有的社区大院逐步打开。安徽省城市街道连接性整体上的平均得分为2.66,处于中等偏上水平,说明安徽省城市街道连接性的整体情况是不错的。

**表4-5 安徽省城市街道连接性情况表**

| 题项 | 平均值 | 非常不同意 | 比较不同意 | 比较同意 | 非常同意 |
|---|---|---|---|---|---|
| D1 我家附近没有很多走不通的路 | 2.55 | 184 | 284 | 317 | 209 |
| D2 我家附近的路口与路口之间的距离通常较短 | 2.72 | 125 | 217 | 461 | 191 |
| D3 我可以选择不同的路线到达附近的地方 | 2.72 | 168 | 180 | 411 | 235 |

### 4.4.5 骑行/步行基础设施测量情况

骑行/步行基础设施主要是指居民进行骑行或步行活动的基本硬件设施情况,包括人行道路、道路环境、场地设施等。该量表由五个题项构成(表4-6),题项5是反向计分题。对题5进行了反向计分后,每个题项的平均值越高,代表骑行/步行基础设施条件越好。由表4-6可知,题项1的平均得分为2.87,是五个题项中得分最高的,说明安徽省居民住宅附近的道路两旁大部分都有人行道,这个条件也是骑行/步行基础设施中最基础的条件,可见大部分的城市建成环境符合该题项,674人选择“比较同意”以上;题项2的平均得分为2.77,有64%的居民表示住宅附近的人行道和机动车道之间有护栏或绿化带,这对骑行或步行提供基本的条件保障;题项3的平均得分为2.68,有59.0%的居民住宅附近有可供步行的场地,说明安徽省城市环境为居民进行步行提供的基础设施条件还是非常不错的,能满足大部分居民的需求;题项4的平均得分为2.64,这是该因素中得分最低的一个题项,说明安徽省城市建成环境在该方面还应该加强,在小区附近建设更多的可供坐下休息的设施,增加居民生活的舒适性;题项5的平均得分为2.79,61.0%的居民没有觉得住宅附近的人行道很差,对人行道的环境设置还是比较满意的。从整体上来看,安徽省城市骑行/步行基础设施的平均得分为2.75,处于中等偏上水平。已有研究证明,有偿的体育场地设施对中高收入者的体力活动有促进作用,而公共运动基础设施更具有普适性意义(张延吉等,2019)。因此,城市建成环境中的公共基础设施对大部分居民的体力活动具有影响,从安徽省的骑行/步行基础设施得分可以看出,其设置有利于提高居民的体力活动水平。

**表4-6 安徽省城市骑行/步行基础设施情况表**

| 题项 | 平均值 | 非常不同意 | 比较不同意 | 比较同意 | 非常同意 |
|---|---|---|---|---|---|
| E1 我家附近大部分的道路两边都有人行道 | 2.87 | 119 | 201 | 365 | 309 |
| E2 我家附近的人行道和机动车道之间有护栏或绿化带 | 2.77 | 168 | 186 | 343 | 297 |

（续表）

| 题项 | 平均值 | 非常不同意 | 比较不同意 | 比较同意 | 非常同意 |
| --- | --- | --- | --- | --- | --- |
| E3 我家附近有可供步行的场地，如操场、公园、广场等 | 2.68 | 159 | 249 | 334 | 252 |
| E4 我家附近区域有可供坐下休息的设施，如长椅 | 2.64 | 161 | 259 | 354 | 220 |
| E5 我家附近的人行道很差，令我步行困难 | 2.79 | 303 | 303 | 265 | 123 |

### 4.4.6 环境美观度测量情况

环境的美观度是指周边环境设施的存在和美观舒适程度（李孟飞，2017）。该量表由五个题项构成（表 4-7），题项的得分越高，表示城市环境美观度越高。由表 4-7 可以看出，题项 1 的平均得分为 2.88，是该因素中得分最高的题项，有 67.9%的居民表示家附近街道的两旁都是有树木的，说明安徽城市建成环境的整体绿化还是非常好的。题项 2 的平均得分为 2.62，大部分的居民表示在家附近步行时能看到很多有趣的事物。题项 3 和题项 4 的平均得分都为 2.46，是该因素中得分较低的题项，这两个题项选择“比较同意”和“非常同意”的人数都在 480 人左右，说明居民认为家附近的自然景色和吸引人的建筑或住宅等景观一般。安徽省的徽文化是非常著名的，许多城市都有古色古香的建筑物，这两个题项得分并不高的原因可能有两个：一是居民对这些常见的徽文化和古建筑已经习以为常，二是徽文化尤其是古建筑在安徽省中部和南部偏多，因而皖北居民选择“非常不同意”的会较多。题项 5 的平均得分为 2.70，近年来安徽省的许多城市都在进行“文明城市创建”，加强了城市卫生的清扫工作，同时提高了居民对环境的爱护和保护意识，因此，现在安徽省大部分城市的环境卫生都是非常好的。安徽省城市环境美观度整体上的平均得分为 2.62，处于中等偏上水平。已有研究证明，环境美观度对居民的体力活动尤其是休闲体力活动具有积极的作用，美学感知可以提高居民步行的主动性和社会凝聚力（Rhodes 等，2006）。

**表 4-7 安徽省城市环境美观度情况表**

| 题项 | 平均值 | 非常不同意 | 比较不同意 | 比较同意 | 非常同意 |
| --- | --- | --- | --- | --- | --- |
| F1 我家附近的街道两旁都有树木 | 2.88 | 115 | 204 | 359 | 316 |
| F2 在我家附近步行时，能看到很多有趣的事物 | 2.62 | 151 | 278 | 361 | 204 |
| F3 我家附近的自然景色很吸引人，如山、水等 | 2.46 | 179 | 337 | 320 | 158 |
| F4 我家附近有很多吸引人的建筑或住宅 | 2.46 | 216 | 292 | 299 | 187 |
| F5 我家附近的街道非常干净，地面上一般没有垃圾 | 2.70 | 133 | 244 | 404 | 213 |

### 4.4.7 交通安全测量情况

交通安全主要是指居民活动路径的安全性，以及出行是否存在交通隐患。该量表共由五个题项组成(表4-8),其中题项1、3、5是反向计分题,对这三个进行反向计分后,所有的题项都是得分越高,表示城市的交通安全越好。由表4-8可以看出,题项1的平均得分为2.57,由于居住在城市的区域不同,如市中心与郊区,居民家附近的交通繁忙情况是不一样的,但通过抽样调查可以看出,55.2%的居民觉得家附近的交通状况还是不错的,没有阻碍到居民的步行行为;题项2的平均得分为2.53,54.6%的居民表示家附近的道路行车速度较慢,这为居民进行步行运动提供了心理安全和条件保障;题项3的平均得分为2.76,63.0%的居民认为司机在其家附近开车时是不超速的,这与现在城市的交通管理及居民文明素质的提高是分不开的;题项4的平均得分为2.78,67.2%的居民表示家附近的道路都有斑马线和交通信号灯,说明安徽省在交通管理和交通设施的设置等方面还是非常好的;题项5的平均得分为2.54,52.1%的居民表示家附近的汽车尾气没有影响到居民的步行,这与现在城市的汽车审核和环境治理等有关。安徽省城市交通安全的整体平均得分为2.64,处于中等偏上水平。已有研究发现,交通安全对男女居民的影响不一致,对男性的步行水平影响呈负相关,而对女性的影响呈正相关,这可能是由男女居民对周边服务设施的感知程度不一样造成的(Humpel等,2004)。

表4-8 安徽省城市交通安全情况表

| 题项 | 平均值 | 非常不同意 | 比较不同意 | 比较同意 | 非常同意 |
|---|---|---|---|---|---|
| G1 我家附近的道路交通十分繁忙,令人感到步行困难或不乐意去步行 | 2.57 | 170 | 379 | 291 | 154 |
| G2 我家附近的道路行车速度较慢(每小时不超过40公里) | 2.53 | 176 | 275 | 384 | 159 |
| G3 大多数司机在我家附近开车时都是超速的 | 2.76 | 270 | 356 | 224 | 144 |
| G4 我家附近的道路都有斑马线和交通信号灯 | 2.78 | 174 | 152 | 382 | 286 |
| G5 在我家附近有很多汽车尾气,令我不想步行 | 2.54 | 180 | 338 | 310 | 166 |

### 4.4.8 治安安全测量情况

治安安全主要是指居民对邻里犯罪和社会治安环境等的感知。该量表由五个题项组成(表4-9),题项得分越高,表示治安安全越好。由表4-9可以看出,题项1的平均得分为2.78,65.4%的居民认为家附近的街道晚上照明情况较好,这为居民步行等体力活动提供了一定的安全保障;题项2的平均得分为2.74,65.8%的居民认为家附近路上的行人很容易被其他人看到,这从一定程度上降低了犯罪的概率,为居民步行等体力活动提供了心理安全条件;题项3的平均得分为2.88,70.7%的居民认为家附近的治安情况很好,这说明整体来说安徽省城市的治安环境是非常好的,这与我国整体的社会环境和现在的治安管理条例是分不开的;题项4的平均得分为3.03,是该因素中得分最高的题项,77.6%的居民认为家附近白天的治安情况很好,可以放心外出步行,说明安徽省城市的治安条件为居民安全出行提供了保障;题项5的平均得分为2.87,68.5%的居民认为晚上可以放心外出,虽然较白天出行晚上出行的治安安全得分要低，但这主要是由环境的差异造成的心理认知，从整体上来看，安徽省不论白天还是晚上的治安安全都是非常好的。安徽省城市治安安全整体上的平均得分为2.86，处于中等偏上水平。治安安全是居民进行体力活动的基本影响因素，也是居民出行的基本需求（Alfonzo，2005）。国内的研究表明，传统的城市空间形态，以及社区凝聚力高、人口构成同质的社会环境更能增进居民的安全感（张延吉等，2017）；国外的研究表明，土地用途单一、连通性较差、缺乏开敞空间的社区居民的安全感更高（Kytta 等，2014）。因此，目前我国城市道路的布局理念和城市的规划建设不仅仅是一项空间设计工作，还要更多地与社区、居委会相结合，从实际环境和居民心理上增加安全感、促进体力活动。

**表4-9 安徽省城市治安安全情况表**

| 题项 | 平均值 | 非常不同意 | 比较不同意 | 比较同意 | 非常同意 |
|---|---|---|---|---|---|
| H1 我家附近的街道晚上灯火通明 | 2.78 | 132 | 212 | 396 | 254 |
| H2 我家附近路上的行人很容易被其他人看到 | 2.74 | 149 | 191 | 426 | 228 |
| H3 我家附近的治安情况很好 | 2.88 | 115 | 176 | 416 | 287 |
| H4 我家附近白天的治安情况很好，可以放心外出步行 | 3.03 | 99 | 124 | 422 | 349 |
| H5 我家附近晚上的治安情况很好，可以放心外出步行 | 2.87 | 106 | 207 | 393 | 288 |

# 4.5 安徽省城市建成环境的评价研究

## 4.5.1 不同性别居民对安徽省城市建成环境的评价

在进行t检验时，要求数据必须满足独立性、正态性和方差齐性的条件。一般来讲，数据的独立性总是能够满足的，正态性有一定的耐受力，并且和总体的正态性相比，方差齐性对结论的影响更大（张文彤等，2011）。因此在进行t检验之前，首先进行样本数据的方差齐性检验，结果如表4-10所示。

**表4-10 建成环境各维度得分在性别因素上的方差齐性检验**

| | Levene Statistic | df1 | df2 | Sig. |
|---|---|---|---|---|
| 建成环境总分 | .033 | 1 | 992 | .855 |
| 居住密度 | 7.652 | 1 | 992 | .006 |
| 土地混合度 | 2.478 | 1 | 992 | .116 |
| 服务方便性 | 1.113 | 1 | 992 | .292 |
| 街道连接性 | .831 | 1 | 992 | .362 |

（续表）

| | Levene Statistic | df1 | df2 | Sig. |
|---|---|---|---|---|
| 骑行/步行基础设施 | .145 | 1 | 992 | .704 |
| 环境美观度 | 1.470 | 1 | 992 | .226 |
| 交通安全 | 1.016 | 1 | 992 | .314 |
| 治安安全 | 5.624 | 1 | 992 | .018 |

通过Q－Q图发现，数据的分布符合正态要求，因此在进行方差齐性检验结果分析时，采用基于均数的结果，具体如表4－10所示。由表4－10可以看出，在建成环境总分、土地混合度、服务方便性、街道连接性、骑行/步行基础设施、环境美观度、交通安全维度上$P>0.05$，即这七个维度上的方差都是齐性的，所以在进行$t$检验时选取方差齐性情况下的$t$值和*sig*值；在居住密度和治安安全维度上$P<0.05$，即这两个维度上的方差是不齐性的，所以在进行$t$检验时选取方差不齐性情况下的$t$值和*sig*值。

下面分别对男性居民与女性居民在城市建成环境的八个维度和总体评价上的得分情况进行描述统计和$t$检验，结果如表4－11所示。由表4－11可以看出，安徽省居民对城市建成环境的总体评价在性别上不存在显著差异。从各维度的*sig*值来看，男女居民在居住密度、土地混合度、服务方便性、骑行/步行基础设施、环境美观度、交通安全、治安安全七个维度上，$P>0.05$，表明在这七个维度上，男女居民对城市建成环境的感知评价不存在显著差异。在街道连接性维度上，女性居民的得分明显高于男性居民，两者之间存在显著差异，$P<0.05$，这说明女性居民对街道连接性的环境感知明显好于男性居民，这可能是由"通常女性居民的耐心要好于男性，因此，对街道连接性的要求低于男性，心理上的距离感没有那么强"造成的。

**4－11　建成环境各维度得分在性别因素上的差异（$t$检验）**

| 各维度 | 性别 | $N$ | Mean | Std. Deviation | $t$ | Sig.（2－tailed） |
|---|---|---|---|---|---|---|
| 建成环境总分 | 男 | 470 | 159.2043 | 19.27306 | －.530 | .596 |
| | 女 | 524 | 159.8492 | 19.04714 | | |
| 居住密度 | 男 | 470 | 14.94 | 2.792 | .460 | .646 |
| | 女 | 524 | 14.85 | 3.182 | | |
| 土地混合度 | 男 | 470 | 68.5872 | 15.23770 | .701 | .484 |
| | 女 | 524 | 67.8874 | 16.14977 | | |
| 服务方便性 | 男 | 470 | 13.9617 | 2.39372 | 1.656 | .098 |
| | 女 | 524 | 14.2214 | 2.53327 | | |
| 街道连接性 | 男 | 470 | 7.8043 | 1.71161 | 3.232 | .001 |
| | 女 | 524 | 8.1641 | 1.78901 | | |
| 骑行/步行基础设施 | 男 | 470 | 13.5894 | 4.01217 | 1.212 | .226 |
| | 女 | 524 | 13.9008 | 4.07221 | | |

（续表）

| 各维度 | 性别 | *N* | Mean | Std. Deviation | *t* | Sig. (2 - tailed) |
|---|---|---|---|---|---|---|
| 环境美观度 | 男 | 470 | 12.9681 | 3.37780 | 1.220 | .223 |
| | 女 | 524 | 13.2634 | 3.75025 | | |
| 交通安全 | 男 | 470 | 13.1191 | 3.74431 | −.445 | .656 |
| | 女 | 524 | 13.2233 | 3.62403 | | |
| 治安安全 | 男 | 470 | 14.2362 | 4.02942 | −.411 | .682 |
| | 女 | 524 | 14.3378 | 3.74197 | | |

### 4.5.2 不同年龄居民对安徽省城市建成环境的评价

由表 4-12 可以看出，对城市建成环境整体评价得分最高的是中年群体，其次是少年群体和青年群体，得分最低的是老年群体；对居住密度评价得分最高的是中年群体，其次是青年群体和少年群体，得分最低的是老年群体；对土地混合度评价得分最高的是中年群体，其次是老年群体和青年群体，得分最低的是少年群体；对服务方便性评价得分最高的是少年群体，其次是青年群体，老年群体和中年群体得分最低；对街道连接性评价得分最高的是少年群体，其次是老年群体和青年群体，得分最低的是中年群体；对骑行/步行基础设施评价得分最高的是少年群体，其次是青年群体和中年群体，得分最低的是老年群体；对环境美观度评价得分最高的是青年群体，其次是少年群体和中年群体，得分最低的是老年群体；对交通安全评价得分最高的是少年群体，其次是青年群体和老年群体，得分最低的是中年群体；对治安安全评价得分最高的是少年群体，其次是青年群体和中年群体，得分最低的是老年群体。不同的群体日常生活的主要内容、关心的主要事件、活动的主要地点、压力的大小等不同，对城市建成环境各维度的要求和标准不同，因此，城市建成环境不同维度下得分最高、最低、中等的群体是不一样的。

**表 4-12 不同年龄居民对安徽省城市建成环境评价的描述性统计**

| | | 个案数 | 平均值 | 标准差 | 标准误 | 均值的 95% 置信区间 | | 最小值 | 最大值 |
|---|---|---|---|---|---|---|---|---|---|
| | | | | | | 下限 | 上限 | | |
| 建成环境总分 | 少年 | 30 | 159.8667 | 21.28417 | 3.88594 | 151.9190 | 167.8143 | 117.00 | 198.00 |
| | 青年 | 480 | 159.2104 | 18.78189 | .85727 | 157.5259 | 160.8949 | 99.00 | 210.00 |
| | 中年 | 478 | 159.9644 | 19.43340 | .88886 | 158.2179 | 161.7110 | 120.00 | 227.00 |
| | 老年 | 6 | 151.1667 | 15.75331 | 6.43126 | 134.6346 | 167.6987 | 129.00 | 176.00 |
| | 总数 | 994 | 159.5443 | 19.14735 | .60732 | 158.3525 | 160.7360 | 99.00 | 227.00 |
| 居住密度 | 少年 | 30 | 12.23 | 3.461 | .632 | 10.94 | 13.53 | 5.00 | 17.00 |
| | 青年 | 480 | 14.72 | 3.131 | .143 | 14.44 | 15.00 | 5.00 | 25.00 |
| | 中年 | 478 | 15.30 | 2.642 | .121 | 15.06 | 15.54 | 5.00 | 23.00 |
| | 老年 | 6 | 9.50 | 4.506 | 1.839 | 4.77 | 14.23 | 5.00 | 18.00 |
| | 总数 | 994 | 14.89 | 3.003 | .095 | 14.71 | 15.08 | 5.00 | 25.00 |

（续表）

| | | 个案数 | 平均值 | 标准差 | 标准误 | 均值的 95% 置信区间 | | 最小值 | 最大值 |
|---|---|---|---|---|---|---|---|---|---|
| | | | | | | 下限 | 上限 | | |
| 土地混合度 | 少年 | 30 | 66.1667 | 18.35678 | 3.35147 | 59.3121 | 73.0212 | 43.00 | 114.00 |
| | 青年 | 480 | 66.7104 | 16.02795 | .73157 | 65.2729 | 68.1479 | 22.00 | 126.00 |
| | 中年 | 478 | 69.8556 | 15.11792 | .69148 | 68.4969 | 71.2144 | 31.00 | 132.00 |
| | 老年 | 6 | 68.6667 | 14.69240 | 5.99815 | 53.2479 | 84.0854 | 42.00 | 83.00 |
| | 总数 | 994 | 68.2183 | 15.72112 | .49864 | 67.2398 | 69.1968 | 22.00 | 132.00 |
| 服务方便性 | 少年 | 30 | 14.6667 | 2.15492 | .39343 | 13.8620 | 15.4713 | 10.00 | 18.00 |
| | 青年 | 480 | 14.3104 | 2.51955 | .11500 | 14.0844 | 14.5364 | 7.00 | 20.00 |
| | 中年 | 478 | 13.8536 | 2.43048 | .11117 | 13.6351 | 14.0720 | 7.00 | 20.00 |
| | 老年 | 6 | 13.8333 | 1.16905 | .47726 | 12.6065 | 15.0602 | 12.00 | 15.00 |
| | 总数 | 994 | 14.0986 | 2.47044 | .07836 | 13.9448 | 14.2524 | 7.00 | 20.00 |
| 街道连接性 | 少年 | 30 | 8.6667 | 1.66782 | .30450 | 8.0439 | 9.2894 | 4.00 | 12.00 |
| | 青年 | 480 | 8.1042 | 1.75587 | .08014 | 7.9467 | 8.2616 | 3.00 | 12.00 |
| | 中年 | 478 | 7.8368 | 1.76221 | .08060 | 7.6784 | 7.9952 | 3.00 | 12.00 |
| | 老年 | 6 | 8.3333 | 1.36626 | .55777 | 6.8995 | 9.7671 | 6.00 | 10.00 |
| | 总数 | 994 | 7.9940 | 1.76116 | .05586 | 7.8843 | 8.1036 | 3.00 | 12.00 |
| 骑行/步行基础设施 | 少年 | 30 | 15.0000 | 3.43411 | .62698 | 13.7177 | 16.2823 | 5.00 | 20.00 |
| | 青年 | 480 | 14.1375 | 3.93128 | .17944 | 13.7849 | 14.4901 | 5.00 | 20.00 |
| | 中年 | 478 | 13.2992 | 4.15885 | .19022 | 12.9254 | 13.6729 | 6.00 | 20.00 |
| | 老年 | 6 | 13.0000 | 2.52982 | 1.03280 | 10.3451 | 15.6549 | 9.00 | 16.00 |
| | 总数 | 994 | 13.7535 | 4.04489 | .12830 | 13.5018 | 14.0053 | 5.00 | 20.00 |
| 环境美观度 | 少年 | 30 | 13.2000 | 3.12278 | .57014 | 12.0339 | 14.3661 | 8.00 | 20.00 |
| | 青年 | 480 | 13.2292 | 3.67489 | .16773 | 12.8996 | 13.5588 | 5.00 | 20.00 |
| | 中年 | 478 | 13.0314 | 3.99909 | .18291 | 12.6720 | 13.3908 | 5.00 | 20.00 |
| | 老年 | 6 | 11.6667 | 2.33809 | .95452 | 9.2130 | 14.1203 | 7.00 | 13.00 |
| | 总数 | 994 | 13.1237 | 3.81202 | .12091 | 12.8865 | 13.3610 | 5.00 | 20.00 |
| 交通安全 | 少年 | 30 | 15.1000 | 1.90009 | .34691 | 14.3905 | 15.8095 | 11.00 | 19.00 |
| | 青年 | 480 | 13.4104 | 3.30437 | .15082 | 13.1141 | 13.7068 | 5.00 | 20.00 |
| | 中年 | 478 | 12.8159 | 4.07060 | .18619 | 12.4501 | 13.1817 | 5.00 | 20.00 |
| | 老年 | 6 | 13.1667 | 1.32916 | .54263 | 11.7718 | 14.5615 | 11.00 | 14.00 |
| | 总数 | 994 | 13.1740 | 3.67990 | .11672 | 12.9450 | 13.4031 | 5.00 | 20.00 |
| 治安安全 | 少年 | 30 | 14.8333 | 3.63017 | .66278 | 13.4778 | 16.1889 | 6.00 | 20.00 |
| | 青年 | 480 | 14.5875 | 3.48463 | .15905 | 14.2750 | 14.9000 | 6.00 | 20.00 |
| | 中年 | 478 | 13.9728 | 4.25218 | .19449 | 13.5906 | 14.3550 | 5.00 | 20.00 |
| | 老年 | 6 | 13.0000 | 1.26491 | .51640 | 11.6726 | 14.3274 | 12.00 | 15.00 |
| | 总数 | 994 | 14.2897 | 3.87890 | .12303 | 14.0483 | 14.5312 | 5.00 | 20.00 |

单因素方差分析对资料的正态性影响比较稳健,但对方差齐性较为敏感,因此在进行单因素方差分析之前首先进行方差齐性检验。结果显示,不同群体在城市建成环境的服务方便性、街道连接性和建成环境总分评价上 $P>0.05$,即方差是齐性的,在其他维度上方差是非齐性的。进一步通过方差分析发现,建成环境总分、环境美观度和治安安全三个维度在组间不存在显著差异,而其他维度之间存在显著差异,具体如表 4-13 所示。因此,在进行事后比较时,根据各维度方差齐性情况,选择不同的事后比较法,方差齐性时选择 LSD 事后比较法,方差不齐时选择塔姆黑尼事后比较法。

**表 4-13 不同年龄居民的建成环境方差分析**

| | | 平方和 | 自由度 | 均方 | *F* | 显著性 |
|---|---|---|---|---|---|---|
| 建成环境总分 | 组间 | 562.109 | 3 | 187.370 | .510 | .675 |
| | 组内 | 363492.443 | 990 | 367.164 | | |
| | 总计 | 364054.552 | 993 | | | |
| 居住密度 | 组间 | 479.804 | 3 | 159.935 | 18.686 | .000 |
| | 组内 | 8473.678 | 990 | 8.559 | | |
| | 总计 | 8953.482 | 993 | | | |
| 土地混合度 | 组间 | 2500.339 | 3 | 833.446 | 3.397 | .017 |
| | 组内 | 242923.288 | 990 | 245.377 | | |
| | 总计 | 245423.627 | 993 | | | |
| 服务方便性 | 组间 | 60.341 | 3 | 20.114 | 3.319 | .019 |
| | 组内 | 5999.997 | 990 | 6.061 | | |
| | 总计 | 6060.338 | 993 | | | |
| 街道连接性 | 组间 | 31.900 | 3 | 10.633 | 3.454 | .016 |
| | 组内 | 3048.064 | 990 | 3.079 | | |
| | 总计 | 3079.964 | 993 | | | |
| 骑行/步行基础设施 | 组间 | 219.468 | 3 | 73.156 | 4.519 | .004 |
| | 组内 | 16027.145 | 990 | 16.189 | | |
| | 总计 | 16246.613 | 993 | | | |
| 环境美观度 | 组间 | 22.325 | 3 | 7.442 | .511 | .675 |
| | 组内 | 14407.454 | 990 | 14.553 | | |
| | 总计 | 14429.780 | 993 | | | |
| 交通安全 | 组间 | 199.410 | 3 | 66.470 | 4.967 | .002 |
| | 组内 | 13247.480 | 990 | 13.381 | | |
| | 总计 | 13446.890 | 993 | | | |
| 治安安全 | 组间 | 109.417 | 3 | 36.472 | 2.435 | .063 |
| | 组内 | 14831.138 | 990 | 14.981 | | |
| | 总计 | 14940.555 | 993 | | | |

由表 4－13 可以看出，不同年龄群体居民在居住密度、土地混合度、服务方便性、街道连接性、骑行/步行基础设施、交通安全六个维度上存在显著性差异。为了进一步考察不同群体组别间的差异，各群体两两进行比较，并根据方差是否齐性选择不同的方法，具体如表 4－14 所示。

**表 4－14 不同年龄居民间建成环境各维度的事后多重比较**

| 因变量 | | (I)人群 | (J)人群 | 平均值差值(I－J) | 标准误 | 显著性 | 95%置信区间 | |
|---|---|---|---|---|---|---|---|---|
| | | | | | | | 下限 | 上限 |
| 建成环境总分 | LSD | 少年 | 青年 | .65625 | 3.60607 | .856 | －6.4202 | 7.7327 |
| | | | 中年 | －.09777 | 3.60651 | .978 | －7.1751 | 6.9795 |
| | | | 老年 | 8.70000 | 8.56930 | .310 | －8.1161 | 25.5161 |
| | | 青年 | 少年 | －.65625 | 3.60607 | .856 | －7.7327 | 6.4202 |
| | | | 中年 | －.75402 | 1.23816 | .543 | －3.1837 | 1.6757 |
| | | | 老年 | 8.04375 | 7.87140 | .307 | －7.4028 | 23.4903 |
| | | 中年 | 少年 | .09777 | 3.60651 | .978 | －6.9795 | 7.1751 |
| | | | 青年 | .75402 | 1.23816 | .543 | －1.6757 | 3.1837 |
| | | | 老年 | 8.79777 | 7.87160 | .264 | －6.6492 | 24.2447 |
| | | 老年 | 少年 | －8.70000 | 8.56930 | .310 | －25.5161 | 8.1161 |
| | | | 青年 | －8.04375 | 7.87140 | .307 | －23.4903 | 7.4028 |
| | | | 中年 | －8.79777 | 7.87160 | .264 | －24.2447 | 6.6492 |
| 居住密度 | 塔姆黑尼 | 少年 | 青年 | －2.48750* | .64784 | .003 | －4.3037 | －.6713 |
| | | | 中年 | －3.06583* | .64333 | .000 | －4.8728 | －1.2589 |
| | | | 老年 | 2.73333 | 1.94489 | .753 | －4.6249 | 10.0915 |
| | | 青年 | 少年 | 2.48750* | .64784 | .003 | .6713 | 4.3037 |
| | | | 中年 | －.57833* | .18715 | .012 | －1.0718 | －.0849 |
| | | | 老年 | 5.22083 | 1.84493 | .198 | －2.4731 | 12.9148 |
| | | 中年 | 少年 | 3.06583* | .64333 | .000 | 1.2589 | 4.8728 |
| | | | 青年 | .57833* | .18715 | .012 | .0849 | 1.0718 |
| | | | 老年 | 5.79916 | 1.84335 | .142 | －1.9022 | 13.5005 |
| | | 老年 | 少年 | －2.73333 | 1.94489 | .753 | －10.0915 | 4.6249 |
| | | | 青年 | －5.22083 | 1.84493 | .198 | －12.9148 | 2.4731 |
| | | | 中年 | －5.79916 | 1.84335 | .142 | －13.5005 | 1.9022 |
| 土地混合度 | 塔姆黑尼 | 少年 | 青年 | －.54375 | 3.43039 | 1.000 | －10.1652 | 9.0777 |
| | | | 中年 | －3.68898 | 3.42206 | .871 | －13.2933 | 5.9153 |
| | | | 老年 | －2.50000 | 6.87096 | 1.000 | －25.9110 | 20.9110 |
| | | 青年 | 少年 | .54375 | 3.43039 | 1.000 | －9.0777 | 10.1652 |
| | | | 中年 | －3.14523* | 1.00665 | .011 | －5.7993 | －.4912 |
| | | | 老年 | －1.95625 | 6.04260 | 1.000 | －26.9258 | 23.0133 |

（续表）

| 因变量 | | (I)人群 | (J)人群 | 平均值差值(I−J) | 标准误 | 显著性 | 95%置信区间 | |
|---|---|---|---|---|---|---|---|---|
| | | | | | | | 下限 | 上限 |
| 土地混合度 | 塔姆黑尼 | 中年 | 少年 | 3.68898 | 3.42206 | .871 | −5.9153 | 13.2933 |
| | | | 青年 | 3.14523* | 1.00665 | .011 | .4912 | 5.7993 |
| | | | 老年 | 1.18898 | 6.03787 | 1.000 | −23.8016 | 26.1796 |
| | | 老年 | 少年 | 2.50000 | 6.87096 | 1.000 | −20.9110 | 25.9110 |
| | | | 青年 | 1.95625 | 6.04260 | 1.000 | −23.0133 | 26.9258 |
| | | | 中年 | −1.18898 | 6.03787 | 1.000 | −26.1796 | 23.8016 |
| 服务方便性 | LSD | 少年 | 青年 | .35625 | .46330 | .442 | −.5529 | 1.2654 |
| | | | 中年 | .81311 | .46336 | .080 | −.0962 | 1.7224 |
| | | | 老年 | .83333 | 1.10096 | .449 | −1.3272 | 2.9938 |
| | | 青年 | 少年 | −.35625 | .46330 | .442 | −1.2654 | .5529 |
| | | | 中年 | .45686* | .15908 | .004 | .1447 | .7690 |
| | | | 老年 | .47708 | 1.01130 | .637 | −1.5075 | 2.4616 |
| | | 中年 | 少年 | −.81311 | .46336 | .080 | −1.7224 | .0962 |
| | | | 青年 | −.45686* | .15908 | .004 | −.7690 | −.1447 |
| | | | 老年 | .02022 | 1.01133 | .984 | −1.9644 | 2.0048 |
| | | 老年 | 少年 | −.83333 | 1.10096 | .449 | −2.9938 | 1.3272 |
| | | | 青年 | −.47708 | 1.01130 | .637 | −2.4616 | 1.5075 |
| | | | 中年 | −.02022 | 1.01133 | .984 | −2.0048 | 1.9644 |
| 街道连接性 | LSD | 少年 | 青年 | .56250 | .33022 | .089 | −.0855 | 1.2105 |
| | | | 中年 | .82985* | .33026 | .012 | .1818 | 1.4779 |
| | | | 老年 | .33333 | .78471 | .671 | −1.2066 | 1.8732 |
| | | 青年 | 少年 | −.56250 | .33022 | .089 | −1.2105 | .0855 |
| | | | 中年 | .26735* | .11338 | .019 | .0449 | .4898 |
| | | | 老年 | −.22917 | .72080 | .751 | −1.6436 | 1.1853 |
| | | 中年 | 少年 | −.82985* | .33026 | .012 | −1.4779 | −.1818 |
| | | | 青年 | −.26735* | .11338 | .019 | −.4898 | −.0449 |
| | | | 老年 | −.49651 | .72082 | .491 | −1.9110 | .9180 |
| | | 老年 | 少年 | −.33333 | .78471 | .671 | −1.8732 | 1.2066 |
| | | | 青年 | .22917 | .72080 | .751 | −1.1853 | 1.6436 |
| | | | 中年 | .49651 | .72082 | .491 | −.9180 | 1.9110 |
| 骑行/步行基础设施 | 塔姆黑尼 | 少年 | 青年 | .86250 | .65215 | .728 | −.9592 | 2.6842 |
| | | | 中年 | 1.70084 | .65520 | .080 | −.1273 | 3.5290 |
| | | | 老年 | 2.00000 | 1.20821 | .571 | −2.0310 | 6.0310 |
| | | 青年 | 少年 | −.86250 | .65215 | .728 | −2.6842 | .9592 |
| | | | 中年 | .83834* | .26150 | .008 | .1489 | 1.5278 |
| | | | 老年 | 1.13750 | 1.04827 | .905 | −3.1287 | 5.4037 |

（续表）

| 因变量 | | (I)人群 | (J)人群 | 平均值差值(I−J) | 标准误 | 显著性 | 95%置信区间 | |
|---|---|---|---|---|---|---|---|---|
| | | | | | | | 下限 | 上限 |
| 骑行/步行基础设施 | 塔姆黑尼 | 中年 | 少年 | −1.70084 | .65520 | .080 | −3.5290 | .1273 |
| | | | 青年 | −.83834* | .26150 | .008 | −1.5278 | −.1489 |
| | | | 老年 | .29916 | 1.05017 | 1.000 | −3.9594 | 4.5578 |
| | | 老年 | 少年 | −2.00000 | 1.20821 | .571 | −6.0310 | 2.0310 |
| | | | 青年 | −1.13750 | 1.04827 | .905 | −5.4037 | 3.1287 |
| | | | 中年 | −.29916 | 1.05017 | 1.000 | −4.5578 | 3.9594 |
| 环境美观度 | 塔姆黑尼 | 少年 | 青年 | −.02917 | .59430 | 1.000 | −1.6884 | 1.6301 |
| | | | 中年 | .16862 | .59876 | 1.000 | −1.5001 | 1.8373 |
| | | | 老年 | 1.53333 | 1.11183 | .740 | −2.1915 | 5.2582 |
| | | 青年 | 少年 | .02917 | .59430 | 1.000 | −1.6301 | 1.6884 |
| | | | 中年 | .19779 | .24818 | .964 | −.4565 | .8521 |
| | | | 老年 | 1.56250 | .96915 | .660 | −2.3791 | 5.5041 |
| | | 中年 | 少年 | −.16862 | .59876 | 1.000 | −1.8373 | 1.5001 |
| | | | 青年 | −.19779 | .24818 | .964 | −.8521 | .4565 |
| | | | 老年 | 1.36471 | .97189 | .767 | −2.5660 | 5.2954 |
| | | 老年 | 少年 | −1.53333 | 1.11183 | .740 | −5.2582 | 2.1915 |
| | | | 青年 | −1.56250 | .96915 | .660 | −5.5041 | 2.3791 |
| | | | 中年 | −1.36471 | .97189 | .767 | −5.2954 | 2.5660 |
| 交通安全 | 塔姆黑尼 | 少年 | 青年 | 1.68958* | .37828 | .000 | .6439 | 2.7353 |
| | | | 中年 | 2.28410* | .39371 | .000 | 1.2037 | 3.3645 |
| | | | 老年 | 1.93333 | .64404 | .080 | −.1872 | 4.0539 |
| | | 青年 | 少年 | −1.68958* | .37828 | .000 | −2.7353 | −.6439 |
| | | | 中年 | .59452 | .23961 | .077 | −.0373 | 1.2263 |
| | | | 老年 | .24375 | .56320 | .999 | −1.9536 | 2.4411 |
| | | 中年 | 少年 | −2.28410* | .39371 | .000 | −3.3645 | −1.2037 |
| | | | 青年 | −.59452 | .23961 | .077 | −1.2263 | .0373 |
| | | | 老年 | −.35077 | .57368 | .993 | −2.5196 | 1.8181 |
| | | 老年 | 少年 | −1.93333 | .64404 | .080 | −4.0539 | .1872 |
| | | | 青年 | −.24375 | .56320 | .999 | −2.4411 | 1.9536 |
| | | | 中年 | .35077 | .57368 | .993 | −1.8181 | 2.5196 |

（续表）

| 因变量 | | (I)人群 | (J)人群 | 平均值差值(I−J) | 标准误 | 显著性 | 95%置信区间 | |
|---|---|---|---|---|---|---|---|---|
| | | | | | | | 下限 | 上限 |
| 治安安全 | 塔姆黑尼 | 少年 | 青年 | .24583 | .68159 | 1.000 | −1.6635 | 2.1552 |
| | | | 中年 | .86053 | .69072 | .777 | −1.0680 | 2.7891 |
| | | | 老年 | 1.83333 | .84020 | .213 | −.5758 | 4.2425 |
| | | 青年 | 少年 | −.24583 | .68159 | 1.000 | −2.1552 | 1.6635 |
| | | | 中年 | .61470 | .25124 | .085 | −.0478 | 1.2772 |
| | | | 老年 | 1.58750 | .54034 | .146 | −.4910 | 3.6660 |
| | | 中年 | 少年 | −.86053 | .69072 | .777 | −2.7891 | 1.0680 |
| | | | 青年 | −.61470 | .25124 | .085 | −1.2772 | .0478 |
| | | | 老年 | .97280 | .55181 | .549 | −1.0783 | 3.0239 |
| | | 老年 | 少年 | −1.83333 | .84020 | .213 | −4.2425 | .5758 |
| | | | 青年 | −1.58750 | .54034 | .146 | −3.6660 | .4910 |
| | | | 中年 | −.97280 | .55181 | .549 | −3.0239 | 1.0783 |

注：* 表示平均值差值的显著性水平为 0.05。

由表 4－12 和表 4－14 可以看出，建成环境总分、环境美观度、治安安全三个维度组间不存在显著差异，不需要进行组间的比较。居住密度由于方差不齐性采用塔姆黑尼事后比较法，发现除老年群体外，其他三个群体之间都存在显著差异，通过均值比较发现，中年群体的评价得分最高，其次是青年群体和少年群体。土地混合度由于方差不齐性采用塔姆黑尼事后比较法，发现只有青年群体和中年群体之间存在显著差异，其他群体之间不存在显著差异，并且中年群体对土地混合度的评价得分明显高于青年群体。服务方便性由于方差齐性采用 LSD 事后比较法，发现只有青年群体和中年群体之间存在显著差异，其他群体之间不存在显著差异，并且青年群体对服务方便性的评价得分明显高于中年群体。街道连接性由于方差齐性采用 LSD 事后比较法，发现少年群体和中年群体、青年群体和中年群体之间存在显著差异，其他群体之间不存在显著差异，并且少年群体和青年群体对街道连接性的评价得分明显高于中年群体。骑行/步行基础设施由于方差不齐性采用塔姆黑尼事后比较法，发现只有青年群体和中年群体之间存在显著差异，其他群体之间不存在显著差异，并且青年群体对骑行/步行基础设施的评价得分明显高于中年群体。交通安全由于方差不齐性采用塔姆黑尼事后比较法，发现少年群体和青年群体、少年群体和中年群体之间都存在显著差异，通过均值比较发现，少年群体的评价得分显著高于青年群体和中年群体。

### 4.5.3 不同肥胖程度居民对安徽省城市建成环境的评价

BMI 指数又称身体质量指数，简称体质指数或体重指数，是用体重（公斤数）除以身高（米数）平方得出的数字，是目前国际上常用的衡量人体胖瘦程度及是否健康的一个标准。本文按照通常的标准对被试者进行了划分，并探讨不同肥胖程度与建成环境之间的关系。由表 4－15 可以看出，对建成环境总分的评价中，得分最高的是肥胖居民，其次是体重过轻和体重正常居民，得分最低的是体重过重居民；对居住密度的评价中，得分最高的是肥胖居民，其次是体重过重和体重过轻居民，得分最低的是体重正常居民；对土地混合度的评价中，得分最高的是肥胖居民，其次是体重过轻和体重正常居民，得分最低的是体重过重居民；对服务方便性的评价中，得分最高的是体重正常居民，其次是体重过轻和肥胖居民，得分最低的是体重过重居民；对街道连接性的评价中，得分最高的是体重过轻居民，其次是体重正常和体重过重居民，得分最低的是肥胖居民；对骑行/步行基础设施的评价中，得分最高的是体重过轻居民，其次是体重正常和体重过重居民，得分最低的是肥胖居民；对环境美观度的评价中，得分最高的是体重正常居民，其次是体重过重和体重过轻居民，得分最低的是肥胖居民；对交通安全的评价中，得分最高的是体重过轻居民，其次是体重正常和体重过重居民，得分最低的是肥胖居民；对治安安全的评价中，得分最高的是体重正常居民，其次是体重过轻和肥胖居民，得分最低的是体重过重居民。不同体重比的居民对建成环境总体和各维度的评价是不一样的，因为不同体重比的居民在身体素质条件、生活习惯、个人需求、个人偏好等方面的不同，所以不同居民对城市建成环境的认知评价不同。

**表 4-15 不同肥胖程度居民对安徽省城市建成环境评价的描述性统计**

| | | 个案数 | 平均值 | 标准差 | 标准误 | 平均值的95%置信区间 | | 最小值 | 最大值 |
|---|---|---|---|---|---|---|---|---|---|
| | | | | | | 下限 | 上限 | | |
| 建成环境总分 | 过轻 | 118 | 160.6271 | 20.00803 | 1.84189 | 156.9794 | 164.2749 | 111.00 | 220.00 |
| | 正常 | 508 | 159.8720 | 19.58478 | .86893 | 158.1649 | 161.5792 | 99.00 | 227.00 |
| | 过重 | 267 | 157.7453 | 18.26854 | 1.11802 | 155.5440 | 159.9466 | 102.00 | 213.00 |
| | 肥胖 | 101 | 161.3861 | 18.04881 | 1.79592 | 157.8231 | 164.9492 | 117.00 | 204.00 |
| | 总计 | 994 | 159.5443 | 19.14735 | .60732 | 158.3525 | 160.7360 | 99.00 | 227.00 |
| 居住密度 | 过轻 | 118 | 14.8644 | 2.65032 | .24398 | 14.3812 | 15.3476 | 6.00 | 21.00 |
| | 正常 | 508 | 14.7244 | 3.10100 | .13758 | 14.4541 | 14.9947 | 5.00 | 25.00 |
| | 过重 | 267 | 14.9513 | 3.01273 | .18438 | 14.5883 | 15.3143 | 5.00 | 21.00 |
| | 肥胖 | 101 | 15.6139 | 2.78198 | .27682 | 15.0647 | 16.1631 | 6.00 | 25.00 |
| | 总计 | 994 | 14.8924 | 3.00277 | .09524 | 14.7055 | 15.0793 | 5.00 | 25.00 |
| 土地混合度 | 过轻 | 118 | 68.6695 | 15.54539 | 1.43107 | 65.8353 | 71.5036 | 25.00 | 123.00 |
| | 正常 | 508 | 67.8189 | 16.62069 | .73742 | 66.3701 | 69.2677 | 22.00 | 124.00 |
| | 过重 | 267 | 67.6742 | 14.67321 | .89799 | 65.9061 | 69.4422 | 31.00 | 127.00 |
| | 肥胖 | 101 | 71.1386 | 13.70258 | 1.36346 | 68.4336 | 73.8437 | 39.00 | 132.00 |
| | 总计 | 994 | 68.2183 | 15.72112 | .49864 | 67.2398 | 69.1968 | 22.00 | 132.00 |
| 服务方便性 | 过轻 | 118 | 14.0339 | 2.49421 | .22961 | 13.5792 | 14.4886 | 7.00 | 20.00 |
| | 正常 | 508 | 14.1988 | 2.52050 | .11183 | 13.9791 | 14.4185 | 7.00 | 20.00 |
| | 过重 | 267 | 13.9625 | 2.43689 | .14914 | 13.6689 | 14.2562 | 7.00 | 20.00 |
| | 肥胖 | 101 | 14.0297 | 2.28235 | .22710 | 13.5791 | 14.4803 | 7.00 | 18.00 |
| | 总计 | 994 | 14.0986 | 2.47044 | .07836 | 13.9448 | 14.2524 | 7.00 | 20.00 |

（续表）

| | | 个案数 | 平均值 | 标准差 | 标准误 | 平均值的95%置信区间 | | 最小值 | 最大值 |
|---|---|---|---|---|---|---|---|---|---|
| | | | | | | 下限 | 上限 | | |
| 街道连接性 | 过轻 | 118 | 8.1441 | 1.65522 | .15238 | 7.8423 | 8.4458 | 4.00 | 12.00 |
| | 正常 | 508 | 8.0945 | 1.81570 | .08056 | 7.9362 | 8.2528 | 3.00 | 12.00 |
| | 过重 | 267 | 7.8539 | 1.75930 | .10767 | 7.6419 | 8.0659 | 3.00 | 12.00 |
| | 肥胖 | 101 | 7.6832 | 1.55519 | .15475 | 7.3762 | 7.9902 | 3.00 | 12.00 |
| | 总计 | 994 | 7.9940 | 1.76116 | .05586 | 7.8843 | 8.1036 | 3.00 | 12.00 |
| 骑行/步行基础设施 | 过轻 | 118 | 14.2373 | 3.92598 | .36142 | 13.5215 | 14.9531 | 6.00 | 20.00 |
| | 正常 | 508 | 14.0827 | 3.83345 | .17008 | 13.7485 | 14.4168 | 5.00 | 20.00 |
| | 过重 | 267 | 13.2509 | 4.17664 | .25561 | 12.7477 | 13.7542 | 5.00 | 20.00 |
| | 肥胖 | 101 | 12.8614 | 4.60658 | .45837 | 11.9520 | 13.7708 | 5.00 | 20.00 |
| | 总计 | 994 | 13.7535 | 4.04489 | .12830 | 13.5018 | 14.0053 | 5.00 | 20.00 |
| 环境美观度 | 过轻 | 118 | 13.0000 | 3.66317 | .33722 | 12.3321 | 13.6679 | 6.00 | 20.00 |
| | 正常 | 508 | 13.2441 | 3.71514 | .16483 | 12.9203 | 13.5679 | 5.00 | 20.00 |
| | 过重 | 267 | 13.0524 | 3.82869 | .23431 | 12.5911 | 13.5138 | 5.00 | 20.00 |
| | 肥胖 | 101 | 12.8515 | 4.40996 | .43881 | 11.9809 | 13.7221 | 5.00 | 19.00 |
| | 总计 | 994 | 13.1237 | 3.81202 | .12091 | 12.8865 | 13.3610 | 5.00 | 20.00 |
| 交通安全 | 过轻 | 118 | 13.5339 | 3.55826 | .32756 | 12.8852 | 14.1826 | 5.00 | 20.00 |
| | 正常 | 508 | 13.1752 | 3.42442 | .15193 | 12.8767 | 13.4737 | 5.00 | 20.00 |
| | 过重 | 267 | 13.0712 | 3.88831 | .23796 | 12.6026 | 13.5397 | 5.00 | 20.00 |
| | 肥胖 | 101 | 13.0198 | 4.44743 | .44254 | 12.1418 | 13.8978 | 5.00 | 20.00 |
| | 总计 | 994 | 13.1740 | 3.67990 | .11672 | 12.9450 | 13.4031 | 5.00 | 20.00 |
| 治安安全 | 过轻 | 118 | 14.1441 | 3.99845 | .36809 | 13.4151 | 14.8730 | 5.00 | 20.00 |
| | 正常 | 508 | 14.5335 | 3.73016 | .16550 | 14.2083 | 14.8586 | 5.00 | 20.00 |
| | 过重 | 267 | 13.9288 | 4.02793 | .24651 | 13.4435 | 14.4142 | 6.00 | 20.00 |
| | 肥胖 | 101 | 14.1881 | 4.03909 | .40190 | 13.3908 | 14.9855 | 5.00 | 20.00 |
| | 总计 | 994 | 14.2897 | 3.87890 | .12303 | 14.0483 | 14.5312 | 5.00 | 20.00 |

在进行单因素方差分析之前，首先进行方差齐性检验。结果显示，不同肥胖程度的居民在建成环境总分、居住密度、服务方便性、街道连接性和治安安全评价上 $P>0.05$，即方差是齐性的，在其他维度上方差是非齐性的。进一步通过方差分析发现，居住密度、街道连接性（边界显著）和骑行/步行基础设施三个维度在组间存在显著差异，而其他维度组间不存在显著差异，具体如表 4-16 所示。因此，在进行事后比较时，根据各维度方差齐性情况，选择不同的事后比较法，方差齐性时选择 LSD 事后比较法，方差不齐时选择塔姆黑尼事后比较法。

**表 4-16 不同肥胖程度居民的建成环境方差分析**

| | | 平方和 | 自由度 | 均方 | $F$ | 显著性 |
|---|---|---|---|---|---|---|
| 建成环境总分 | 组间 | 1399.654 | 3 | 466.551 | 1.274 | .282 |
| | 组内 | 362654.899 | 990 | 366.318 | | |
| | 总计 | 364054.552 | 993 | | | |
| 居住密度 | 组间 | 67.926 | 3 | 22.642 | 2.523 | .056 |
| | 组内 | 8885.555 | 990 | 8.975 | | |
| | 总计 | 8953.482 | 993 | | | |
| 土地混合度 | 组间 | 1045.467 | 3 | 348.489 | 1.412 | .238 |
| | 组内 | 244378.160 | 990 | 246.847 | | |
| | 总计 | 245423.627 | 993 | | | |
| 服务方便性 | 组间 | 11.018 | 3 | 3.673 | .601 | .614 |
| | 组内 | 6049.320 | 990 | 6.110 | | |
| | 总计 | 6060.338 | 993 | | | |
| 街道连接性 | 组间 | 22.784 | 3 | 7.595 | 2.459 | .061 |
| | 组内 | 3057.180 | 990 | 3.088 | | |
| | 总计 | 3079.964 | 993 | | | |
| 骑行/步行基础设施 | 组间 | 230.483 | 3 | 76.828 | 4.749 | .003 |
| | 组内 | 16016.130 | 990 | 16.178 | | |
| | 总计 | 16246.613 | 993 | | | |
| 环境美观度 | 组间 | 18.009 | 3 | 6.003 | .412 | .744 |
| | 组内 | 14411.770 | 990 | 14.557 | | |
| | 总计 | 14429.780 | 993 | | | |
| 交通安全 | 组间 | 20.510 | 3 | 6.837 | .504 | .680 |
| | 组内 | 13426.380 | 990 | 13.562 | | |
| | 总计 | 13446.890 | 993 | | | |
| 治安安全 | 组间 | 68.500 | 3 | 22.833 | 1.520 | .208 |
| | 组内 | 14872.056 | 990 | 15.022 | | |
| | 总计 | 14940.555 | 993 | | | |

由表 4-17 可以看出，不同体重比的居民群体之间在居住密度、街道连接性（边界显著）和骑行/步行基础设施三个维度上存在显著差异，在其他维度上不存在显著差异，因此只对居住密度、街道连接性（边界显著）和骑行/步行基础设施三个维度进行进一步的事后比较分析。居住密度由于方差齐性采用 LSD 事后比较法，发现体重比正常居民与肥胖居民之间存在显著差异，其他体重比的居民之间不存在显著差异。进一步通过均值比较发现，体重比正常居民在居住密度上的得分上显著低于肥胖居民，说明肥胖居民对自己居住环境的密度非常满意，而体重正常居民对居住环境的密度不是十分满意，这也可能是导致肥胖居民产生肥胖的原因之一。街道连接性由于方差齐性采用 LSD 事后比较法，发现肥胖居民与体重正常居民之间存在显著差异，其他体重比居民之间不存在显著差异。进一步通过均值比较发现，

肥胖居民在街道连接性上的得分显著低于体重正常居民，可能正是肥胖居民觉得居住环境周边的街道连接性较差，步行或骑行等体力活动不方便或不愿意进行，才导致这部分居民肥胖的。骑行/步行基础设施由于方差不齐性采用塔姆黑尼事后比较法，发现体重正常居民与体重过重居民之间存在显著差异，其他体重比居民之间不存在显著差异。进一步通过均值比较发现，体重正常居民在骑行/步行基础设施上的得分显著高于体重过重居民，也可能正是这种认知才导致体重正常居民体重比正常、体重过重居民体重过重的原因之一。另外，在治安安全维度上发现，体重正常与体重过重居民之间存在显著差异，但这两个之间的差异程度没有足够导致该维度整体上的组间差异。进一步通过均值比较发现，体重正常居民在治安安全上的得分显著高于体重过重居民。体重正常居民觉得住宅周边的建成环境非常的安全、治安管理很好，所以才更愿意进行步行等体力活动，这也是其体重保持正常的一个重要原因；相反，导致体重过重居民体重偏重。

**表 4-17 不同体重比居民间建成环境各维度的事后多重比较**

| 因变量 | | (I) 肥胖程度 | (J) 肥胖程度 | 平均值差值 (I−J) | 标准误 | 显著性 | 95%置信区间 | |
|---|---|---|---|---|---|---|---|---|
| | | | | | | | 下限 | 上限 |
| 建成环境总分 | LSD | 过轻 | 正常 | .75507 | 1.95589 | .700 | −3.0831 | 4.5932 |
| | | | 过重 | 2.88180 | 2.11574 | .173 | −1.2701 | 7.0337 |
| | | | 肥胖 | −.75902 | 2.59448 | .770 | −5.8503 | 4.3323 |
| | | 正常 | 过轻 | −.75507 | 1.95589 | .700 | −4.5932 | 3.0831 |
| | | | 过重 | 2.12673 | 1.44675 | .142 | −.7123 | 4.9658 |
| | | | 肥胖 | −1.51409 | 2.08519 | .468 | −5.6060 | 2.5778 |
| | | 过重 | 过轻 | −2.88180 | 2.11574 | .173 | −7.0337 | 1.2701 |
| | | | 正常 | −2.12673 | 1.44675 | .142 | −4.9658 | .7123 |
| | | | 肥胖 | −3.64082 | 2.23582 | .104 | −8.0283 | .7467 |
| | | 肥胖 | 过轻 | .75902 | 2.59448 | .770 | −4.3323 | 5.8503 |
| | | | 正常 | 1.51409 | 2.08519 | .468 | −2.5778 | 5.6060 |
| | | | 过重 | 3.64082 | 2.23582 | .104 | −.7467 | 8.0283 |
| 居住密度 | LSD | 过轻 | 正常 | .14000 | .30615 | .648 | −.4608 | .7408 |
| | | | 过重 | −.08690 | .33118 | .793 | −.7368 | .5630 |
| | | | 肥胖 | −.74945 | .40611 | .065 | −1.5464 | .0475 |
| | | 正常 | 过轻 | −.14000 | .30615 | .648 | −.7408 | .4608 |
| | | | 过重 | −.22690 | .22646 | .317 | −.6713 | .2175 |
| | | | 肥胖 | −.88945* | .32639 | .007 | −1.5300 | −.2490 |
| | | 过重 | 过轻 | .08690 | .33118 | .793 | −.5630 | .7368 |
| | | | 正常 | .22690 | .22646 | .317 | −.2175 | .6713 |
| | | | 肥胖 | −.66255 | .34997 | .059 | −1.3493 | .0242 |
| | | 肥胖 | 过轻 | .74945 | .40611 | .065 | −.0475 | 1.5464 |
| | | | 正常 | .88945* | .32639 | .007 | .2490 | 1.5300 |
| | | | 过重 | .66255 | .34997 | .059 | −.0242 | 1.3493 |

（续表）

| 因变量 | | (*I*)肥胖程度 | (*J*)肥胖程度 | 平均值差值(*I*-*J*) | 标准误 | 显著性 | 95%置信区间 | |
|---|---|---|---|---|---|---|---|---|
| | | | | | | | 下限 | 上限 |
| 土地混合度 | 塔姆黑尼 | 过轻 | 正常 | .85059 | 1.60989 | .996 | -3.4311 | 5.1322 |
| | | | 过重 | .99533 | 1.68948 | .992 | -3.4915 | 5.4822 |
| | | | 肥胖 | -2.46912 | 1.97661 | .762 | -7.7176 | 2.7793 |
| | | 正常 | 过轻 | -.85059 | 1.60989 | .996 | -5.1322 | 3.4311 |
| | | | 过重 | .14474 | 1.16197 | 1.000 | -2.9225 | 3.2120 |
| | | | 肥胖 | -3.31972 | 1.55010 | .186 | -7.4478 | .8084 |
| | | 过重 | 过轻 | -.99533 | 1.68948 | .992 | -5.4822 | 3.4915 |
| | | | 正常 | -.14474 | 1.16197 | 1.000 | -3.2120 | 2.9225 |
| | | | 肥胖 | -3.46446 | 1.63260 | .193 | -7.8046 | .8757 |
| | | 肥胖 | 过轻 | 2.46912 | 1.97661 | .762 | -2.7793 | 7.7176 |
| | | | 正常 | 3.31972 | 1.55010 | .186 | -.8084 | 7.4478 |
| | | | 过重 | 3.46446 | 1.63260 | .193 | -.8757 | 7.8046 |
| 服务方便性 | LSD | 过轻 | 正常 | -.16492 | .25261 | .514 | -.6606 | .3308 |
| | | | 过重 | .07135 | .27326 | .794 | -.4649 | .6076 |
| | | | 肥胖 | .00420 | .33509 | .990 | -.6534 | .6618 |
| | | 正常 | 过轻 | .16492 | .25261 | .514 | -.3308 | .6606 |
| | | | 过重 | .23627 | .18685 | .206 | -.1304 | .6029 |
| | | | 肥胖 | .16912 | .26931 | .530 | -.3594 | .6976 |
| | | 过重 | 过轻 | -.07135 | .27326 | .794 | -.6076 | .4649 |
| | | | 正常 | -.23627 | .18685 | .206 | -.6029 | .1304 |
| | | | 肥胖 | -.06716 | .28876 | .816 | -.6338 | .4995 |
| | | 肥胖 | 过轻 | -.00420 | .33509 | .990 | -.6618 | .6534 |
| | | | 正常 | -.16912 | .26931 | .530 | -.6976 | .3594 |
| | | | 过重 | .06716 | .28876 | .816 | -.4995 | .6338 |
| 街道连接性 | LSD | 过轻 | 正常 | .04958 | .17958 | .783 | -.3028 | .4020 |
| | | | 过重 | .29014 | .19426 | .136 | -.0911 | .6713 |
| | | | 肥胖 | .46090 | .23821 | .053 | -.0066 | .9284 |
| | | 正常 | 过轻 | -.04958 | .17958 | .783 | -.4020 | .3028 |
| | | | 过重 | .24056 | .13283 | .070 | -.0201 | .5012 |
| | | | 肥胖 | .41132* | .19145 | .032 | .0356 | .7870 |
| | | 过重 | 过轻 | -.29014 | .19426 | .136 | -.6713 | .0911 |
| | | | 正常 | -.24056 | .13283 | .070 | -.5012 | .0201 |
| | | | 肥胖 | .17076 | .20528 | .406 | -.2321 | .5736 |
| | | 肥胖 | 过轻 | -.46090 | .23821 | .053 | -.9284 | .0066 |
| | | | 正常 | -.41132* | .19145 | .032 | -.7870 | -.0356 |
| | | | 过重 | -.17076 | .20528 | .406 | -.5736 | .2321 |

（续表）

| 因变量 | | (I)肥胖程度 | (J)肥胖程度 | 平均值差值(I−J) | 标准误 | 显著性 | 95%置信区间 | |
|---|---|---|---|---|---|---|---|---|
| | | | | | | | 下限 | 上限 |
| 骑行/步行基础设施 | 塔姆黑尼 | 过轻 | 正常 | .15461 | .39944 | .999 | −.9085 | 1.2177 |
| | | | 过重 | .98635 | .44267 | .150 | −.1881 | 2.1608 |
| | | | 肥胖 | 1.37590 | .58372 | .111 | −.1754 | 2.9272 |
| | | 正常 | 过轻 | −.15461 | .39944 | .999 | −1.2177 | .9085 |
| | | | 过重 | .83174* | .30702 | .041 | .0208 | 1.6427 |
| | | | 肥胖 | 1.22129 | .48891 | .080 | −.0851 | 2.5277 |
| | | 过重 | 过轻 | −.98635 | .44267 | .150 | −2.1608 | .1881 |
| | | | 正常 | −.83174* | .30702 | .041 | −1.6427 | −.0208 |
| | | | 肥胖 | .38955 | .52482 | .975 | −1.0080 | 1.7871 |
| | | 肥胖 | 过轻 | −1.37590 | .58372 | .111 | −2.9272 | .1754 |
| | | | 正常 | −1.22129 | .48891 | .080 | −2.5277 | .0851 |
| | | | 过重 | −.38955 | .52482 | .975 | −1.7871 | 1.0080 |
| 环境美观度 | 塔姆黑尼 | 过轻 | 正常 | −.24409 | .37535 | .987 | −1.2428 | .7546 |
| | | | 过重 | −.05243 | .41063 | 1.000 | −1.1421 | 1.0372 |
| | | | 肥胖 | .14851 | .55342 | 1.000 | −1.3225 | 1.6195 |
| | | 正常 | 过轻 | .24409 | .37535 | .987 | −.7546 | 1.2428 |
| | | | 过重 | .19166 | .28648 | .985 | −.5649 | .9482 |
| | | | 肥胖 | .39261 | .46874 | .955 | −.8598 | 1.6450 |
| | | 过重 | 过轻 | .05243 | .41063 | 1.000 | −1.0372 | 1.1421 |
| | | | 正常 | −.19166 | .28648 | .985 | −.9482 | .5649 |
| | | | 肥胖 | .20095 | .49745 | .999 | −1.1242 | 1.5261 |
| | | 肥胖 | 过轻 | −.14851 | .55342 | 1.000 | −1.6195 | 1.3225 |
| | | | 正常 | −.39261 | .46874 | .955 | −1.6450 | .8598 |
| | | | 过重 | −.20095 | .49745 | .999 | −1.5261 | 1.1242 |
| 交通安全 | 塔姆黑尼 | 过轻 | 正常 | .35870 | .36109 | .903 | −.6025 | 1.3199 |
| | | | 过重 | .46274 | .40488 | .828 | −.6112 | 1.5367 |
| | | | 肥胖 | .51410 | .55058 | .926 | −.9497 | 1.9779 |
| | | 正常 | 过轻 | −.35870 | .36109 | .903 | −1.3199 | .6025 |
| | | | 过重 | .10404 | .28233 | .999 | −.6418 | .8499 |
| | | | 肥胖 | .15539 | .46789 | 1.000 | −1.0955 | 1.4063 |
| | | 过重 | 过轻 | −.46274 | .40488 | .828 | −1.5367 | .6112 |
| | | | 正常 | −.10404 | .28233 | .999 | −.8499 | .6418 |
| | | | 肥胖 | .05136 | .50246 | 1.000 | −1.2871 | 1.3898 |
| | | 肥胖 | 过轻 | −.51410 | .55058 | .926 | −1.9779 | .9497 |
| | | | 正常 | −.15539 | .46789 | 1.000 | −1.4063 | 1.0955 |
| | | | 过重 | −.05136 | .50246 | 1.000 | −1.3898 | 1.2871 |

（续表）

| 因变量 | | (I)肥胖程度 | (J)肥胖程度 | 平均值差值(I－J) | 标准误 | 显著性 | 95%置信区间 | |
|---|---|---|---|---|---|---|---|---|
| | | | | | | | 下限 | 上限 |
| 治安安全 | LSD | 过轻 | 正常 | －.38940 | .39608 | .326 | －1.1666 | .3879 |
| | | | 过重 | .21523 | .42845 | .616 | －.6255 | 1.0560 |
| | | | 肥胖 | －.04405 | .52540 | .933 | －1.0751 | .9870 |
| | | 正常 | 过轻 | .38940 | .39608 | .326 | －.3879 | 1.1666 |
| | | | 过重 | .60463* | .29298 | .039 | .0297 | 1.1795 |
| | | | 肥胖 | .34535 | .42226 | .414 | －.4833 | 1.1740 |
| | | 过重 | 过轻 | －.21523 | .42845 | .616 | －1.0560 | .6255 |
| | | | 正常 | －.60463* | .29298 | .039 | －1.1795 | －.0297 |
| | | | 肥胖 | －.25928 | .45277 | .567 | －1.1478 | .6292 |
| | | 肥胖 | 过轻 | .04405 | .52540 | .933 | －.9870 | 1.0751 |
| | | | 正常 | －.34535 | .42226 | .414 | －1.1740 | .4833 |
| | | | 过重 | .25928 | .45277 | .567 | －.6292 | 1.1478 |

注：* 表示平均值差值的显著性水平为 0.05。

### 4.5.4 不同文化程度居民对安徽省城市建成环境的评价

不同学历的居民学习的阅历和认知等是不一样的，从而可能导致不同文化程度的居民在生活理念、价值观、生活态度、世界观、人生观等方面的不同，进而影响不同文化程度的居民对城市建成环境的评价不同。本书将文化程度划分为四个板块，即初中及以下、高中（含中专）、大学（含大专）、研究生及以上，探讨不同文化程度的居民在城市建成环境评价上的差异。由表 4－18 可以看出，对建成环境总分的评价中，得分最高的是初中及以下文化程度的居民，其次是大学和高中文化程度的居民，得分最低的是研究生及以上文化程度的居民，这说明文化程度越高的居民对建成环境的整体要求越高；对居住密度的评价中，得分较高的是研究生及以上文化程度的居民，其次是大学和高中文化程度的居民，得分最低的是初中及以下文化程度的居民；对土地混合度的评价中，得分最高的是初中及以下文化程度的居民，其次是高中和研究生及以上文化程度的居民，得分最低的是大学文化程度的居民；对服务方便性的评价中，得分最高的是大学和研究生及以上文化程度的居民，其次是初中及以下文化程度的居民，得分最低的是高中文化程度的居民；对街道连接性的评价中，得分最高的是初中及以下文化程度的居民，其次是大学和高中文化程度的居民，得分最低的是研究生及以上文化程度的居民；对骑行/步行基础设施的评价中，得分最高的是大学文化程度的居民，其次是初中及以下和高中文化程度的居民，得分最低的是研究生及以上文化程度的居民；对环境美观度的评价中，得分最高的是初中及以下文化程度的居民，其次是大学和高中文化程度的居民，得分最低的是研究生及以上文化程度的居民；对交通安全的评价中，得分最高的是初中及以下文化程度的居民，其次是大学和高中文化程度的居民，得分最低的是研究生及以上文化程度的居民；对治安安全的评价中，得分最高的是大学文化程度的居民，其次是初中及以下和研究生及以上文化程度的居民，得分最低的是高中文化程度的居民。从以上不同文化程度的居民对城市建成环境总体及各维度的评价得分可以看出，不同文化程度的居民在生活理念、生活态度、价值观、要求水平等方面的差异导致对城市建成环境的评价不同，尤其是研究生及以上文化程度的居民在建成环境总分、街道连接性、骑行/步行基础设施、环境美观度、交通安全五个方面的得分都是最低的，说明文化程度越高的居民可能对城市建成环境的评价标准越高。

表 4-18　不同文化程度居民对安徽省城市建成环境评价的描述性统计

| 项目 | 文化程度 | 个案数 | 平均值 | 标准差 | 标准误 | 平均值的95%置信区间 | | 最小值 | 最大值 |
|---|---|---|---|---|---|---|---|---|---|
| | | | | | | 下限 | 上限 | | |
| 建成环境总分 | 初中及以下 | 175 | 160.8457 | 19.90738 | 1.50486 | 157.8756 | 163.8158 | 117.00 | 215.00 |
| | 高中（含中专） | 233 | 158.1717 | 19.35792 | 1.26818 | 155.6731 | 160.6703 | 99.00 | 227.00 |
| | 大学（含大专） | 471 | 160.2166 | 18.78444 | .86554 | 158.5158 | 161.9174 | 102.00 | 217.00 |
| | 研究生及以上 | 115 | 157.5913 | 18.94864 | 1.76697 | 154.0910 | 161.0917 | 122.00 | 208.00 |
| | 总计 | 994 | 159.5443 | 19.14735 | .60732 | 158.3525 | 160.7360 | 99.00 | 227.00 |
| 居住密度 | 初中及以下 | 175 | 13.1314 | 4.08247 | .30861 | 12.5223 | 13.7405 | 5.00 | 25.00 |
| | 高中（含中专） | 233 | 14.9399 | 2.80021 | .18345 | 14.5785 | 15.3014 | 5.00 | 25.00 |
| | 大学（含大专） | 471 | 15.3079 | 2.54507 | .11727 | 15.0774 | 15.5383 | 5.00 | 23.00 |
| | 研究生及以上 | 115 | 15.7739 | 2.04365 | .19057 | 15.3964 | 16.1514 | 10.00 | 20.00 |
| | 总计 | 994 | 14.8924 | 3.00277 | .09524 | 14.7055 | 15.0793 | 5.00 | 25.00 |
| 土地混合度 | 初中及以下 | 175 | 70.6571 | 17.62825 | 1.33257 | 68.0271 | 73.2872 | 22.00 | 132.00 |
| | 高中（含中专） | 233 | 68.8755 | 16.34005 | 1.07047 | 66.7664 | 70.9846 | 32.00 | 124.00 |
| | 大学（含大专） | 471 | 67.0488 | 15.20791 | .70074 | 65.6719 | 68.4258 | 25.00 | 124.00 |
| | 研究生及以上 | 115 | 67.9652 | 12.88065 | 1.20113 | 65.5858 | 70.3446 | 37.00 | 106.00 |
| | 总计 | 994 | 68.2183 | 15.72112 | .49864 | 67.2398 | 69.1968 | 22.00 | 132.00 |
| 服务方便性 | 初中及以下 | 175 | 13.9943 | 2.54725 | .19255 | 13.6142 | 14.3743 | 7.00 | 20.00 |
| | 高中（含中专） | 233 | 13.7811 | 2.53241 | .16590 | 13.4542 | 14.1080 | 7.00 | 20.00 |
| | 大学（含大专） | 471 | 14.2633 | 2.45961 | .11333 | 14.0406 | 14.4860 | 7.00 | 20.00 |
| | 研究生及以上 | 115 | 14.2261 | 2.21661 | .20670 | 13.8166 | 14.6356 | 9.00 | 20.00 |
| | 总计 | 994 | 14.0986 | 2.47044 | .07836 | 13.9448 | 14.2524 | 7.00 | 20.00 |
| 街道连接性 | 初中及以下 | 175 | 8.2171 | 1.64308 | .12421 | 7.9720 | 8.4623 | 3.00 | 12.00 |
| | 高中（含中专） | 233 | 7.8970 | 1.83304 | .12009 | 7.6604 | 8.1336 | 3.00 | 12.00 |
| | 大学（含大专） | 471 | 8.0701 | 1.77374 | .08173 | 7.9095 | 8.2307 | 3.00 | 12.00 |
| | 研究生及以上 | 115 | 7.5391 | 1.66115 | .15490 | 7.2323 | 7.8460 | 5.00 | 12.00 |
| | 总计 | 994 | 7.9940 | 1.76116 | .05586 | 7.8843 | 8.1036 | 3.00 | 12.00 |

（续表）

| 项目 | 文化程度 | 个案数 | 平均值 | 标准差 | 标准误 | 平均值的95%置信区间 | | 最小值 | 最大值 |
|---|---|---|---|---|---|---|---|---|---|
| | | | | | | 下限 | 上限 | | |
| 骑行/步行基础设施 | 初中及以下 | 175 | 13.8000 | 3.51188 | .26547 | 13.2760 | 14.3240 | 5.00 | 20.00 |
| | 高中(含中专) | 233 | 13.3433 | 4.00890 | .26263 | 12.8259 | 13.8608 | 5.00 | 20.00 |
| | 大学(含大专) | 471 | 14.1253 | 4.08620 | .18828 | 13.7553 | 14.4952 | 5.00 | 20.00 |
| | 研究生及以上 | 115 | 12.9913 | 4.54316 | .42365 | 12.1521 | 13.8306 | 5.00 | 20.00 |
| | 总计 | 994 | 13.7535 | 4.04489 | .12830 | 13.5018 | 14.0053 | 5.00 | 20.00 |
| 环境美观度 | 初中及以下 | 175 | 13.4914 | 3.55558 | .26878 | 12.9609 | 14.0219 | 5.00 | 20.00 |
| | 高中(含中专) | 233 | 12.7339 | 3.92357 | .25704 | 12.2275 | 13.2403 | 5.00 | 20.00 |
| | 大学(含大专) | 471 | 13.3270 | 3.72332 | .17156 | 12.9898 | 13.6641 | 5.00 | 20.00 |
| | 研究生及以上 | 115 | 12.5217 | 4.21224 | .39279 | 11.7436 | 13.2999 | 5.00 | 20.00 |
| | 总计 | 994 | 13.1237 | 3.81202 | .12091 | 12.8865 | 13.3610 | 5.00 | 20.00 |
| 交通安全 | 初中及以下 | 175 | 13.4743 | 3.28322 | .24819 | 12.9844 | 13.9641 | 5.00 | 20.00 |
| | 高中(含中专) | 233 | 12.9056 | 3.74622 | .24542 | 12.4220 | 13.3891 | 5.00 | 20.00 |
| | 大学(含大专) | 471 | 13.3036 | 3.65175 | .16826 | 12.9730 | 13.6343 | 5.00 | 20.00 |
| | 研究生及以上 | 115 | 12.7304 | 4.17243 | .38908 | 11.9597 | 13.5012 | 6.00 | 19.00 |
| | 总计 | 994 | 13.1740 | 3.67990 | .11672 | 12.9450 | 13.4031 | 5.00 | 20.00 |
| 治安安全 | 初中及以下 | 175 | 14.0800 | 3.56458 | .26946 | 13.5482 | 14.6118 | 6.00 | 20.00 |
| | 高中(含中专) | 233 | 13.6953 | 3.93994 | .25811 | 13.1867 | 14.2038 | 6.00 | 20.00 |
| | 大学(含大专) | 471 | 14.7707 | 3.78554 | .17443 | 14.4279 | 15.1135 | 5.00 | 20.00 |
| | 研究生及以上 | 115 | 13.8435 | 4.36411 | .40696 | 13.0373 | 14.6497 | 5.00 | 20.00 |
| | 总计 | 994 | 14.2897 | 3.87890 | .12303 | 14.0483 | 14.5312 | 5.00 | 20.00 |

在进行单因素方差分析之前，首先进行方差齐性检验。结果显示，不同文化程度的居民在建成环境总分、服务方便性、街道连接性的评价上 $P>0.05$，即方差是齐性的；在土地混合度、居住密度、骑行/步行基础设施、环境美观度、交通安全和治安安全维度上方差是非齐性的。进一步通过方差分析发现，居住密度、街道连接性、骑行/步行基础设施、环境美观度、治安安全五个维度在组间存在显著差异，而建成环境总分、土地混合度、服务方便性和交通安全四个维度在组间不存在显著差异，具体如表 4－19 所示。因此，在进行事后比较时，根据各维度方差齐性情况，选择不同的事后比较法，方差齐性时选择 LSD 事后比较法，方差不齐时选择塔姆黑尼事后比较法。

**表 4－19　不同文化程度居民的建成环境方差分析**

| | | 平方和 | 自由度 | 均方 | $F$ | 显著性 |
|---|---|---|---|---|---|---|
| 建成环境总分 | 组间 | 1386.883 | 3 | 462.294 | 1.262 | .286 |
| | 组内 | 362667.669 | 990 | 366.331 | | |
| | 总计 | 364054.552 | 993 | | | |

（续表）

| | | 平方和 | 自由度 | 均方 | $F$ | 显著性 |
|---|---|---|---|---|---|---|
| 居住密度 | 组间 | 713.863 | 3 | 237.954 | 28.591 | .000 |
| | 组内 | 8239.619 | 990 | 8.323 | | |
| | 总计 | 8953.482 | 993 | | | |
| 土地混合度 | 组间 | 1793.070 | 3 | 597.690 | 2.429 | .064 |
| | 组内 | 243630.557 | 990 | 246.091 | | |
| | 总计 | 245423.627 | 993 | | | |
| 服务方便性 | 组间 | 40.031 | 3 | 13.344 | 2.194 | .087 |
| | 组内 | 6020.307 | 990 | 6.081 | | |
| | 总计 | 6060.338 | 993 | | | |
| 街道连接性 | 组间 | 37.426 | 3 | 12.475 | 4.059 | .007 |
| | 组内 | 3042.538 | 990 | 3.073 | | |
| | 总计 | 3079.964 | 993 | | | |
| 骑行/步行基础设施 | 组间 | 171.480 | 3 | 57.160 | 3.520 | .015 |
| | 组内 | 16075.133 | 990 | 16.238 | | |
| | 总计 | 16246.613 | 993 | | | |
| 环境美观度 | 组间 | 120.197 | 3 | 40.066 | 2.772 | .040 |
| | 组内 | 14309.582 | 990 | 14.454 | | |
| | 总计 | 14429.780 | 993 | | | |
| 交通安全 | 组间 | 63.106 | 3 | 21.035 | 1.556 | .199 |
| | 组内 | 13383.784 | 990 | 13.519 | | |
| | 总计 | 13446.890 | 993 | | | |
| 治安安全 | 组间 | 221.892 | 3 | 73.964 | 4.975 | .002 |
| | 组内 | 14718.663 | 990 | 14.867 | | |
| | 总计 | 14940.555 | 993 | | | |

由表 4-18 和表 4-20 可以看出，不同文化程度的居民群体之间在建成环境总分、土地混合度、服务方便性和交通安全四个维度上不存在显著差异，其他维度上存在显著差异，对这些存在显著差异的维度进行进一步的事后比较分析。居住密度由于方差不齐性采用塔姆黑尼事后比较法，发现初中及以下文化程度的居民与其他文化程度的居民之间、高中文化程度的居民与研究生及以上文化程度的居民之间存在显著差异，其他不同文化程度的居民之间不存在显著差异。进一步通过均值比较分析发现，初中及以下文化程度的居民在居住密度上的得分显著低于高中、大学、研究生及以上文化程度的居民，高中文化程度的居民在居住密度上的得分上显著低于研究生及以上文化程度的居民，这说明文化程度越高对居住密度的评价标准越高。街道连接性由于方差齐性采用 LSD 事后比较法，发现初中及以下文化程度的居民与研究生及以上文化程度的居民、大学文化程度的居民与研究生及以上文化程

度的居民之间存在显著差异，其他文化程度的居民之间不存在显著差异。进一步通过均值比较分析发现，初中及以下、大学文化程度居民在街道连接性上的得分显著高于研究生及以上文化程度的居民。骑行/步行基础设施和环境美观度由于方差不齐性采用塔姆黑尼事后比较法，发现不同文化程度的居民之间不存在显著差异。治安安全由于方差不齐性采用塔姆黑尼事后比较法，发现高中文化程度的居民与大学文化程度的居民之间存在显著差异，其他文化程度的居民之间不存在显著差异。进一步通过均值比较分析发现，高中文化程度的居民在治安安全上的得分显著低于大学文化程度的居民。另外，在服务方便性维度上，高中文化程度的居民的得分显著低于大学文化程度的居民的得分，但这两者之间的差异不足以导致不同文化程度的居民在服务方便性整体上的组间差异。

**表 4-20　不同文化程度居民间建成环境各维度的事后多重比较**

| 因变量 | | (I) 文化程度 | (J) 文化程度 | 平均值差值 (I−J) | 标准误 | 显著性 | 95%置信区间 | |
|---|---|---|---|---|---|---|---|---|
| | | | | | | | 下限 | 上限 |
| 建成环境总分 | LSD | 初中及以下 | 高中(含中专) | 2.67404 | 1.91456 | .163 | −1.0830 | 6.4311 |
| | | | 大学(含大专) | .62915 | 1.69443 | .710 | −2.6959 | 3.9542 |
| | | | 研究生及以上 | 3.25441 | 2.29757 | .157 | −1.2542 | 7.7631 |
| | | 高中(含中专) | 初中及以下 | −2.67404 | 1.91456 | .163 | −6.4311 | 1.0830 |
| | | | 大学(含大专) | −2.04489 | 1.53297 | .183 | −5.0531 | .9634 |
| | | | 研究生及以上 | .58037 | 2.18122 | .790 | −3.7000 | 4.8607 |
| | | 大学(含大专) | 初中及以下 | −.62915 | 1.69443 | .710 | −3.9542 | 2.6959 |
| | | | 高中(含中专) | 2.04489 | 1.53297 | .183 | −.9634 | 5.0531 |
| | | | 研究生及以上 | 2.62526 | 1.99079 | .188 | −1.2814 | 6.5319 |
| | | 研究生及以上 | 初中及以下 | −3.25441 | 2.29757 | .157 | −7.7631 | 1.2542 |
| | | | 高中(含中专) | −.58037 | 2.18122 | .790 | −4.8607 | 3.7000 |
| | | | 大学(含大专) | −2.62526 | 1.99079 | .188 | −6.5319 | 1.2814 |
| 居住密度 | 塔姆黑尼 | 初中及以下 | 高中(含中专) | −1.80849* | .35901 | .000 | −2.7595 | −.8574 |
| | | | 大学(含大专) | −2.17643* | .33014 | .000 | −3.0527 | −1.3002 |
| | | | 研究生及以上 | −2.64248* | .36270 | .000 | −3.6038 | −1.6812 |
| | | 高中(含中专) | 初中及以下 | 1.80849* | .35901 | .000 | .8574 | 2.7595 |
| | | | 大学(含大专) | −.36794 | .21773 | .439 | −.9435 | .2076 |
| | | | 研究生及以上 | −.83400* | .26452 | .011 | −1.5346 | −.1334 |
| | | 大学(含大专) | 初中及以下 | 2.17643* | .33014 | .000 | 1.3002 | 3.0527 |
| | | | 高中(含中专) | .36794 | .21773 | .439 | −.2076 | .9435 |
| | | | 研究生及以上 | −.46606 | .22376 | .210 | −1.0604 | .1283 |
| | | 研究生及以上 | 初中及以下 | 2.64248* | .36270 | .000 | 1.6812 | 3.6038 |
| | | | 高中(含中专) | .83400* | .26452 | .011 | .1334 | 1.5346 |
| | | | 大学(含大专) | .46606 | .22376 | .210 | −.1283 | 1.0604 |

（续表）

| 因变量 | | (I) 文化程度 | (J) 文化程度 | 平均值差值 (I－J) | 标准误 | 显著性 | 95%置信区间 | |
|---|---|---|---|---|---|---|---|---|
| | | | | | | | 下限 | 上限 |
| 土地混合度 | 塔姆黑尼 | 初中及以下 | 高中(含中专) | 1.78161 | 1.70929 | .880 | －2.7405 | 6.3037 |
| | | | 大学(含大专) | 3.60831 | 1.50559 | .099 | －.3816 | 7.5982 |
| | | | 研究生及以上 | 2.69193 | 1.79400 | .580 | －2.0612 | 7.4451 |
| | | 高中(含中专) | 初中及以下 | －1.78161 | 1.70929 | .880 | －6.3037 | 2.7405 |
| | | | 大学(含大专) | 1.82670 | 1.27943 | .634 | －1.5550 | 5.2084 |
| | | | 研究生及以上 | .91032 | 1.60892 | .994 | －3.3529 | 5.1736 |
| | | 大学(含大专) | 初中及以下 | －3.60831 | 1.50559 | .099 | －7.5982 | .3816 |
| | | | 高中(含中专) | －1.82670 | 1.27943 | .634 | －5.2084 | 1.5550 |
| | | | 研究生及以上 | －.91639 | 1.39059 | .986 | －4.6118 | 2.7790 |
| | | 研究生及以上 | 初中及以下 | －2.69193 | 1.79400 | .580 | －7.4451 | 2.0612 |
| | | | 高中(含中专) | －.91032 | 1.60892 | .994 | －5.1736 | 3.3529 |
| | | | 大学(含大专) | .91639 | 1.39059 | .986 | －2.7790 | 4.6118 |
| 服务方便性 | LSD | 初中及以下 | 高中(含中专) | .21317 | .24667 | .388 | －.2709 | .6972 |
| | | | 大学(含大专) | －.26898 | .21831 | .218 | －.6974 | .1594 |
| | | | 研究生及以上 | －.23180 | .29602 | .434 | －.8127 | .3491 |
| | | 高中(含中专) | 初中及以下 | －.21317 | .24667 | .388 | －.6972 | .2709 |
| | | | 大学(含大专) | －.48215* | .19751 | .015 | －.8697 | －.0946 |
| | | | 研究生及以上 | －.44497 | .28103 | .114 | －.9965 | .1065 |
| | | 大学(含大专) | 初中及以下 | .26898 | .21831 | .218 | －.1594 | .6974 |
| | | | 高中(含中专) | .48215* | .19751 | .015 | .0946 | .8697 |
| | | | 研究生及以上 | .03718 | .25650 | .885 | －.4662 | .5405 |
| | | 研究生及以上 | 初中及以下 | .23180 | .29602 | .434 | －.3491 | .8127 |
| | | | 高中(含中专) | .44497 | .28103 | .114 | －.1065 | .9965 |
| | | | 大学(含大专) | －.03718 | .25650 | .885 | －.5405 | .4662 |
| 街道连接性 | LSD | 初中及以下 | 高中(含中专) | .32015 | .17536 | .068 | －.0240 | .6643 |
| | | | 大学(含大专) | .14708 | .15520 | .344 | －.1575 | .4516 |
| | | | 研究生及以上 | .67801* | .21044 | .001 | .2650 | 1.0910 |
| | | 高中(含中专) | 初中及以下 | －.32015 | .17536 | .068 | －.6643 | .0240 |
| | | | 大学(含大专) | －.17307 | .14041 | .218 | －.4486 | .1025 |
| | | | 研究生及以上 | .35787 | .19979 | .074 | －.0342 | .7499 |

（续表）

| 因变量 | | (I)文化程度 | (J)文化程度 | 平均值差值(I−J) | 标准误 | 显著性 | 95%置信区间 | |
|---|---|---|---|---|---|---|---|---|
| | | | | | | | 下限 | 上限 |
| 街道连接性 | LSD | 大学(含大专) | 初中及以下 | −.14708 | .15520 | .344 | −.4516 | .1575 |
| | | | 高中(含中专) | .17307 | .14041 | .218 | −.1025 | .4486 |
| | | | 研究生及以上 | .53093* | .18234 | .004 | .1731 | .8888 |
| | | 研究生及以上 | 初中及以下 | −.67801* | .21044 | .001 | −1.0910 | −.2650 |
| | | | 高中(含中专) | −.35787 | .19979 | .074 | −.7499 | .0342 |
| | | | 大学(含大专) | −.53093* | .18234 | .004 | −.8888 | −.1731 |
| 骑行/步行基础设施 | 塔姆黑尼 | 初中及以下 | 高中(含中专) | .45665 | .37343 | .778 | −.5308 | 1.4441 |
| | | | 大学(含大专) | −.32527 | .32546 | .900 | −1.1863 | .5358 |
| | | | 研究生及以上 | .80870 | .49996 | .494 | −.5198 | 2.1372 |
| | | 高中(含中专) | 初中及以下 | −.45665 | .37343 | .778 | −1.4441 | .5308 |
| | | | 大学(含大专) | −.78192 | .32315 | .092 | −1.6357 | .0719 |
| | | | 研究生及以上 | .35204 | .49845 | .980 | −.9723 | 1.6764 |
| | | 大学(含大专) | 初中及以下 | .32527 | .32546 | .900 | −.5358 | 1.1863 |
| | | | 高中(含中专) | .78192 | .32315 | .092 | −.0719 | 1.6357 |
| | | | 研究生及以上 | 1.13396 | .46361 | .090 | −.1009 | 2.3688 |
| | | 研究生及以上 | 初中及以下 | −.80870 | .49996 | .494 | −2.1372 | .5198 |
| | | | 高中(含中专) | −.35204 | .49845 | .980 | −1.6764 | .9723 |
| | | | 大学(含大专) | −1.13396 | .46361 | .090 | −2.3688 | .1009 |
| 环境美观度 | 塔姆黑尼 | 初中及以下 | 高中(含中专) | .75752 | .37190 | .229 | −.2259 | 1.7410 |
| | | | 大学(含大专) | .16446 | .31886 | .996 | −.6796 | 1.0086 |
| | | | 研究生及以上 | .96969 | .47595 | .231 | −.2942 | 2.2336 |
| | | 高中(含中专) | 初中及以下 | −.75752 | .37190 | .229 | −1.7410 | .2259 |
| | | | 大学(含大专) | −.59306 | .30904 | .291 | −1.4098 | .2237 |
| | | | 研究生及以上 | .21217 | .46942 | .998 | −1.0345 | 1.4588 |
| | | 大学(含大专) | 初中及以下 | −.16446 | .31886 | .996 | −1.0086 | .6796 |
| | | | 高中(含中专) | .59306 | .30904 | .291 | −.2237 | 1.4098 |
| | | | 研究生及以上 | .80522 | .42863 | .319 | −.3366 | 1.9471 |
| | | 研究生及以上 | 初中及以下 | −.96969 | .47595 | .231 | −2.2336 | .2942 |
| | | | 高中(含中专) | −.21217 | .46942 | .998 | −1.4588 | 1.0345 |
| | | | 大学(含大专) | −.80522 | .42863 | .319 | −1.9471 | .3366 |

（续表）

| 因变量 | | (I) 文化程度 | (J) 文化程度 | 平均值差值 (I－J) | 标准误 | 显著性 | 95%置信区间 | |
|---|---|---|---|---|---|---|---|---|
| | | | | | | | 下限 | 上限 |
| 交通安全 | 塔姆黑尼 | 初中及以下 | 高中(含中专) | .56871 | .34904 | .483 | －.3542 | 1.4917 |
| | | | 大学(含大专) | .17068 | .29985 | .994 | －.6228 | .9642 |
| | | | 研究生及以上 | .74385 | .46150 | .498 | －.4823 | 1.9700 |
| | | 高中(含中专) | 初中及以下 | －.56871 | .34904 | .483 | －1.4917 | .3542 |
| | | | 大学(含大专) | －.39803 | .29757 | .700 | －1.1344 | .3883 |
| | | | 研究生及以上 | .17514 | .46002 | .999 | －1.0469 | 1.3972 |
| | | 大学(含大专) | 初中及以下 | －.17068 | .29985 | .994 | －.9642 | .6228 |
| | | | 高中(含中专) | .39803 | .29757 | .700 | －.3883 | 1.1844 |
| | | | 研究生及以上 | .57317 | .42391 | .692 | －.5562 | 1.7025 |
| | | 研究生及以上 | 初中及以下 | －.74385 | .46150 | .498 | －1.9700 | .4823 |
| | | | 高中(含中专) | －.17514 | .46002 | .999 | －1.3972 | 1.0469 |
| | | | 大学(含大专) | －.57317 | .42391 | .692 | －1.7025 | .5562 |
| 治安安全 | 塔姆黑尼 | 初中及以下 | 高中(含中专) | .38472 | .37314 | .885 | －.6020 | 1.3714 |
| | | | 大学(含大专) | －.69070 | .32099 | .178 | －1.5403 | .1589 |
| | | | 研究生及以上 | .23652 | .48808 | .997 | －1.0599 | 1.5329 |
| | | 高中(含中专) | 初中及以下 | －.38472 | .37314 | .885 | －1.3714 | .6020 |
| | | | 大学(含大专) | －1.07542* | .31153 | .004 | －1.8987 | －.2521 |
| | | | 研究生及以上 | －.14820 | .48191 | 1.000 | －1.4283 | 1.1319 |
| | | 大学(含大专) | 初中及以下 | .69070 | .32099 | .178 | －.1589 | 1.5403 |
| | | | 高中(含中专) | 1.07542* | .31153 | .004 | .2521 | 1.8987 |
| | | | 研究生及以上 | .92722 | .44276 | .207 | －.2524 | 2.1069 |
| | | 研究生及以上 | 初中及以下 | －.23652 | .48808 | .997 | －1.5329 | 1.0599 |
| | | | 高中(含中专) | .14820 | .48191 | 1.000 | －1.1319 | 1.4283 |
| | | | 大学(含大专) | －.92722 | .44276 | .207 | －2.1069 | .2524 |

注：* 表示平均值差值的显著性水平为 0.05。

### 4.5.5 是否工作居民对安徽省城市建成环境的评价

在进行 $t$ 检验之前，首先对样本数据的方差齐性进行检验，结果如表 4－21 所示。

**表 4－21 建成环境各维度得分在是否工作因素上的方差齐性检验**

| | Levene Statistic | df1 | df2 | Sig. |
|---|---|---|---|---|
| 建成环境总分 | .931 | 1 | 992 | .335 |
| 居住密度 | 63.303 | 1 | 992 | .000 |
| 土地混合度 | 1.542 | 1 | 992 | .215 |

（续表）

| | Levene Statistic | df1 | df2 | Sig. |
|---|---|---|---|---|
| 服务方便性 | .131 | 1 | 992 | .718 |
| 街道连接性 | .034 | 1 | 992 | .855 |
| 骑行/步行基础设施 | 10.275 | 1 | 992 | .001 |
| 环境美观度 | 7.189 | 1 | 992 | .007 |
| 交通安全 | 24.274 | 1 | 992 | .000 |
| 治安安全 | 9.008 | 1 | 992 | .003 |

通过 Q－Q 图发现，数据的分布符合正态要求，因此在进行方差齐性检验结果分析时，采用基于均数的结果。由表 4－21 可以看出，在建成环境总分、土地混合度、服务方便性、街道连接性维度上 $P>0.05$，即这四个维度上的方差是齐性的，所以在进行 $t$ 检验时选取方差齐性情况下的 $t$ 值和 *sig* 值；在居住密度、骑行/步行基础设施、环境美观度、交通安全和治安安全维度上 $P<0.05$，即这五个维度上的方差是不齐性的，所以在进行 $t$ 检验时选取方差不齐性情况下的 $t$ 值和 *sig* 值。

下面分别对居民是否工作在城市建成环境八个维度和总体评价上的得分情况进行描述统计和 $t$ 检验，结果如表 4－22 所示。由表 4－22 可以看出，安徽省居民是否工作对建成环境的总体评价没有显著差异。从各个维度的 *sig* 值来看，居民是否工作在居住密度和街道连接性两个维度上的 $P$ 是小于 0.05 的，表明在这两个维度上，居民是否工作对城市建成环境的感知评价存在显著差异。进一步通过均值比较分析发现，有工作的居民在居住密度维度上的得分显著高于没有工作的居民，这说明有工作的居民更喜欢选择居住密度高的住宅，因为居住密度越高相应的生活配套设施越齐全方便，更有利于工作的开展；有工作的居民在街道连接性维度上的得分显著低于没有工作的居民，这说明有工作的居民对出行的时间要求更高，因此对街道连接性的评价标准也更高，从而导致有工作的居民对街道连接性的评价得分低于没有工作的居民。此外，居民是否工作在建成环境总分、土地混合度、服务方便性、骑行/步行基础设施、环境美观度、交通安全、治安安全维度上不存在显著差异。

**表 4－22　建成环境各维度得分在是否工作因素上的差异（*t* 检验）**

| 各维度 | 是否工作 | *N* | Mean | Std. Deviation | *t* | Sig.（2－tailed） |
|---|---|---|---|---|---|---|
| 建成环境总分 | 有 | 817 | 159.6083 | 19.31240 | .227 | .821 |
| | 没有 | 177 | 159.2486 | 18.41644 | | |
| 居住密度 | 有 | 817 | 15.1506 | 2.70359 | 4.702 | .000 |
| | 没有 | 177 | 13.7006 | 3.90449 | | |
| 土地混合度 | 有 | 817 | 68.1089 | 15.40393 | －.471 | .638 |
| | 没有 | 177 | 68.7232 | 17.14700 | | |
| 服务方便性 | 有 | 817 | 14.0734 | 2.49352 | －.689 | .491 |
| | 没有 | 177 | 14.2147 | 2.36432 | | |

（续表）

| 各维度 | 是否工作 | N | Mean | Std. Deviation | t | Sig.（2 - tailed） |
|---|---|---|---|---|---|---|
| 街道连接性 | 有 | 817 | 7.9278 | 1.75690 | −2.552 | .011 |
| | 没有 | 177 | 8.2994 | 1.75345 | | |
| 骑行/步行基础设施 | 有 | 817 | 13.7540 | 4.12868 | .008 | .993 |
| | 没有 | 177 | 13.7514 | 3.64400 | | |
| 环境美观度 | 有 | 817 | 13.1897 | 3.87735 | 1.255 | .211 |
| | 没有 | 177 | 12.8192 | 3.48879 | | |
| 交通安全 | 有 | 817 | 13.0942 | 3.81749 | −1.734 | .084 |
| | 没有 | 177 | 13.5424 | 2.94450 | | |
| 治安安全 | 有 | 817 | 14.3097 | 3.96965 | .382 | .703 |
| | 没有 | 177 | 14.1977 | 3.43782 | | |

### 4.5.6 不同月收入居民对安徽省城市建成环境的评价

不同月收入的居民可能在消费观念、生活观念、行为方式等方面是不同的，从而导致其对城市建成环境的评价标准不同，本书将月平均收入水平划分为六个等次，即小于2000元、2000～3999元、4000～5999元、6000～7999元、8000～10000元、1万元以上，探讨不同月收入水平居民对城市建成环境的评价影响。由表4-23可以看出，对建成环境总分的评价中，得分最高的是月收入6000～7999元的居民，其次是月收入4000～5999元和小于2000元的居民，得分最低的是2000～3999元的居民；对居住密度的评价中，得分最高的是月收入1万元以上的居民，其次是月收入8000～10000元的居民，得分最低的是月收入小于2000元的居民，由此可见月收入水平越高对居住密度的评价越高；对土地混合度的评价中，得分最高的是月收入小于2000元的居民，其次是月收入6000～7999元的居民，得分最低的是月收入2000～3999元的居民；对服务方便性的评价中，得分最高的是月收入8000～10000元的居民，其次是月收入4000～5999元和月收入6000～7999元的居民，得分最低的是月收入6000～7999元的居民；对街道连接性的评价中，得分最高的是月收入2000～3999元的居民，其次是月收入小于2000元和月收入4000～5999元的居民，得分较低的是月收入8000～10000元和1万元以上的居民；对骑行/步行基础设施的评价中，得分最高的是月收入2000～3999元的居民，其次是月收入小于2000元的居民，得分最低的是月收入8000～10000元的居民；对环境美观度的评价中，得分最高的是月收入2000～3999元的居民，其次是月收入6000～7999元的居民，得分最低的是月收入8000～10000元的居民；对交通安全的评价中，得分最高的是月收入2000～3999元的居民，其次是月收入小于2000元的居民，得分最低的是月收入8000～10000元的居民；对治安安全的评价中，得分最高的是月收入2000～3999元的居民，其次是月收入4000～5999元的居民，得分最低的是月收入8000～10000元的居民。在对街道连接性、骑行/步行基础设施、环境美观度、交通安全、治安安全五个维度的评价中，得分最高的都是月收入2000～3999元的居民，得分最低的都是月收入8000～10000元的居民，这说明在这五个维度中月收入2000～3999元的居民对城市建成环境要求标准较低，而月收入8000～10000的居民对城市建成环境要求标准较高。

**表 4-23　不同月收入居民对安徽省城市建成环境评价的描述性统计**

| | | 个案数 | 平均值 | 标准差 | 标准误 | 平均值的 95%置信区间 | | 最小值 | 最大值 |
|---|---|---|---|---|---|---|---|---|---|
| | | | | | | 下限 | 上限 | | |
| 建成环境总分 | 小于 2000 元 | 135 | 159.8148 | 19.31135 | 1.66206 | 156.5276 | 163.1021 | 117.00 | 210.00 |
| | 2000～3999 元 | 125 | 157.4240 | 16.98731 | 1.51939 | 154.4167 | 160.4313 | 111.00 | 196.00 |
| | 4000～5999 元 | 269 | 159.9331 | 17.71486 | 1.08009 | 157.8065 | 162.0596 | 117.00 | 215.00 |
| | 6000～7999 元 | 223 | 161.0090 | 19.55864 | 1.30974 | 158.4278 | 163.5901 | 102.00 | 220.00 |
| | 8000～10000 元 | 144 | 158.3958 | 21.24819 | 1.77068 | 154.8957 | 161.8959 | 99.00 | 227.00 |
| | 1 万元以上 | 98 | 159.1633 | 21.15612 | 2.13709 | 154.9217 | 163.4048 | 114.00 | 206.00 |
| | 总计 | 994 | 159.5443 | 19.14735 | .60732 | 158.3525 | 160.7360 | 99.00 | 227.00 |
| 居住密度 | 小于 2000 元 | 135 | 13.4741 | 3.96972 | .34166 | 12.7983 | 14.1498 | 5.00 | 21.00 |
| | 2000～3999 元 | 125 | 14.2640 | 3.64148 | .32570 | 13.6193 | 14.9087 | 5.00 | 25.00 |
| | 4000～5999 元 | 269 | 14.8922 | 2.77910 | .16944 | 14.5586 | 15.2258 | 5.00 | 21.00 |
| | 6000～7999 元 | 223 | 15.2556 | 2.45540 | .16443 | 14.9316 | 15.5796 | 5.00 | 20.00 |
| | 8000～10000 元 | 144 | 15.5625 | 2.33166 | .19430 | 15.1784 | 15.9466 | 5.00 | 23.00 |
| | 1 万元以上 | 98 | 15.8367 | 2.29160 | .23149 | 15.3773 | 16.2962 | 9.00 | 21.00 |
| | 总计 | 994 | 14.8924 | 3.00277 | .09524 | 14.7055 | 15.0793 | 5.00 | 25.00 |
| 土地混合度 | 小于 2000 元 | 135 | 70.3556 | 17.71140 | 1.52435 | 67.3406 | 73.3705 | 35.00 | 132.00 |
| | 2000～3999 元 | 125 | 63.4000 | 15.11408 | 1.35184 | 60.7243 | 66.0757 | 22.00 | 102.00 |
| | 4000～5999 元 | 269 | 68.3792 | 14.65516 | .89354 | 66.6199 | 70.1384 | 28.00 | 126.00 |
| | 6000～7999 元 | 223 | 69.4978 | 15.66740 | 1.04917 | 67.4302 | 71.5654 | 27.00 | 124.00 |
| | 8000～10000 元 | 144 | 68.0208 | 15.19867 | 1.26656 | 65.5172 | 70.5244 | 33.00 | 124.00 |
| | 1 万元以上 | 98 | 68.3571 | 16.39666 | 1.65631 | 65.0698 | 71.6445 | 25.00 | 121.00 |
| | 总计 | 994 | 68.2183 | 15.72112 | .49864 | 67.2398 | 69.1968 | 22.00 | 132.00 |
| 服务方便性 | 小于 2000 元 | 135 | 13.8667 | 2.48518 | .21389 | 13.4436 | 14.2897 | 8.00 | 20.00 |
| | 2000～3999 元 | 125 | 13.9760 | 2.57614 | .23042 | 13.5199 | 14.4321 | 7.00 | 20.00 |
| | 4000～5999 元 | 269 | 14.2045 | 2.42481 | .14784 | 13.9134 | 14.4955 | 7.00 | 20.00 |
| | 6000～7999 元 | 223 | 14.0673 | 2.52554 | .16912 | 13.7340 | 14.4006 | 9.00 | 20.00 |
| | 8000～10000 元 | 144 | 14.3472 | 2.45610 | .20468 | 13.9426 | 14.7518 | 8.00 | 20.00 |
| | 1 万元以上 | 98 | 13.9898 | 2.34409 | .23679 | 13.5198 | 14.4598 | 7.00 | 20.00 |
| | 总计 | 994 | 14.0986 | 2.47044 | .07836 | 13.9448 | 14.2524 | 7.00 | 20.00 |
| 街道连接性 | 小于 2000 元 | 135 | 8.1926 | 1.78926 | .15399 | 7.8880 | 8.4972 | 4.00 | 12.00 |
| | 2000～3999 元 | 125 | 8.3440 | 1.69012 | .15117 | 8.0448 | 8.6432 | 3.00 | 12.00 |
| | 4000～5999 元 | 269 | 8.0372 | 1.78680 | .10894 | 7.8227 | 8.2517 | 3.00 | 12.00 |
| | 6000～7999 元 | 223 | 7.9058 | 1.73598 | .11625 | 7.6767 | 8.1349 | 3.00 | 12.00 |
| | 8000～10000 元 | 144 | 7.7014 | 1.81324 | .15110 | 7.4027 | 8.0001 | 3.00 | 12.00 |
| | 1 万元以上 | 98 | 7.7857 | 1.64505 | .16618 | 7.4559 | 8.1155 | 5.00 | 12.00 |
| | 总计 | 994 | 7.9940 | 1.76116 | .05586 | 7.8843 | 8.1036 | 3.00 | 12.00 |

（续表）

| | | 个案数 | 平均值 | 标准差 | 标准误 | 平均值的95%置信区间 | | 最小值 | 最大值 |
|---|---|---|---|---|---|---|---|---|---|
| | | | | | | 下限 | 上限 | | |
| 骑行/步行基础设施 | 小于2000元 | 135 | 13.6889 | 3.79211 | .32637 | 13.0434 | 14.3344 | 5.00 | 20.00 |
| | 2000～3999元 | 125 | 14.6000 | 3.26022 | .29160 | 14.0228 | 15.1772 | 6.00 | 20.00 |
| | 4000～5999元 | 269 | 13.6468 | 4.03134 | .24579 | 13.1629 | 14.1308 | 6.00 | 20.00 |
| | 6000～7999元 | 223 | 13.7399 | 4.24100 | .28400 | 13.1802 | 14.2996 | 5.00 | 20.00 |
| | 8000～10000元 | 144 | 13.4583 | 4.47038 | .37253 | 12.7220 | 14.1947 | 5.00 | 20.00 |
| | 1万元以上 | 98 | 13.5204 | 4.16720 | .42095 | 12.6849 | 14.3559 | 6.00 | 20.00 |
| | 总计 | 994 | 13.7535 | 4.04489 | .12830 | 13.5018 | 14.0053 | 5.00 | 20.00 |
| 环境美观度 | 小于2000元 | 135 | 12.7407 | 3.41630 | .29403 | 12.1592 | 13.3223 | 5.00 | 20.00 |
| | 2000～3999元 | 125 | 13.7360 | 3.29991 | .29515 | 13.1518 | 14.3202 | 5.00 | 20.00 |
| | 4000～5999元 | 269 | 13.1227 | 3.87729 | .23640 | 12.6572 | 13.5881 | 5.00 | 20.00 |
| | 6000～7999元 | 223 | 13.3587 | 4.02766 | .26971 | 12.8272 | 13.8903 | 5.00 | 20.00 |
| | 8000～10000元 | 144 | 12.6806 | 4.03074 | .33590 | 12.0166 | 13.3445 | 5.00 | 20.00 |
| | 1万元以上 | 98 | 12.9898 | 3.87031 | .39096 | 12.2138 | 13.7657 | 6.00 | 20.00 |
| | 总计 | 994 | 13.1237 | 3.81202 | .12091 | 12.8865 | 13.3610 | 5.00 | 20.00 |
| 交通安全 | 小于2000元 | 135 | 13.6963 | 2.94292 | .25329 | 13.1953 | 14.1973 | 6.00 | 19.00 |
| | 2000～3999元 | 125 | 13.7360 | 2.92692 | .26179 | 13.2178 | 14.2542 | 5.00 | 20.00 |
| | 4000～5999元 | 269 | 13.1487 | 3.80987 | .23229 | 12.6913 | 13.6060 | 5.00 | 20.00 |
| | 6000～7999元 | 223 | 12.9193 | 3.81943 | .25577 | 12.4152 | 13.4233 | 5.00 | 20.00 |
| | 8000～10000元 | 144 | 12.8333 | 4.03828 | .33652 | 12.1681 | 13.4985 | 5.00 | 20.00 |
| | 1万元以上 | 98 | 12.8878 | 4.12156 | .41634 | 12.0614 | 13.7141 | 5.00 | 20.00 |
| | 总计 | 994 | 13.1740 | 3.67990 | .11672 | 12.9450 | 13.4031 | 5.00 | 20.00 |
| 治安安全 | 小于2000元 | 135 | 13.8000 | 3.46582 | .29829 | 13.2100 | 14.3900 | 6.00 | 20.00 |
| | 2000～3999元 | 125 | 15.3680 | 2.86113 | .25591 | 14.8615 | 15.8745 | 6.00 | 20.00 |
| | 4000～5999元 | 269 | 14.5019 | 3.98470 | .24295 | 14.0235 | 14.9802 | 5.00 | 20.00 |
| | 6000～7999元 | 223 | 14.2646 | 4.17165 | .27935 | 13.7140 | 14.8151 | 5.00 | 20.00 |
| | 8000～10000元 | 144 | 13.7917 | 4.11355 | .34280 | 13.1141 | 14.4693 | 5.00 | 20.00 |
| | 1万元以上 | 98 | 13.7959 | 3.96885 | .40091 | 13.0002 | 14.5916 | 6.00 | 20.00 |
| | 总计 | 994 | 14.2897 | 3.87890 | .12303 | 14.0483 | 14.5312 | 5.00 | 20.00 |

在进行单因素方差分析之前，首先进行方差齐性检验。结果显示，不同月收入的居民在建成环境总分、土地混合度、服务方便性、街道连接性的评价上 $P>0.05$，即方差是齐性的；在居住密度、骑行/步行基础设施、环境美观度、交通安全和治安安全维度上方差是非齐性的。进一步通过方差分析发现，居住密度、土地混合度、街道连接性、治安安全四个维度在组

间存在显著差异，而建成环境总分、服务方便性、骑行/步行基础设施、环境美观度、交通安全五个维度在组间不存在显著差异，具体如表 4-24 所示。因此，在进行事后比较时，根据各维度方差齐性情况，选择不同的事后比较法，方差齐性时选择 LSD 事后比较法，方差不齐时选择塔姆黑尼事后比较法。

**表 4-24　不同月收入居民的建成环境方差分析**

| | | 平方和 | 自由度 | 均方 | $F$ | 显著性 |
|---|---|---|---|---|---|---|
| 建成环境总分 | 组间 | 1295.051 | 5 | 259.010 | .705 | .619 |
| | 组内 | 362759.501 | 988 | 367.165 | | |
| | 总计 | 364054.552 | 993 | | | |
| 居住密度 | 组间 | 502.405 | 5 | 100.481 | 11.747 | .000 |
| | 组内 | 8451.077 | 988 | 8.554 | | |
| | 总计 | 8953.482 | 993 | | | |
| 土地混合度 | 组间 | 3898.184 | 5 | 779.637 | 3.189 | .007 |
| | 组内 | 241525.443 | 988 | 244.459 | | |
| | 总计 | 245423.627 | 993 | | | |
| 服务方便性 | 组间 | 22.436 | 5 | 4.487 | .734 | .598 |
| | 组内 | 6037.902 | 988 | 6.111 | | |
| | 总计 | 6060.338 | 993 | | | |
| 街道连接性 | 组间 | 39.453 | 5 | 7.891 | 2.564 | .026 |
| | 组内 | 3040.511 | 988 | 3.077 | | |
| | 总计 | 3079.964 | 993 | | | |
| 骑行/步行基础设施 | 组间 | 111.106 | 5 | 22.221 | 1.361 | .237 |
| | 组内 | 16135.507 | 988 | 16.331 | | |
| | 总计 | 16246.613 | 993 | | | |
| 环境美观度 | 组间 | 109.018 | 5 | 21.804 | 1.504 | .186 |
| | 组内 | 14320.761 | 988 | 14.495 | | |
| | 总计 | 14429.780 | 993 | | | |
| 交通安全 | 组间 | 115.690 | 5 | 23.138 | 1.715 | .128 |
| | 组内 | 13331.201 | 988 | 13.493 | | |
| | 总计 | 13446.890 | 993 | | | |
| 治安安全 | 组间 | 249.576 | 5 | 49.915 | 3.357 | .005 |
| | 组内 | 14690.980 | 988 | 14.869 | | |
| | 总计 | 14940.555 | 993 | | | |

由表 4-23 和表 4-25 可以看出，不同月收入的居民群体之间在建成环境总分、服务方便性、骑行/步行基础设施、环境美观度、交通安全五个维度上不存在显著差异，在其他维度

上存在显著差异，对这些存在显著差异的维度进行进一步的事后比较分析。居住密度由于方差不齐性采用塔姆黑尼事后比较法，发现月收入小于2000元的居民除与月收入2000～3999元的居民之间不存在显著差异外，与其他月收入的居民之间都存在显著差异，月收入2000～3999元的居民与月收入8000～10000、1万元以上的居民之间存在显著差异，月收入4000～5999的居民与月收入1万元以上的居民之间存在显著差异。进一步通过均值比较发现，月收入小于2000元的居民在居住密度上的得分显著低于其他月收入的居民，月收入2000～3999元的居民在居住密度上的得分显著低于月收入8000～10000元、1万元以上的居民，月收入4000～5999的居民在居住密度上的得分显著低于月收入1万元以上的居民。土地混合度由于方差齐性采用LSD事后比较法，发现月收入小于2000元的居民与月收入2000～3999元的居民之间存在显著差异，月收入2000～3999元的居民与其他月收入居民之间都存在显著差异。进一步通过均值比较发现，月收入小于2000元的居民在土地混合度上的得分显著高于月收入2000～3999元的居民，月收入2000～3999元的居民在土地混合度上的得分显著低于其他月收入居民。街道连接性由于方差齐性采用LSD事后比较法，发现月收入小于2000元的居民与月收入8000～10000元的居民之间存在显著差异，月收入2000～3999元的居民与月收入6000～7999元、8000～10000元、1万元以上的居民之间存在显著差异。进一步通过均值比较发现，月收入小于2000元的居民在街道连接性上的得分显著高于月收入8000～10000元的居民，月收入2000～3999元的居民在街道连接性上的得分显著高于月收入6000～7999元、8000～10000元、1万元以上的居民。治安安全由于方差不齐性采用塔姆黑尼事后比较法，发现月收入2000～3999元的居民与月收入小于2000元、8000～10000元、1万元以上的居民之间存在显著差异。进一步通过均值比较发现，月收入2000～3999元的居民在治安安全上的得分显著高于与月收入小于2000元、8000～10000元、1万元以上的居民。

**表4-25　不同月收入居民间建成环境各维度的事后多重比较**

| 因变量 | | (I)<br>月平均收入 | (J)<br>月平均收入 | 平均值差值<br>(I−J) | 标准误 | 显著性 | 95%置信区间 | |
|---|---|---|---|---|---|---|---|---|
| | | | | | | | 下限 | 上限 |
| 建成环境总分 | LSD | 小于2000元 | 2000～3999元 | 2.39081 | 2.37846 | .315 | −2.2766 | 7.0582 |
| | | | 4000～5999元 | −.11827 | 2.02106 | .953 | −4.0843 | 3.8478 |
| | | | 6000～7999元 | −1.19415 | 2.08955 | .568 | −5.2946 | 2.9063 |
| | | | 8000～10000元 | 1.41898 | 2.29554 | .537 | −3.0857 | 5.9237 |
| | | | 1万元以上 | .65155 | 2.54290 | .798 | −4.3386 | 5.6417 |
| | | 2000～3999元 | 小于2000元 | −2.39081 | 2.37846 | .315 | −7.0582 | 2.2766 |
| | | | 4000～5999元 | −2.50909 | 2.07419 | .227 | −6.5794 | 1.5612 |
| | | | 6000～7999元 | −3.58497 | 2.14098 | .094 | −7.7864 | .6164 |
| | | | 8000～10000元 | −.97183 | 2.34245 | .678 | −5.5686 | 3.6249 |
| | | | 1万元以上 | −1.73927 | 2.58533 | .501 | −6.8126 | 3.3341 |

（续表）

| 因变量 | | (I) 月平均收入 | (J) 月平均收入 | 平均值差值 (I−J) | 标准误 | 显著性 | 95%置信区间 | |
|---|---|---|---|---|---|---|---|---|
| | | | | | | | 下限 | 上限 |
| 建成环境总分 | LSD | 4000～5999元 | 小于2000元 | .11827 | 2.02106 | .953 | -3.8478 | 4.0843 |
| | | | 2000～3999元 | 2.50909 | 2.07419 | .227 | -1.5612 | 6.5794 |
| | | | 6000～7999元 | -1.07588 | 1.73534 | .535 | -4.4813 | 2.3295 |
| | | | 8000～10000元 | 1.53725 | 1.97856 | .437 | -2.3454 | 5.4199 |
| | | | 1万元以上 | .76982 | 2.26087 | .734 | -3.6668 | 5.2065 |
| | | 6000～7999元 | 小于2000元 | 1.19415 | 2.08955 | .568 | -2.9063 | 5.2946 |
| | | | 2000～3999元 | 3.58497 | 2.14098 | .094 | -.6164 | 7.7864 |
| | | | 4000～5999元 | 1.07588 | 1.73534 | .535 | -2.3295 | 4.4813 |
| | | | 8000～10000元 | 2.61314 | 2.04847 | .202 | -1.4067 | 6.6330 |
| | | | 1万元以上 | 1.84570 | 2.32230 | .427 | -2.7115 | 6.4029 |
| | | 8000～10000元 | 小于2000元 | -1.41898 | 2.29554 | .537 | -5.9237 | 3.0857 |
| | | | 2000～3999元 | .97183 | 2.34245 | .678 | -3.6249 | 5.5686 |
| | | | 4000～5999元 | -1.53725 | 1.97856 | .437 | -5.4199 | 2.3454 |
| | | | 6000～7999元 | -2.61314 | 2.04847 | .202 | -6.6330 | 1.4067 |
| | | | 1万元以上 | -.76743 | 2.50925 | .760 | -5.6915 | 4.1566 |
| | | 1万元以上 | 小于2000元 | -.65155 | 2.54290 | .798 | -5.6417 | 4.3386 |
| | | | 2000～3999元 | 1.73927 | 2.58533 | .501 | -3.3341 | 6.8126 |
| | | | 4000～5999元 | -.76982 | 2.26087 | .734 | -5.2065 | 3.6668 |
| | | | 6000～7999元 | -1.84570 | 2.32230 | .427 | -6.4029 | 2.7115 |
| | | | 8000～10000元 | .76743 | 2.50925 | .760 | -4.1566 | 5.6915 |
| 居住密度 | 塔姆黑尼 | 小于2000元 | 2000～3999元 | -.78993 | .47203 | .778 | -2.1849 | .6050 |
| | | | 4000～5999元 | -1.41812* | .38137 | .004 | -2.5481 | -.2882 |
| | | | 6000～7999元 | -1.78153* | .37917 | .000 | -2.9053 | -.6578 |
| | | | 8000～10000元 | -2.08843* | .39305 | .000 | -3.2522 | -.9246 |
| | | | 1万元以上 | -2.36266* | .41269 | .000 | -3.5842 | -1.1412 |
| | | 2000～3999元 | 小于2000元 | .78993 | .47203 | .778 | -.6050 | 2.1849 |
| | | | 4000～5999元 | -.62819 | .36714 | .752 | -1.7166 | .4602 |
| | | | 6000～7999元 | -.99161 | .36485 | .103 | -2.0736 | .0903 |
| | | | 8000～10000元 | -1.29850* | .37926 | .011 | -2.4220 | -.1750 |
| | | | 1万元以上 | -1.57273* | .39959 | .002 | -2.7560 | -.3895 |
| | | 4000～5999元 | 小于2000元 | 1.41812* | .38137 | .004 | .2882 | 2.5481 |
| | | | 2000～3999元 | .62819 | .36714 | .752 | -.4602 | 1.7166 |
| | | | 6000～7999元 | -.36341 | .23611 | .864 | -1.0581 | .3313 |
| | | | 8000～10000元 | -.67031 | .25781 | .136 | -1.4305 | .0899 |
| | | | 1万元以上 | -.94454* | .28688 | .017 | -1.7943 | -.0948 |

（续表）

| 因变量 | | (*I*)<br>月平均收入 | (*J*)<br>月平均收入 | 平均值差值<br>(*I*−*J*) | 标准误 | 显著性 | 95%置信区间 | |
|---|---|---|---|---|---|---|---|---|
| | | | | | | | 下限 | 上限 |
| 居住密度 | 塔姆黑尼 | 6000～7999 元 | 小于 2000 元 | 1.78153* | .37917 | .000 | .6578 | 2.9053 |
| | | | 2000～3999 元 | .99161 | .36485 | .103 | -.0903 | 2.0736 |
| | | | 4000～5999 元 | .36341 | .23611 | .864 | -.3313 | 1.0581 |
| | | | 8000～10000 元 | -.30689 | .25454 | .980 | -1.0578 | .4440 |
| | | | 1 万元以上 | -.58113 | .28394 | .475 | -1.4226 | .2604 |
| | | 8000～10000 元 | 小于 2000 元 | 2.08843* | .39305 | .000 | .9246 | 3.2522 |
| | | | 2000～3999 元 | 1.29850* | .37926 | .011 | .1750 | 2.4220 |
| | | | 4000～5999 元 | .67031 | .25781 | .136 | -.0899 | 1.4305 |
| | | | 6000～7999 元 | .30689 | .25454 | .980 | -.4440 | 1.0578 |
| | | | 1 万元以上 | -.27423 | .30223 | .999 | -1.1692 | .6208 |
| | | 1 万元以上 | 小于 2000 元 | 2.36266* | .41269 | .000 | 1.1412 | 3.5842 |
| | | | 2000～3999 元 | 1.57273* | .39959 | .002 | .3395 | 2.7560 |
| | | | 4000～5999 元 | .94454* | .28688 | .017 | .0948 | 1.7943 |
| | | | 6000～7999 元 | .58113 | .28394 | .475 | -.2604 | 1.4226 |
| | | | 8000～10000 元 | .27423 | .30223 | .999 | -.6208 | 1.1692 |
| 土地混合度 | LSD | 小于 2000 元 | 2000～3999 元 | 6.95556* | 1.94074 | .000 | 3.1471 | 10.7640 |
| | | | 4000～5999 元 | 1.97637 | 1.64911 | .231 | -1.2598 | 5.2125 |
| | | | 6000～7999 元 | .85780 | 1.70500 | .615 | -2.4880 | 4.2036 |
| | | | 8000～10000 元 | 2.33472 | 1.87308 | .213 | -1.3410 | 6.0104 |
| | | | 1 万元以上 | 1.99841 | 2.07492 | .336 | -2.0733 | 6.0702 |
| | | 2000～3999 元 | 小于 2000 元 | -6.95556* | 1.94074 | .000 | -10.764 | -3.1471 |
| | | | 4000～5999 元 | -4.97918* | 1.69247 | .003 | -8.3004 | -1.6579 |
| | | | 6000～7999 元 | -6.09776* | 1.74697 | .001 | -9.5260 | -2.6696 |
| | | | 8000～10000 元 | -4.62083* | 1.91136 | .016 | -8.3716 | -.8700 |
| | | | 1 万元以上 | -4.95714* | 2.10954 | .019 | -9.0968 | -.8175 |
| | | 4000～5999 元 | 小于 2000 元 | -1.97637 | 1.64911 | .231 | -5.2125 | 1.2598 |
| | | | 2000～3999 元 | 4.97918* | 1.69247 | .003 | 1.6579 | 8.3004 |
| | | | 6000～7999 元 | -1.11858 | 1.41598 | .430 | -3.8972 | 1.6601 |
| | | | 8000～10000 元 | .35835 | 1.61444 | .824 | -2.8098 | 3.5265 |
| | | | 1 万元以上 | .02204 | 1.84479 | .990 | -3.5981 | 3.6422 |
| | | 6000～7999 元 | 小于 2000 元 | -.85780 | 1.70500 | .615 | -4.2036 | 2.4880 |
| | | | 2000～3999 元 | 6.09776* | 1.74697 | .001 | 2.6696 | 9.5260 |
| | | | 4000～5999 元 | 1.11858 | 1.41598 | .430 | -1.6601 | 3.8972 |
| | | | 8000～10000 元 | 1.47692 | 1.67148 | .377 | -1.3031 | 4.7570 |
| | | | 1 万元以上 | 1.14061 | 1.89492 | .547 | -2.5779 | 4.8591 |

（续表）

| 因变量 | | (I)<br>月平均收入 | (J)<br>月平均收入 | 平均值差值<br>(I－J) | 标准误 | 显著性 | 95%置信区间 | |
|---|---|---|---|---|---|---|---|---|
| | | | | | | | 下限 | 上限 |
| 土地混合度 | LSD | 8000～10000 元 | 小于 2000 元 | －2.33472 | 1.87308 | .213 | －6.0104 | 1.3410 |
| | | | 2000～3999 元 | 4.62083* | 1.91136 | .016 | .8700 | 8.3716 |
| | | | 4000～5999 元 | －.35835 | 1.61444 | .824 | －3.5265 | 2.8098 |
| | | | 6000～7999 元 | －1.47692 | 1.67148 | .377 | －4.7570 | 1.8031 |
| | | | 1 万元以上 | －.33631 | 2.04746 | .870 | －4.3542 | 3.6816 |
| | | 1 万元以上 | 小于 2000 元 | －1.99841 | 2.07492 | .336 | －6.0702 | 2.0733 |
| | | | 2000～3999 元 | 4.95714* | 2.10954 | .019 | .8175 | 9.0968 |
| | | | 4000～5999 元 | －.02204 | 1.84479 | .990 | －3.6422 | 3.5981 |
| | | | 6000～7999 元 | －1.14061 | 1.89492 | .547 | －4.8591 | 2.5779 |
| | | | 8000～10000 元 | .33631 | 2.04746 | .870 | －3.6816 | 4.3542 |
| 服务方便性 | LSD | 小于 2000 元 | 2000～3999 元 | －.10933 | .30685 | .722 | －.7115 | .4928 |
| | | | 4000～5999 元 | －.33779 | .26074 | .195 | －.8495 | .1739 |
| | | | 6000～7999 元 | －.20060 | .26958 | .457 | －.7296 | .3284 |
| | | | 8000～10000 元 | －.48056 | .29615 | .105 | －1.0617 | .1006 |
| | | | 1 万元以上 | －.12313 | .32807 | .708 | －.7669 | .5207 |
| | | 2000～3999 元 | 小于 2000 元 | .10933 | .30685 | .722 | －.4928 | .7115 |
| | | | 4000～5999 元 | －.22846 | .26760 | .393 | －.7536 | .2967 |
| | | | 6000～7999 元 | －.09126 | .27621 | .741 | －.6333 | .4508 |
| | | | 8000～10000 元 | －.37122 | .30221 | .220 | －.9643 | .2218 |
| | | | 1 万元以上 | －.01380 | .33354 | .967 | －.6683 | .6407 |
| | | 4000～5999 元 | 小于 2000 元 | .33779 | .26074 | .195 | －.1739 | .8495 |
| | | | 2000～3999 元 | .22846 | .26760 | .393 | －.2967 | .7536 |
| | | | 6000～7999 元 | .13720 | .22388 | .540 | －.3021 | .5765 |
| | | | 8000～10000 元 | －.14276 | .25526 | .576 | －.6437 | .3582 |
| | | | 1 万元以上 | .21467 | .29168 | .462 | －.3577 | .7871 |
| | | 6000～7999 元 | 小于 2000 元 | .20060 | .26958 | .457 | －.3284 | .7296 |
| | | | 2000～3999 元 | .09126 | .27621 | .741 | －.4508 | .6333 |
| | | | 4000～5999 元 | －.13720 | .22388 | .540 | －.5765 | .3021 |
| | | | 8000～10000 元 | －.27996 | .26428 | .290 | －.7986 | .2387 |
| | | | 1 万元以上 | .07747 | .29961 | .796 | －.5105 | .6654 |
| | | 8000～10000 元 | 小于 2000 元 | .48056 | .29615 | .105 | －.1006 | 1.0617 |
| | | | 2000～3999 元 | .37122 | .30221 | .220 | －.2218 | .9643 |
| | | | 4000～5999 元 | .14276 | .25526 | .576 | －.3582 | .6437 |
| | | | 6000～7999 元 | .27996 | .26428 | .290 | －.2387 | .7986 |
| | | | 1 万元以上 | .35743 | .32373 | .270 | －.2778 | .9927 |

（续表）

| 因变量 | | (I) 月平均收入 | (J) 月平均收入 | 平均值差值 (I—J) | 标准误 | 显著性 | 95%置信区间 | |
|---|---|---|---|---|---|---|---|---|
| | | | | | | | 下限 | 上限 |
| 服务方便性 | LSD | 1万元以上 | 小于2000元 | .12313 | .32807 | .708 | —.5207 | .7669 |
| | | | 2000～3999元 | .01380 | .33354 | .967 | —.6407 | .6683 |
| | | | 4000～5999元 | —.21467 | .29168 | .462 | —.7871 | .3577 |
| | | | 6000～7999元 | —.07747 | .29961 | .796 | —.6654 | .5105 |
| | | | 8000～10000元 | —.35743 | .32373 | .270 | —.9927 | .2778 |
| 街道连接性 | LSD | 小于2000元 | 2000～3999元 | —.15141 | .21775 | .487 | —.5787 | .2759 |
| | | | 4000～5999元 | .15542 | .18503 | .401 | —.2077 | .5185 |
| | | | 6000～7999元 | .28676 | .19130 | .134 | —.0886 | .6622 |
| | | | 8000～10000元 | .49120* | .21016 | .020 | .0788 | .9036 |
| | | | 1万元以上 | .40688 | .23281 | .081 | —.0500 | .8637 |
| | | 2000～3999元 | 小于2000元 | .15141 | .21775 | .487 | —.2759 | .5787 |
| | | | 4000～5999元 | .30683 | .18989 | .106 | —.0658 | .6795 |
| | | | 6000～7999元 | .43817* | .19601 | .026 | .0535 | .8228 |
| | | | 8000～10000元 | .64261* | .21445 | .003 | .2218 | 1.0634 |
| | | | 1万元以上 | .55829* | .23669 | .019 | .0938 | 1.0228 |
| | | 4000～5999元 | 小于2000元 | —.15542 | .18503 | .401 | —.5185 | .2077 |
| | | | 2000～3999元 | —.30683 | .18989 | .106 | —.6795 | .0658 |
| | | | 6000～7999元 | .13135 | .15887 | .409 | —.1804 | .4431 |
| | | | 8000～10000元 | .33579 | .18114 | .064 | —.0197 | .6912 |
| | | | 1万元以上 | .25146 | .20698 | .225 | —.1547 | .6576 |
| | | 6000～7999元 | 小于2000元 | —.28676 | .19130 | .134 | —.6622 | .0886 |
| | | | 2000～3999元 | —.43817* | .19601 | .026 | —.8228 | —.0535 |
| | | | 4000～5999元 | —.13135 | .15887 | .409 | —.4431 | .1804 |
| | | | 8000～10000元 | .20444 | .18754 | .276 | —.1636 | .5725 |
| | | | 1万元以上 | .12012 | .21261 | .572 | —.2971 | .5373 |
| | | 8000～10000元 | 小于2000元 | —.49120* | .21016 | .020 | —.9036 | —.0788 |
| | | | 2000～3999元 | —.64261* | .21445 | .003 | —1.0634 | —.2218 |
| | | | 4000～5999元 | —.33579 | .18114 | .064 | —.6912 | .0197 |
| | | | 6000～7999元 | —.20444 | .18754 | .276 | —.5725 | .1636 |
| | | | 1万元以上 | —.08433 | .22972 | .714 | —.5351 | .3665 |
| | | 1万元以上 | 小于2000元 | —.40688 | .23281 | .081 | —.8637 | .0500 |
| | | | 2000～3999元 | —.55829* | .23669 | .019 | —1.0228 | —.0938 |
| | | | 4000～5999元 | —.25146 | .20698 | .225 | —.6576 | .1547 |
| | | | 6000～7999元 | —.12012 | .21261 | .572 | —.5373 | .2971 |
| | | | 8000～10000元 | .08433 | .22972 | .714 | —.3665 | .5351 |

（续表）

| 因变量 | | (I)<br>月平均收入 | (J)<br>月平均收入 | 平均值差值<br>(I−J) | 标准误 | 显著性 | 95%置信区间 | |
|---|---|---|---|---|---|---|---|---|
| | | | | | | | 下限 | 上限 |
| 骑行/步行基础设施 | 塔姆黑尼 | 小于2000元 | 2000～3999元 | −.91111 | .43767 | .444 | −2.2046 | .3823 |
| | | | 4000～5999元 | .04205 | .40858 | 1.000 | −1.1644 | 1.2485 |
| | | | 6000～7999元 | −.05102 | .43264 | 1.000 | −1.3276 | 1.2256 |
| | | | 8000～10000元 | .23056 | .49528 | 1.000 | −1.2323 | 1.6934 |
| | | | 1万元以上 | .16848 | .53265 | 1.000 | −1.4102 | 1.7471 |
| | | 2000～3999元 | 小于2000元 | .91111 | .43767 | .444 | −.3823 | 2.2046 |
| | | | 4000～5999元 | .95316 | .38138 | .178 | −.1726 | 2.0789 |
| | | | 6000～7999元 | .86009 | .40705 | .418 | −.3408 | 2.0610 |
| | | | 8000～10000元 | 1.14167 | .47309 | .221 | −.2563 | 2.5397 |
| | | | 1万元以上 | 1.07959 | .51209 | .427 | −.4399 | 2.5991 |
| | | 4000～5999元 | 小于2000元 | −.04205 | .40858 | 1.000 | −1.2485 | 1.1644 |
| | | | 2000～3999元 | −.95316 | .38138 | .178 | −2.0789 | .1726 |
| | | | 6000～7999元 | −.09307 | .37559 | 1.000 | −1.1984 | 1.0123 |
| | | | 8000～10000元 | .18851 | .44631 | 1.000 | −1.1300 | 1.5070 |
| | | | 1万元以上 | .12643 | .48746 | 1.000 | −1.3214 | 1.5743 |
| | | 6000～7999元 | 小于2000元 | .05102 | .43264 | 1.000 | −1.2256 | 1.3276 |
| | | | 2000～3999元 | −.86009 | .40705 | .418 | −2.0610 | .3408 |
| | | | 4000～5999元 | .09307 | .37559 | 1.000 | −1.0123 | 1.1984 |
| | | | 8000～10000元 | .28158 | .46844 | 1.000 | −1.1012 | 1.6643 |
| | | | 1万元以上 | .21950 | .50779 | 1.000 | −1.2863 | 1.7253 |
| | | 8000～10000元 | 小于2000元 | −.23056 | .49528 | 1.000 | −1.6934 | 1.2323 |
| | | | 2000～3999元 | −1.14167 | .47309 | .221 | −2.5397 | .2563 |
| | | | 4000～5999元 | −.18851 | .44631 | 1.000 | −1.5070 | 1.1300 |
| | | | 6000～7999元 | −.28158 | .46844 | 1.000 | −1.6643 | 1.1012 |
| | | | 1万元以上 | −.06207 | .56212 | 1.000 | −1.7261 | 1.6020 |
| | | 1万元以上 | 小于2000元 | −.16848 | .53265 | 1.000 | −1.7471 | 1.4102 |
| | | | 2000～3999元 | −1.07959 | .51209 | .427 | −2.5991 | .4399 |
| | | | 4000～5999元 | −.12643 | .48746 | 1.000 | −1.5743 | 1.3214 |
| | | | 6000～7999元 | −.21950 | .50779 | 1.000 | −1.7253 | 1.2863 |
| | | | 8000～10000元 | .06207 | .56212 | 1.000 | −1.6020 | 1.7261 |
| 环境美观度 | 塔姆黑尼 | 小于2000元 | 2000～3999元 | −.99526 | .41661 | .234 | −2.2265 | .2359 |
| | | | 4000～5999元 | −.38194 | .37728 | .996 | −1.4954 | .7315 |
| | | | 6000～7999元 | −.61800 | .39900 | .859 | −1.7950 | .5590 |
| | | | 8000～10000元 | .06019 | .44641 | 1.000 | −1.2583 | 1.3787 |
| | | | 1万元以上 | −.24906 | .48919 | 1.000 | −1.6992 | 1.2011 |

（续表）

| 因变量 | | (*I*) 月平均收入 | (*J*) 月平均收入 | 平均值差值 (*I*−*J*) | 标准误 | 显著性 | 95%置信区间 | |
|---|---|---|---|---|---|---|---|---|
| | | | | | | | 下限 | 上限 |
| 环境美观度 | 塔姆黑尼 | 2000～3999 元 | 小于 2000 元 | .99526 | .41661 | .234 | −.2359 | 2.2265 |
| | | | 4000～5999 元 | .61332 | .37816 | .814 | −.5034 | 1.7300 |
| | | | 6000～7999 元 | .37726 | .39983 | .998 | −.8027 | 1.5573 |
| | | | 8000～10000 元 | 1.05544 | .44715 | .250 | −.2656 | 2.3765 |
| | | | 1 万元以上 | .74620 | .48986 | .875 | −.7062 | 2.1986 |
| | | 4000～5999 元 | 小于 2000 元 | .38194 | .37728 | .996 | −.7315 | 1.4954 |
| | | | 2000～3999 元 | −.61332 | .37816 | .814 | −1.7300 | .5034 |
| | | | 6000～7999 元 | −.23607 | .35865 | 1.000 | −1.2915 | .8194 |
| | | | 8000～10000 元 | .44212 | .41075 | .993 | −.7707 | 1.6550 |
| | | | 1 万元以上 | .13288 | .45688 | 1.000 | −1.2236 | 1.4893 |
| | | 6000～7999 元 | 小于 2000 元 | .61800 | .39900 | .859 | −.5590 | 1.7950 |
| | | | 2000～3999 元 | −.37726 | .39983 | .998 | −1.5573 | .8027 |
| | | | 4000～5999 元 | .23607 | .35865 | 1.000 | −.8194 | 1.2915 |
| | | | 8000～10000 元 | .67819 | .43078 | .844 | −.5930 | 1.9494 |
| | | | 1 万元以上 | .36895 | .47497 | 1.000 | −1.0392 | 1.7771 |
| | | 8000～10000 元 | 小于 2000 元 | −.06019 | .44641 | 1.000 | −1.3787 | 1.2583 |
| | | | 2000～3999 元 | −1.05544 | .44715 | .250 | −2.3765 | .2656 |
| | | | 4000～5999 元 | −.44212 | .41075 | .993 | −1.6550 | .7707 |
| | | | 6000～7999 元 | −.67819 | .43078 | .844 | −1.9494 | .5930 |
| | | | 1 万元以上 | −.30924 | .51544 | 1.000 | −1.8354 | 1.2169 |
| | | 1 万元以上 | 小于 2000 元 | .24906 | .48919 | 1.000 | −1.2011 | 1.6992 |
| | | | 2000～3999 元 | −.74620 | .48986 | .875 | −2.1986 | .7062 |
| | | | 4000～5999 元 | −.13288 | .45688 | 1.000 | −1.4893 | 1.2236 |
| | | | 6000～7999 元 | −.36895 | .47497 | 1.000 | −1.7771 | 1.0392 |
| | | | 8000～10000 元 | .30924 | .51544 | 1.000 | −1.2169 | 1.8354 |
| 交通安全 | 塔姆黑尼 | 小于 2000 元 | 2000～3999 元 | −.03970 | .36426 | 1.000 | −1.1162 | 1.0368 |
| | | | 4000～5999 元 | .54760 | .34368 | .832 | −.4658 | 1.5610 |
| | | | 6000～7999 元 | .77701 | .35996 | .382 | −.2844 | 1.8385 |
| | | | 8000～10000 元 | .86296 | .42119 | .470 | −.3816 | 2.1075 |
| | | | 1 万元以上 | .80854 | .48733 | .791 | −.6392 | 2.2562 |
| | | 2000～3999 元 | 小于 2000 元 | .03970 | .36426 | 1.000 | −1.0368 | 1.1162 |
| | | | 4000～5999 元 | .58730 | .34999 | .774 | −.4454 | 1.6200 |
| | | | 6000～7999 元 | .81672 | .36599 | .330 | −.2631 | 1.8965 |
| | | | 8000～10000 元 | .90267 | .42636 | .416 | −.3573 | 2.1626 |
| | | | 1 万元以上 | .84824 | .49181 | .742 | −.6124 | 2.3089 |

（续表）

| 因变量 | | (I)<br>月平均收入 | (J)<br>月平均收入 | 平均值差值<br>(I−J) | 标准误 | 显著性 | 95%置信区间 | |
|---|---|---|---|---|---|---|---|---|
| | | | | | | | 下限 | 上限 |
| 交通安全 | 塔姆黑尼 | 4000～5999元 | 小于2000元 | −.54760 | .34368 | .832 | −1.5610 | .4658 |
| | | | 2000～3999元 | −.58730 | .34999 | .774 | −1.6200 | .4454 |
| | | | 6000～7999元 | .22942 | .34551 | 1.000 | −.7873 | 1.2461 |
| | | | 8000～10000元 | .31537 | .40891 | 1.000 | −.8922 | 1.5230 |
| | | | 1万元以上 | .26094 | .47676 | 1.000 | −1.1559 | 1.6778 |
| | | 6000～7999元 | 小于2000元 | −.77701 | .35996 | .382 | −1.8385 | .2844 |
| | | | 2000～3999元 | −.81672 | .36599 | .330 | −1.8965 | .2631 |
| | | | 4000～5999元 | −.22942 | .34551 | 1.000 | −1.2461 | .7873 |
| | | | 8000～10000元 | .08595 | .42269 | 1.000 | −1.1618 | 1.3337 |
| | | | 1万元以上 | .03153 | .48863 | 1.000 | −1.4191 | 1.4821 |
| | | 8000～10000元 | 小于2000元 | −.86296 | .42119 | .470 | −2.1075 | .3816 |
| | | | 2000～3999元 | −.90267 | .42636 | .416 | −2.1626 | .3573 |
| | | | 4000～5999元 | −.31537 | .40891 | 1.000 | −1.5230 | .8922 |
| | | | 6000～7999元 | −.08595 | .42269 | 1.000 | −1.3337 | 1.1618 |
| | | | 1万元以上 | −.05442 | .53534 | 1.000 | −1.6402 | 1.5314 |
| | | 1万元以上 | 小于2000元 | −.80854 | .48733 | .791 | −2.2562 | .6392 |
| | | | 2000～3999元 | −.84824 | .49181 | .742 | −2.3089 | .6124 |
| | | | 4000～5999元 | −.26094 | .47676 | 1.000 | −1.6778 | 1.1559 |
| | | | 6000～7999元 | −.03153 | .48863 | 1.000 | −1.4821 | 1.4191 |
| | | | 8000～10000元 | .05442 | .53534 | 1.000 | −1.5314 | 1.6402 |
| 治安安全 | 塔姆黑尼 | 小于2000元 | 2000～3999元 | −1.56800* | .39302 | .001 | −2.7296 | −.4064 |
| | | | 4000～5999元 | −.70186 | .38471 | .658 | −1.8371 | .4334 |
| | | | 6000～7999元 | −.46457 | .40868 | .988 | −1.6700 | .7409 |
| | | | 8000～10000元 | .00833 | .45441 | 1.000 | −1.3338 | 1.3505 |
| | | | 1万元以上 | .00408 | .49971 | 1.000 | −1.4775 | 1.4856 |
| | | 2000～3999元 | 小于2000元 | 1.56800* | .39302 | .001 | .4064 | 2.7296 |
| | | | 4000～5999元 | .86614 | .35287 | .198 | −.1746 | 1.9069 |
| | | | 6000～7999元 | 1.10343 | .37885 | .056 | −.0138 | 2.2207 |
| | | | 8000～10000元 | 1.57633* | .42778 | .004 | .3120 | 2.8406 |
| | | | 1万元以上 | 1.57208* | .47563 | .017 | .1597 | 2.9845 |
| | | 4000～5999元 | 小于2000元 | .70186 | .38471 | .658 | −.4334 | 1.8371 |
| | | | 2000～3999元 | −.86614 | .35287 | .198 | −1.9069 | .1746 |
| | | | 6000～7999元 | .23728 | .37022 | 1.000 | −.8523 | 1.3268 |
| | | | 8000～10000元 | .71019 | .42016 | .765 | −.5304 | 1.9508 |
| | | | 1万元以上 | .70594 | .46878 | .884 | −.6858 | 2.0977 |

（续表）

| 因变量 | | (*I*)<br>月平均收入 | (*J*)<br>月平均收入 | 平均值差值<br>(*I*−*J*) | 标准误 | 显著性 | 95%置信区间 | |
|---|---|---|---|---|---|---|---|---|
| | | | | | | | 下限 | 上限 |
| 治安安全 | 塔姆黑尼 | 6000～7999 元 | 小于 2000 元 | .46457 | .40868 | .988 | −.7409 | 1.6700 |
| | | | 2000～3999 元 | −1.10343 | .37885 | .056 | −2.2207 | .0138 |
| | | | 4000～5999 元 | −.23728 | .37022 | 1.000 | −1.3268 | .8523 |
| | | | 8000～10000 元 | .47291 | .44221 | .994 | −.8319 | 1.7777 |
| | | | 1 万元以上 | .46866 | .48864 | .998 | −.9798 | 1.9171 |
| | | 8000～10000 元 | 小于 2000 元 | −.00833 | .45441 | 1.000 | −1.3505 | 1.3338 |
| | | | 2000～3999 元 | −1.57633* | .42778 | .004 | −2.8406 | −.3120 |
| | | | 4000～5999 元 | −.71019 | .42016 | .765 | −1.9508 | .5304 |
| | | | 6000～7999 元 | −.47291 | .44221 | .994 | −1.7777 | .8319 |
| | | | 1 万元以上 | −.00425 | .52749 | 1.000 | −1.5361 | 1.5576 |
| | | 1 万元以上 | 小于 2000 元 | −.00408 | .49971 | 1.000 | −1.4356 | 1.4775 |
| | | | 2000～3999 元 | −1.57208* | .47563 | .017 | −2.9845 | −.1597 |
| | | | 4000～5999 元 | −.70594 | .46878 | .884 | −2.0977 | .6858 |
| | | | 6000～7999 元 | −.46866 | .48864 | .998 | −1.9171 | .9798 |
| | | | 8000～10000 元 | .00425 | .52749 | 1.000 | −1.5576 | 1.5661 |

注：* 平均值差值的显著性水平为 0.05。

### 4.5.7　不同区域位置居民对安徽省城市建成环境的评价

不同区域位置的居民可能在居住环境、人文景观、消费观念、行为方式等方面是不同的，从而导致其对城市建成环境的评价标准不同。本书将安徽省区域位置划分为三个区域，即皖北、皖中、皖南，其中皖北以蚌埠市为样本、皖中以合肥市为样本、皖南以黄山市为样本，探讨不同区域位置居民对城市建成环境的评价影响。由表 4－26 可以看出，对建成环境总分的评价中，得分最高的是皖中居民，其次是皖南居民，得分最低的是皖北居民，由此可见，不同区域位置的居民对建成环境的总体认知评价是不同的；对居住密度的评价中，得分最高的是皖南居民，其次是皖中居民，得分最低的是皖北居民；对土地混合度的评价中，得分最高的是皖南居民，其实是皖北居民，得分最低的是皖中居民；对服务方便性的评价中，得分最高的是皖中居民，其次是皖北居民，得分最低的是皖南居民；对街道连接性的评价中，得分最高的是皖中居民，其次是皖北居民，得分最低的是皖南居民；对骑行/步行基础设施的评价中，得分最高的是皖中居民，其次是皖北居民，得分最低的是皖南居民；对环境美观度的评价中，得分最高的是皖中居民，其次是皖南居民，得分最低的是皖北居民；对交通安全的评价中，得分最高的是皖中居民，其次是皖北居民，得分最低的是皖南居民；对治安安全的评价中，得分最高的是皖中居民，其次是皖北居民，得分最低的是皖南居民。总的来说，不同区域位置的居民在城市建成环境的不同维度上有不同的感知评价，这与居民所处区域位置的经济发展、产业结构、认知观念、自然环境等是密切相关的。

**表 4-26　不同区域位置居民对安徽省城市建成环境评价的描述性统计**

| | | 个案数 | 平均值 | 标准差 | 标准误 | 平均值的 95% 置信区间 | | 最小值 | 最大值 |
|---|---|---|---|---|---|---|---|---|---|
| | | | | | | 下限 | 上限 | | |
| 建成环境总分 | 皖中 | 307 | 162.7557 | 17.92146 | 1.02283 | 160.7430 | 164.7684 | 114.00 | 217.00 |
| | 皖南 | 318 | 160.9560 | 20.32631 | 1.13984 | 158.7134 | 163.1986 | 99.00 | 227.00 |
| | 皖北 | 369 | 155.6558 | 18.46142 | .96106 | 153.7660 | 157.5457 | 111.00 | 213.00 |
| | 总计 | 994 | 159.5443 | 19.14735 | .60732 | 158.3525 | 160.7360 | 99.00 | 227.00 |
| 居住密度 | 皖中 | 307 | 14.6400 | 3.06900 | .17500 | 14.3000 | 14.9900 | 5.00 | 25.00 |
| | 皖南 | 318 | 15.9200 | 1.57600 | .08800 | 15.7500 | 16.1000 | 11.00 | 20.00 |
| | 皖北 | 369 | 14.2100 | 3.59600 | .18700 | 13.8500 | 14.5800 | 5.00 | 25.00 |
| | 总计 | 994 | 14.8900 | 3.00300 | .09500 | 14.7100 | 15.0800 | 5.00 | 25.00 |
| 土地混合度 | 皖中 | 307 | 64.7492 | 15.80247 | .90189 | 62.9745 | 66.5239 | 25.00 | 114.00 |
| | 皖南 | 318 | 72.9654 | 13.95199 | .78239 | 71.4261 | 74.5047 | 32.00 | 124.00 |
| | 皖北 | 369 | 67.0136 | 16.14363 | .84040 | 65.3610 | 68.6661 | 22.00 | 132.00 |
| | 总计 | 994 | 68.2183 | 15.72112 | .49864 | 67.2398 | 69.1968 | 22.00 | 132.00 |
| 服务方便性 | 皖中 | 307 | 15.0651 | 2.45927 | .14036 | 14.7890 | 15.3413 | 7.00 | 20.00 |
| | 皖南 | 318 | 13.5314 | 2.15868 | .12105 | 13.2933 | 13.7696 | 8.00 | 19.00 |
| | 皖北 | 369 | 13.7832 | 2.50361 | .13033 | 13.5269 | 14.0395 | 7.00 | 20.00 |
| | 总计 | 994 | 14.0986 | 2.47044 | .07836 | 13.9448 | 14.2524 | 7.00 | 20.00 |
| 街道连接性 | 皖中 | 307 | 8.6287 | 1.72796 | .09862 | 8.4346 | 8.8227 | 4.00 | 12.00 |
| | 皖南 | 318 | 7.4277 | 1.66030 | .09310 | 7.2445 | 7.6109 | 3.00 | 12.00 |
| | 皖北 | 369 | 7.9539 | 1.70215 | .08861 | 7.7797 | 8.1282 | 3.00 | 12.00 |
| | 总计 | 994 | 7.9940 | 1.76116 | .05586 | 7.8843 | 8.1036 | 3.00 | 12.00 |
| 骑行/步行基础设施 | 皖中 | 307 | 15.5407 | 2.92512 | .16695 | 15.2122 | 15.8692 | 5.00 | 20.00 |
| | 皖南 | 318 | 12.6792 | 4.44429 | .24922 | 12.1889 | 13.1696 | 5.00 | 20.00 |
| | 皖北 | 369 | 13.1924 | 4.00521 | .20850 | 12.7824 | 13.6024 | 5.00 | 20.00 |
| | 总计 | 994 | 13.7535 | 4.04489 | .12830 | 13.5018 | 14.0053 | 5.00 | 20.00 |
| 环境美观度 | 皖中 | 307 | 13.6515 | 3.13827 | .17911 | 13.2990 | 14.0039 | 5.00 | 20.00 |
| | 皖南 | 318 | 12.9937 | 4.29584 | .24090 | 12.5197 | 13.4677 | 5.00 | 20.00 |
| | 皖北 | 369 | 12.7967 | 3.84332 | .20008 | 12.4033 | 13.1902 | 5.00 | 20.00 |
| | 总计 | 994 | 13.1237 | 3.81202 | .12091 | 12.8865 | 13.3610 | 5.00 | 20.00 |

（续表）

| | | 个案数 | 平均值 | 标准差 | 标准误 | 平均值的95%置信区间 | | 最小值 | 最大值 |
|---|---|---|---|---|---|---|---|---|---|
| | | | | | | 下限 | 上限 | | |
| 交通安全 | 皖中 | 307 | 14.5342 | 2.16357 | .12348 | 14.2912 | 14.7772 | 7.00 | 20.00 |
| | 皖南 | 318 | 12.2013 | 4.30286 | .24129 | 11.7265 | 12.6760 | 5.00 | 20.00 |
| | 皖北 | 369 | 12.8808 | 3.77519 | .19653 | 12.4943 | 13.2672 | 5.00 | 20.00 |
| | 总计 | 994 | 13.1740 | 3.67990 | .11672 | 12.9450 | 13.4031 | 5.00 | 20.00 |
| 治安安全 | 皖中 | 307 | 15.9446 | 2.56297 | .14628 | 15.6568 | 16.2325 | 6.00 | 20.00 |
| | 皖南 | 318 | 13.2358 | 4.43506 | .24871 | 12.7465 | 13.7252 | 5.00 | 20.00 |
| | 皖北 | 369 | 13.8211 | 3.83781 | .19979 | 13.4283 | 14.2140 | 6.00 | 20.00 |
| | 总计 | 994 | 14.2897 | 3.87890 | .12303 | 14.0483 | 14.5312 | 5.00 | 20.00 |

在进行单因素方差分析之前，首先进行方差齐性检验。结果显示，不同区域位置的居民在服务方便性、街道连接性的评价上 $P>0.05$，即方差是齐性的；在建成环境总分、居住密度、土地混合度、骑行/步行基础设施、环境美观度、交通安全和治安安全维度上方差是非齐性的。进一步通过方差分析发现，所有维度在组间都存在显著差异，具体如表 4-27 所示。因此，在进行事后比较时，根据各维度方差齐性情况，选择不同的事后比较法，方差齐性时选择 LSD 事后比较法，方差不齐性时选择塔姆黑尼事后比较法。

**表 4-27　不同区域位置居民的建成环境方差分析**

| | | 平方和 | 自由度 | 均方 | $F$ | 显著性 |
|---|---|---|---|---|---|---|
| 建成环境总分 | 组间 | 9379.201 | 2 | 4689.601 | 13.103 | .000 |
| | 组内 | 354675.351 | 991 | 357.896 | | |
| | 总计 | 364054.552 | 993 | | | |
| 居住密度 | 组间 | 525.774 | 2 | 262.887 | 30.912 | .000 |
| | 组内 | 8427.708 | 991 | 8.504 | | |
| | 总计 | 8953.482 | 993 | | | |
| 土地混合度 | 组间 | 11396.388 | 2 | 5698.194 | 24.129 | .000 |
| | 组内 | 234027.239 | 991 | 236.153 | | |
| | 总计 | 245423.627 | 993 | | | |
| 服务方便性 | 组间 | 425.800 | 2 | 212.900 | 37.445 | .000 |
| | 组内 | 5634.538 | 991 | 5.686 | | |
| | 总计 | 6060.338 | 993 | | | |
| 街道连接性 | 组间 | 226.243 | 2 | 113.121 | 39.283 | .000 |
| | 组内 | 2853.721 | 991 | 2.880 | | |
| | 总计 | 3079.964 | 993 | | | |

（续表）

| | | 平方和 | 自由度 | 均方 | $F$ | 显著性 |
|---|---|---|---|---|---|---|
| 骑行/步行基础设施 | 组间 | 1463.750 | 2 | 731.875 | 49.063 | .000 |
| | 组内 | 14782.863 | 991 | 14.917 | | |
| | 总计 | 16246.613 | 993 | | | |
| 环境美观度 | 组间 | 130.329 | 2 | 65.165 | 4.516 | .011 |
| | 组内 | 14299.450 | 991 | 14.429 | | |
| | 总计 | 14429.780 | 993 | | | |
| 交通安全 | 组间 | 900.627 | 2 | 450.313 | 35.569 | .000 |
| | 组内 | 12546.264 | 991 | 12.660 | | |
| | 总计 | 13446.890 | 993 | | | |
| 治安安全 | 组间 | 1274.990 | 2 | 637.495 | 46.230 | .000 |
| | 组内 | 13665.565 | 991 | 13.790 | | |
| | 总计 | 14940.555 | 993 | | | |

由表 4－26 和表 4－28 可以看出，不同区域位置的居民群体之间在所有维度上都存在显著差异，对这些维度进行进一步的事后比较分析。建成环境总分由于方差不齐性采用塔姆黑尼事后比较法，发现皖中居民与皖北居民、皖南居民与皖北居民之间存在显著差异。进一步通过均值比较发现，皖中居民在建成环境总分上的得分显著高于皖北居民，皖南居民在建成环境总分上的得分上显著高于皖北居民，这说明整体上，皖南和皖中的居民对城市建成环境的感知评价要好于皖北居民，皖北的城市建成环境还有待进一步完善和提高。居住密度由于方差不齐性采用塔姆黑尼事后比较法，发现皖南居民与皖北居民、皖中居民之间存在显著差异。进一步通过均值比较发现，皖南居民在居住密度上的得分上显著高于皖中和皖北居民，说明皖南居民对自己居住密度的满意度显著高于皖北和皖中居民。土地混合度由于方差不齐性采用塔姆黑尼事后比较法，发现皖南居民与皖北居民、皖中居民之间存在显著差异。进一步通过均值比较发现，皖南居民在土地混合度上的得分显著低于皖中和皖北居民，说明皖南居民对自己居住城市的土地混合度的满意度显著低于皖北和皖中居民。服务方便性由于方差齐性采用 LSD 事后比较法，发现皖中居民与皖北居民、皖南居民之间存在显著差异。进一步通过均值比较发现，皖中居民在服务方便性上的得分显著高于皖南和皖北居民，这与皖中城市合肥是安徽省的省会城市密切相关。街道连接性由于方差齐性采用 LSD 事后比较法，发现皖中居民与皖北居民、皖中居民与皖南居民、皖南居民与皖北居民之间都存在显著差异。进一步通过均值比较发现，皖中居民在街道连接性上的得分显著高于皖南和皖北居民，皖北居民在街道连接性的得分上显著高于皖南居民。骑行/步行基础设施由于方差不齐性采用塔姆黑尼事后比较法，发现皖中居民与皖北居民、皖南居民之间存在显著差异。进一步通过均值比较发现，皖中居民在骑行/步行基础设施上的得分显著高于皖南和皖北居民，皖中城市合肥作为安徽省的省会城市在骑行/步行基础设施建设上的完善度和齐全度肯定高于其他城市。环境美观度由于方差不齐性采用塔姆黑尼事后比较法，发现皖中居

民与皖北居民之间存在显著差异。进一步通过均值比较发现，皖中居民在环境美观度上的得分显著高于皖北居民。交通安全由于方差不齐性采用塔姆黑尼事后比较法，发现皖中居民与皖北居民、皖南居民之间存在显著差异。进一步通过均值比较发现，皖中居民在交通安全上的得分上显著高于皖南和皖北居民。治安安全由于方差不齐性采用塔姆黑尼事后比较法，发现皖中居民与皖北居民、皖南居民之间存在显著差异。进一步通过均值比较发现，皖中居民在治安安全上的得分上显著高于皖南和皖北居民。

**表 4-28 不同区域位置居民间建成环境各维度的事后多重比较**

| 因变量 | | (*I*)区域 | (*J*)区域 | 平均值差值(*I*−*J*) | 标准误 | 显著性 | 95%置信区间 | |
|---|---|---|---|---|---|---|---|---|
| | | | | | | | 下限 | 上限 |
| 建成环境总分 | 塔姆黑尼 | 皖中 | 皖南 | 1.79973 | 1.53148 | .562 | −1.8670 | 5.4664 |
| | | | 皖北 | 7.09987* | 1.40351 | .000 | 3.7401 | 10.4596 |
| | | 皖南 | 皖中 | −1.79973 | 1.53148 | .562 | −5.4664 | 1.8670 |
| | | | 皖北 | 5.30015* | 1.49093 | .001 | 1.7309 | 8.8694 |
| | | 皖北 | 皖中 | −7.09987* | 1.40351 | .000 | −10.4596 | −3.7401 |
| | | | 皖南 | −5.30015* | 1.49093 | .001 | −8.8694 | −1.7309 |
| 居住密度 | 塔姆黑尼 | 皖中 | 皖南 | −1.28000* | .19600 | .000 | −1.7500 | −.8100 |
| | | | 皖北 | .42800 | .25600 | .261 | −.1900 | 1.0400 |
| | | 皖南 | 皖中 | 1.28000* | .19600 | .000 | .8100 | 1.7500 |
| | | | 皖北 | 1.70700* | .20700 | .000 | 1.2100 | 2.2000 |
| | | 皖北 | 皖中 | −.42800 | .25600 | .261 | −1.0400 | .1900 |
| | | | 皖南 | −1.70700* | .20700 | .000 | −2.2000 | −1.2100 |
| 土地混合度 | 塔姆黑尼 | 皖中 | 皖南 | −8.21622* | 1.19396 | .000 | −11.0750 | −5.3575 |
| | | | 皖北 | −2.26436 | 1.23276 | .187 | −5.2154 | .6867 |
| | | 皖南 | 皖中 | 8.21622* | 1.19396 | .000 | 5.3575 | 11.0750 |
| | | | 皖北 | 5.95186* | 1.14822 | .000 | 3.2035 | 8.7002 |
| | | 皖北 | 皖中 | 2.26436 | 1.23276 | .187 | −.6867 | 5.2154 |
| | | | 皖南 | −5.95186* | 1.14822 | .000 | −8.7002 | −3.2035 |
| 服务方便性 | LSD | 皖中 | 皖南 | 1.53370* | .19079 | .000 | 1.1593 | 1.9081 |
| | | | 皖北 | 1.28195* | .18420 | .000 | .9205 | 1.6434 |
| | | 皖南 | 皖中 | −1.53370* | .19079 | .000 | −1.9081 | −1.1593 |
| | | | 皖北 | −.25175 | .18245 | .168 | −.6098 | .1063 |
| | | 皖北 | 皖中 | −1.28195* | .18420 | .000 | −1.6434 | −.9205 |
| | | | 皖南 | .25175 | .18245 | .168 | −.1063 | .6098 |

（续表）

| 因变量 | | (I)区域 | (J)区域 | 平均值差值(I—J) | 标准误 | 显著性 | 95%置信区间 | |
|---|---|---|---|---|---|---|---|---|
| | | | | | | | 下限 | 上限 |
| 街道连接性 | LSD | 皖中 | 皖南 | 1.20099* | .13578 | .000 | .9345 | 1.4674 |
| | | | 皖北 | .67473* | .13109 | .000 | .4175 | .9320 |
| | | 皖南 | 皖中 | —1.20099* | .13578 | .000 | —1.4674 | —.9345 |
| | | | 皖北 | —.52626* | .12984 | .000 | —.7811 | —.2715 |
| | | 皖北 | 皖中 | —.67473* | .13109 | .000 | —.9320 | —.4175 |
| | | | 皖南 | .52626* | .12984 | .000 | .2715 | .7811 |
| 骑行/步行基础设施 | 塔姆黑尼 | 皖中 | 皖南 | 2.86147* | .29997 | .000 | 2.1430 | 3.5799 |
| | | | 皖北 | 2.34830* | .26710 | .000 | 1.7089 | 2.9877 |
| | | 皖南 | 皖中 | —2.86147* | .29997 | .000 | —3.5799 | —2.1430 |
| | | | 皖北 | —.51317 | .32494 | .306 | —1.2911 | .2647 |
| | | 皖北 | 皖中 | —2.34830* | .26710 | .000 | —2.9877 | —1.7089 |
| | | | 皖南 | .51317 | .32494 | .306 | —.2647 | 1.2911 |
| 环境美观度 | 塔姆黑尼 | 皖中 | 皖南 | .65776 | .30019 | .084 | —.0611 | 1.3766 |
| | | | 皖北 | .85472* | .26853 | .005 | .2119 | 1.4975 |
| | | 皖南 | 皖中 | —.65776 | .30019 | .084 | —1.3766 | .0611 |
| | | | 皖北 | .19696 | .31315 | .896 | —.5527 | .9466 |
| | | 皖北 | 皖中 | —.85472* | .26853 | .005 | —1.4975 | —.2119 |
| | | | 皖南 | —.19696 | .31315 | .896 | —.9466 | .5527 |
| 交通安全 | 塔姆黑尼 | 皖中 | 皖南 | 2.33294* | .27105 | .000 | 1.6834 | 2.9825 |
| | | | 皖北 | 1.65344* | .23210 | .000 | 1.0977 | 2.2092 |
| | | 皖南 | 皖中 | —2.33294* | .27105 | .000 | —2.9825 | —1.6834 |
| | | | 皖北 | —.67950 | .31120 | .086 | —1.4245 | .0655 |
| | | 皖北 | 皖中 | —1.65344* | .23210 | .000 | —2.2092 | —1.0977 |
| | | | 皖南 | .67950 | .31120 | .086 | —.0655 | 1.4245 |
| 治安安全 | 塔姆黑尼 | 皖中 | 皖南 | 2.70878* | .28853 | .000 | 2.0176 | 3.4000 |
| | | | 皖北 | 2.12349* | .24761 | .000 | 1.5307 | 2.7163 |
| | | 皖南 | 皖中 | —2.70878* | .28853 | .000 | —3.4000 | —2.0176 |
| | | | 皖北 | —.58529 | .31901 | .188 | —1.3490 | .1785 |
| | | 皖北 | 皖中 | —2.12349* | .24761 | .000 | —2.7163 | —1.5307 |
| | | | 皖南 | .58529 | .31901 | .188 | —.1785 | 1.3490 |

注：* 表示平均值差值的显著性水平为 0.05。

# 4.6 小 结

### 4.6.1 安徽省城市建成环境的测量结果

(1)安徽省城市居住密度的平均得分为2.98,处于中等水平,并且随着城市化进程的发展,安徽省城市居民家附近13~20层的住宅楼最普遍。

(2)安徽省城市土地混合度的平均得分为3.10,处于中等水平,居民对便利店/小卖部、快递点/快递站、公交站/地铁站/共享单车站、药店/药房、普通的餐厅或饭店的重视程度排在前五位,对日常生活的用、行、吃等基本条件是否便利比较重视,而对图书馆、娱乐中心、电影院等休闲生活条件的重视程度排在后三位。

(3)安徽省城市服务方便性的平均得分为2.82,街道连接性的平均得分为2.66,骑行/步行基础设施的平均得分为2.75,环境美观度的平均得分为2.62,交通安全的平均得分为2.64,治安安全的平均得分为2.86,都处于中等偏上水平,说明安徽省城市建成环境的情况总体上是不错的。其中居民最满意的是城市服务方便性,相对来说得分较低的是交通安全和环境美观度,说明安徽省城市管理部门和规划部门在未来应该加强这两方面的建设。

### 4.6.2 安徽省城市建成环境的评价分析

(1)安徽省女性居民在街道连接性上的得分明显高于男性居民,在城市建成环境其他维度上不存在显著差异。

(2)不同年龄居民在居住密度、土地混合度、服务方便性、街道连接性、骑行/步行基础设施、交通安全六个维度上存在显著性差异。居住密度方面,中年、青年、少年三个群体之间存在显著差异,并且中年群体的评价得分最高;土地混合度方面,中年群体的评价得分明显高于青年群体;服务方便性方面,青年群体的评价得分明显高于中年群体;街道连接性方面,少年群体和青年群体的评价得分明显高于中年群体;骑行/步行基础设施方面,青年群体的评价得分明显高于中年群体;交通安全方面,少年群体的评价得分显著高于青年群体和中年群体。

(3)不同肥胖程度居民在居住密度、街道连接性和骑行/步行基础设施三个维度上存在显著差异,在其他维度上不存在显著差异。体重比正常居民在居住密度上的得分显著低于肥胖居民;肥胖居民在街道连接性上的得分显著低于体重正常居民;体重正常居民在骑行/步行基础设施上的得分显著高于体重过重居民。

(4)不同文化程度居民在居住密度、街道连接性、骑行/步行基础设施、环境美观度、治安安全五个维度上存在显著差异,在其他维度上不存在显著差异。初中及以下文化程度居民在居住密度上的得分显著低于高中、大学、研究生及以上文化程度居民,高中文化程度居民在居住密度的得分上显著低于研究生及以上文化程度居民;初中及以下、大学文化程度居民在街道连接性上的得分显著高于研究生及以上文化程度居民;高中文化程度居民在治安安全上的得分显著低于大学文化程度居民。

(5)居民是否工作在居住密度和街道连接性两个维度上存在显著差异,在其他维度上不存在显著差异。有工作的居民在居住密度上的得分显著高于没有工作的居民,有工作的居民在街道连接性上的得分显著低于没有工作的居民。

(6)不同月收入居民在居住密度、土地混合度、街道连接性、治安安全四个维度上存在显著差异。月收入小于2000元的居民在居住密度上的得分显著低于其他月收入的居民,月收入2000～3999元的居民在居住密度上的得分显著低于月收入8000～10000元、1万元以上的居民,月收入4000～5999的居民在居住密度上的得分显著低于月收入1万元以上的居民;月收入小于2000元的居民在土地混合度上的得分显著高于月收入2000～3999元的居民,月收入2000～3999元的居民在土地混合度上的得分显著低于其他月收入居民;月收入小于2000元的居民在街道连接性上的得分显著高于月收入8000～10000元的居民,月收入2000～3999元的居民在街道连接性上的得分显著高于月收入6000～7999元、8000～10000元、1万元以上的居民;月收入2000～3999元的居民在治安安全上的得分显著高于月收入小于2000元、8000～10000元、1万元以上的居民。

(7)不同区域位置居民在建成环境所有维度上都存在显著差异。皖中、皖南居民在建成环境总分上的得分显著高于皖北居民;皖南居民在居住密度上的得分显著高于皖中和皖北居民;皖南居民在土地混合度上的得分显著低于皖中和皖北居民;皖中居民在服务方便性、街道连接性、骑行/步行基础设施、交通安全、治安安全的得分上显著高于皖南和皖北居民;皖中居民在环境美观度上的得分显著高于皖北居民。

# 5 安徽省居民体力活动的测量与评价

## 5.1 引 言

近年来,随着我国经济、科技、环境等的发展变化,城市居民的生活方式发生了体力活动总量明显减少、静坐时间增加的变化(李骁天等,2016;张闻洋等,2014),这对居民的身体和心理健康是非常不利的。体力活动能够降低心血管慢性疾病的风险,对肥胖、糖尿病等现代疾病能起到很好的预防效果,能有效促进心理健康,这些已经得到了证实。因此,减少久坐行为,提高国民的体力活动水平,成为世界上很多国家体育和公共卫生领域的攻克课题(陈庆果等,2014)。体力活动是指任何由骨骼肌收缩导致能量消耗的身体运动,主要包含工作相关的体力活动、家庭中的体力活动、交通中的体力活动及闲暇时间的体力活动四个部分,也有学者将体力活动聚类成“静息型”“工作型”和“均衡型”(徐英等,2021)。体力活动相关环境的研究主要集中在健康、城市规划、休闲娱乐三大领域,不同研究领域对体力活动所采取的量度也不尽相同,近来这些领域通过相互借鉴,在体力活动的研究中已经开始交叉和融合。参与建成环境与体力活动、健康主题研究的国内学者主要集中在公共卫生与预防医学、城市规划与设计和运动健康促进三个领域,并且很多学者的研究只是针对某个群体某种类型的体力活动进行研究,对不同特征群体的不同类型体力活动之间的差异进行研究的还较少,这不利于制订更为详细有效的体力活动方案。国外在从事体力活动相关的环境研究中涉及了很多方面,如心理、自然、建成和社会人文等环境。社会生态模型被诸多研究证实是系统分析体力活动影响因素的有效框架,它在国外的研究中运用较多且在理论和实践中都有深入的探索,但在国内的研究中还处于起步阶段(王耀武等,2020)。目前,我国在该领域的研究所涉及的研究人员为数不多,但正逐渐呈现研究者增多和多学科背景的趋势。本章以社会生态系统理论为基础对安徽省居民体力活动进行调查与分析,了解安徽省居民体力活动的现状,探索不同区域、不同背景下的居民体力活动差异,为促进安徽省居民体力活动提供参考和借鉴。

## 5.2 研究工具

居民体力活动主要采用国际体力活动问卷(2002.10)进行测量,采用最近七天体力活动自我填答长问卷版,该量表已经在世界多个国家进行了使用,其信效度测试令人满意。本章对安徽省居民体力活动的测量和评价主要采用国际体力活动长问卷进行,该问卷是本书《安徽省城市建成环境、居民体力活动调查问卷》中的一部分。国际体力活动长问卷包含五种不同的活动领域，即工作相关的体力活动、交通相关的体力活动、家务相关的体力活动、闲暇时间的体力活动、静坐，并在正式问卷填写前对大强度体力活动和中等强度体力活动的内涵给予了相应的解释，被试根据自己的实际情况进行填写。

## 5.3 安徽省居民体力活动的达标情况

本书选择了皖北的蚌埠市、皖中的合肥市、皖南的黄山市作为调查城市，调查采用线上和线下相结合的方式进行，共发放调查问卷 1200 份，经过整理，去除填答不完整、规律答题等无效问卷后，最终收到有效问卷 994 份，调查对象的基本情况见第四章中的表 4-1。安徽省居民体力活动达标情况，依据 WHO(World Health Organization，世界卫生组织)标准(过去一周中，大强度体力活动 75 分钟以上、中等强度体力活动 150 分钟以上，或二者综合达到 150 分钟以上，即为达标)进行了统计，具体情况如表 5-1 所示。从表中可以看出，在所有类型的体力活动中，达标比例最高的是家务体力活动，占比为 77.3%；其次是交通体力活动，占比为 73.9%；达标比例最低的是中等强度工作体力活动，占比为 18.1%。整体来说，安徽省居民体力活动达标占比从高到低依次为家务体力活动、交通体力活动、闲暇体力活动、工作体力活动，虽然安徽省居民的日常活动中家务和交通占了较大比例，但安徽省居民的日常体育锻炼(闲暇体力活动)还是比较多的，说明安徽省居民的体育锻炼意识和锻炼行为还是比较强的。

**表 5-1 安徽省居民体力活动达标情况统计表**

| 体力活动类型 | 达标人数 | 达标占比 | 未达标人数 | 未达标占比 |
|---|---|---|---|---|
| 大强度工作体力活动 | 185 | 18.6% | 809 | 81.4% |
| 中等强度工作体力活动 | 180 | 18.1% | 814 | 81.9% |
| 工作体力活动 | 249 | 25.1% | 745 | 74.9% |
| 乘机动车交通体力活动 | 648 | 65.2% | 346 | 34.8% |
| 骑自行车交通体力活动 | 427 | 43.0% | 567 | 57.0% |
| 交通体力活动 | 735 | 73.9% | 259 | 26.1% |
| 大强度家务体力活动 | 413 | 41.5% | 581 | 58.5% |
| 中等强度室外家务体力活动 | 412 | 41.4% | 582 | 58.6% |
| 中等强度室内家务体力活动 | 575 | 57.8% | 419 | 42.2% |
| 家务体力活动 | 768 | 77.3% | 226 | 22.7% |
| 大强度闲暇体力活动 | 496 | 49.9% | 498 | 50.1% |
| 中等强度闲暇体力活动 | 502 | 50.5% | 492 | 49.5% |
| 闲暇体力活动 | 621 | 62.5% | 373 | 37.5% |

## 5.4 安徽省居民体力活动的测量结果

### 5.4.1 与工作有关的体力活动测量

#### 5.4.1.1 大强度工作体力活动的测量

与工作有关的体力活动由七个题项构成(具体见附录),首先通过第1题来确定调查对象是否有工作,如果“有”,则继续答题,如果“没有”,则跳到与交通有关的体力活动部分。经过统计发现,有384名被试是有工作的,有610名被试没有工作。因此,在该部分接下来的统计中,只有384名被试的工作体力活动是被统计的。经统计,在过去7天中有大强度工作体力活动的居民有185人,占比为48.18%,进一步对居民进行大强度工作体力活动的天数进行统计发现,每周有1天进行大强度工作体力活动的居民有93人、2天的有28人、3天的有21人、4天的有23人、5天的有5人、6天的有6人、7天的有9人。进一步对工作中大强度体力活动的每天平均时间(小时)进行统计发现,平均每天大强度工作体力活动1小时及以下的有55人、2小时的有32人、3小时的有37人、4小时的有27人、5小时的有13人、6小时的有8人、7小时的有8人、8小时的有3人、10小时的有2人,可见,在大强度工作体力活动中平均每天进行1小时及以下的居民最多,其次是2小时和3小时的居民居多。通过对每天大强度工作体力活动的总时间(分钟)进行统计发现,平均每天大强度工作体力活动在60分钟及以下的有24人、在61～120分钟的有34人、在121～180分钟的有33人、在180分钟以上的有94人,可见,将近一半的居民每天要在工作中从事180分钟以上的大强度体力活动。

#### 5.4.1.2 中等强度工作体力活动的测量

在384名有工作体力活动的被试中,经统计有189名居民在过去7天中有中等强度工作体力活动。通过对居民进行中等强度工作体力活动的天数进行统计发现,每周有1天进行中等强度工作体力活动的居民有78人、2天的有34人、3天的有27人、4天的有29人、5天的有9人、6天的有4人、7天的有8人,可见,在过去7天中每周有1天进行中等强度工作体力活动的居民最多,占到了进行中等强度工作体力活动居民的41.27%,其次是每周有2天和4天的居民居多。接下来对每天在工作中进行中等强度体力活动的时间(小时)进行统计发现,平均每天1小时及以下的有59名居民、2小时的有22名居民、3小时的有14名居民、4小时的有22名居民、5小时的有9名居民、6小时的有20名居民、6小时以上的有43名居民,可见,在中等强度工作体力活动中平均每天进行1小时及以下的居民最多,占到了进行中等强度体力活动总数的31.22%。通过对在工作中进行中等强度体力活动的居民平均每天活动的总时间(分钟)进行统计发现,每天体力活动时间在60分钟及以下的居民有33人、在61～120分钟的有33人、在121～180分钟的有15人、在181～240分钟的有15人、在241～300分钟的有22人、在300分钟以上的有71人。

5.4.1.3 步行性工作体力活动的测量

在384名有工作体力活动的被试中，经统计有256名居民在过去7天中有步行性工作体力活动。通过对居民进行步行性工作体力活动的天数进行统计发现，每周有1天进行步行性工作体力活动的居民有113人、2天的有9人、3天的有25人、4天的有25人、5天的有40人、6天的有24人、7天的有20人，可见，在过去7天中每周有1天进行步行性工作体力活动的居民最多，占到了进行步行性工作体力活动居民的44.14%，其次是每周有5天的居民居多。接下来对256名每天在工作中进行步行性工作体力活动的时间（小时）进行统计发现，平均每天1小时及以下的有106名居民、2小时的有16名居民、3小时的有22名居民、4小时的有14名居民、5小时的有17名居民、6小时的有25名居民、7小时的有12名居民、8小时的有20名居民、9小时的有10名居民、10小时以上的有14名居民，可见，在步行性工作体力活动中平均每天进行1小时及以下的居民最多，占到了进行步行性工作体力活动总数的41.41%。通过对工作中进行步行性工作体力活动的居民平均每天活动的总时间（分钟）进行统计发现，每天体力活动时间在60分钟及以下的居民有62人、在61～120分钟的有52人、在121～180分钟的有12人、在181～240分钟的有17人、在241～300分钟的有15人、在300分钟以上的有98人。

### 5.4.2 与交通有关的体力活动测量

5.4.2.1 乘机动车交通体力活动的测量

与交通有关的体力活动是指任何交通出行的体力活动，包括上下班、购物、买菜等。首先，对过去7天中居民乘坐交通工具进行统计发现，有663名居民在过去7天乘坐过交通工具，有331名居民没有乘坐过，可见，安徽省66.70%的居民每周有乘机动车交通体力活动。进一步对乘机动车交通体力活动居民的活动天数进行统计发现，每周有1天进行乘机动车交通体力活动的居民有224人、2天的居民有26人、3天的居民有63人、4天的居民有74人、5天的居民有129人、6天的居民有72人、7天的居民有75人，可见，每周有1天进行乘机动车交通体力活动的居民最多，占到了乘机动车交通体力活动居民总数的33.79%，其次是每周有5天的居民居多（这与上班乘坐交通工具有关），每周有2天的居民最少。接下来对每周平均每天乘车的时间（小时）进行统计发现，平均每天乘车时间在1小时及以下的有324名居民、2小时的有126名居民、3小时的有113名居民、4小时的有52名居民、5小时的有27名居民、6小时的有7名居民、7小时的有2名居民、8小时以上的有12名居民，可见，平均每天乘车时间在1小时及以下的居民最多，占到了48.87%，说明安徽省居民每天上下班、买菜、逛街等的时间还是比较短的，其生活的方便程度是比较高的，每天花在通勤上的时间并不是很多。进一步对居民平均每天乘车的总时间（分钟）进行统计发现，每天乘车有关的体力活动时间在60分钟及以下的居民有153人、在61～120分钟的有184人、在121～180分钟的有116人、在181～240分钟的有112人、在241～300分钟的有55人、在300分钟以上的有44人，可见，平均每天乘车时间在61～120分钟的居民人数最多，这与城市的大小、地域和层级等因素密切相关。

5.4.2.2 骑自行车交通体力活动的测量

对过去7天中居民骑自行车交通体力活动的情况进行统计发现，有467名居民在过去7天骑自行车(每次至少10分钟),有527名居民没有骑过,可见,安徽省有46.98%的居民每周进行骑自行车交通体力活动,这一比例是非常高的。究其原因主要有三个方面:一是,目前安徽省城市共享单车的使用非常便利,共享单车可以减少交通堵塞、节约出行时间;二是,可能小区周边的建成环境非常好,适合骑自行车出行,可以增添出行的健身性和娱乐性;三是,骑自行车具有很多其他的不确定性和随机性因素(崔树强等,2020)。进一步对骑自行车交通体力活动的居民的活动天数进行统计发现,每周有1天进行骑自行车交通体力活动的居民有152人、2天的居民有83人、3天的居民有108人、4天的居民有65人、5天的居民有33人、6天的居民有15人、7天的居民有11人,可见,每周有1天进行骑自行车交通体力活动的居民最多,占到了这项体力活动居民总数的32.55%,其次是每周有3天的居民居多。接下来对每周平均每天骑自行车的时间(小时)进行统计发现,平均每天骑自行车时间在1小时及以下的有222名居民、2小时的有87名居民、3小时的有78名居民、4小时的有47名居民、5小时的有19名居民、6小时的有6名居民、6小时以上的有8名居民,可见,平均每天骑自行车时间在1小时及以下的居民最多,占到了47.54%,说明安徽省居民每天骑自行车交通体力活动时间占比还是比较多的,这一方面可能与居民的生活方便程度和环境保护意识比较强有关,另一方面可能与安徽省的地形及共享单车站的设计合理有关。进一步对居民平均每天骑自行车的总时间(分钟)进行统计发现,每天骑自行车有关的体力活动时间在60分钟及以下的居民有110人、在61~120分钟的有118人、在121~180分钟的有82人、在181~240分钟的有78人、在241~300分钟的有47人、在300分钟以上的有32人,可见,平均每天骑自行车时间在61~120分钟的居民最多。

5.4.2.3 步行交通体力活动的测量

对过去7天中居民交通体力活动中步行的情况进行统计发现,有762名居民在过去7天有步行交通体力活动(每次至少10分钟),有232名居民没有步行,可见,安徽省76.66%的居民每周进行与交通有关的步行体力活动,这一比例是非常高的。进一步对步行交通体力活动的居民的活动天数进行统计发现,每周有1天进行步行交通体力活动的居民有318人、2天的居民有80人、3天的居民有164人、4天的居民有106人、5天的居民有24人、6天的居民有19人、7天的居民有51人,可见,每周有1天进行步行交通体力活动的居民最多,占到了这项体力活动居民总数的41.73%,其次是每周有3天的居民居多。接下来对每周平均每天步行交通的时间(小时)进行统计发现,平均每天步行时间在1小时及以下的有390名居民、2小时的有133名居民、3小时的有122名居民、4小时的有66名居民、5小时的有15名居民、6小时的有16名居民、6小时以上的有20名居民,可见,平均每天步行交通时间在1小时及以下的居民最多,占到了51.18%,超过了参加交通步行居民总数的一半,说明安徽省居民每天的步行交通体力活动中占用的时间以1小时及以下为主,这可能与安徽省居民的交通比较便利及安徽省的城市以中小城市为主有关。进一步对居民平均每天步行交通体力活动的总时间(分钟)进行统计发现,每天步行交通体力活动时间在60分钟及以下的居民有207人、在61~120分钟的有202人、在121~180分钟的有116人、在181~240分钟的有123人、在241~300分钟的有64人、在300分钟以上的有50人,可见,平均每天步行交通时间在60分钟及以下的居民最多。

### 5.4.3 与家务有关的体力活动测量

5.4.3.1 大强度家务体力活动的测量

与家务有关的体力活动是指最近 7 天在家周遭所从事的一些体力活动，包括家事、园艺、庭院工作、一般维修工作及家庭的照护等。首先，对过去 7 天中居民从事大强度家务体力活动的情况进行统计发现，有 418 名居民在过去 7 天有大强度的家务体力活动，有 576 名居民没有，可见，安徽省 42.05%的居民每周都有大强度家务体力活动。进一步对大强度家务体力活动的居民的活动天数进行统计发现，每周有 1 天进行大强度家务体力活动的居民有 133 人、2 天的居民有 118 人、3 天的居民有 91 人、4 天的居民有 45 人、5 天的居民有 19 人、6 天的居民有 5 人、7 天的居民有 7 人，可见，每周有 1 天进行大强度家务体力活动的居民最多，占到了大强度家务体力活动居民总数的 31.82%，其次是每周有 2 天的居民居多，这与我国每周五天的工作制度可能有一定关系，很多居民在周末休息的时候进行大强度家务体力活动。接下来对每周平均每天大强度家务体力活动时间（小时）进行统计发现，平均每天大强度家务体力活动时间在 1 小时及以下的有 156 名居民、2 小时的有 81 名居民、3 小时的有 86 名居民、4 小时的有 52 名居民、5 小时的有 24 名居民、6 小时的有 16 名居民、6 小时以上的有 3 名居民，可见，平均每天进行大强度家务体力活动时间在 1 小时及以下的居民最多，占到了 37.32%。进一步对居民平均每天大强度家务体力活动的总时间（分钟）进行统计发现，每天进行大强度家务体力活动时间在 60 分钟及以下的居民有 43 人、在 61～120 分钟的有 118 人、在 121～180 分钟的有 77 人、在 181～240 分钟的有 86 人、在 241～300 分钟的有 52 人、在 301～360 分钟以上的有 25 人、在 360 分钟以上的有 17 人，可见，平均每天大强度家务体力活动时间在 61～120 分钟的居民人数最多，说明安徽省居民平均每天花在大强度家务体力活动上的时间以 61～120 分钟为主。

5.4.3.2 中等强度室外家务体力活动的测量

对过去 7 天中居民在室外进行中等强度家务体力活动的情况进行统计发现，有 451 名居民在过去 7 天在室外进行过中等强度家务体力活动（每次至少 10 分钟），有 543 名居民没有进行过，可见，安徽省 45.37%的居民每周在室外进行中等强度家务体力活动，这一比例还是比较高的。进一步对中等强度室外家务体力活动居民的活动天数进行统计发现，每周有 1 天进行中等强度室外家务体力活动的居民有 160 人、2 天的居民有 59 人、3 天的居民有 99 人、4 天的居民有 65 人、5 天的居民有 32 人、6 天的居民有 11 人、7 天的居民有 25 人，可见，每周有 1 天进行中等强度室外家务体力活动的居民最多，占到了这项体力活动居民总数的 35.48%，其次是每周有 3 天的居民居多。接下来对每周平均每天中等强度室外家务体力活动的时间（小时）进行统计发现，平均每天中等强度室外家务体力活动时间在 1 小时及以下的有 200 名居民、2 小时的有 93 名居民、3 小时的有 72 名居民、4 小时的有 39 名居民、5 小时的有 23 名居民、6 小时的有 11 名居民、6 小时以上的有 13 名居民，可见，平均每天中等强度室外家务体力活动时间在 1 小时及以下的居民最多，占到了 44.35%，说明安徽省居民每天的中等强度室外家务体力活动时间以 1 小时及以下为主。进一步对居民平均每天中等强度室外家务体力活动的总时间（分钟）进行统计发现，每天中等强度室外家务体力活动时间在 60 分钟及以下的居民有 113 人、在 61～120 分钟的有 96 人、在 121～180 分钟的有 87 人、在181～240分钟的有70人、在241～300分钟的有38人、在300分钟以上的有47人,可见,平均每天中等强度室外家务体力活动时间在60分钟及以下的居民最多。

5.4.3.3 中等强度室内家务体力活动的测量

对过去7天中居民在室内进行中等强度家务体力活动的情况进行统计发现,有627名居民在过去7天有中等强度室内家务体力活动(每次至少10分钟),有367名居民没有,可见,安徽省63.08%的居民每周进行中等强度室内家务体力活动,这一比例还是非常高的。进一步对中等强度室内家务体力活动的居民的活动天数进行统计发现,每周有1天进行中等强度室内家务体力活动的居民有285人、2天的居民有113人、3天的居民有81人、4天的居民有48人、5天的居民有45人、6天的居民有9人、7天的居民有46人,可见,每周有1天进行中等强度室内家务体力活动的居民最多,占到了这项体力活动居民总数的45.45%,其次是每周有2天的居民居多。接下来对每周平均每天中等强度室内家务体力活动的时间(小时)进行统计发现,平均每天中等强度室内家务体力活动时间在1小时及以下的有318名居民、2小时的有126名居民、3小时的有98名居民、4小时的有43名居民、5小时的有16名居民、6小时的有12名居民、6小时以上的有14名居民,可见,平均每天中等强度室内家务体力活动时间在1小时及以下的居民最多,占到了50.72%,超过了参加中等强度室内家务体力活动居民总数的一半,说明安徽省居民每天的中等强度室内家务体力活动占用的时间以1小时及以下为主。进一步对居民平均每天中等强度室内家务体力活动的总时间(分钟)进行统计发现,每天中等强度室内家务体力活动时间在60分钟及以下的居民有179人、在61～120分钟的有162人、在121～180分钟的有112人、在181～240分钟的有93人、在241～300分钟的有40人、在300分钟以上的有41人,可见,平均每天中等强度室内家务体力活动时间在60分钟及以下的居民最多。

### 5.4.4 闲暇时间的体力活动测量

5.4.4.1 步行闲暇体力活动的测量

闲暇时间的体力活动主要是指过去7天在闲暇时间进行的体育锻炼或运动。首先,对过去7天中居民的步行闲暇体力活动的情况进行统计发现,有730名居民过去7天有步行闲暇体力活动,有264名居民没有,可见,安徽省73.44%的居民每周有步行闲暇体力活动。进一步对步行闲暇体力活动的居民的活动天数进行统计发现,每周有1天进行步行闲暇体力活动的居民有239人、2天的居民有46人、3天的居民有80人、4天的居民有108人、5天的居民有112人、6天的居民有82人、7天的居民有63人,可见,每周有1天进行步行闲暇体力活动的居民最多,占到了步行闲暇体力活动居民总数的32.74%,其次是每周有5天的居民居多。接下来对每周平均每天进行步行闲暇体力活动时间(小时)进行统计发现,平均每天步行闲暇体力活动时间在1小时及以下的有382名居民、2小时的有125名居民、3小时的有108名居民、4小时的有65名居民、5小时的有22名居民、6小时的有14名居民、6小时以上的有14名居民,可见,平均每天步行闲暇体力活动时间在1小时及以下的居民最多,占到了52.33%。进一步对居民平均每天步行闲暇体力活动的总时间(分钟)进行统计发现,每天步行闲暇体力活动时间在60分钟及以下的居民有196人、在61～120分钟的有200人、在121～180分钟的有114人、在181～240分钟的有106人、在241～300分钟的有64

人、在301～360分钟以上的有22人、在360分钟以上的有28人，可见，平均每天步行闲暇体力活动时间在61～120分钟的居民人数最多，说明安徽省居民平均每天步行闲暇体力活动的时间以61～120分钟为主。

5.4.4.2 大强度闲暇体力活动的测量

对过去7天中居民大强度闲暇体力活动的情况进行统计发现，有505名居民在过去7天进行大强度闲暇体力活动(每次至少10分钟)，有489名居民没有进行过，可见，安徽省50.80%的居民每周有大强度闲暇体力活动，超过了调查居民数量的一半。进一步对大强度闲暇体力活动居民的活动天数进行统计发现，每周有1天进行大强度闲暇体力活动的居民有135人、2天的居民有80人、3天的居民有123人、4天的居民有89人、5天的居民有28人、6天的居民有16人、7天的居民有34人，可见，每周有1天进行大强度闲暇体力活动的居民最多，占到了这项体力活动居民总数的26.73%，其次是每周有3天的居民居多。接下来对每周平均每天大强度闲暇体力活动的时间(小时)进行统计发现，平均每天大强度闲暇体力活动的时间在1小时及以下的有204名居民、2小时的有152名居民、3小时的有78名居民、4小时的有42名居民、5小时的有15名居民、6小时的有6名居民、6小时以上的有8名居民，可见，平均每天大强度闲暇体力活动时间在1小时及以下的居民最多，占到了40.40%，说明安徽省居民每天大强度闲暇体力活动以1小时及以下为主。进一步对居民平均每天大强度闲暇体力活动的总时间(分钟)进行统计发现，每天大强度闲暇体力活动时间在60分钟及以下的居民有79人、在61～120分钟的有132人、在121～180分钟的有148人、在181～240分钟的有77人、在241～300分钟的有41人、在300分钟以上的有28人，可见，平均每天大强度闲暇体力活动时间在121～180分钟的居民最多，说明安徽省居民平均每天进行大强度体育锻炼或运动的时间以2～3小时为主，其运动锻炼的时间还是比较长的。

5.4.4.3 中等强度闲暇体力活动的测量

对过去7天中居民在闲暇时间进行的中等强度体力活动的情况进行统计发现，有524名居民在过去7天有中等强度闲暇体力活动(每次至少10分钟)，有470名居民没有，可见，安徽省52.72%的居民每周有中等强度闲暇体力活动，有超过一半的居民每周进行中等强度的体育锻炼。进一步对中等强度闲暇体力活动的居民的活动天数进行统计发现，每周有1天在闲暇时间进行中等强度体力活动的居民有207人、2天的居民有91人、3天的居民有95人、4天的居民有44人、5天的居民有58人、6天的居民有17人、7天的居民有12人，可见，每周有1天进行中等强度闲暇体力活动的居民最多，占到了这项体力活动居民总数的39.50%，其次是每周有3天的居民居多，按照体育人口的标准来说，安徽省居民只有18.13%的居民达到了体育人口的标准，这一比例还是比较低的。接下来对每周平均每天进行中等强度闲暇体力活动的时间(小时)进行统计发现，平均每天进行中等强度闲暇体力活动时间在1小时及以下的有192名居民、2小时的有140名居民、3小时的有75名居民、4小时的有40名居民、5小时的有52名居民、6小时的有12名居民、6小时以上的有13名居民，可见，平均每天进行中等强度闲暇体力活动时间在1小时及以下的居民最多，占到了36.64%。进一步对居民平均每天进行中等强度闲暇体力活动的总时间(分钟)进行统计发现，每天进行中等强度闲暇体力活动时间在60分钟及以下的居民有76人、在61～120分钟的有122人、在121～180分钟的有141人、在181～240分钟的有68人、在241～300分钟的有40

人、在 300 分钟以上的有 77 人，可见，平均每天进行中等强度闲暇体力活动时间在 121～180 分钟的居民最多，说明安徽省居民喜欢体育锻炼的人群平均每天的运动时间还是比较长的。

### 5.4.5　静坐时间的测量

#### 5.4.5.1　工作日静坐时间的测量

静坐时间包括在工作单位和家中，坐在办公桌前、计算机前，坐着或躺着看手机电视，拜访朋友和看书的时间，但不包括乘坐交通工具的时间。首先，对过去 7 天中在每个工作日处于静坐的时间（小时）进行统计发现，有 58 名居民过去 7 天静坐时间为 0 小时，静坐时间有 3 小时及以下的居民有 236 名、4～6 小时的居民有 185 名、7～9 小时的居民有 146 名、10～12 小时的居民有 114 名、12 小时以上的居民有 313 名，可见，安徽省居民工作日静坐时间在 12 小时以上的居民最多，占到了 31.49%，这可能是在计算机前工作或贪恋玩电子设备或生活特别清闲造成的，但不论哪种原因，静坐时间过长是不利于身体健康的。进一步对每个工作日静坐时间（总分钟）进行统计发现，工作日没有静坐时间的居民有 23 名、平均每天静坐时间在 60 分钟以内的有 85 名、在 60～180 分钟的有 151 名、在 181～300 分钟的有 124 名、在 301～420 分钟的有 113 名、在 421～540 分钟的有 95 名、在 541～660 分钟的有 83 名、在 661 分钟以上的有 320 名，可见，安徽省居民在工作日平均每天的静坐时间以 11 小时以上的最多，说明安徽省居民在工作日每天的静坐时间还是比较长的，这可能与这部分人群的工作就是以办公室工作为主有关，而现在的很多办公是离不开计算机的。

#### 5.4.5.2　休息日静坐时间的测量

对过去 7 天中在每个休息日处于静坐的时间（小时）进行统计发现，有 48 名居民过去 7 天休息日的静坐时间为 0 小时，静坐时间有 3 小时及以下的居民有 180 名、4～6 小时的居民有 160 名、7～9 小时的居民有 118 名、10～12 小时的居民有 185 名、13～15 小时的居民有 195 名、15 小时以上的居民有 108 名，可见，安徽省居民休息日静坐时间在 13～15 小时的最多，占到了 19.62%，说明在休息日大部分居民的静坐时间是比较长的，在 3 小时以上的居民占到将近 80%。进一步对每个休息日静坐时间（总分钟）进行统计发现，休息日没有静坐时间的居民有 23 名、平均每天静坐时间在 60 分钟以内有 65 名、在 60～180 分钟的有 119 名、在 181～300 分钟的有 112 名、在 301～420 分钟的有 77 名、在 421～540 分钟的有 84 名、在 541～660 分钟的有 93 名、在 661 分钟以上的有 421 名，可见，安徽省居民在休息日平均每天的静坐时间以 11 小时以上的最多，说明安徽省居民休息日静坐时间还是比较长的。

## 5.5　安徽省居民体力活动的评价分析

### 5.5.1　不同性别居民体力活动的差异比较

在进行 $t$ 检验时，要求数据必须满足独立性、正态性和方差齐性的条件。一般来讲，数据的独立性总是能够满足的，正态性有一定的耐受力，根据方差齐性情况选择 $t$ 值和 $sig$ 值，$t_1$ 是每周体力活动天数的 $t$ 值，$t_2$ 是平均每天体力活动总时间的 $t$ 值。

由表 5-2 可以看出，在大强度工作体力活动方面，男性有 107 人，女性有 78 人。通过比较发现，男女居民在大强度工作体力活动中每周活动天数和平均每天的总活动时间上存在显著差异，进一步通过均值分析发现，男性在每周的活动天数($m_{男}=-1.82$，$m_{女}=-2.18$)、每天的总活动时间($m_{男}=46.98$，$m_{女}=26.05$)上都明显高于女性，女性与男性相比更不愿意进行大强度的工作体力活动。在中等强度工作体力活动方面，男性有104人，女性有85人。通过$t$检验发现，男女居民在中等强度工作体力活动中每周活动天数和平均每天的总活动时间上存在显著差异，进一步通过均值分析发现，男性在每周的活动天数($m_{男}=-1.80$，$m_{女}=-2.18$)、每天的总活动时间($m_{男}=57.01$，$m_{女}=39.72$)上都明显高于女性。在步行性工作体力活动方面，男性有124人，女性有123人。通过$t$检验发现，男女居民在步行性工作体力活动中每周活动天数上不存在显著差异，在平均每天的总活动时间上存在显著差异，进一步通过均值分析发现，男性在平均每天的总活动时间($m_{男}=73.88$，$m_{女}=51.17$)上明显高于女性。

**表5-2 与工作有关的体力活动在性别因素上的$t$检验**

| 维度 | 性别 | 人数 | 在本性别的占比 | 在总样本中的占比 | $t_1$ | $Sig_1$ | $t_2$ | $Sig_2$ |
|---|---|---|---|---|---|---|---|---|
| 大强度工作体力活动 | 男 | 107 | 22.8% | 10.8% | 2.597 | 0.010 | 3.533 | 0.000 |
| | 女 | 78 | 14.9% | 7.8% | | | | |
| 中等强度工作体力活动 | 男 | 104 | 22.1% | 10.5% | 2.658 | 0.008 | 2.135 | 0.033 |
| | 女 | 85 | 16.2% | 8.6% | | | | |
| 步行性工作体力活动 | 男 | 124 | 26.4% | 12.5% | 1.525 | 0.128 | 2.433 | 0.015 |
| | 女 | 123 | 23.5% | 12.4% | | | | |

由表5-3可以看出，在乘机动车交通体力活动方面，男性有328人，女性有335人。通过比较发现，男女居民在乘机动车交通体力活动中每周活动天数和平均每天的总活动时间上存在显著差异，进一步通过均值分析发现，男性在每周的活动天数($m_{男}=1.78$，$m_{女}=1.02$)、每天的总活动时间($m_{男}=106.01$，$m_{女}=80.48$)上都明显高于女性。在骑自行车交通体力活动方面，男性有239人，女性有228人。通过$t$检验发现，男女居民在骑自行车交通体力活动中每周活动天数和平均每天的总活动时间上存在显著差异，进一步通过均值分析发现，男性在每周的活动天数($m_{男}=-0.015$，$m_{女}=-0.053$)、每天的总活动时间($m_{男}=72.94$，$m_{女}=59.06$)上都明显高于女性。在步行交通体力活动方面，男性有376人，女性有386人。通过$t$检验发现，男女居民在步行交通体力活动中每周活动天数上不存在显著差异，在平均每天的总活动时间上存在显著差异，进一步通过均值分析发现，男性在平均每天的总活动时间($m_{男}=116.29$，$m_{女}=94.61$)上明显高于女性。

**表5-3 与交通有关的体力活动在性别因素上的$t$检验**

| 维度 | 性别 | 人数 | 在本性别的占比 | 在总样本中的占比 | $t_1$ | $Sig_1$ | $t_2$ | $Sig_2$ |
|---|---|---|---|---|---|---|---|---|
| 乘机动车交通体力活动 | 男 | 328 | 69.8% | 33.0% | 3.376 | 0.001 | 3.616 | 0.000 |
| | 女 | 335 | 63.9% | 33.7% | | | | |

（续表）

<table>
<tr><th>维度</th><th>性别</th><th>人数</th><th>在本性别的占比</th><th>在总样本中的占比</th><th>$t_1$</th><th>$Sig_1$</th><th>$t_2$</th><th>$Sig_2$</th></tr>
<tr><td rowspan="2">骑自行车交通体力活动</td><td>男</td><td>239</td><td>50.9%</td><td>24.0%</td><td rowspan="2">2.007</td><td rowspan="2">0.045</td><td rowspan="2">2.223</td><td rowspan="2">0.026</td></tr>
<tr><td>女</td><td>228</td><td>43.5%</td><td>22.9%</td></tr>
<tr><td rowspan="2">步行交通体力活动</td><td>男</td><td>376</td><td>80.0%</td><td>37.8%</td><td rowspan="2">1.497</td><td rowspan="2">0.135</td><td rowspan="2">3.112</td><td rowspan="2">0.002</td></tr>
<tr><td>女</td><td>386</td><td>73.7%</td><td>38.8%</td></tr>
</table>

由表 5-4 可以看出，在大强度家务体力活动方面，男性有 253 人，女性有 165 人。通过比较发现，男女居民在大强度家务体力活动中每周的活动天数和平均每天的总活动时间上存在显著差异，进一步通过均值分析发现，男性在每周的活动天数（$m_{男}=-0.09$，$m_{女}=-1.32$）、每天的总活动时间（$m_{男}=89.52$，$m_{女}=49.82$）上都明显高于女性。在中等强度室外家务体力活动方面，男性有 218 人，女性有 233 人。通过 $t$ 检验发现，男女居民在中等强度室外家务体力活动中每周活动天数和平均每天的总活动时间上都不存在显著差异。在中等强度室内家务体力活动方面，男性有 225 人，女性有 402 人。通过 $t$ 检验发现，男女居民在中等强度室内家务体力活动中每周活动天数和平均每天的总活动时间上都存在显著差异，进一步通过均值分析发现，男性在每周活动天数（$m_{男}=-0.45$，$m_{女}=1.25$）、平均每天的总活动时间（$m_{男}=63.75$，$m_{女}=100.40$）上明显低于女性，可见安徽省居民室内主要的家务劳动还是由女性来承担和完成的。

**表 5-4　与家务有关的体力活动在性别因素上的 $t$ 检验**

<table>
<tr><th>维度</th><th>性别</th><th>人数</th><th>在本性别的占比</th><th>在总样本中的占比</th><th>$t_1$</th><th>$Sig_1$</th><th>$t_2$</th><th>$Sig_2$</th></tr>
<tr><td rowspan="2">大强度家务体力活动</td><td>男</td><td>253</td><td>53.8%</td><td>25.5%</td><td rowspan="2">7.052</td><td rowspan="2">0.000</td><td rowspan="2">6.155</td><td rowspan="2">0.000</td></tr>
<tr><td>女</td><td>165</td><td>31.5%</td><td>16.6%</td></tr>
<tr><td rowspan="2">中等强度室外家务体力活动</td><td>男</td><td>218</td><td>46.4%</td><td>21.9%</td><td rowspan="2">0.264</td><td rowspan="2">0.792</td><td rowspan="2">1.816</td><td rowspan="2">0.070</td></tr>
<tr><td>女</td><td>233</td><td>44.5%</td><td>23.4%</td></tr>
<tr><td rowspan="2">中等强度室内家务体力活动</td><td>男</td><td>225</td><td>47.9%</td><td>22.6%</td><td rowspan="2">−9.232</td><td rowspan="2">0.000</td><td rowspan="2">−5.683</td><td rowspan="2">0.000</td></tr>
<tr><td>女</td><td>402</td><td>76.7%</td><td>40.4%</td></tr>
</table>

由表 5-5 可以看出，在步行闲暇体力活动方面，男性有 357 人，女性有 373 人。通过比较发现，男女居民在步行闲暇体力活动中每周活动天数和平均每天的总活动时间上存在显著差异，进一步通过均值分析发现，男性在每周的活动天数（$m_{男}=1.99$，$m_{女}=1.47$）、每天的总活动时间（$m_{男}=108.55$，$m_{女}=89.93$）上明显高于女性。在大强度闲暇体力活动方面，男性有 249 人，女性有 256 人。通过 $t$ 检验发现，男女居民在大强度闲暇体力活动中每周活动天数上不存在显著差异，在平均每天的总活动时间上存在显著差异，进一步通过均值分析发现，男性在每天的总活动时间（$m_{男}=82.40$，$m_{女}=64.92$）上明显高于女性。在中等强度闲暇体力活动方面，男性有 270 人，女性有 254 人。通过 $t$ 检验发现，男女居民在中等强度闲暇体

力活动中每周的活动天数和平均每天的总活动时间上都存在显著差异，进一步通过均值分析发现，男性在每周活动天数（$m_{男}=0.18$，$m_{女}=-0.32$）、平均每天的总活动时间（$m_{男}=102.30$，$m_{女}=72.65$）上明显高于女性。

表 5-5 闲暇时间的体力活动在性别因素上的 $t$ 检验

| 维度 | 性别 | 人数 | 在本性别的占比 | 在总样本中的占比 | $t_1$ | $Sig_1$ | $t_2$ | $Sig_2$ |
|---|---|---|---|---|---|---|---|---|
| 步行闲暇体力活动 | 男 | 357 | 76.0% | 35.9% | 2.437 | 0.015 | 2.704 | 0.007 |
| | 女 | 373 | 71.2% | 37.5% | | | | |
| 大强度闲暇体力活动 | 男 | 249 | 53.0% | 25.1% | 1.661 | 0.097 | 2.829 | 0.005 |
| | 女 | 256 | 48.9% | 25.8% | | | | |
| 中等强度闲暇体力活动 | 男 | 270 | 57.4% | 27.2% | 2.639 | 0.008 | 4.039 | 0.000 |
| | 女 | 254 | 48.5% | 25.6% | | | | |

由表 5-6 可以看出，在工作日静坐时间方面，男性有 462 人，女性有 509 人。通过比较发现，男女居民在工作日平均每天的静坐总时间上存在显著差异，进一步通过均值分析发现，男性在工作日平均每天的静坐总时间（$m_{男}=528.12$，$m_{女}=450.91$）上明显高于女性。在休息日静坐时间方面，男性有 461 人，女性有 510 人。通过 $t$ 检验发现，男女居民在休息日平均每天的静坐总时间上存在显著差异，进一步通过均值分析发现，男性在休息日平均每天的静坐总时间（$m_{男}=597.81$，$m_{女}=535.14$）上明显高于女性。

表 5-6 静坐时间在性别因素上的 $t$ 检验

| 维度 | 性别 | 人数 | 在本性别的占比 | 在总样本中的占比 | $t$ | Sig |
|---|---|---|---|---|---|---|
| 工作日静坐时间 | 男 | 462 | 98.3% | 46.48% | 3.721 | 0.000 |
| | 女 | 509 | 97.1% | 51.20% | | |
| 休息日静坐时间 | 男 | 461 | 98.1% | 46.38% | 2.871 | 0.004 |
| | 女 | 510 | 97.3% | 51.31% | | |

### 5.5.2 不同年龄居民体力活动的差异比较

由表 5-7 可以看出，在工作性体力活动中，大强度工作体力活动时间最长的是中年群体，时间最短的是青年群体；中等强度工作体力活动中时间最长的是中年，时间最短的是老年；步行性工作体力活动中时间最长的是中年，时间最短的是老年。在交通体力活动中，乘机动车交通体力活动中时间最长的是中年，时间最短的是少年；骑自行车交通体力活动中时间最长的是中年，时间最短的是少年；步行交通体力活动中时间最长的是中年，时间最短的是老年。在家务体力活动中，大强度家务体力活动中时间最长的是中年，时间最短的是少年；中等强度室外家务体力活动中时间最长的是中年，时间最短的是少年；中等强度室内家务体力活动中时间最长的是中年，时间最短的是老年。在闲暇体力活动中，步行闲暇体力活动中时间最长的是中年,时间最短的是老年;大强度闲暇体力活动中时间最长的是中年,时间最短的是老年;中等强度闲暇体力活动中时间最长的是中年,时间最短的是少年。在静坐时间中,工作日静坐时间最长的是中年,时间最短的是老年;休息日静坐时间最长的是中年,时间最短的是老年。可见,不同年龄居民在不同类型体力活动上的时间是不一样的,少年上学导致在许多类型体力活动上的时间最短,其次体力活动时间较短的是老年人,这与张洁等(2008)人的研究结论一致,年龄越大越不倾向于进行高水平的体力活动。

**表 5-7 不同年龄的安徽省居民体力活动时间的描述性统计**

| | | 个案数 | 平均值 | 标准差 | 标准误 | 平均值的 95%置信区间 | | 最小值 | 最大值 |
|---|---|---|---|---|---|---|---|---|---|
| | | | | | | 下限 | 上限 | | |
| 大强度工作体力活动 | 少年 | 30 | 39.3000 | 110.99399 | 20.26464 | −2.1458 | 80.7458 | .00 | 528.00 |
| | 青年 | 480 | 31.1563 | 83.37862 | 3.80570 | 23.6783 | 38.6342 | .00 | 630.00 |
| | 中年 | 478 | 40.4874 | 98.76265 | 4.51730 | 31.6112 | 49.3637 | .00 | 600.00 |
| | 老年 | 6 | 40.0000 | 72.66361 | 29.66479 | −36.2558 | 116.2558 | .00 | 180.00 |
| | 总数 | 994 | 35.9427 | 91.90646 | 2.91510 | 30.2222 | 41.6631 | .00 | 630.00 |
| 中等强度工作体力活动 | 少年 | 30 | 19.1667 | 60.37360 | 11.02266 | −3.3772 | 41.7105 | .00 | 240.00 |
| | 青年 | 480 | 44.5750 | 120.59421 | 5.50435 | 33.7593 | 55.3907 | .00 | 683.00 |
| | 中年 | 478 | 53.5921 | 135.54718 | 6.19978 | 41.4098 | 65.7743 | .00 | 753.00 |
| | 老年 | 6 | 3.3333 | 8.16497 | 3.33333 | −5.2353 | 11.9019 | .00 | 20.00 |
| | 总数 | 994 | 47.8954 | 126.51314 | 4.01275 | 40.0209 | 55.7698 | .00 | 753.00 |
| 步行性工作体力活动 | 少年 | 30 | 26.0000 | 52.64389 | 9.61142 | 6.3424 | 45.6576 | .00 | 210.00 |
| | 青年 | 480 | 49.5417 | 127.48097 | 5.81868 | 38.1084 | 60.9750 | .00 | 745.00 |
| | 中年 | 478 | 77.0126 | 163.79594 | 7.49185 | 62.2914 | 91.7337 | .00 | 715.00 |
| | 老年 | 6 | 11.6667 | 24.01388 | 9.80363 | −13.5344 | 36.8677 | .00 | 60.00 |
| | 总数 | 994 | 61.8129 | 145.08197 | 4.60172 | 52.7827 | 70.8431 | .00 | 745.00 |
| 乘机动车交通体力活动 | 少年 | 30 | 23.4333 | 60.47153 | 11.04054 | .8529 | 46.0138 | −3.00 | 300.00 |
| | 青年 | 480 | 78.2792 | 91.60659 | 4.18125 | 70.0633 | 86.4950 | −3.00 | 528.00 |
| | 中年 | 478 | 111.8410 | 126.26524 | 5.77524 | 100.4930 | 123.1891 | −3.00 | 640.00 |
| | 老年 | 6 | 44.0000 | 46.69475 | 19.06305 | −5.0031 | 93.0031 | −3.00 | 120.00 |
| | 总数 | 994 | 92.5563 | 110.72620 | 3.51202 | 85.6645 | 99.4482 | −3.00 | 640.00 |
| 骑自行车交通体力活动 | 少年 | 30 | 13.0000 | 28.54518 | 5.21161 | 2.3411 | 23.6589 | .00 | 120.00 |
| | 青年 | 480 | 57.5646 | 95.89179 | 4.37684 | 48.9644 | 66.1648 | .00 | 599.00 |
| | 中年 | 478 | 77.5439 | 101.84975 | 4.65850 | 68.3902 | 86.6976 | .00 | 508.00 |
| | 老年 | 6 | 23.3333 | 29.43920 | 12.01850 | −7.5612 | 54.2279 | .00 | 60.00 |
| | 总数 | 994 | 65.6207 | 98.18845 | 3.11435 | 59.5093 | 71.7322 | .00 | 599.00 |

（续表）

| | | 个案数 | 平均值 | 标准差 | 标准误 | 平均值的95%置信区间 | | 最小值 | 最大值 |
|---|---|---|---|---|---|---|---|---|---|
| | | | | | | 下限 | 上限 | | |
| 步行交通体力活动 | 少年 | 30 | 67.0000 | 116.91140 | 21.34500 | 23.3446 | 110.6554 | .00 | 480.00 |
| | 青年 | 480 | 85.8500 | 94.83834 | 4.32876 | 77.3443 | 94.3557 | .00 | 619.00 |
| | 中年 | 478 | 127.0795 | 118.51530 | 5.42076 | 116.4280 | 137.7310 | .00 | 560.00 |
| | 老年 | 6 | 45.0000 | 45.49725 | 18.57418 | −2.7464 | 92.7464 | .00 | 120.00 |
| | 总数 | 994 | 104.8612 | 109.41961 | 3.47058 | 98.0507 | 111.6717 | .00 | 619.00 |
| 大强度家务体力活动 | 少年 | 30 | 2.6667 | 11.42693 | 2.08626 | −1.6002 | 6.9336 | .00 | 60.00 |
| | 青年 | 480 | 49.8854 | 88.33130 | 4.03175 | 41.9633 | 57.8075 | .00 | 408.00 |
| | 中年 | 478 | 92.0753 | 113.13454 | 5.17465 | 81.9074 | 102.2432 | .00 | 553.00 |
| | 老年 | 6 | 23.3333 | 47.60952 | 19.43651 | −26.6298 | 73.2965 | .00 | 120.00 |
| | 总数 | 994 | 68.5885 | 102.49677 | 3.25100 | 62.2089 | 74.9682 | .00 | 553.00 |
| 中等强度室外家务体力活动 | 少年 | 30 | 16.8667 | 44.25532 | 8.07988 | .3415 | 33.3919 | −3.00 | 180.00 |
| | 青年 | 480 | 51.2979 | 93.14252 | 4.25135 | 42.9443 | 59.6515 | −3.00 | 520.00 |
| | 中年 | 478 | 83.9289 | 119.82069 | 5.48047 | 73.1600 | 94.6977 | −3.00 | 648.00 |
| | 老年 | 6 | 42.3333 | 51.11816 | 20.86890 | −11.3119 | 95.9786 | −3.00 | 120.00 |
| | 总数 | 994 | 65.8964 | 107.17890 | 3.39951 | 59.2253 | 72.5674 | −3.00 | 648.00 |
| 中等强度室内家务体力活动 | 少年 | 30 | 48.0000 | 64.97480 | 11.86272 | 23.7380 | 72.2620 | .00 | 220.00 |
| | 青年 | 480 | 77.9604 | 100.83282 | 4.60237 | 68.9171 | 87.0037 | .00 | 577.00 |
| | 中年 | 478 | 91.1172 | 106.91211 | 4.89005 | 81.5085 | 100.7258 | .00 | 590.00 |
| | 老年 | 6 | 26.6667 | 47.18757 | 19.26424 | −22.8536 | 76.1870 | .00 | 120.00 |
| | 总数 | 994 | 83.0734 | 103.10075 | 3.27016 | 76.6562 | 89.4907 | .00 | 590.00 |
| 步行闲暇体力活动 | 少年 | 30 | 46.27 | 64.806 | 11.832 | 22.07 | 70.47 | −3 | 265 |
| | 青年 | 480 | 75.69 | 90.468 | 4.129 | 67.58 | 83.80 | −3 | 416 |
| | 中年 | 478 | 126.09 | 120.880 | 5.529 | 115.23 | 136.96 | −3 | 635 |
| | 老年 | 6 | 25.17 | 36.406 | 14.863 | −13.04 | 63.37 | −3 | 80 |
| | 总数 | 994 | 98.73 | 108.762 | 3.450 | 91.96 | 105.50 | −3 | 635 |
| 大强度闲暇体力活动 | 少年 | 30 | 31.0667 | 58.15255 | 10.61716 | 9.3521 | 52.7812 | .00 | 232.00 |
| | 青年 | 480 | 58.6104 | 88.94619 | 4.05982 | 50.6332 | 66.5877 | .00 | 646.00 |
| | 中年 | 478 | 91.1297 | 103.16999 | 4.71889 | 81.8573 | 100.4021 | .00 | 530.00 |
| | 老年 | 6 | 20.0000 | 30.98387 | 12.64911 | −12.5156 | 52.5156 | .00 | 60.00 |
| | 总数 | 994 | 73.1841 | 96.75357 | 3.06884 | 67.1620 | 79.2063 | .00 | 646.00 |

（续表）

| | | 个案数 | 平均值 | 标准差 | 标准误 | 平均值的95%置信区间 | | 最小值 | 最大值 |
|---|---|---|---|---|---|---|---|---|---|
| | | | | | | 下限 | 上限 | | |
| 中等强度闲暇体力活动 | 少年 | 30 | 17.1667 | 50.90023 | 9.29307 | −1.8398 | 36.1731 | .00 | 265.00 |
| | 青年 | 480 | 60.6021 | 91.92582 | 4.19582 | 52.3576 | 68.8466 | .00 | 479.00 |
| | 中年 | 478 | 118.0690 | 130.46037 | 5.96712 | 106.3439 | 129.7941 | .00 | 615.00 |
| | 老年 | 6 | 18.3333 | 24.01388 | 9.80363 | −6.8677 | 43.5344 | .00 | 60.00 |
| | 总数 | 994 | 86.6710 | 115.35930 | 3.65897 | 79.4908 | 93.8512 | .00 | 615.00 |
| 工作日静坐时间 | 少年 | 30 | 297.9333 | 273.11459 | 49.86367 | 195.9507 | 399.9160 | .00 | 1200.00 |
| | 青年 | 480 | 431.8104 | 318.32446 | 14.52946 | 403.2611 | 460.3598 | .00 | 1361.00 |
| | 中年 | 478 | 536.6715 | 332.12195 | 15.19090 | 506.8222 | 566.5209 | .00 | 1377.00 |
| | 老年 | 6 | 128.3333 | 158.54547 | 64.72592 | −38.0499 | 294.7166 | .00 | 360.00 |
| | 总数 | 994 | 476.3642 | 329.50692 | 10.45132 | 455.8550 | 496.8734 | .00 | 1377.00 |
| 休息日静坐时间 | 少年 | 30 | 387.7333 | 342.33105 | 62.50081 | 259.9048 | 515.5618 | 20.00 | 1325.00 |
| | 青年 | 480 | 480.7833 | 337.11855 | 15.38729 | 450.5484 | 511.0183 | .00 | 1380.00 |
| | 中年 | 478 | 638.3975 | 339.33264 | 15.52071 | 607.9001 | 668.8949 | .00 | 1373.00 |
| | 老年 | 6 | 158.3333 | 233.27380 | 95.23363 | −86.4725 | 403.1392 | .00 | 600.00 |
| | 总数 | 994 | 551.8229 | 348.75006 | 11.06168 | 530.1160 | 573.5299 | .00 | 1380.00 |

单因素方差分析对于资料的正态性影响比较稳健，但对方差齐性较为敏感，因此在进行单因素方差分析之前首先进行方差齐性检验。结果显示，不同群体只在休息日静坐时间上$P>0.05$，即方差是齐性的，在其他维度上方差是非齐性的。进一步通过方差分析发现，大强度工作体力活动、中等强度工作体力活动两个维度在组间不存在显著差异，而其他维度在组间存在显著差异，具体如表5-8所示。因此，在进行事后比较时，根据各维度方差齐性情况，选择不同的事后比较法，方差齐性时选择LSD事后比较法，方差不齐时选择塔姆黑尼事后比较法。

**表5-8　不同年龄居民的体力活动方差分析**

| | | 平方和 | 自由度 | 均方 | $F$ | 显著性 |
|---|---|---|---|---|---|---|
| 大强度工作体力活动 | 组间 | 21306.725 | 3 | 7102.242 | .840 | .472 |
| | 组内 | 8366363.006 | 990 | 8450.872 | | |
| | 总计 | 8387669.731 | 993 | | | |
| 中等强度工作体力活动 | 组间 | 57478.869 | 3 | 19159.623 | 1.198 | .309 |
| | 组内 | 15836056.250 | 990 | 15996.016 | | |
| | 总计 | 15893535.119 | 993 | | | |

（续表）

| | | 平方和 | 自由度 | 均方 | $F$ | 显著性 |
|---|---|---|---|---|---|---|
| 步行性工作体力活动 | 组间 | 236267.770 | 3 | 78758.923 | 3.773 | .010 |
| | 组内 | 20665158.42 | 990 | 20873.897 | | |
| | 总计 | 20901435.20 | 993 | | | |
| 乘机动车交通体力活动 | 组间 | 433095.470 | 3 | 144365.157 | 12.172 | .000 |
| | 组内 | 11741373.875 | 990 | 11859.974 | | |
| | 总计 | 12174469.345 | 993 | | | |
| 骑自行车交通体力活动 | 组间 | 192904.104 | 3 | 64301.368 | 6.786 | .000 |
| | 组内 | 9380579.909 | 990 | 9475.333 | | |
| | 总计 | 9573484.013 | 993 | | | |
| 步行交通体力活动 | 组间 | 473954.662 | 3 | 157984.887 | 13.702 | .000 |
| | 组内 | 11414888.179 | 990 | 11530.190 | | |
| | 总计 | 11888842.841 | 993 | | | |
| 大强度家务体力活动 | 组间 | 574244.723 | 3 | 191414.908 | 19.223 | .000 |
| | 组内 | 9857803.987 | 990 | 9957.378 | | |
| | 总计 | 10432048.709 | 993 | | | |
| 中等强度室外家务体力活动 | 组间 | 333175.547 | 3 | 111058.516 | 9.929 | .000 |
| | 组内 | 11073728.780 | 990 | 11185.585 | | |
| | 总计 | 11406904.327 | 993 | | | |
| 中等强度室内家务体力活动 | 组间 | 99470.618 | 3 | 33156.873 | 3.139 | .025 |
| | 组内 | 10455885.021 | 990 | 10561.500 | | |
| | 总计 | 10555355.639 | 993 | | | |
| 步行闲暇体力活动 | 组间 | 727724.486 | 3 | 242574.829 | 21.795 | .000 |
| | 组内 | 11018663.398 | 990 | 11129.963 | | |
| | 总计 | 11746387.883 | 993 | | | |
| 大强度闲暇体力活动 | 组间 | 326073.336 | 3 | 108691.112 | 11.996 | .000 |
| | 组内 | 8969651.973 | 990 | 9060.255 | | |
| | 总计 | 9295725.309 | 993 | | | |
| 中等强度闲暇体力活动 | 组间 | 970378.206 | 3 | 323459.402 | 26.153 | .000 |
| | 组内 | 12244235.220 | 990 | 12367.914 | | |
| | 总计 | 13214613.426 | 993 | | | |
| 工作日静坐时间 | 组间 | 4373173.784 | 3 | 1457724.595 | 13.951 | .000 |
| | 组内 | 103441610.381 | 990 | 104486.475 | | |
| | 总计 | 107814784.165 | 993 | | | |

（续表）

| | | 平方和 | 自由度 | 均方 | F | 显著性 |
|---|---|---|---|---|---|---|
| 休息日静坐时间 | 组间 | 7741829.693 | 3 | 2580609.898 | 22.602 | .000 |
| | 组内 | 113033387.144 | 990 | 114175.139 | | |
| | 总计 | 120775216.837 | 993 | | | |

由表 5-8 可以看出，不同年龄群体居民除在大强度工作体力活动和中等强度本力活动两个维度上不存在显著差异外，在体力活动的其他维度上都存在显著差异。为了进一步考察不同群体组别间的差异，各群体两两进行比较，并根据方差是否齐性选择不同的方法，具体如表 5-9 所示。

**表 5-9　不同年龄居民间体力活动的事后多重比较**

| 因变量 | | (I) 人群 | (J) 人群 | 平均值差值 (I−J) | 标准误 | 显著性 | 95%置信区间 下限 | 95%置信区间 上限 |
|---|---|---|---|---|---|---|---|---|
| 步行性工作体力活动 | 塔姆黑尼 | 少年 | 青年 | −23.54167 | 11.23550 | .222 | −54.2314 | 7.1481 |
| | | | 中年 | −51.01255 | 12.18635 | .000 | −83.9641 | −18.0611 |
| | | | 老年 | 14.33333 | 13.72918 | .893 | −26.6287 | 55.2953 |
| | | 青年 | 少年 | 23.54167 | 11.23550 | .222 | −7.1481 | 54.2314 |
| | | | 中年 | −27.47089 | 9.48604 | .023 | −52.4841 | −2.4577 |
| | | | 老年 | 37.87500 | 11.40036 | .051 | −.1810 | 75.9310 |
| | | 中年 | 少年 | 51.01255 | 12.18635 | .000 | 18.0611 | 83.9641 |
| | | | 青年 | 27.47089 | 9.48604 | .023 | 2.4577 | 52.4841 |
| | | | 老年 | 65.34589 | 12.33852 | .001 | 26.8801 | 103.8117 |
| | | 老年 | 少年 | −14.33333 | 13.72918 | .893 | −55.2953 | 26.6287 |
| | | | 青年 | −37.87500 | 11.40036 | .051 | −75.9310 | .1810 |
| | | | 中年 | −65.34589 | 12.33852 | .001 | −103.8117 | −26.8801 |
| 乘机动车交通体力活动 | 塔姆黑尼 | 少年 | 青年 | −54.84583 | 11.80578 | .000 | −87.6147 | −22.0770 |
| | | | 中年 | −88.40767 | 12.45981 | .000 | −122.6332 | −54.1822 |
| | | | 老年 | −20.56667 | 22.02938 | .941 | −94.9499 | 53.8165 |
| | | 青年 | 少年 | 54.84583 | 11.80578 | .000 | 22.0770 | 87.6147 |
| | | | 中年 | −33.56184 | 7.12995 | .000 | −52.3638 | −14.7599 |
| | | | 老年 | 34.27917 | 19.51622 | .578 | −43.8203 | 112.3786 |
| | | 中年 | 少年 | 88.40767 | 12.45981 | .000 | 54.1822 | 122.6332 |
| | | | 青年 | 33.56184 | 7.12995 | .000 | 14.7599 | 52.3638 |
| | | | 老年 | 67.84100 | 19.91867 | .084 | −8.9642 | 144.6462 |
| | | 老年 | 少年 | 20.56667 | 22.02938 | .941 | −53.8165 | 94.9499 |
| | | | 青年 | −34.27917 | 19.51622 | .578 | −112.3786 | 43.8203 |
| | | | 中年 | −67.84100 | 19.91867 | .084 | −144.6462 | 8.9642 |

（续表）

| 因变量 | | (I)人群 | (J)人群 | 平均值差值(I−J) | 标准误 | 显著性 | 95%置信区间 | |
|---|---|---|---|---|---|---|---|---|
| | | | | | | | 下限 | 上限 |
| 骑自行车交通体力活动 | 塔姆黑尼 | 少年 | 青年 | −44.56458 | 6.80571 | .000 | −62.9139 | −26.2153 |
| | | | 中年 | −64.54393 | 6.99017 | .000 | −83.3469 | −45.7409 |
| | | | 老年 | −10.33333 | 13.09982 | .974 | −57.7175 | 37.0508 |
| | | 青年 | 少年 | 44.56458 | 6.80571 | .000 | 26.2153 | 62.9139 |
| | | | 中年 | −19.97935 | 6.39205 | .011 | −36.8321 | −3.1266 |
| | | | 老年 | 34.23125 | 12.79067 | .190 | −13.6147 | 82.0772 |
| | | 中年 | 少年 | 64.54393 | 6.99017 | .000 | 45.7409 | 83.3469 |
| | | | 青年 | 19.97935 | 6.39205 | .011 | 3.1266 | 36.8321 |
| | | | 老年 | 54.21060 | 12.88977 | .027 | 6.5672 | 101.8540 |
| | | 老年 | 少年 | 10.33333 | 13.09982 | .974 | −37.0508 | 57.7175 |
| | | | 青年 | −34.23125 | 12.79067 | .190 | −82.0772 | 13.6147 |
| | | | 中年 | −54.21060 | 12.88977 | .027 | −101.8540 | −6.5672 |
| 步行交通体力活动 | 塔姆黑尼 | 少年 | 青年 | −18.85000 | 21.77952 | .950 | −79.9871 | 42.2871 |
| | | | 中年 | −60.07950 | 22.02258 | .059 | −121.7213 | 1.5623 |
| | | | 老年 | 22.00000 | 28.29504 | .971 | −60.2534 | 104.2534 |
| | | 青年 | 少年 | 18.85000 | 21.77952 | .950 | −42.2871 | 79.9871 |
| | | | 中年 | −41.22950 | 6.93706 | .000 | −59.5210 | −22.9380 |
| | | | 老年 | 40.85000 | 19.07192 | .392 | −35.0450 | 116.7450 |
| | | 中年 | 少年 | 60.07950 | 22.02258 | .059 | −1.5623 | 121.7213 |
| | | | 青年 | 41.22950 | 6.93706 | .000 | 22.9380 | 59.5210 |
| | | | 老年 | 82.07950 | 19.34902 | .034 | 7.0754 | 157.0836 |
| | | 老年 | 少年 | −22.00000 | 28.29504 | .971 | −104.2534 | 60.2534 |
| | | | 青年 | −40.85000 | 19.07192 | .392 | −116.7450 | 35.0450 |
| | | | 中年 | −82.07950 | 19.34902 | .034 | −157.0836 | −7.0754 |

（续表）

| 因变量 | | (I)人群 | (J)人群 | 平均值差值(I−J) | 标准误 | 显著性 | 95%置信区间 | |
|---|---|---|---|---|---|---|---|---|
| | | | | | | | 下限 | 上限 |
| 大强度家务体力活动 | 塔姆黑尼 | 少年 | 青年 | −47.21875 | 4.53955 | .000 | −59.2300 | −35.2075 |
| | | | 中年 | −89.40865 | 5.57938 | .000 | −104.1532 | −74.6641 |
| | | | 老年 | −20.66667 | 19.54815 | .916 | −101.7245 | 60.3912 |
| | | 青年 | 少年 | 47.21875 | 4.53955 | .000 | 35.2075 | 59.2300 |
| | | | 中年 | −42.18990 | 6.55988 | .000 | −59.4872 | −24.8926 |
| | | | 老年 | 26.55208 | 19.85026 | .798 | −53.2564 | 106.3605 |
| | | 中年 | 少年 | 89.40865 | 5.57938 | .000 | 74.6641 | 104.1532 |
| | | | 青年 | 42.18990 | 6.55988 | .000 | 24.8926 | 59.4872 |
| | | | 老年 | 68.74198 | 20.11355 | .088 | −10.1530 | 147.6369 |
| | | 老年 | 少年 | 20.66667 | 19.54815 | .916 | −60.3912 | 101.7245 |
| | | | 青年 | −26.55208 | 19.85026 | .798 | −106.3605 | 53.2564 |
| | | | 中年 | −68.74198 | 20.11355 | .088 | −147.6369 | 10.1530 |
| 中等强度室外家务体力活动 | 塔姆黑尼 | 少年 | 青年 | −34.43125 | 9.13009 | .003 | −59.5050 | −9.3575 |
| | | | 中年 | −67.06220 | 9.76320 | .000 | −93.6091 | −40.5154 |
| | | | 老年 | −25.46667 | 22.37846 | .877 | −108.3158 | 57.3825 |
| | | 青年 | 少年 | 34.43125 | 9.13009 | .003 | 9.3575 | 59.5050 |
| | | | 中年 | −32.63095 | 6.93611 | .000 | −50.9204 | −14.3415 |
| | | | 老年 | 8.96458 | 21.29754 | .999 | −76.7844 | 94.7136 |
| | | 中年 | 少年 | 67.06220 | 9.76320 | .000 | 40.5154 | 93.6091 |
| | | | 青年 | 32.63095 | 6.93611 | .000 | 14.3415 | 50.9204 |
| | | | 老年 | 41.59554 | 21.57653 | .485 | −43.1756 | 126.3667 |
| | | 老年 | 少年 | 25.46667 | 22.37846 | .877 | −57.3825 | 108.3158 |
| | | | 青年 | −8.96458 | 21.29754 | .999 | −94.7136 | 76.7844 |
| | | | 中年 | −41.59554 | 21.57653 | .485 | −126.3667 | 43.1756 |

（续表）

| 因变量 | | (I)人群 | (J)人群 | 平均值差值(I−J) | 标准误 | 显著性 | 95%置信区间 | |
|---|---|---|---|---|---|---|---|---|
| | | | | | | | 下限 | 上限 |
| 中等强度室内家务体力活动 | 塔姆黑尼 | 少年 | 青年 | −29.96042 | 12.72423 | .134 | −65.2551 | 5.3342 |
| | | | 中年 | −43.11715 | 12.83108 | .010 | −78.6457 | −7.5886 |
| | | | 老年 | 21.33333 | 22.62378 | .937 | −53.8734 | 96.5401 |
| | | 青年 | 少年 | 29.96042 | 12.72423 | .134 | −5.3342 | 65.2551 |
| | | | 中年 | −13.15674 | 6.71523 | .267 | −30.8616 | 4.5481 |
| | | | 老年 | 51.29375 | 19.80639 | .237 | −27.3305 | 129.9180 |
| | | 中年 | 少年 | 43.11715 | 12.83108 | .010 | 7.5886 | 78.6457 |
| | | | 青年 | 13.15674 | 6.71523 | .267 | −4.5481 | 30.8616 |
| | | | 老年 | 64.45049 | 19.87520 | .109 | −13.9406 | 142.8416 |
| | | 老年 | 少年 | −21.33333 | 22.62378 | .937 | −96.5401 | 53.8734 |
| | | | 青年 | −51.29375 | 19.80639 | .237 | −129.9180 | 27.3305 |
| | | | 中年 | −64.45049 | 19.87520 | .109 | −142.8416 | 13.9406 |
| 步行闲暇体力活动 | 塔姆黑尼 | 少年 | 青年 | −29.423 | 12.532 | .138 | −64.28 | 5.43 |
| | | | 中年 | −79.825 | 13.060 | .000 | −115.84 | −43.81 |
| | | | 老年 | 21.100 | 18.997 | .869 | −38.14 | 80.34 |
| | | 青年 | 少年 | 29.423 | 12.532 | .138 | −5.43 | 64.28 |
| | | | 中年 | −50.402 | 6.901 | .000 | −68.60 | −32.21 |
| | | | 老年 | 50.523 | 15.425 | .102 | −9.66 | 110.71 |
| | | 中年 | 少年 | 79.825 | 13.060 | .000 | 43.81 | 115.84 |
| | | | 青年 | 50.402 | 6.901 | .000 | 32.21 | 68.60 |
| | | | 老年 | 100.925 | 15.858 | .003 | 41.84 | 160.01 |
| | | 老年 | 少年 | −21.100 | 18.997 | .869 | −80.34 | 38.14 |
| | | | 青年 | −50.523 | 15.425 | .102 | −110.71 | 9.66 |
| | | | 中年 | −100.925 | 15.858 | .003 | −160.01 | −41.84 |

（续表）

| 因变量 | | (I)人群 | (J)人群 | 平均值差值(I−J) | 标准误 | 显著性 | 95%置信区间 | |
|---|---|---|---|---|---|---|---|---|
| | | | | | | | 下限 | 上限 |
| 大强度闲暇体力活动 | 塔姆黑尼 | 少年 | 青年 | −27.54375 | 11.36689 | .116 | −59.0861 | 3.9986 |
| | | | 中年 | −60.06304 | 11.61860 | .000 | −92.1589 | −27.9672 |
| | | | 老年 | 11.06667 | 16.51436 | .987 | −39.8097 | 61.9430 |
| | | 青年 | 少年 | 27.54375 | 11.36689 | .116 | −3.9986 | 59.0861 |
| | | | 中年 | −32.51929 | 6.22495 | .000 | −48.9322 | −16.1064 |
| | | | 老年 | 38.61042 | 13.28466 | .150 | −12.1690 | 89.3898 |
| | | 中年 | 少年 | 60.06304 | 11.61860 | .000 | 27.9672 | 92.1589 |
| | | | 青年 | 32.51929 | 6.22495 | .000 | 16.1064 | 48.9322 |
| | | | 老年 | 71.12971 | 13.50066 | .009 | 20.8557 | 121.4037 |
| | | 老年 | 少年 | −11.06667 | 16.51436 | .987 | −61.9430 | 39.8097 |
| | | | 青年 | −38.61042 | 13.28466 | .150 | −89.3898 | 12.1690 |
| | | | 中年 | −71.12971 | 13.50066 | .009 | −121.4037 | −20.8557 |
| 中等强度闲暇体力活动 | 塔姆黑尼 | 少年 | 青年 | −43.43542 | 10.19637 | .001 | −71.5880 | −15.2828 |
| | | | 中年 | −100.90237 | 11.04389 | .000 | −130.9980 | −70.8068 |
| | | | 老年 | −1.16667 | 13.50823 | 1.000 | −41.7296 | 39.3963 |
| | | 青年 | 少年 | 43.43542 | 10.19637 | .001 | 15.2828 | 71.5880 |
| | | | 中年 | −57.46695 | 7.29462 | .000 | −76.7038 | −38.2301 |
| | | | 老年 | 42.26875 | 10.66377 | .032 | 3.6622 | 80.8753 |
| | | 中年 | 少年 | 100.90237 | 11.04389 | .000 | 70.8068 | 130.9980 |
| | | | 青年 | 57.46695 | 7.29462 | .000 | 38.2301 | 76.7038 |
| | | | 老年 | 99.73570 | 11.47683 | .000 | 61.6839 | 137.7875 |
| | | 老年 | 少年 | 1.16667 | 13.50823 | 1.000 | −39.3963 | 41.7296 |
| | | | 青年 | −42.26875 | 10.66377 | .032 | −80.8753 | −3.6622 |
| | | | 中年 | −99.73570 | 11.47683 | .000 | −137.7875 | −61.6839 |

（续表）

| 因变量 | | (I)人群 | (J)人群 | 平均值差值(I－J) | 标准误 | 显著性 | 95%置信区间 | |
|---|---|---|---|---|---|---|---|---|
| | | | | | | | 下限 | 上限 |
| 工作日静坐时间 | 塔姆黑尼 | 少年 | 青年 | －133.87708 | 51.93738 | .084 | －278.9094 | 11.1553 |
| | | | 中年 | －238.73821 | 52.12629 | .000 | －384.1709 | －93.3056 |
| | | | 老年 | 169.60000 | 81.70576 | .311 | －87.1821 | 426.3821 |
| | | 青年 | 少年 | 133.87708 | 51.93738 | .084 | －11.1553 | 278.9094 |
| | | | 中年 | －104.86113 | 21.02067 | .000 | －160.2824 | －49.4399 |
| | | | 老年 | 303.47708 | 66.33664 | .028 | 38.5629 | 568.3913 |
| | | 中年 | 少年 | 238.73821 | 52.12629 | .000 | 93.3056 | 384.1709 |
| | | | 青年 | 104.86113 | 21.02067 | .000 | 49.4399 | 160.2824 |
| | | | 老年 | 408.33821 | 66.48464 | .007 | 143.9499 | 672.7265 |
| | | 老年 | 少年 | －169.60000 | 81.70576 | .311 | －426.3821 | 87.1821 |
| | | | 青年 | －303.47708 | 66.33664 | .028 | －568.3913 | －38.5629 |
| | | | 中年 | －408.33821 | 66.48464 | .007 | －672.7265 | －143.9499 |
| 休息日静坐时间 | LSD | 少年 | 青年 | －93.05000 | 63.59012 | .144 | －217.8369 | 31.7369 |
| | | | 中年 | －250.66416 | 63.59794 | .000 | －375.4664 | －125.8619 |
| | | | 老年 | 229.40000 | 151.11263 | .129 | －67.1379 | 525.9379 |
| | | 青年 | 少年 | 93.05000 | 63.59012 | .144 | －31.7369 | 217.8369 |
| | | | 中年 | －157.61416 | 21.83403 | .000 | －200.4605 | －114.7679 |
| | | | 老年 | 322.45000 | 138.80582 | .020 | 50.0626 | 594.8374 |
| | | 中年 | 少年 | 250.66416 | 63.59794 | .000 | 125.8619 | 375.4664 |
| | | | 青年 | 157.61416 | 21.83403 | .000 | 114.7679 | 200.4605 |
| | | | 老年 | 480.06416 | 138.80940 | .001 | 207.6697 | 752.4586 |
| | | 老年 | 少年 | －229.40000 | 151.11263 | .129 | －525.9379 | 67.1379 |
| | | | 青年 | －322.45000 | 138.80582 | .020 | －594.8374 | －50.0626 |
| | | | 中年 | －480.06416 | 138.80940 | .001 | －752.4586 | －207.6697 |

大强度工作体力活动和中等强度工作体力活动两个维度组间不存在显著差异，不需要进行组间的比较。由表5－9可以看出，步行性工作体力活动由于方差不齐性采用塔姆黑尼事后比较法，发现中年群体与少年、青年、老年群体之间都存在显著差异，此外，青年群体与老年群体之间也存在显著差异，通过均值比较发现，中年群体在步行性工作体力活动上的时间显著高于少年、青年、老年群体，青年群体在步行性工作体力活动上的时间显著高于老年群体。乘机动车交通体力活动由于方差不齐性采用塔姆黑尼事后比较法，发现除老年群体

外，其他三个群体之间都存在显著差异，通过均值比较发现，中年群体的乘机动车交通体力活动上的时间显著高于少年和青年群体，青年群体显著高于少年群体。骑自行车交通体力活动由于方差不齐性采用塔姆黑尼事后比较法，发现中年群体与其他三个群体之间、少年群体与青年群体之间都存在显著差异，通过均值分析发现，中年群体在骑自行车交通体力活动上的时间显著高于少年、青年和老年群体，青年群体显著高于少年群体。步行交通体力活动由于方差不齐性采用塔姆黑尼事后比较法，发现中年与青年、老年群体之间存在显著差异，通过均值比较发现，中年群体的步行交通体力活动显著高于青年和老年群体。大强度家务体力活动由于方差不齐性采用塔姆黑尼事后比较法，发现除老年群体外，其他三个群体之间都存在显著差异，通过均值比较发现，中年群体的大强度家务体力活动时间显著高于少年和青年群体，青年群体显著高于少年群体。中等强度室外家务体力活动由于方差不齐性采用塔姆黑尼事后比较法，发现除老年群体外，其他三个群体之间都存在显著差异，通过均值比较发现，中年群体的中等强度室外家务体力活动时间显著高于少年、青年和老年群体，中等强度室内家务体力活动由于方差不齐性采用塔姆黑尼事后比较法，发现只有少年群体与中年群体之间存在显著差异，通过均值比较发现，中年群体的中等强度室内家务体力活动时间显著高于少年群体。步行闲暇体力活动由于方差不齐性采用塔姆黑尼事后比较法，发现中年群体与其他三个群体之间都存在显著差异，通过均值比较发现，中年群体的步行闲暇体力活动时间显著高于少年、青年和老年群体。大强度闲暇体力活动由于方差不齐性采用塔姆黑尼事后比较法，发现中年群体与其他三个群体之间都存在显著差异，通过均值比较发现，中年群体的大强度闲暇体力活动时间显著高于少年和青年群体。中等强度闲暇体力活动由于方差不齐性采用塔姆黑尼事后比较法，发现除了少年群体与老年群体之间不存在显著差异，其他群体之间都存在显著差异，通过均值比较发现，中年群体的中等强度闲暇体力活动时间显著高于其他三个群体，青年群体显著高于少年和老年群体。工作日静坐时间由于方差不齐性采用塔姆黑尼事后比较法，发现中年群体与其他三个群体之间、青年群体与老年群体之间都存在显著差异，通过均值比较发现，中年群体的工作日静坐时间显著高于其他三个群体，青年群体显著高于老年群体。休息日静坐时间由于方差齐性采用 LSD 事后比较法，发现中年群体与其他三个群体之间、青年群体与老年群体之间都存在显著差异，通过均值比较发现，中年群体的休息日静坐时间显著高于其他三个群体，青年群体显著高于老年群体。

### 5.5.3 不同肥胖程度居民体力活动的差异比较

由表 5-10 可以看出，在大强度工作体力活动中，活动时间最长的是肥胖居民，最短的是体重过重居民；在中等强度工作体力活动中，活动时间最长的是肥胖居民，最短的是体重过重居民；在步行性工作体力活动中，活动时间最长的是肥胖居民，最短的是体重正常居民。在乘机动车交通体力活动中，活动时间最长的是肥胖居民，最短的是体重正常居民；在骑自行车交通体力活动中，活动时间最长的是肥胖居民，最短的是体重过轻居民；在步行交通体力活动中，活动时间最长的是肥胖居民，最短的是体重正常居民。在大强度家务体力活动中，活动时间最长的是肥胖居民，最短的是体重过轻居民；在中等强度室外家务体力活动中，活动时间最长的是体重过重居民，最短的是体重正常居民；在中等强度室内家务体力活动中，活动时间最长的是肥胖居民，最短的是体重正常居民。在步行闲暇体力活动中，活动时间最长的是肥胖居民，最短的是体重过轻居民；在大强度闲暇体力活动中，活动时间最长的是肥胖居民，最短的是体重正常居民；在中等强度闲暇体力活动中，活动时间最长的是肥胖居民，最短的是体重正常居民。在工作日静坐时间中，时间最长的是肥胖居民，最短的是体重正常居民；在休息日静坐时间中，活动时间最长的是肥胖居民，最短的是体重正常居民。由此可见，不同肥胖程度的居民在不同类型体力活动上的表现水平是不一样的，但在所有体力活动类型上活动时间最长的大部分是肥胖居民，说明肥胖居民有更加强烈的锻炼愿望和积极性，这与汤强等(2015)的研究结论是一致的。

**表 5－10　不同肥胖程度的安徽省居民体力活动的描述性统计**

| | | 个案数 | 平均值 | 标准差 | 标准误 | 平均值的95%置信区间 | | 最小值 | 最大值 |
|---|---|---|---|---|---|---|---|---|---|
| | | | | | | 下限 | 上限 | | |
| 大强度工作体力活动 | 过轻 | 118 | 37.0593 | 86.18568 | 7.93403 | 21.3464 | 52.7723 | .00 | 396.00 |
| | 正常 | 508 | 31.8681 | 85.15208 | 3.77801 | 24.4456 | 39.2906 | .00 | 600.00 |
| | 过重 | 267 | 31.2846 | 89.05685 | 5.45019 | 20.5536 | 42.0156 | .00 | 528.00 |
| | 肥胖 | 101 | 67.4455 | 127.20515 | 12.65739 | 42.3337 | 92.5574 | .00 | 630.00 |
| | 总计 | 994 | 35.9427 | 91.90646 | 2.91510 | 30.2222 | 41.6631 | .00 | 630.00 |
| 中等强度工作体力活动 | 过轻 | 118 | 49.4576 | 113.78505 | 10.47476 | 28.7129 | 70.2023 | .00 | 481.00 |
| | 正常 | 508 | 43.8465 | 121.21336 | 5.37797 | 33.2806 | 54.4123 | .00 | 753.00 |
| | 过重 | 267 | 42.3820 | 123.73980 | 7.57275 | 27.4719 | 57.2922 | .00 | 671.00 |
| | 肥胖 | 101 | 81.0099 | 165.20257 | 16.43827 | 48.3968 | 113.6230 | .00 | 600.00 |
| | 总计 | 994 | 47.8954 | 126.51314 | 4.01275 | 40.0209 | 55.7698 | .00 | 753.00 |
| 步行性工作体力活动 | 过轻 | 118 | 67.7203 | 143.42239 | 13.20310 | 41.5723 | 93.8684 | .00 | 638.00 |
| | 正常 | 508 | 52.9941 | 128.77221 | 5.71334 | 41.7694 | 64.2188 | .00 | 691.00 |
| | 过重 | 267 | 64.8764 | 163.45040 | 10.00300 | 45.1813 | 84.5715 | .00 | 745.00 |
| | 肥胖 | 101 | 91.1683 | 168.75717 | 16.79197 | 57.8535 | 124.4831 | .00 | 621.00 |
| | 总计 | 994 | 61.8129 | 145.08197 | 4.60172 | 52.7827 | 70.8431 | .00 | 745.00 |
| 乘机动车交通体力活动 | 过轻 | 118 | 90.1102 | 91.05514 | 8.38231 | 73.5095 | 106.7109 | −3.00 | 453.00 |
| | 正常 | 508 | 80.1240 | 110.65447 | 4.90950 | 70.4786 | 89.7695 | −3.00 | 640.00 |
| | 过重 | 267 | 108.9963 | 122.61703 | 7.50404 | 94.2214 | 123.7711 | −3.00 | 640.00 |
| | 肥胖 | 101 | 114.4851 | 89.28904 | 8.88459 | 96.8584 | 132.1119 | −3.00 | 321.00 |
| | 总计 | 994 | 92.5563 | 110.72620 | 3.51202 | 85.6645 | 99.4482 | −3.00 | 640.00 |
| 骑自行车交通体力活动 | 过轻 | 118 | 57.6186 | 89.80044 | 8.26680 | 41.2467 | 73.9906 | .00 | 424.00 |
| | 正常 | 508 | 59.2461 | 98.27625 | 4.36030 | 50.6796 | 67.8126 | .00 | 552.00 |
| | 过重 | 267 | 66.5131 | 94.22124 | 5.76625 | 55.1598 | 77.8664 | .00 | 599.00 |
| | 肥胖 | 101 | 104.6733 | 109.05798 | 10.85167 | 83.1439 | 126.2027 | .00 | 381.00 |
| | 总计 | 994 | 65.6207 | 98.18845 | 3.11435 | 59.5093 | 71.7322 | .00 | 599.00 |

（续表）

| | | 个案数 | 平均值 | 标准差 | 标准误 | 平均值的95%置信区间 | | 最小值 | 最大值 |
|---|---|---|---|---|---|---|---|---|---|
| | | | | | | 下限 | 上限 | | |
| 步行交通体力活动 | 过轻 | 118 | 105.6356 | 97.41362 | 8.96765 | 87.8756 | 123.3956 | .00 | 482.00 |
| | 正常 | 508 | 97.1535 | 113.58176 | 5.03938 | 87.2529 | 107.0542 | .00 | 619.00 |
| | 过重 | 267 | 107.2659 | 103.53420 | 6.33619 | 94.7905 | 119.7414 | .00 | 536.00 |
| | 肥胖 | 101 | 136.3663 | 112.00364 | 11.14478 | 114.2554 | 158.4773 | .00 | 530.00 |
| | 总计 | 994 | 104.8612 | 109.41961 | 3.47058 | 98.0507 | 111.6717 | .00 | 619.00 |
| 大强度家务体力活动 | 过轻 | 118 | 49.3136 | 81.44420 | 7.49755 | 34.4651 | 64.1621 | .00 | 331.00 |
| | 正常 | 508 | 61.3524 | 99.94999 | 4.43456 | 52.6400 | 70.0647 | .00 | 553.00 |
| | 过重 | 267 | 84.6442 | 111.78748 | 6.84128 | 71.1742 | 98.1141 | .00 | 480.00 |
| | 肥胖 | 101 | 85.0594 | 104.89603 | 10.43754 | 64.3516 | 105.7672 | .00 | 376.00 |
| | 总计 | 994 | 68.5885 | 102.49677 | 3.25100 | 62.2089 | 74.9682 | .00 | 553.00 |
| 中等强度室外家务体力活动 | 过轻 | 118 | 60.4153 | 106.69529 | 9.82210 | 40.9631 | 79.8674 | −3.00 | 616.00 |
| | 正常 | 508 | 59.8799 | 103.04127 | 4.57172 | 50.8981 | 68.8618 | −3.00 | 563.00 |
| | 过重 | 267 | 79.2509 | 119.34370 | 7.30372 | 64.8705 | 93.6314 | −3.00 | 648.00 |
| | 肥胖 | 101 | 67.2574 | 91.29958 | 9.08465 | 49.2337 | 85.2811 | −3.00 | 392.00 |
| | 总计 | 994 | 65.8964 | 107.17890 | 3.39951 | 59.2253 | 72.5674 | −3.00 | 648.00 |
| 中等强度室内家务体力活动 | 过轻 | 118 | 84.2797 | 90.43210 | 8.32495 | 67.7925 | 100.7668 | .00 | 569.00 |
| | 正常 | 508 | 78.3681 | 103.34378 | 4.58514 | 69.3599 | 87.3763 | .00 | 577.00 |
| | 过重 | 267 | 86.2622 | 112.83463 | 6.90537 | 72.6660 | 99.8583 | .00 | 590.00 |
| | 肥胖 | 101 | 96.9010 | 87.39228 | 8.69586 | 79.6487 | 114.1533 | .00 | 331.00 |
| | 总计 | 994 | 83.0734 | 103.10075 | 3.27016 | 76.6562 | 89.4907 | .00 | 590.00 |
| 步行闲暇体力活动 | 过轻 | 118 | 83.32 | 88.551 | 8.152 | 67.18 | 99.47 | −3 | 366 |
| | 正常 | 508 | 89.10 | 113.317 | 5.028 | 79.22 | 98.98 | −3 | 635 |
| | 过重 | 267 | 114.87 | 110.412 | 6.757 | 101.57 | 128.18 | −3 | 531 |
| | 肥胖 | 101 | 122.54 | 93.484 | 9.302 | 104.09 | 141.00 | −3 | 341 |
| | 总计 | 994 | 98.73 | 108.762 | 3.450 | 91.96 | 105.50 | −3 | 635 |
| 大强度闲暇体力活动 | 过轻 | 118 | 69.1780 | 89.11748 | 8.20393 | 52.9305 | 85.4254 | .00 | 331.00 |
| | 正常 | 508 | 67.6024 | 98.71400 | 4.37973 | 58.9977 | 76.2070 | .00 | 646.00 |
| | 过重 | 267 | 77.6929 | 98.24025 | 6.01221 | 65.8553 | 89.5304 | .00 | 530.00 |
| | 肥胖 | 101 | 94.0198 | 88.98775 | 8.85461 | 76.4525 | 111.5871 | .00 | 331.00 |
| | 总计 | 994 | 73.1841 | 96.75357 | 3.06884 | 67.1620 | 79.2063 | .00 | 646.00 |

（续表）

| | | 个案数 | 平均值 | 标准差 | 标准误 | 平均值的95%置信区间 | | 最小值 | 最大值 |
|---|---|---|---|---|---|---|---|---|---|
| | | | | | | 下限 | 上限 | | |
| 中等强度闲暇体力活动 | 过轻 | 118 | 82.9153 | 112.28068 | 10.33627 | 62.4448 | 103.3857 | .00 | 459.00 |
| | 正常 | 508 | 73.2677 | 111.01820 | 4.92564 | 63.5905 | 82.9449 | .00 | 615.00 |
| | 过重 | 267 | 100.3371 | 122.35545 | 7.48803 | 85.5937 | 115.0804 | .00 | 579.00 |
| | 肥胖 | 101 | 122.3465 | 111.23034 | 11.06783 | 100.3883 | 144.3048 | .00 | 396.00 |
| | 总计 | 994 | 86.6710 | 115.35930 | 3.65897 | 79.4908 | 93.8512 | .00 | 615.00 |
| 工作日静坐时间 | 过轻 | 118 | 476.0593 | 305.92095 | 28.16231 | 420.2854 | 531.8333 | .00 | 1361.00 |
| | 正常 | 508 | 423.2756 | 318.58379 | 14.13487 | 395.5055 | 451.0457 | .00 | 1377.00 |
| | 过重 | 267 | 525.1124 | 340.40727 | 20.83259 | 484.0946 | 566.1301 | .00 | 1342.00 |
| | 肥胖 | 101 | 614.8713 | 325.26262 | 32.36484 | 550.6604 | 679.0822 | .00 | 1336.00 |
| | 总计 | 994 | 476.3642 | 329.50692 | 10.45132 | 455.8550 | 496.8734 | .00 | 1377.00 |
| 休息日静坐时间 | 过轻 | 118 | 571.9915 | 341.76506 | 31.46202 | 509.6826 | 634.3004 | .00 | 1357.00 |
| | 正常 | 508 | 493.8917 | 344.57632 | 15.28810 | 463.8559 | 523.9276 | .00 | 1373.00 |
| | 过重 | 267 | 608.5730 | 335.62522 | 20.53993 | 568.1315 | 649.0146 | .00 | 1380.00 |
| | 肥胖 | 101 | 669.6139 | 359.64140 | 35.78566 | 598.6161 | 740.6116 | .00 | 1367.00 |
| | 总计 | 994 | 551.8229 | 348.75006 | 11.06168 | 530.1160 | 573.5299 | .00 | 1380.00 |

通过方差齐性检验显示，不同肥胖程度的居民在步行交通体力活动、大强度闲暇体力活动、工作日静坐时间、休息日静坐时间上 $P>0.05$，即方差是齐性的，在其他维度上方差是非齐性的。进一步通过方差分析发现，步行性工作体力活动、中等强度工作体力活动、中等强度室外家务体力活动、中等强度室内家务体力活动和大强度闲暇体力活动五个维度在组间不存在显著差异，而其他维度之间存在显著差异，具体如表 5－11 所示。因此，在进行事后比较时，根据各维度方差齐性情况，选择不同的事后比较法。

**表 5－11 不同肥胖程度居民的体力活动方差分析**

| | | 平方和 | 自由度 | 均方 | $F$ | 显著性 |
|---|---|---|---|---|---|---|
| 大强度工作体力活动 | 组间 | 114609.666 | 3 | 38203.222 | 4.572 | .003 |
| | 组内 | 8273060.066 | 990 | 8356.626 | | |
| | 总计 | 8387669.731 | 993 | | | |
| 中等强度工作体力活动 | 组间 | 127485.783 | 3 | 42495.261 | 2.668 | .046 |
| | 组内 | 15766049.336 | 990 | 15925.302 | | |
| | 总计 | 15893535.119 | 993 | | | |
| 步行性工作体力活动 | 组间 | 133167.382 | 3 | 44389.127 | 2.116 | .097 |
| | 组内 | 20768267.81 | 990 | 20978.048 | | |
| | 总计 | 20901435.20 | 993 | | | |

（续表）

| | | 平方和 | 自由度 | 均方 | $F$ | 显著性 |
|---|---|---|---|---|---|---|
| 乘机动车交通体力活动 | 组间 | 199954.366 | 3 | 66651.455 | 5.510 | .001 |
| | 组内 | 11974514.979 | 990 | 12095.470 | | |
| | 总计 | 12174469.345 | 993 | | | |
| 骑自行车交通体力活动 | 组间 | 182447.010 | 3 | 60815.670 | 6.411 | .000 |
| | 组内 | 9391037.003 | 990 | 9485.896 | | |
| | 总计 | 9573484.013 | 993 | | | |
| 步行交通体力活动 | 组间 | 132043.922 | 3 | 44014.641 | 3.706 | .011 |
| | 组内 | 11756798.920 | 990 | 11875.554 | | |
| | 总计 | 11888842.841 | 993 | | | |
| 大强度家务体力活动 | 组间 | 166668.542 | 3 | 55556.181 | 5.358 | .001 |
| | 组内 | 10265380.168 | 990 | 10369.071 | | |
| | 总计 | 10432048.709 | 993 | | | |
| 中等强度室外家务体力活动 | 组间 | 69738.505 | 3 | 23246.168 | 2.030 | .108 |
| | 组内 | 11337165.822 | 990 | 11451.683 | | |
| | 总计 | 11406904.327 | 993 | | | |
| 中等强度室内家务体力活动 | 组间 | 33445.046 | 3 | 11148.349 | 1.049 | .370 |
| | 组内 | 10521910.592 | 990 | 10628.193 | | |
| | 总计 | 10555355.639 | 993 | | | |
| 步行闲暇体力活动 | 组间 | 201996.322 | 3 | 67332.107 | 5.774 | .001 |
| | 组内 | 11544391.561 | 990 | 11661.002 | | |
| | 总计 | 11746387.883 | 993 | | | |
| 大强度闲暇体力活动 | 组间 | 66995.592 | 3 | 22331.864 | 2.396 | .067 |
| | 组内 | 9228729.717 | 990 | 9321.949 | | |
| | 总计 | 9295725.309 | 993 | | | |
| 中等强度闲暇体力活动 | 组间 | 271338.148 | 3 | 90446.049 | 6.918 | .000 |
| | 组内 | 12943275.277 | 990 | 13074.015 | | |
| | 总计 | 13214613.426 | 993 | | | |
| 工作日静坐时间 | 组间 | 4003858.207 | 3 | 1334619.402 | 12.728 | .000 |
| | 组内 | 103810925.958 | 990 | 104859.521 | | |
| | 总计 | 107814784.165 | 993 | | | |

（续表）

| | | 平方和 | 自由度 | 均方 | $F$ | 显著性 |
|---|---|---|---|---|---|---|
| 休息日静坐时间 | 组间 | 4014097.534 | 3 | 1338032.511 | 11.345 | .000 |
| | 组内 | 116761119.303 | 990 | 117940.525 | | |
| | 总计 | 120775216.837 | 993 | | | |

由表5-10和表5-12可以看出，步行性工作体力活动、中等强度工作体力活动、中等强度室外家务体力活动、中等强度室内家务体力活动和大强度闲暇体力活动五个维度在组间不存在显著差异，不需要进行事后比较，因此对存在显著差异的因素进行进一步的事后比较分析。大强度工作体力活动由于方差不齐性采用塔姆黑尼事后比较法，发现体重正常居民与肥胖居民之间存在显著差异，其他体重比的居民之间不存在显著差异。进一步通过均值比较发现，体重比正常的居民在大强度工作体力活动时间上显著低于肥胖居民。乘机动车交通体力活动由于方差不齐性采用塔姆黑尼事后比较法，发现体重正常居民与体重过重、肥胖居民之间存在显著差异，其他体重比的居民之间不存在显著差异。进一步通过均值比较发现，体重比正常的居民在乘机动车交通体力活动时间上显著低于体重过重、肥胖居民。骑自行车交通体力活动由于方差不齐性采用塔姆黑尼事后比较法，发现体重肥胖居民与其他体重比居民之间都存在显著差异，其他体重比的居民之间不存在显著差异。进一步通过均值比较发现，肥胖居民在骑自行车交通体力活动时间上显著高于其他居民。步行交通体力活动由于方差齐性采用LSD事后比较法，发现体重肥胖居民与其他体重比居民之间都存在显著差异，其他体重比的居民之间不存在显著差异。进一步通过均值比较发现，肥胖居民在步行交通体力活动时间上显著高于其他居民。大强度家务体力活动由于方差不齐性采用塔姆黑尼事后比较法，发现体重过轻居民与体重过重和肥胖居民之间、体重过重居民与体重正常居民之间都存在显著差异，其他体重比的居民之间不存在显著差异。进一步通过均值比较发现，体重过轻居民在大强度家务体力活动时间上显著低于体重过重、肥胖居民，体重过重居民显著高于体重正常居民。步行闲暇体力活动由于方差不齐性采用塔姆黑尼事后比较法，发现体重过轻居民与体重过重和肥胖居民之间、体重正常居民与体重过重、肥胖居民之间都存在显著差异，其他体重比的居民之间不存在显著差异。进一步通过均值比较发现，体重过轻居民在步行闲暇体力活动时间上显著低于体重过重、肥胖居民，体重正常居民在步行闲暇体力活动时间上显著低于体重过重、肥胖居民。大强度闲暇体力活动由于方差齐性采用LSD事后比较法，发现体重正常居民与肥胖居民之间存在显著差异，其他体重比的居民之间不存在显著差异。进一步通过均值比较发现，体重正常居民在大强度闲暇体力活动时间上显著低于肥胖居民。中等强度闲暇体力活动由于方差不齐性采用塔姆黑尼事后比较法，发现体重正常居民与体重过重、肥胖居民之间存在显著差异，其他体重比的居民之间不存在显著差异。进一步通过均值比较发现，体重正常居民在中等强度闲暇体力活动时间上显著低于体重过重、肥胖居民。工作日静坐时间由于方差齐性采用LSD事后比较法，发现体重肥胖居民与其他居民之间、体重正常居民与体重过重居民之间存在显著差异，其他体重比的居民之间不存在显著差异。进一步通过均值比较发现，体重肥胖居民在工作日静坐时间上显著高于其他居民，体重正常居民显著低于体重过重居民。休息日静坐时间由于方差

齐性采用 LSD 事后比较法，发现体重正常居民与其他居民之间、体重过轻居民与肥胖居民之间存在显著差异，其他体重比的居民之间不存在显著差异。进一步通过均值比较发现，体重正常居民在休息日静坐时间上显著低于其他居民，体重过轻居民显著低于肥胖居民。

**表 5－12　不同肥胖程度居民间体力活动的事后多重比较**

| 因变量 | | (*I*) 肥胖程度 | (*J*) 肥胖程度 | 平均值差值 (*I*－*J*) | 标准误 | 显著性 | 95%置信区间 | |
|---|---|---|---|---|---|---|---|---|
| | | | | | | | 下限 | 上限 |
| 大强度工作体力活动 | 塔姆黑尼 | 过轻 | 正常 | 5.19121 | 8.78762 | .992 | －18.1953 | 28.5778 |
| | | | 过重 | 5.77468 | 9.62567 | .992 | －19.7699 | 31.3192 |
| | | | 肥胖 | －30.38622 | 14.93848 | .234 | －70.1491 | 9.3766 |
| | | 正常 | 过轻 | －5.19121 | 8.78762 | .992 | －28.5778 | 18.1953 |
| | | | 过重 | .58347 | 6.63159 | 1.000 | －16.9312 | 18.0981 |
| | | | 肥胖 | －35.57743 | 13.20919 | .048 | －70.9218 | －.2331 |
| | | 过重 | 过轻 | －5.77468 | 9.62567 | .992 | －31.3192 | 19.7699 |
| | | | 正常 | －.58347 | 6.63159 | 1.000 | －18.0981 | 16.9312 |
| | | | 肥胖 | －36.16090 | 13.78093 | .057 | －72.9437 | .6219 |
| | | 肥胖 | 过轻 | 30.38622 | 14.93848 | .234 | －9.3766 | 70.1491 |
| | | | 正常 | 35.57743 | 13.20919 | .048 | .2331 | 70.9218 |
| | | | 过重 | 36.16090 | 13.78093 | .057 | －.6219 | 72.9437 |
| 中等强度工作体力活动 | 塔姆黑尼 | 过轻 | 正常 | 5.61117 | 11.77469 | .998 | －25.7056 | 36.9279 |
| | | | 过重 | 7.07560 | 12.92545 | .995 | －27.2120 | 41.3632 |
| | | | 肥胖 | －31.55227 | 19.49198 | .494 | －83.4289 | 20.3244 |
| | | 正常 | 过轻 | －5.61117 | 11.77469 | .998 | －36.9279 | 25.7056 |
| | | | 过重 | 1.46443 | 9.28812 | 1.000 | －23.0644 | 25.9933 |
| | | | 肥胖 | －37.16344 | 17.29564 | .186 | －83.4174 | 9.0905 |
| | | 过重 | 过轻 | －7.07560 | 12.92545 | .995 | －41.3632 | 27.2120 |
| | | | 正常 | －1.46443 | 9.28812 | 1.000 | －25.9933 | 23.0644 |
| | | | 肥胖 | －38.62788 | 18.09871 | .190 | －86.9074 | 9.6517 |
| | | 肥胖 | 过轻 | 31.55227 | 19.49198 | .494 | －20.3244 | 83.4289 |
| | | | 正常 | 37.16344 | 17.29564 | .186 | －9.0905 | 83.4174 |
| | | | 过重 | 38.62788 | 18.09871 | .190 | －9.6517 | 86.9074 |

（续表）

| 因变量 | | (I) 肥胖程度 | (J) 肥胖程度 | 平均值差值 (I−J) | 标准误 | 显著性 | 95%置信区间 | |
|---|---|---|---|---|---|---|---|---|
| | | | | | | | 下限 | 上限 |
| 步行性工作体力活动 | 塔姆黑尼 | 过轻 | 正常 | 14.72624 | 14.38625 | .890 | −23.5880 | 53.0405 |
| | | | 过重 | 2.84393 | 16.56448 | 1.000 | −41.0813 | 46.7692 |
| | | | 肥胖 | −23.44798 | 21.36099 | .853 | −80.2188 | 33.3229 |
| | | 正常 | 过轻 | −14.72624 | 14.38625 | .890 | −53.0405 | 23.5880 |
| | | | 过重 | −11.88231 | 11.51965 | .885 | −42.3270 | 18.5624 |
| | | | 肥胖 | −38.17422 | 17.73732 | .184 | −85.5975 | 9.2490 |
| | | 过重 | 过轻 | −2.84393 | 16.56448 | 1.000 | −46.7692 | 41.0813 |
| | | | 正常 | 11.88231 | 11.51965 | .885 | −18.5624 | 42.3270 |
| | | | 肥胖 | −26.29191 | 19.54559 | .697 | −78.3044 | 25.7206 |
| | | 肥胖 | 过轻 | 23.44798 | 21.36099 | .853 | −33.3229 | 80.2188 |
| | | | 正常 | 38.17422 | 17.73732 | .184 | −9.2490 | 85.5975 |
| | | | 过重 | 26.29191 | 19.54559 | .697 | −25.7206 | 78.3044 |
| 乘机动车交通体力活动 | 塔姆黑尼 | 过轻 | 正常 | 9.98615 | 9.71423 | .887 | −15.8210 | 35.7933 |
| | | | 过重 | −18.88609 | 11.25050 | .448 | −48.6859 | 10.9137 |
| | | | 肥胖 | −24.37498 | 12.21470 | .252 | −56.8138 | 8.0638 |
| | | 正常 | 过轻 | −9.98615 | 9.71423 | .887 | −35.7933 | 15.8210 |
| | | | 过重 | −28.87224 | 8.96737 | .008 | −52.5605 | −5.1840 |
| | | | 肥胖 | −34.36113 | 10.15082 | .005 | −61.3880 | −7.3343 |
| | | 过重 | 过轻 | 18.88609 | 11.25050 | .448 | −10.9137 | 48.6859 |
| | | | 正常 | 28.87224 | 8.96737 | .008 | 5.1840 | 52.5605 |
| | | | 肥胖 | −5.48889 | 11.62956 | .998 | −36.3345 | 25.3567 |
| | | 肥胖 | 过轻 | 24.37498 | 12.21470 | .252 | −8.0638 | 56.8138 |
| | | | 正常 | 34.36113 | 10.15082 | .005 | 7.3343 | 61.3880 |
| | | | 过重 | 5.48889 | 11.62956 | .998 | −25.3567 | 36.3345 |

（续表）

| 因变量 | | (I)肥胖程度 | (J)肥胖程度 | 平均值差值(I−J) | 标准误 | 显著性 | 95%置信区间 | |
|---|---|---|---|---|---|---|---|---|
| | | | | | | | 下限 | 上限 |
| 骑自行车交通体力活动 | 塔姆黑尼 | 过轻 | 正常 | −1.62742 | 9.34624 | 1.000 | −26.4797 | 23.2248 |
| | | | 过重 | −8.89446 | 10.07917 | .942 | −35.6392 | 17.8503 |
| | | | 肥胖 | −47.05462 | 13.64180 | .004 | −83.3168 | −10.7924 |
| | | 正常 | 过轻 | 1.62742 | 9.34624 | 1.000 | −23.2248 | 26.4797 |
| | | | 过重 | −7.26705 | 7.22924 | .897 | −26.3548 | 11.8207 |
| | | | 肥胖 | −45.42720 | 11.69492 | .001 | −76.6574 | −14.1970 |
| | | 过重 | 过轻 | 8.89446 | 10.07917 | .942 | −17.8503 | 35.6392 |
| | | | 正常 | 7.26705 | 7.22924 | .897 | −11.8207 | 26.3548 |
| | | | 肥胖 | −38.16016 | 12.28855 | .013 | −70.8976 | −5.4227 |
| | | 肥胖 | 过轻 | 47.05462 | 13.64180 | .004 | 10.7924 | 83.3168 |
| | | | 正常 | 45.42720 | 11.69492 | .001 | 14.1970 | 76.6574 |
| | | | 过重 | 38.16016 | 12.28855 | .013 | 5.4227 | 70.8976 |
| 步行交通体力活动 | LSD | 过轻 | 正常 | 8.48205 | 11.13631 | .446 | −13.3714 | 30.3355 |
| | | | 过重 | −1.63032 | 12.04649 | .892 | −25.2699 | 22.0093 |
| | | | 肥胖 | −30.73074 | 14.77227 | .038 | −59.7193 | −1.7422 |
| | | 正常 | 过轻 | −8.48205 | 11.13631 | .446 | −30.3355 | 13.3714 |
| | | | 过重 | −10.11237 | 8.23740 | .220 | −26.2771 | 6.0524 |
| | | | 肥胖 | −39.21279 | 11.87252 | .001 | −62.5110 | −15.9146 |
| | | 过重 | 过轻 | 1.63032 | 12.04649 | .892 | −22.0093 | 25.2699 |
| | | | 正常 | 10.11237 | 8.23740 | .220 | −6.0524 | 26.2771 |
| | | | 肥胖 | −29.10042 | 12.73018 | .022 | −54.0817 | −4.1192 |
| | | 肥胖 | 过轻 | 30.73074 | 14.77227 | .038 | 1.7422 | 59.7193 |
| | | | 正常 | 39.21279 | 11.87252 | .001 | 15.9146 | 62.5110 |
| | | | 过重 | 29.10042 | 12.73018 | .022 | 4.1192 | 54.0817 |

（续表）

| 因变量 | | （I）肥胖程度 | （J）肥胖程度 | 平均值差值（I－J） | 标准误 | 显著性 | 95％置信区间 | |
|---|---|---|---|---|---|---|---|---|
| | | | | | | | 下限 | 上限 |
| 大强度家务体力活动 | 塔姆黑尼 | 过轻 | 正常 | －12.03880 | 8.71083 | .669 | －35.1782 | 11.1006 |
| | | | 过重 | －35.33064 | 10.14970 | .003 | －62.2116 | －8.4497 |
| | | | 肥胖 | －35.74585 | 12.85129 | .035 | －69.9193 | －1.5723 |
| | | 正常 | 过轻 | 12.03880 | 8.71083 | .669 | －11.1006 | 35.1782 |
| | | | 过重 | －23.29183 | 8.15282 | .026 | －44.8291 | －1.7546 |
| | | | 肥胖 | －23.70704 | 11.34053 | .209 | －53.9770 | 6.5629 |
| | | 过重 | 过轻 | 35.33064 | 10.14970 | .003 | 8.4497 | 62.2116 |
| | | | 正常 | 23.29183 | 8.15282 | .026 | 1.7546 | 44.8291 |
| | | | 肥胖 | －.41521 | 12.47980 | 1.000 | －33.5937 | 32.7632 |
| | | 肥胖 | 过轻 | 35.74585 | 12.85129 | .035 | 1.5723 | 69.9193 |
| | | | 正常 | 23.70704 | 11.34053 | .209 | －6.5629 | 53.9770 |
| | | | 过重 | .41521 | 12.47980 | 1.000 | －32.7632 | 33.5937 |
| 中等强度室外家务体力活动 | 塔姆黑尼 | 过轻 | 正常 | .53533 | 10.83394 | 1.000 | －28.3023 | 29.3730 |
| | | | 过重 | －18.83568 | 12.24001 | .552 | －51.2980 | 13.6266 |
| | | | 肥胖 | －6.84217 | 13.37925 | .996 | －42.3676 | 28.6832 |
| | | 正常 | 过轻 | －.53533 | 10.83394 | 1.000 | －29.3730 | 28.3023 |
| | | | 过重 | －19.37102 | 8.61655 | .141 | －42.1360 | 3.3940 |
| | | | 肥胖 | －7.37750 | 10.17012 | .978 | －34.4813 | 19.7263 |
| | | 过重 | 过轻 | 18.83568 | 12.24001 | .552 | －13.6266 | 51.2980 |
| | | | 正常 | 19.37102 | 8.61655 | .141 | －3.3940 | 42.1360 |
| | | | 肥胖 | 11.99351 | 11.65655 | .887 | －18.9367 | 42.9237 |
| | | 肥胖 | 过轻 | 6.84217 | 13.37925 | .996 | －28.6832 | 42.3676 |
| | | | 正常 | 7.37750 | 10.17012 | .978 | －19.7263 | 34.4813 |
| | | | 过重 | －11.99351 | 11.65655 | .887 | －42.9237 | 18.9367 |

（续表）

| 因变量 | | (I)肥胖程度 | (J)肥胖程度 | 平均值差值(I−J) | 标准误 | 显著性 | 95%置信区间 | |
|---|---|---|---|---|---|---|---|---|
| | | | | | | | 下限 | 上限 |
| 中等强度室内家务体力活动 | 塔姆黑尼 | 过轻 | 正常 | 5.91155 | 9.50412 | .990 | −19.3511 | 31.1742 |
| | | | 过重 | −1.98251 | 10.81614 | 1.000 | −30.6458 | 26.6808 |
| | | | 肥胖 | −12.62133 | 12.03838 | .878 | −44.5908 | 19.3481 |
| | | 正常 | 过轻 | −5.91155 | 9.50412 | .990 | −31.1742 | 19.3511 |
| | | | 过重 | −7.89406 | 8.28900 | .918 | −29.7893 | 14.0011 |
| | | | 肥胖 | −18.53288 | 9.83064 | .315 | −44.7198 | 7.6540 |
| | | 过重 | 过轻 | 1.98251 | 10.81614 | 1.000 | −26.6808 | 30.6458 |
| | | | 正常 | 7.89406 | 8.28900 | .918 | −14.0011 | 29.7893 |
| | | | 肥胖 | −10.63882 | 11.10414 | .917 | −40.1064 | 18.8288 |
| | | 肥胖 | 过轻 | 12.62133 | 12.03838 | .878 | −19.3481 | 44.5908 |
| | | | 正常 | 18.53288 | 9.83064 | .315 | −7.6540 | 44.7198 |
| | | | 过重 | 10.63882 | 11.10414 | .917 | −18.8288 | 40.1064 |
| 步行闲暇体力活动 | 塔姆黑尼 | 过轻 | 正常 | −5.776 | 9.578 | .991 | −31.21 | 19.66 |
| | | | 过重 | −31.551 | 10.588 | .019 | −59.61 | −3.49 |
| | | | 肥胖 | −39.223 | 12.368 | .010 | −72.08 | −6.37 |
| | | 正常 | 过轻 | 5.776 | 9.578 | .991 | −19.66 | 31.21 |
| | | | 过重 | −25.774 | 8.422 | .014 | −48.01 | −3.54 |
| | | | 肥胖 | −33.446 | 10.574 | .011 | −61.61 | −5.29 |
| | | 过重 | 过轻 | 31.551 | 10.588 | .019 | 3.49 | 59.61 |
| | | | 正常 | 25.774 | 8.422 | .014 | 3.54 | 48.01 |
| | | | 肥胖 | −7.672 | 11.497 | .985 | −38.21 | 22.86 |
| | | 肥胖 | 过轻 | 39.223 | 12.368 | .010 | 6.37 | 72.08 |
| | | | 正常 | 33.446 | 10.574 | .011 | 5.29 | 61.61 |
| | | | 过重 | 7.672 | 11.497 | .985 | −22.86 | 38.21 |

（续表）

| 因变量 | | (I)肥胖程度 | (J)肥胖程度 | 平均值差值(I−J) | 标准误 | 显著性 | 95%置信区间 | |
|---|---|---|---|---|---|---|---|---|
| | | | | | | | 下限 | 上限 |
| 大强度闲暇体力活动 | LSD | 过轻 | 正常 | 1.57560 | 9.86660 | .873 | −17.7863 | 20.9375 |
| | | | 过重 | −8.51492 | 10.67301 | .425 | −29.4592 | 12.4294 |
| | | | 肥胖 | −24.84184 | 13.08801 | .058 | −50.5253 | .8416 |
| | | 正常 | 过轻 | −1.57560 | 9.86660 | .873 | −20.9375 | 17.7863 |
| | | | 过重 | −10.09052 | 7.29822 | .167 | −24.4123 | 4.2312 |
| | | | 肥胖 | −26.41744 | 10.51888 | .012 | −47.0593 | −5.7756 |
| | | 过重 | 过轻 | 8.51492 | 10.67301 | .425 | −12.4294 | 29.4592 |
| | | | 正常 | 10.09052 | 7.29822 | .167 | −4.2312 | 24.4123 |
| | | | 肥胖 | −16.32692 | 11.27875 | .148 | −38.4599 | 5.8061 |
| | | 肥胖 | 过轻 | 24.84184 | 13.08801 | .058 | −.8416 | 50.5253 |
| | | | 正常 | 26.41744 | 10.51888 | .012 | 5.7756 | 47.0593 |
| | | | 过重 | 16.32692 | 11.27875 | .148 | −5.8061 | 38.4599 |
| 中等强度闲暇体力活动 | 塔姆黑尼 | 过轻 | 正常 | 9.64754 | 11.44991 | .954 | −20.8240 | 40.1191 |
| | | | 过重 | −17.42182 | 12.76359 | .681 | −51.2795 | 16.4359 |
| | | | 肥胖 | −39.43128 | 15.14383 | .058 | −79.6501 | .7875 |
| | | 正常 | 过轻 | −9.64754 | 11.44991 | .954 | −40.1191 | 20.8240 |
| | | | 过重 | −27.06936 | 8.96284 | .016 | −50.7452 | −3.3935 |
| | | | 肥胖 | −49.07882 | 12.11441 | .001 | −81.4013 | −16.7563 |
| | | 过重 | 过轻 | 17.42182 | 12.76359 | .681 | −16.4359 | 51.2795 |
| | | | 正常 | 27.06936 | 8.96284 | .016 | 3.3935 | 50.7452 |
| | | | 肥胖 | −22.00946 | 13.36292 | .473 | −57.5247 | 13.5058 |
| | | 肥胖 | 过轻 | 39.43128 | 15.14383 | .058 | −.7875 | 79.6501 |
| | | | 正常 | 49.07882 | 12.11441 | .001 | 16.7563 | 81.4013 |
| | | | 过重 | 22.00946 | 13.36292 | .473 | −13.5058 | 57.5247 |

（续表）

| 因变量 | | (I)肥胖程度 | (J)肥胖程度 | 平均值差值(I−J) | 标准误 | 显著性 | 95%置信区间 | |
|---|---|---|---|---|---|---|---|---|
| | | | | | | | 下限 | 上限 |
| 工作日静坐时间 | LSD | 过轻 | 正常 | 52.78373 | 33.09164 | .111 | −12.1541 | 117.7215 |
| | | | 过重 | −49.05304 | 35.79626 | .171 | −119.2983 | 21.1922 |
| | | | 肥胖 | −138.81197 | 43.89593 | .002 | −224.9517 | −52.6722 |
| | | 正常 | 过轻 | −52.78373 | 33.09164 | .111 | −117.7215 | 12.1541 |
| | | | 过重 | −101.83677 | 24.47751 | .000 | −149.8705 | −53.8030 |
| | | | 肥胖 | −191.59570 | 35.27931 | .000 | −260.8265 | −122.3649 |
| | | 过重 | 过轻 | 49.05304 | 35.79626 | .171 | −21.1922 | 119.2983 |
| | | | 正常 | 101.83677 | 24.47751 | .000 | 53.8030 | 149.8705 |
| | | | 肥胖 | −89.75893 | 37.82784 | .018 | −163.9909 | −15.5270 |
| | | 肥胖 | 过轻 | 138.81197 | 43.89593 | .002 | 52.6722 | 224.9517 |
| | | | 正常 | 191.59570 | 35.27931 | .000 | 122.3649 | 260.8265 |
| | | | 过重 | 89.75893 | 37.82784 | .018 | 15.5270 | 163.9909 |
| 休息日静坐时间 | LSD | 过轻 | 正常 | 78.09979 | 35.09505 | .026 | 9.2306 | 146.9690 |
| | | | 过重 | −36.58151 | 37.96341 | .335 | −111.0795 | 37.9165 |
| | | | 肥胖 | −97.62234 | 46.55345 | .036 | −188.9771 | −6.2676 |
| | | 正常 | 过轻 | −78.09979 | 35.09505 | .026 | −146.9690 | −9.2306 |
| | | | 过重 | −114.68130 | 25.95941 | .000 | −165.6231 | −63.7395 |
| | | | 肥胖 | −175.72213 | 37.41516 | .000 | −249.1443 | −102.3000 |
| | | 过重 | 过轻 | 36.58151 | 37.96341 | .335 | −37.9165 | 111.0795 |
| | | | 正常 | 114.68130 | 25.95941 | .000 | 63.7395 | 165.6231 |
| | | | 肥胖 | −61.04083 | 40.11799 | .128 | −139.7669 | 17.6852 |
| | | 肥胖 | 过轻 | 97.62234 | 46.55345 | .036 | 6.2676 | 188.9771 |
| | | | 正常 | 175.72213 | 37.41516 | .000 | 102.3000 | 249.1443 |
| | | | 过重 | 61.04083 | 40.11799 | .128 | −17.6852 | 139.7669 |

### 5.5.4 不同文化程度居民体力活动的差异比较

由表 5－13 可以看出，在大强度工作体力活动中，活动时间最长的是研究生及以上学历居民，时间最短的是大学学历居民；在中等强度工作体力活动中，活动时间最长的是初中及以下学历居民，时间最短的是大学学历居民；在步行性工作体力活动中，活动时间最长的是高中学历居民，时间最短的是初中及以下学历居民。在乘机动车交通体力活动中，活动时间最长的是研究生及以上学历居民，时间最短的是初中及以下学历居民；在骑自行车交通体力活动中,活动时间最长的是高中学历居民,时间最短的是初中及以下学历居民;在步行交通体力活动中,活动时间最长的是高中学历居民,时间最短的是初中及以下学历居民。在大强度家务体力活动中,活动时间最长的是高中学历居民,时间最短的是初中及以下学历居民;在中等强度室外家务体力活动中,活动时间最长的是研究生及以上学历居民,时间最短的是初中及以下学历居民;在中等强度室内家务体力活动中,活动时间最长的是研究生及以上学历居民,时间最短的是初中及以下学历居民。在步行闲暇体力活动中,活动时间最长的是高中学历居民,时间最短的是初中及以下学历居民;在大强度闲暇体力活动中,活动时间最长的是研究生及以上学历居民,时间最短的是初中及以下学历居民;在中等强度闲暇体力活动中,活动时间最长的是高中学历居民,时间最短的是初中及以下学历居民。在工作日静坐时间中,时间最长的是研究生及以上学历居民,时间最短的是初中及以下学历居民;在休息日静坐时间中,时间最长的是研究生及以上学历居民,时间最短的是初中及以下学历居民。由此可见,不同学历居民在不同类型体力活动上的时间是不一样的,除大强度和中等强度工作体力活动外,时间最短的都是初中及以下学历居民,这与已有的"学历越高的人群体力活动水平高度活跃率越低,但经常锻炼的人口比例较高"(汤强等,2015;邓倩等,2021)研究结论有不同的地方。造成研究结论不一致的原因有以下两方面:一是,本研究纳入了所有的体力活动类型,而有的学者只纳入了部分体力活动类型;二是,以前的高学历群体以伏案工作为主而导致缺乏体力活动(胡蕾蕾等,2016),随着高学历群体体育意识的增强,虽然仍以大强度工作体力活动为主,但在大强度闲暇体力活动中活动时间最长的也是高学历群体。因此,本研究的结论是学历越高的人群体力活动水平活跃率并不低,并且经常参加体育锻炼的人口比例也较高。

**表 5-13 不同文化程度的安徽省居民体力活动的描述性统计**

| | | 个案数 | 平均值 | 标准差 | 标准误 | 平均值的 95%置信区间 | | 最小值 | 最大值 |
|---|---|---|---|---|---|---|---|---|---|
| | | | | | | 下限 | 上限 | | |
| 大强度工作体力活动 | 初中及以下 | 175 | 44.7429 | 112.84868 | 8.53056 | 27.9062 | 61.5795 | .00 | 630.00 |
| | 高中(含中专) | 233 | 33.2017 | 83.86158 | 5.49395 | 22.3773 | 44.0261 | .00 | 456.00 |
| | 大学(含大专) | 471 | 30.2633 | 83.76722 | 3.85979 | 22.6787 | 37.8479 | .00 | 528.00 |
| | 研究生及以上 | 115 | 51.3652 | 101.92854 | 9.50489 | 32.5361 | 70.1943 | .00 | 396.00 |
| | 总计 | 994 | 35.9427 | 91.90646 | 2.91510 | 30.2222 | 41.6631 | .00 | 630.00 |
| 中等强度工作体力活动 | 初中及以下 | 175 | 69.3714 | 157.40005 | 11.89833 | 45.8878 | 92.8551 | .00 | 671.00 |
| | 高中(含中专) | 233 | 46.1030 | 129.20085 | 8.46423 | 29.4264 | 62.7796 | .00 | 753.00 |
| | 大学(含大专) | 471 | 39.8259 | 111.13536 | 5.12085 | 29.7633 | 49.8885 | .00 | 615.00 |
| | 研究生及以上 | 115 | 51.8957 | 125.34187 | 11.68819 | 28.7414 | 75.0499 | .00 | 511.00 |
| | 总计 | 994 | 47.8954 | 126.51314 | 4.01275 | 40.0209 | 55.7698 | .00 | 753.00 |
| 步行性工作体力活动 | 初中及以下 | 175 | 50.1829 | 130.44456 | 9.86068 | 30.7209 | 69.6448 | .00 | 621.00 |
| | 高中(含中专) | 233 | 72.7425 | 168.57095 | 11.04345 | 50.9842 | 94.5008 | .00 | 715.00 |
| | 大学(含大专) | 471 | 58.1975 | 135.10787 | 6.22544 | 45.9643 | 70.4306 | .00 | 686.00 |
| | 研究生及以上 | 115 | 72.1739 | 153.85937 | 14.34746 | 43.7517 | 100.5961 | .00 | 745.00 |
| | 总计 | 994 | 61.8129 | 145.08197 | 4.60172 | 52.7827 | 70.8431 | .00 | 745.00 |

（续表）

| | | 个案数 | 平均值 | 标准差 | 标准误 | 平均值的95%置信区间 | | 最小值 | 最大值 |
|---|---|---|---|---|---|---|---|---|---|
| | | | | | | 下限 | 上限 | | |
| 乘机动车交通体力活动 | 初中及以下 | 175 | 65.3314 | 103.10509 | 7.79401 | 49.9485 | 80.7144 | −3.00 | 640.00 |
| | 高中(含中专) | 233 | 106.0644 | 137.15751 | 8.98549 | 88.3608 | 123.7680 | −3.00 | 640.00 |
| | 大学(含大专) | 471 | 92.2484 | 100.05158 | 4.61013 | 83.1894 | 101.3074 | −3.00 | 636.00 |
| | 研究生及以上 | 115 | 107.8783 | 96.25406 | 8.97574 | 90.0974 | 125.6591 | −3.00 | 336.00 |
| | 总计 | 994 | 92.5563 | 110.72620 | 3.51202 | 85.6645 | 99.4482 | −3.00 | 640.00 |
| 骑自行车交通体力活动 | 初中及以下 | 175 | 54.3257 | 89.24094 | 6.74598 | 41.0112 | 67.6402 | .00 | 399.00 |
| | 高中(含中专) | 233 | 74.5837 | 109.46808 | 7.17149 | 60.4541 | 88.7133 | .00 | 599.00 |
| | 大学(含大专) | 471 | 64.2123 | 97.00448 | 4.46973 | 55.4292 | 72.9954 | .00 | 552.00 |
| | 研究生及以上 | 115 | 70.4174 | 90.82362 | 8.46935 | 53.6397 | 87.1951 | .00 | 381.00 |
| | 总计 | 994 | 65.6207 | 98.18845 | 3.11435 | 59.5093 | 71.7322 | .00 | 599.00 |
| 步行交通体力活动 | 初中及以下 | 175 | 80.8229 | 97.37549 | 7.36090 | 66.2947 | 95.3510 | .00 | 480.00 |
| | 高中(含中专) | 233 | 125.0601 | 134.64339 | 8.82078 | 107.6810 | 142.4392 | .00 | 619.00 |
| | 大学(含大专) | 471 | 101.6645 | 102.80677 | 4.73709 | 92.3561 | 110.9730 | .00 | 530.00 |
| | 研究生及以上 | 115 | 113.6087 | 86.64048 | 8.07927 | 97.6037 | 129.6137 | .00 | 316.00 |
| | 总计 | 994 | 104.8612 | 109.41961 | 3.47058 | 98.0507 | 111.6717 | .00 | 619.00 |
| 大强度家务体力活动 | 初中及以下 | 175 | 45.3714 | 87.75792 | 6.63388 | 32.2782 | 58.4647 | .00 | 480.00 |
| | 高中(含中专) | 233 | 91.0215 | 115.89280 | 7.59239 | 76.0626 | 105.9803 | .00 | 416.00 |
| | 大学(含大专) | 471 | 62.6815 | 97.78979 | 4.50592 | 53.8273 | 71.5358 | .00 | 553.00 |
| | 研究生及以上 | 115 | 82.6609 | 103.89949 | 9.68868 | 63.4677 | 101.8541 | .00 | 408.00 |
| | 总计 | 994 | 68.5885 | 102.49677 | 3.25100 | 62.2089 | 74.9682 | .00 | 553.00 |
| 中等强度室外家务体力活动 | 初中及以下 | 175 | 53.2800 | 98.64837 | 7.45712 | 38.5620 | 67.9980 | −3.00 | 480.00 |
| | 高中(含中专) | 233 | 79.1459 | 122.52588 | 8.02694 | 63.3309 | 94.9609 | −3.00 | 648.00 |
| | 大学(含大专) | 471 | 59.4480 | 102.60628 | 4.72785 | 50.1576 | 68.7383 | −3.00 | 626.00 |
| | 研究生及以上 | 115 | 84.6609 | 100.59838 | 9.38085 | 66.0775 | 103.2443 | −3.00 | 483.00 |
| | 总计 | 994 | 65.8964 | 107.17890 | 3.39951 | 59.2253 | 72.5674 | −3.00 | 648.00 |
| 中等强度室内家务体力活动 | 初中及以下 | 175 | 69.9943 | 96.25406 | 7.27612 | 55.6335 | 84.3551 | .00 | 481.00 |
| | 高中(含中专) | 233 | 91.9185 | 112.67954 | 7.38188 | 77.3744 | 106.4625 | .00 | 590.00 |
| | 大学(含大专) | 471 | 80.3482 | 101.31683 | 4.66843 | 71.1746 | 89.5218 | .00 | 577.00 |
| | 研究生及以上 | 115 | 96.2174 | 98.29760 | 9.16630 | 78.0590 | 114.3758 | .00 | 399.00 |
| | 总计 | 994 | 83.0734 | 103.10075 | 3.27016 | 76.6562 | 89.4907 | .00 | 590.00 |

（续表）

| | | 个案数 | 平均值 | 标准差 | 标准误 | 平均值的95%置信区间 | | 最小值 | 最大值 |
|---|---|---|---|---|---|---|---|---|---|
| | | | | | | 下限 | 上限 | | |
| 步行闲暇体力活动 | 初中及以下 | 175 | 76.09 | 95.256 | 7.201 | 61.87 | 90.30 | −3 | 520 |
| | 高中(含中专) | 233 | 120.32 | 129.550 | 8.487 | 103.60 | 137.04 | −3 | 628 |
| | 大学(含大专) | 471 | 91.99 | 103.488 | 4.768 | 82.62 | 101.36 | −3 | 635 |
| | 研究生及以上 | 115 | 117.07 | 92.806 | 8.654 | 99.93 | 134.21 | −3 | 370 |
| | 总计 | 994 | 98.73 | 108.762 | 3.450 | 91.96 | 105.50 | −3 | 635 |
| 大强度闲暇体力活动 | 初中及以下 | 175 | 46.4400 | 76.49375 | 5.78238 | 35.0274 | 57.8526 | .00 | 390.00 |
| | 高中(含中专) | 233 | 87.2489 | 104.52775 | 6.84784 | 73.7570 | 100.7408 | .00 | 476.00 |
| | 大学(含大专) | 471 | 71.4989 | 100.23177 | 4.61844 | 62.4236 | 80.5743 | .00 | 646.00 |
| | 研究生及以上 | 115 | 92.2870 | 84.10423 | 7.84276 | 76.7505 | 107.8234 | .00 | 326.00 |
| | 总计 | 994 | 73.1841 | 96.75357 | 3.06884 | 67.1620 | 79.2063 | .00 | 646.00 |
| 中等强度闲暇体力活动 | 初中及以下 | 175 | 55.5314 | 94.36325 | 7.13319 | 41.4527 | 69.6101 | .00 | 381.00 |
| | 高中(含中专) | 233 | 106.8584 | 134.38292 | 8.80372 | 89.5129 | 124.2038 | .00 | 615.00 |
| | 大学(含大专) | 471 | 84.0000 | 115.12822 | 5.30483 | 73.5759 | 94.4241 | .00 | 569.00 |
| | 研究生及以上 | 115 | 104.0957 | 90.95343 | 8.48145 | 87.2940 | 120.8973 | .00 | 391.00 |
| | 总计 | 994 | 86.6710 | 115.35930 | 3.65897 | 79.4908 | 93.8512 | .00 | 615.00 |
| 工作日静坐时间 | 初中及以下 | 175 | 338.0571 | 338.83956 | 25.61386 | 287.5033 | 388.6110 | .00 | 1336.00 |
| | 高中(含中专) | 233 | 469.3519 | 319.67242 | 20.94244 | 428.0903 | 510.6136 | .00 | 1338.00 |
| | 大学(含大专) | 471 | 483.6921 | 308.00143 | 14.19196 | 455.8046 | 511.5797 | .00 | 1342.00 |
| | 研究生及以上 | 115 | 671.0261 | 321.73806 | 30.00223 | 611.5919 | 730.4603 | 20.00 | 1377.00 |
| | 总计 | 994 | 476.3642 | 329.50692 | 10.45132 | 455.8550 | 496.8734 | .00 | 1377.00 |
| 休息日静坐时间 | 初中及以下 | 175 | 399.0057 | 381.99530 | 28.87613 | 342.0131 | 455.9983 | .00 | 1380.00 |
| | 高中(含中专) | 233 | 570.9356 | 343.70305 | 22.51674 | 526.5722 | 615.2990 | .00 | 1373.00 |
| | 大学(含大专) | 471 | 567.8726 | 330.60158 | 15.23332 | 537.9388 | 597.8064 | .00 | 1367.00 |
| | 研究生及以上 | 115 | 679.9130 | 302.45581 | 28.20415 | 624.0408 | 735.7852 | .00 | 1375.00 |
| | 总计 | 994 | 551.8229 | 348.75006 | 11.06168 | 530.1160 | 573.5299 | .00 | 1380.00 |

通过方差齐性检验显示，不同文化程度的居民在中等强度室内家务体力活动、工作日静坐时间上 $P>0.05$，即方差是齐性的，在其他维度上方差是非齐性的。进一步通过方差分析发现，大强度工作体力活动、中等强度工作体力活动、步行性工作体力活动、骑自行车交通体力活动、中等强度室内家务体力活动五个维度在组间不存在显著差异，其他维度之间都存在显著差异，具体如表 5－14 所示。

表 5-14 不同文化程度居民的体力活动方差分析

| | | 平方和 | 自由度 | 均方 | $F$ | 显著性 |
|---|---|---|---|---|---|---|
| 大强度工作体力活动 | 组间 | 57848.768 | 3 | 19282.923 | 2.292 | .077 |
| | 组内 | 8329820.963 | 990 | 8413.961 | | |
| | 总计 | 8387669.731 | 993 | | | |
| 中等强度工作体力活动 | 组间 | 113972.262 | 3 | 37990.754 | 2.384 | .068 |
| | 组内 | 15779562.857 | 990 | 15938.952 | | |
| | 总计 | 15893535.119 | 993 | | | |
| 步行性工作体力活动 | 组间 | 70005.339 | 3 | 23335.113 | 1.109 | .344 |
| | 组内 | 20831429.86 | 990 | 21041.848 | | |
| | 总计 | 20901435.20 | 993 | | | |
| 乘机动车交通体力活动 | 组间 | 199266.302 | 3 | 66422.101 | 5.491 | .001 |
| | 组内 | 11975203.043 | 990 | 12096.165 | | |
| | 总计 | 12174469.345 | 993 | | | |
| 骑自行车交通体力活动 | 组间 | 44624.227 | 3 | 14874.742 | 1.545 | .201 |
| | 组内 | 9528859.786 | 990 | 9625.111 | | |
| | 总计 | 9573484.013 | 993 | | | |
| 步行交通体力活动 | 组间 | 209797.784 | 3 | 69932.595 | 5.928 | .001 |
| | 组内 | 11679045.057 | 990 | 11797.015 | | |
| | 总计 | 11888842.841 | 993 | | | |
| 大强度家务体力活动 | 组间 | 250792.956 | 3 | 83597.652 | 8.129 | .000 |
| | 组内 | 10181255.753 | 990 | 10284.097 | | |
| | 总计 | 10432048.709 | 993 | | | |
| 中等强度室外家务体力活动 | 组间 | 128835.759 | 3 | 42945.253 | 3.770 | .010 |
| | 组内 | 11278068.568 | 990 | 11391.988 | | |
| | 总计 | 11406904.327 | 993 | | | |
| 中等强度室内家务体力活动 | 组间 | 71530.733 | 3 | 23843.578 | 2.252 | .081 |
| | 组内 | 10483824.906 | 990 | 10589.722 | | |
| | 总计 | 10555355.639 | 993 | | | |
| 步行闲暇体力活动 | 组间 | 258412.886 | 3 | 86137.629 | 7.423 | .000 |
| | 组内 | 11487974.997 | 990 | 11604.015 | | |
| | 总计 | 11746387.883 | 993 | | | |
| 大强度闲暇体力活动 | 组间 | 214563.347 | 3 | 71521.116 | 7.797 | .000 |
| | 组内 | 9081161.962 | 990 | 9172.891 | | |
| | 总计 | 9295725.309 | 993 | | | |

（续表）

| | | 平方和 | 自由度 | 均方 | $F$ | 显著性 |
|---|---|---|---|---|---|---|
| 中等强度闲暇体力活动 | 组间 | 302923.574 | 3 | 100974.525 | 7.742 | .000 |
| | 组内 | 12911689.851 | 990 | 13042.111 | | |
| | 总计 | 13214613.426 | 993 | | | |
| 工作日静坐时间 | 组间 | 7742020.312 | 3 | 2580673.437 | 25.530 | .000 |
| | 组内 | 100072763.853 | 990 | 101083.600 | | |
| | 总计 | 107814784.165 | 993 | | | |
| 休息日静坐时间 | 组间 | 6180046.321 | 3 | 2060015.440 | 17.797 | .000 |
| | 组内 | 114595170.516 | 990 | 115752.697 | | |
| | 总计 | 120775216.837 | 993 | | | |

由表 5－13 和表 5－15 可以看出，不同文化程度的居民群体之间在大强度工作体力活动、中等强度工作体力活动、步行性工作体力活动、骑自行车交通体力活动、中等强度室内家务体力活动五个维度上不存在显著差异，在其他维度上都存在显著差异，对这些存在显著差异的维度进一步进行事后比较分析。乘机动车交通体力活动由于方差不齐性采用塔姆黑尼事后比较法，发现初中及以下文化程度的居民与其他文化程度的居民之间都存在显著差异，其他不同文化程度的居民之间不存在显著差异。进一步通过均值比较发现，初中及以下文化程度的居民在乘机动车交通体力活动时间上显著低于高中、大学、研究生及以上文化程度的居民。步行交通体力活动由于方差不齐性采用塔姆黑尼事后比较法，发现初中及以下文化程度的居民与高中、研究生及以上文化程度的居民之间都存在显著差异，其他不同文化程度的居民之间不存在显著差异。进一步通过均值比较发现，初中及以下文化程度的居民在步行交通体力活动时间上显著低于高中、研究生及以上文化程度的居民。大强度家务体力活动由于方差不齐性采用塔姆黑尼事后比较法，发现初中及以下文化程度的居民与高中和研究生及以上文化程度的居民之间、高中文化程度的居民与大学文化程度的居民之间都存在显著差异，其他不同文化程度的居民之间没有显著差异。进一步通过均值比较发现，初中及以下文化程度的居民在大强度家务体力活动时间上显著低于高中、研究生及以上文化程度的居民，高中文化程度的居民在大强度家务体力活动时间上显著高于大学文化程度的居民。中等强度室外家务体力活动由于方差不齐性采用塔姆黑尼事后比较法，发现初中及以下文化程度的居民与研究生及以上文化程度的居民之间存在显著差异，其他不同文化程度的居民之间不存在显著差异。进一步通过均值比较发现，初中及以下文化程度的居民在中等强度室外家务体力活动时间上显著低于研究生及以上文化程度的居民。步行闲暇体力活动由于方差不齐性采用塔姆黑尼事后比较法，发现初中及以下文化程度的居民与高中和研究生及以上文化程度的居民之间、大学文化程度的居民与高中文化程度的居民之间都存在显著差异，其他不同文化程度的居民之间不存在显著差异。进一步通过均值比较发现，初中及以下文化程度的居民在步行闲暇体力活动时间上显著低于高中、研究生及以上文化程度

的居民,大学文化程度的居民在步行闲暇体力活动时间上显著低于高中文化程度的居民。大强度闲暇体力活动由于方差不齐性采用塔姆黑尼事后比较法,发现初中及以下文化程度的居民与其他文化程度的居民之间都存在显著差异,其他不同文化程度的居民之间不存在显著差异。进一步通过均值比较发现,初中及以下文化程度的居民在大强度闲暇体力活动时间上显著低于高中、大学、研究生及以上文化程度的居民。中等强度闲暇体力活动由于方差不齐性采用塔姆黑尼事后比较法,发现初中及以下文化程度的居民与其他文化程度的居民之间都存在显著差异,其他不同文化程度的居民之间不存在显著差异。进一步通过均值比较发现,初中及以下文化程度的居民在中等强度闲暇体力活动时间上显著低于高中、大学、研究生及以上文化程度的居民。工作日静坐时间由于方差齐性采用 LSD 事后比较法,发现初中及以下文化程度的居民与其他文化程度的居民之间、研究生及以上文化程度的居民与其他文化程度的居民之间都存在显著差异,其他不同文化程度的居民之间不存在显著差异。进一步通过均值比较发现,初中及以下文化程度的居民在工作日静坐时间上显著低于高中、大学、研究生及以上文化程度的居民,研究生及以上文化程度的居民在工作日静坐时间上显著高于初中及以下、高中、大学文化程度的居民。休息日静坐时间由于方差不齐性采用塔姆黑尼事后比较法,发现初中及以下文化程度的居民与其他文化程度的居民之间、研究生及以上文化程度的居民与其他文化程度的居民之间都存在显著差异,其他不同文化程度的居民之间不存在显著差异。进一步通过均值比较发现,初中及以下文化程度的居民在休息日静坐时间上显著低于高中、大学、研究生及以上文化程度的居民,研究生及以上文化程度的居民在休息日静坐时间上显著高于初中及以下、高中、大学文化程度的居民。

**表 5－15　不同文化程度居民间体力活动的事后多重比较**

| 因变量 | | (*I*) 文化程度 | (*J*) 文化程度 | 平均值差值(*I*−*J*) | 标准误 | 显著性 | 95%置信区间 下限 | 95%置信区间 上限 |
|---|---|---|---|---|---|---|---|---|
| 大强度工作体力活动 | 塔姆黑尼 | 初中及以下 | 高中(含中专) | 11.54114 | 10.14662 | .831 | −15.3275 | 38.4097 |
| | | | 大学(含大专) | 14.47959 | 9.36314 | .546 | −10.3529 | 39.3120 |
| | | | 研究生及以上 | −6.62236 | 12.77158 | .996 | −40.4819 | 27.2372 |
| | | 高中(含中专) | 初中及以下 | −11.54114 | 10.14662 | .831 | −38.4097 | 15.3275 |
| | | | 大学(含大专) | 2.93845 | 6.71428 | .999 | −14.8031 | 20.6800 |
| | | | 研究生及以上 | −18.16350 | 10.97845 | .467 | −47.3485 | 11.0215 |
| | | 大学(含大专) | 初中及以下 | −14.47959 | 9.36314 | .546 | −39.3120 | 10.3529 |
| | | | 高中(含中专) | −2.93845 | 6.71428 | .999 | −20.6800 | 14.8031 |
| | | | 研究生及以上 | −21.10195 | 10.25869 | .224 | −48.4451 | 6.2412 |
| | | 研究生及以上 | 初中及以下 | 6.62236 | 12.77158 | .996 | −27.2372 | 40.4819 |
| | | | 高中(含中专) | 18.16350 | 10.97845 | .467 | −11.0215 | 47.3485 |
| | | | 大学(含大专) | 21.10195 | 10.25869 | .224 | −6.2412 | 48.4451 |

（续表）

| 因变量 | | (I)文化程度 | (J)文化程度 | 平均值差值(I−J) | 标准误 | 显著性 | 95%置信区间 | |
|---|---|---|---|---|---|---|---|---|
| | | | | | | | 下限 | 上限 |
| 中等强度工作体力活动 | 塔姆黑尼 | 初中及以下 | 高中(含中专) | 23.26842 | 14.60183 | .510 | −15.3807 | 61.9175 |
| | | | 大学(含大专) | 29.54553 | 12.95350 | .133 | −4.8175 | 63.9085 |
| | | | 研究生及以上 | 17.47578 | 16.67885 | .878 | −26.7223 | 61.6738 |
| | | 高中(含中专) | 初中及以下 | −23.26842 | 14.60183 | .510 | −61.9175 | 15.3807 |
| | | | 大学(含大专) | 6.27710 | 9.89274 | .989 | −19.8786 | 32.4328 |
| | | | 研究生及以上 | −5.79265 | 14.43111 | .999 | −44.0863 | 32.5010 |
| | | 大学(含大专) | 初中及以下 | −29.54553 | 12.95350 | .133 | −63.9085 | 4.8175 |
| | | | 高中(含中专) | −6.27710 | 9.89274 | .989 | −32.4328 | 19.8786 |
| | | | 研究生及以上 | −12.06975 | 12.76075 | .921 | −46.0629 | 21.9234 |
| | | 研究生及以上 | 初中及以下 | −17.47578 | 16.67885 | .878 | −61.6738 | 26.7223 |
| | | | 高中(含中专) | 5.79265 | 14.43111 | .999 | −32.5010 | 44.0863 |
| | | | 大学(含大专) | 12.06975 | 12.76075 | .921 | −21.9234 | 46.0629 |
| 步行性工作体力活动 | 塔姆黑尼 | 初中及以下 | 高中(含中专) | −22.55963 | 14.80509 | .561 | −61.7035 | 16.5842 |
| | | | 大学(含大专) | −8.01460 | 11.66144 | .983 | −38.8864 | 22.8572 |
| | | | 研究生及以上 | −21.99106 | 17.40927 | .753 | −68.2199 | 24.2378 |
| | | 高中(含中专) | 初中及以下 | 22.55963 | 14.80509 | .561 | −16.5842 | 61.7035 |
| | | | 大学(含大专) | 14.54504 | 12.67730 | .825 | −18.9824 | 48.0725 |
| | | | 研究生及以上 | .56858 | 18.10545 | 1.000 | −47.4531 | 48.5903 |
| | | 大学(含大专) | 初中及以下 | 8.01460 | 11.66144 | .983 | −22.8572 | 38.8864 |
| | | | 高中(含中专) | −14.54504 | 12.67730 | .825 | −48.0725 | 18.9824 |
| | | | 研究生及以上 | −13.97646 | 15.63988 | .939 | −55.6244 | 27.6893 |
| | | 研究生及以上 | 初中及以下 | 21.99106 | 17.40927 | .753 | −24.2378 | 68.2199 |
| | | | 高中(含中专) | −.56858 | 18.10545 | 1.000 | −48.5903 | 47.4531 |
| | | | 大学(含大专) | 13.97646 | 15.63988 | .939 | −27.6893 | 55.6422 |

（续表）

| 因变量 | | (*I*)<br>文化程度 | (*J*)<br>文化程度 | 平均值差值(*I*－*J*) | 标准误 | 显著性 | 95％置信区间 | |
|---|---|---|---|---|---|---|---|---|
| | | | | | | | 下限 | 上限 |
| 乘机动车交通体力活动 | 塔姆黑尼 | 初中及以下 | 高中(含中专) | －40.73295 | 11.89477 | .004 | －72.1819 | －9.2840 |
| | | | 大学(含大专) | －26.91698 | 9.05538 | .019 | －50.8986 | －2.9354 |
| | | | 研究生及以上 | －42.54683 | 11.88741 | .002 | －74.0672 | －11.0264 |
| | | 高中(含中专) | 初中及以下 | 40.73295 | 11.89477 | .004 | 9.2840 | 72.1819 |
| | | | 大学(含大专) | 13.81597 | 10.09912 | .678 | －12.9030 | 40.5349 |
| | | | 研究生及以上 | －1.81388 | 12.70051 | 1.000 | －35.4470 | 31.8192 |
| | | 大学(含大专) | 初中及以下 | 26.91698 | 9.05538 | .019 | 2.9354 | 50.8986 |
| | | | 高中(含中专) | －13.81597 | 10.09912 | .678 | －40.5349 | 12.9030 |
| | | | 研究生及以上 | －15.62985 | 10.09045 | .545 | －42.4749 | 11.2152 |
| | | 研究生及以上 | 初中及以下 | 42.54683 | 11.88741 | .002 | 11.0264 | 74.0672 |
| | | | 高中(含中专) | 1.81388 | 12.70051 | 1.000 | －31.8192 | 35.4470 |
| | | | 大学(含大专) | 15.62985 | 10.09045 | .545 | －11.2152 | 42.4749 |
| 骑自行车交通体力活动 | 塔姆黑尼 | 初中及以下 | 高中(含中专) | －20.25798 | 9.84574 | .219 | －46.2903 | 5.7744 |
| | | | 大学(含大专) | －9.88660 | 8.09239 | .779 | －31.3041 | 11.5309 |
| | | | 研究生及以上 | －16.09168 | 10.82765 | .591 | －44.8156 | 12.6322 |
| | | 高中(含中专) | 初中及以下 | 20.25798 | 9.84574 | .219 | －5.7744 | 46.2903 |
| | | | 大学(含大专) | 10.37138 | 8.45037 | .775 | －11.9681 | 32.7109 |
| | | | 研究生及以上 | 4.16630 | 11.09775 | .999 | －25.2494 | 33.5820 |
| | | 大学(含大专) | 初中及以下 | 9.88660 | 8.09239 | .779 | －11.5309 | 31.3041 |
| | | | 高中(含中专) | －10.37138 | 8.45037 | .775 | －32.7109 | 11.9681 |
| | | | 研究生及以上 | －6.20508 | 9.57645 | .987 | －31.6767 | 19.2665 |
| | | 研究生及以上 | 初中及以下 | 16.09168 | 10.82765 | .591 | －12.6322 | 44.8156 |
| | | | 高中(含中专) | －4.16630 | 11.09775 | .999 | －33.5820 | 25.2494 |
| | | | 大学(含大专) | 6.20508 | 9.57645 | .987 | －19.2665 | 31.6767 |

（续表）

| 因变量 | | (I)文化程度 | (J)文化程度 | 平均值差值(I−J) | 标准误 | 显著性 | 95%置信区间 | |
|---|---|---|---|---|---|---|---|---|
| | | | | | | | 下限 | 上限 |
| 步行交通体力活动 | 塔姆黑尼 | 初中及以下 | 高中(含中专) | −44.23723 | 11.48864 | .001 | −74.6126 | −13.8618 |
| | | | 大学(含大专) | −20.84169 | 8.75344 | .102 | −44.0125 | 2.3292 |
| | | | 研究生及以上 | −32.78584 | 10.92965 | .018 | −61.7602 | −3.8115 |
| | | 高中(含中专) | 初中及以下 | 44.23723 | 11.48864 | .001 | 13.8618 | 74.6126 |
| | | | 大学(含大专) | 23.39554 | 10.01230 | .114 | −3.0890 | 49.8800 |
| | | | 研究生及以上 | 11.45139 | 11.96164 | .917 | −20.2145 | 43.1173 |
| | | 大学(含大专) | 初中及以下 | 20.84169 | 8.75344 | .102 | −2.3292 | 44.0125 |
| | | | 高中(含中专) | −23.39554 | 10.01230 | .114 | −49.8800 | 3.0890 |
| | | | 研究生及以上 | −11.94415 | 9.36560 | .745 | −36.8316 | 12.9433 |
| | | 研究生及以上 | 初中及以下 | 32.78584 | 10.92965 | .018 | 3.8115 | 61.7602 |
| | | | 高中(含中专) | −11.45139 | 11.96164 | .917 | −43.1173 | 20.2145 |
| | | | 大学(含大专) | 11.94415 | 9.36560 | .745 | −12.9433 | 36.8316 |
| 大强度家务体力活动 | 塔姆黑尼 | 初中及以下 | 高中(含中专) | −45.65003 | 10.08230 | .000 | −72.3069 | −18.9931 |
| | | | 大学(含大专) | −17.31010 | 8.01945 | .175 | −38.5316 | 3.9114 |
| | | | 研究生及以上 | −37.28944 | 11.74218 | .010 | −68.4707 | −6.1082 |
| | | 高中(含中专) | 初中及以下 | 45.65003 | 10.08230 | .000 | 18.9931 | 72.3069 |
| | | | 大学(含大专) | 28.33993 | 8.82880 | .009 | 4.9954 | 51.6845 |
| | | | 研究生及以上 | 8.36059 | 12.30914 | .984 | −24.2831 | 41.0043 |
| | | 大学(含大专) | 初中及以下 | 17.31010 | 8.01945 | .175 | −3.9114 | 38.5316 |
| | | | 高中(含中专) | −28.33993 | 8.82880 | .009 | −51.6845 | −4.9954 |
| | | | 研究生及以上 | −19.97934 | 10.68521 | .324 | −48.4302 | 8.4715 |
| | | 研究生及以上 | 初中及以下 | 37.28944 | 11.74218 | .010 | 6.1082 | 68.4707 |
| | | | 高中(含中专) | −8.36059 | 12.30914 | .984 | −41.0043 | 24.2831 |
| | | | 大学(含大专) | 19.97934 | 10.68521 | .324 | −8.4715 | 48.4302 |

（续表）

| 因变量 | | (I)文化程度 | (J)文化程度 | 平均值差值(I−J) | 标准误 | 显著性 | 95%置信区间 | |
|---|---|---|---|---|---|---|---|---|
| | | | | | | | 下限 | 上限 |
| 中等强度室外家务体力活动 | 塔姆黑尼 | 初中及以下 | 高中(含中专) | −25.86592 | 10.95629 | .107 | −54.8343 | 3.1025 |
| | | | 大学(含大专) | −6.16798 | 8.82956 | .981 | −29.5423 | 17.2063 |
| | | | 研究生及以上 | −31.38087 | 11.98369 | .055 | −63.1719 | .4102 |
| | | 高中(含中专) | 初中及以下 | 25.86592 | 10.95629 | .107 | −3.1025 | 54.8343 |
| | | | 大学(含大专) | 19.69794 | 9.31581 | .193 | −4.9351 | 44.3309 |
| | | | 研究生及以上 | −5.51495 | 12.34634 | .998 | −38.2379 | 27.2080 |
| | | 大学(含大专) | 初中及以下 | 6.16798 | 8.82956 | .981 | −17.2063 | 29.5423 |
| | | | 高中(含中专) | −19.69794 | 9.31581 | .193 | −44.3309 | 4.9351 |
| | | | 研究生及以上 | −25.21289 | 10.50490 | .100 | −53.1651 | 2.7393 |
| | | 研究生及以上 | 初中及以下 | 31.38087 | 11.98369 | .055 | −.4102 | 63.1719 |
| | | | 高中(含中专) | 5.51495 | 12.34634 | .998 | −27.2080 | 38.2379 |
| | | | 大学(含大专) | 25.21289 | 10.50490 | .100 | −2.7393 | 53.1651 |
| 中等强度室内家务体力活动 | LSD | 初中及以下 | 高中(含中专) | −21.92417 | 10.36504 | .193 | −49.3309 | 5.4826 |
| | | | 大学(含大专) | −10.35391 | 8.64501 | .795 | −33.2381 | 12.5303 |
| | | | 研究生及以上 | −26.22311 | 11.70312 | .146 | −57.2701 | 4.8239 |
| | | 高中(含中专) | 初中及以下 | 21.92417 | 10.36504 | .193 | −5.4826 | 49.3309 |
| | | | 大学(含大专) | 11.57026 | 8.73421 | .709 | −11.5183 | 34.6588 |
| | | | 研究生及以上 | −4.29894 | 11.76916 | .999 | −35.5047 | 26.9068 |
| | | 大学(含大专) | 初中及以下 | 10.35391 | 8.64501 | .795 | −12.5303 | 33.2381 |
| | | | 高中(含中专) | −11.57026 | 8.73421 | .709 | −34.6588 | 11.5183 |
| | | | 研究生及以上 | −15.86920 | 10.28666 | .550 | −43.2383 | 11.4999 |
| | | 研究生及以上 | 初中及以下 | 26.22311 | 11.70312 | .146 | −4.8239 | 57.2701 |
| | | | 高中(含中专) | 4.29894 | 11.76916 | .999 | −26.9068 | 35.5047 |
| | | | 大学(含大专) | 15.86920 | 10.28666 | .550 | −11.4999 | 43.2383 |

(续表)

| 因变量 | | (I)文化程度 | (J)文化程度 | 平均值差值(I−J) | 标准误 | 显著性 | 95%置信区间 | |
|---|---|---|---|---|---|---|---|---|
| | | | | | | | 下限 | 上限 |
| 步行闲暇体力活动 | 塔姆黑尼 | 初中及以下 | 高中(含中专) | −44.236 | 11.130 | .001 | −73.66 | −14.81 |
| | | | 大学(含大专) | −15.908 | 8.636 | .338 | −38.77 | 6.95 |
| | | | 研究生及以上 | −40.984 | 11.258 | .002 | −70.84 | −11.13 |
| | | 高中(含中专) | 初中及以下 | 44.236 | 11.130 | .001 | 14.81 | 73.66 |
| | | | 大学(含大专) | 28.328 | 9.735 | .023 | 2.58 | 54.07 |
| | | | 研究生及以上 | 3.252 | 12.121 | 1.000 | −28.85 | 35.35 |
| | | 大学(含大专) | 初中及以下 | 15.908 | 8.636 | .338 | −6.95 | 38.77 |
| | | | 高中(含中专) | −28.328 | 9.735 | .023 | −54.07 | −2.58 |
| | | | 研究生及以上 | −25.076 | 9.881 | .070 | −51.35 | 1.20 |
| | | 研究生及以上 | 初中及以下 | 40.984 | 11.258 | .002 | 11.13 | 70.84 |
| | | | 高中(含中专) | −3.252 | 12.121 | 1.000 | −35.35 | 28.85 |
| | | | 大学(含大专) | 25.076 | 9.881 | .070 | −1.20 | 51.35 |
| 大强度闲暇体力活动 | 塔姆黑尼 | 初中及以下 | 高中(含中专) | −40.80893 | 8.96264 | .000 | −64.5056 | −17.1122 |
| | | | 大学(含大专) | −25.05894 | 7.40040 | .005 | −44.6252 | −5.4927 |
| | | | 研究生及以上 | −45.84696 | 9.74396 | .000 | −71.7087 | −19.9853 |
| | | 高中(含中专) | 初中及以下 | 40.80893 | 8.96264 | .000 | 17.1122 | 64.5056 |
| | | | 大学(含大专) | 15.74999 | 8.25971 | .298 | −6.0786 | 37.5786 |
| | | | 研究生及以上 | −5.03803 | 10.41162 | .997 | −32.6297 | 22.5537 |
| | | 大学(含大专) | 初中及以下 | 25.05894 | 7.40040 | .005 | 5.4927 | 44.6252 |
| | | | 高中(含中专) | −15.74999 | 8.25971 | .298 | −37.5786 | 6.0786 |
| | | | 研究生及以上 | −20.78802 | 9.10158 | .133 | −44.9729 | 3.3969 |
| | | 研究生及以上 | 初中及以下 | 45.84696 | 9.74396 | .000 | 19.9853 | 71.7087 |
| | | | 高中(含中专) | 5.03803 | 10.41162 | .997 | −22.5537 | 32.6297 |
| | | | 大学(含大专) | 20.78802 | 9.10158 | .133 | −3.3969 | 44.9729 |

（续表）

| 因变量 | | (I)<br>文化程度 | (J)<br>文化程度 | 平均值差值(I−J) | 标准误 | 显著性 | 95%置信区间 | |
|---|---|---|---|---|---|---|---|---|
| | | | | | | | 下限 | 上限 |
| 中等强度闲暇体力活动 | 塔姆黑尼 | 初中及以下 | 高中(含中专) | −51.32694 | 11.33084 | .000 | −81.2855 | −21.3684 |
| | | | 大学(含大专) | −28.46857 | 8.88952 | .009 | −51.9807 | −4.9564 |
| | | | 研究生及以上 | −48.56422 | 11.08230 | .000 | −77.9547 | −19.1738 |
| | | 高中(含中专) | 初中及以下 | 51.32694 | 11.33084 | .000 | 21.3684 | 81.2855 |
| | | | 大学(含大专) | 22.85837 | 10.27846 | .150 | −4.3176 | 50.0343 |
| | | | 研究生及以上 | 2.76272 | 12.22458 | 1.000 | −29.6052 | 35.1306 |
| | | 大学(含大专) | 初中及以下 | 28.46857 | 8.88952 | .009 | 4.9564 | 51.9807 |
| | | | 高中(含中专) | −22.85837 | 10.27846 | .150 | −50.0343 | 4.3176 |
| | | | 研究生及以上 | −20.09565 | 10.00381 | .245 | −46.6632 | 6.4719 |
| | | 研究生及以上 | 初中及以下 | 48.56422 | 11.08230 | .000 | 19.1738 | 77.9547 |
| | | | 高中(含中专) | −2.76272 | 12.22458 | 1.000 | −35.1306 | 29.6052 |
| | | | 大学(含大专) | 20.09565 | 10.00381 | .245 | −6.4719 | 46.6632 |
| 工作日静坐时间 | LSD | 初中及以下 | 高中(含中专) | −131.29479 | 31.80339 | .000 | −193.7046 | −68.8850 |
| | | | 大学(含大专) | −145.63500 | 28.14668 | .000 | −200.8690 | −90.4010 |
| | | | 研究生及以上 | −332.96894 | 38.16554 | .000 | −407.8636 | −258.0743 |
| | | 高中(含中专) | 初中及以下 | 131.29479 | 31.80339 | .000 | 68.8850 | 193.7046 |
| | | | 大学(含大专) | −14.34021 | 25.46468 | .573 | −64.3112 | 35.6307 |
| | | | 研究生及以上 | −201.67416 | 36.23290 | .000 | −272.7763 | −130.5721 |
| | | 大学(含大专) | 初中及以下 | 145.63500 | 28.14668 | .000 | 90.4010 | 200.8690 |
| | | | 高中(含中专) | 14.34021 | 25.46468 | .573 | −35.6307 | 64.3112 |
| | | | 研究生及以上 | −187.33394 | 33.06966 | .000 | −252.2286 | −122.4393 |
| | | 研究生及以上 | 初中及以下 | 332.96894 | 38.16554 | .000 | 258.0743 | 407.8636 |
| | | | 高中(含中专) | 201.67416 | 36.23290 | .000 | 130.5721 | 272.7763 |
| | | | 大学(含大专) | 187.33394 | 33.06966 | .000 | 122.4393 | 252.2286 |

（续表）

| 因变量 | | (I)<br>文化程度 | (J)<br>文化程度 | 平均值差值(I－J) | 标准误 | 显著性 | 95%置信区间 | |
|---|---|---|---|---|---|---|---|---|
| | | | | | | | 下限 | 上限 |
| 休息日静坐时间 | 塔姆黑尼 | 初中及以下 | 高中(含中专) | －171.92991 | 36.61740 | .000 | －268.8163 | －75.0436 |
| | | | 大学(含大专) | －168.86690 | 32.64789 | .000 | －255.3844 | －82.3494 |
| | | | 研究生及以上 | －280.90733 | 40.36465 | .000 | －387.8698 | －173.9449 |
| | | 高中(含中专) | 初中及以下 | 171.92991 | 36.61740 | .000 | 75.0436 | 268.8163 |
| | | | 大学(含大专) | 3.06301 | 27.18561 | 1.000 | －68.7818 | 74.9078 |
| | | | 研究生及以上 | －108.97742 | 36.08985 | .017 | －204.6748 | －13.2801 |
| | | 大学(含大专) | 初中及以下 | 168.86690 | 32.64789 | .000 | 82.3494 | 255.3844 |
| | | | 高中(含中专) | －3.06301 | 27.18561 | 1.000 | －74.9078 | 68.7818 |
| | | | 研究生及以上 | －112.04043 | 32.05508 | .004 | －197.2839 | －26.7970 |
| | | 研究生及以上 | 初中及以下 | 280.90733 | 40.36465 | .000 | 173.9449 | 387.8698 |
| | | | 高中(含中专) | 108.97742 | 36.08985 | .017 | 13.2801 | 204.6748 |
| | | | 大学(含大专) | 112.04043 | 32.05508 | .004 | 26.7970 | 197.2839 |

### 5.5.5 是否工作居民体力活动的差异比较

在进行 $t$ 检验之前，首先对样本数据的方差齐性进行检验，结果如表 5－16 所示。

**表 5－16 体力活动各维度得分在居民是否工作因素上的方差齐性检验**

| | Levene Statistic | df1 | df2 | Sig. |
|---|---|---|---|---|
| 大强度工作体力活动 | 18.395 | 1 | 992 | .000 |
| 中等强度工作体力活动 | 32.578 | 1 | 992 | .000 |
| 步行性工作体力活动 | 80.252 | 1 | 992 | .000 |
| 乘机动车交通体力活动 | 10.381 | 1 | 992 | .001 |
| 骑自行车交通体力活动 | 28.100 | 1 | 992 | .000 |
| 步行交通体力活动 | 17.522 | 1 | 992 | .000 |
| 大强度家务体力活动 | 63.317 | 1 | 992 | .000 |
| 中等强度室外家务体力活动 | 38.661 | 1 | 992 | .000 |
| 中等强度室内家务体力活动 | 4.087 | 1 | 992 | .043 |
| 步行闲暇体力活动 | 19.376 | 1 | 992 | .000 |
| 大强度闲暇体力活动 | 37.475 | 1 | 992 | .000 |
| 中等强度闲暇体力活动 | 64.127 | 1 | 992 | .000 |
| 工作日静坐时间 | .960 | 1 | 992 | .327 |
| 休息日静坐时间 | .000 | 1 | 992 | .987 |

通过Q－Q图发现，数据的分布符合正态要求，因此在进行方差齐性检验结果分析时，采用基于均数的结果。由表5－16可以看出，在工作日静坐时间、休息日静坐时间上 $P>0.05$，即这两个维度上的方差都是齐性的，所以在进行 $t$ 检验时选取方差齐性情况下的 $t$ 值和 $sig$ 值；在大强度工作体力活动、中等强度工作体力活动、步行性工作体力活动、乘机动车交通体力活动、骑自行车交通体力活动、步行交通体力活动、大强度家务体力活动、中等强度室外家务体力活动、中等强度室内家务体力活动、步行闲暇体力活动、大强度闲暇体力活动、中等强度闲暇体力活动上 $P<0.05$，即这些维度上的方差是不齐性的，所以在进行 $t$ 检验时选取方差不齐性情况下的 $t$ 值和 $sig$ 值。

下面分别对居民是否工作在体力活动各维度上的活动时间情况进行描述统计和 $t$ 检验，结果如表5－17所示。由表5－17可以看出，居民是否工作在大强度工作体力活动、中等强度工作体力活动、步行性工作体力活动维度上的 $P$ 是小于0.05的，表明居民是否工作在工作体力活动时间上存在显著差异，进一步通过均值比较发现，有工作的居民在工作体力活动时间上显著高于没有工作的居民。居民是否工作在乘机动车交通体力活动、骑自行车交通体力活动、步行交通体力活动维度上的 $P$ 是小于0.05的，表明居民是否工作在交通体力活动时间上存在显著差异，进一步通过均值比较发现，有工作的居民在交通体力活动时间上显著高于没有工作的居民。居民是否工作在大强度家务体力活动、中等强度室外家务体力活动维度上的 $P$ 是小于0.05的，表明居民是否工作在大强度家务体力活动、中等强度室外家务体力活动时间上存在显著差异，进一步通过均值比较发现，有工作的居民在活动时间上显著高于没有工作的居民；居民是否工作在中等强度室内家务体力活动维度上的 $P$ 是大于0.05的，表明居民在中等强度室内家务体力活动时间上不存在显著差异。居民是否工作在步行闲暇体力活动、大强度闲暇体力活动、中等强度闲暇体力活动维度上的 $P$ 是小于0.05的，表明居民是否工作在闲暇体力活动时间上存在显著差异，进一步通过均值比较发现，有工作的居民在闲暇体力活动时间上显著高于没有工作的居民。居民是否工作在工作日静坐时间、休息日静坐时间维度上的 $P$ 是小于0.05的，表明居民是否工作在静坐时间上存在显著差异，进一步通过均值比较发现，有工作的居民在静坐时间上显著高于没有工作的居民。

**表5－17　体力活动各维度得分在居民是否工作因素上的差异（$t$ 检验）**

| 各维度 | 是否工作 | $N$ | Mean | Std. Deviation | $t$ | Sig. (2－tailed) |
|---|---|---|---|---|---|---|
| 大强度工作体力活动 | 有 | 817 | 39.2081 | 94.38676 | 2.727 | .007 |
| | 没有 | 177 | 20.8701 | 77.93922 | | |
| 中等强度工作体力活动 | 有 | 817 | 53.5092 | 133.73489 | 4.106 | .000 |
| | 没有 | 177 | 21.9831 | 81.00102 | | |
| 步行性工作体力活动 | 有 | 817 | 71.5594 | 156.17605 | 7.907 | .000 |
| | 没有 | 177 | 16.8249 | 56.53687 | | |
| 乘机动车交通体力活动 | 有 | 817 | 100.0330 | 112.06055 | 5.054 | .000 |
| | 没有 | 177 | 58.0452 | 97.43919 | | |

（续表）

| 各维度 | 是否工作 | *N* | Mean | Std. Deviation | *t* | Sig. (2 - tailed) |
|---|---|---|---|---|---|---|
| 骑自行车交通体力活动 | 有 | 817 | 71.1383 | 101.62606 | 4.622 | .000 |
| | 没有 | 177 | 40.1525 | 75.61388 | | |
| 步行交通体力活动 | 有 | 817 | 112.0722 | 111.75655 | 5.138 | .000 |
| | 没有 | 177 | 71.5763 | 91.04230 | | |
| 大强度家务体力活动 | 有 | 817 | 76.5704 | 106.08485 | 6.721 | .000 |
| | 没有 | 177 | 31.7458 | 73.71935 | | |
| 中等强度室外家务体力活动 | 有 | 817 | 72.1040 | 112.34297 | 5.177 | .000 |
| | 没有 | 177 | 37.2429 | 72.74686 | | |
| 中等强度室内家务体力活动 | 有 | 817 | 84.4663 | 105.42944 | 1.002 | .317 |
| | 没有 | 177 | 76.6441 | 91.58685 | | |
| 步行闲暇体力活动 | 有 | 817 | 106.62 | 112.539 | 6.163 | .000 |
| | 没有 | 177 | 62.33 | 79.997 | | |
| 大强度闲暇体力活动 | 有 | 817 | 80.8372 | 100.18052 | 6.867 | .000 |
| | 没有 | 177 | 37.8588 | 68.98252 | | |
| 中等强度闲暇体力活动 | 有 | 817 | 97.3647 | 120.47643 | 8.960 | .000 |
| | 没有 | 177 | 37.3107 | 69.33310 | | |
| 工作日静坐时间 | 有 | 817 | 499.4027 | 327.37932 | 4.867 | .000 |
| | 没有 | 177 | 370.0226 | 319.11561 | | |
| 休息日静坐时间 | 有 | 817 | 580.6842 | 342.92264 | 5.667 | .000 |
| | 没有 | 177 | 418.6045 | 345.38474 | | |

### 5.5.6　不同月收入居民体力活动的差异比较

由表 5－18 可以看出，不同月收入居民在大强度工作体力活动时间上，活动时间最长的是月收入 6000～7999 元的居民，活动时间最短的是月收入 2000～3999 元的居民；不同月收入居民在中等强度工作体力活动时间上，活动时间最长的是月收入 4000～5999 元的居民，活动时间最短的是月收入小于 2000 元的居民；不同月收入居民在步行性工作体力活动时间上，活动时间最长的是月收入 1 万元以上的居民，活动时间最短的是月收入小于 2000 元的居民；不同月收入居民在乘机动车交通体力活动时间上，活动时间最长的是月收入 1 万元以上的居民，活动时间最短的是月收入 2000～3999 元的居民；不同月收入居民在骑自行车交通体力活动时间上，活动时间最长的是月收入6000～7999元的居民，活动时间最短的是月收入2000～3999元的居民；不同月收入居民在步行交通体力活动时间上，活动时间最长的是月收入1万元以上的居民，活动时间最短的是月收入2000～3999元的居民；不同月收入居民在大强度家务体力活动时间上，活动时间最长的是月收入6000～7999元的居民，活动时间最短的是月收入2000～3999元的居民；不同月收入居民在中等强度室外家务体力活动时间上，活动时间最长的是月收入8000～10000元的居民，活动时间最短的是月收入2000～3999元的居民；不同月收入居民在中等强度室内家务体力活动时间上，活动时间最长的是月收入8000～10000元的居民，活动时间最短的是月收入2000～3999元的居民；不同月收入居民在步行闲暇体力活动时间上，活动时间最长的是月收入1万元以上的居民，活动时间最短的是月收入2000～3999元的居民；不同月收入居民在大强度闲暇体力活动时间上，活动时间最长的是月收入8000～10000元的居民，活动时间最短的是月收入2000～3999元的居民；不同月收入居民在中等强度闲暇体力活动时间上，活动时间最长的是月收入8000～10000元的居民，活动时间最短的是月收入2000～3999元的居民；不同月收入居民在工作日静坐时间上，时间最长的是月收入1万元以上的居民，时间最短的是月收入2000～3999元的居民；不同月收入居民在休息日静坐时间上，时间最长的是月收入6000～7999元的居民，时间最短的是月收入2000～3999元的居民。由此可见，不同月收入居民在不同类型体力活动上的时间是不一样的，但体力活动时间最短的是小于2000元和2000～3999元收入的居民，这与已有研究"收入越高越不倾向于进行高水平体力活动"（潘钰婷等，2019）的结论是不一致的。

**表5-18　不同月收入的安徽省居民体力活动的描述性统计**

| | | 个案数 | 平均值 | 标准差 | 标准误 | 平均值的95%置信区间 | | 最小值 | 最大值 |
|---|---|---|---|---|---|---|---|---|---|
| | | | | | | 下限 | 上限 | | |
| 大强度工作体力活动 | 小于2000元 | 135 | 24.4741 | 84.24589 | 7.25073 | 10.1334 | 38.8148 | .00 | 528.00 |
| | 2000～3999元 | 125 | 22.5040 | 70.02530 | 6.26325 | 10.1073 | 34.9007 | .00 | 480.00 |
| | 4000～5999元 | 269 | 37.0297 | 94.21541 | 5.74442 | 25.7198 | 48.3397 | .00 | 630.00 |
| | 6000～7999元 | 223 | 44.3677 | 98.40544 | 6.58972 | 31.3813 | 57.3541 | .00 | 442.00 |
| | 8000～10000元 | 144 | 42.0347 | 102.58555 | 8.54880 | 25.1364 | 58.9331 | .00 | 600.00 |
| | 1万元以上 | 98 | 37.7755 | 86.92034 | 8.78028 | 20.3491 | 55.2019 | .00 | 381.00 |
| | 总计 | 994 | 35.9427 | 91.90646 | 2.91510 | 30.2222 | 41.6631 | .00 | 630.00 |
| 中等强度工作体力活动 | 小于2000元 | 135 | 25.1852 | 85.64986 | 7.37157 | 10.6055 | 39.7649 | .00 | 540.00 |
| | 2000～3999元 | 125 | 31.6400 | 104.42078 | 9.33968 | 13.1542 | 50.1258 | .00 | 561.00 |
| | 4000～5999元 | 269 | 62.8699 | 143.26950 | 8.73530 | 45.6714 | 80.0684 | .00 | 683.00 |
| | 6000～7999元 | 223 | 51.4215 | 132.47081 | 8.87090 | 33.9396 | 68.9035 | .00 | 671.00 |
| | 8000～10000元 | 144 | 47.2569 | 129.44949 | 10.78746 | 25.9335 | 68.5804 | .00 | 753.00 |
| | 1万元以上 | 98 | 51.7245 | 128.35869 | 12.96619 | 25.9902 | 77.4588 | .00 | 566.00 |
| | 总计 | 994 | 47.8954 | 126.51314 | 4.01275 | 40.0209 | 55.7698 | .00 | 753.00 |

（续表）

| | | 个案数 | 平均值 | 标准差 | 标准误 | 平均值的 95%置信区间 | | 最小值 | 最大值 |
|---|---|---|---|---|---|---|---|---|---|
| | | | | | | 下限 | 上限 | | |
| 步行性工作体力活动 | 小于 2000 元 | 135 | 16.6074 | 54.26745 | 4.67060 | 7.3698 | 25.8450 | .00 | 426.00 |
| | 2000～3999 元 | 125 | 34.8800 | 106.64469 | 9.53859 | 16.0005 | 53.7595 | .00 | 611.00 |
| | 4000～5999 元 | 269 | 63.2230 | 143.95359 | 8.77701 | 45.9424 | 80.5037 | .00 | 715.00 |
| | 6000～7999 元 | 223 | 84.4529 | 169.89254 | 11.37685 | 62.0325 | 106.8733 | .00 | 676.00 |
| | 8000～10000 元 | 144 | 73.1181 | 159.71239 | 13.30937 | 46.8095 | 99.4266 | .00 | 745.00 |
| | 1 万元以上 | 98 | 86.4388 | 173.74932 | 17.55133 | 51.6042 | 121.2733 | .00 | 703.00 |
| | 总计 | 994 | 61.8129 | 145.08197 | 4.60172 | 52.7827 | 70.8431 | .00 | 745.00 |
| 乘机动车交通体力活动 | 小于 2000 元 | 135 | 60.4667 | 103.28744 | 8.88957 | 42.8847 | 78.0487 | .00 | 620.00 |
| | 2000～3999 元 | 125 | 43.1200 | 71.58647 | 6.40289 | 30.4469 | 55.7931 | .00 | 361.00 |
| | 4000～5999 元 | 269 | 94.3717 | 103.76133 | 6.32644 | 81.9159 | 106.8276 | .00 | 640.00 |
| | 6000～7999 元 | 223 | 114.0852 | 114.67202 | 7.67901 | 98.9521 | 129.2183 | .00 | 636.00 |
| | 8000～10000 元 | 144 | 109.2153 | 111.25547 | 9.27129 | 90.8888 | 127.5418 | .00 | 600.00 |
| | 1 万元以上 | 98 | 121.3673 | 138.65149 | 14.00592 | 93.5695 | 149.1652 | .00 | 640.00 |
| | 总计 | 994 | 92.5563 | 110.72620 | 3.51202 | 85.6645 | 99.4482 | .00 | 640.00 |
| 骑自行车交通体力活动 | 小于 2000 元 | 135 | 48.7333 | 84.36578 | 7.26105 | 34.3722 | 63.0944 | .00 | 326.00 |
| | 2000～3999 元 | 125 | 30.2160 | 53.05742 | 4.74560 | 20.8231 | 39.6089 | .00 | 216.00 |
| | 4000～5999 元 | 269 | 62.1152 | 94.68793 | 5.77322 | 50.7486 | 73.4819 | .00 | 552.00 |
| | 6000～7999 元 | 223 | 91.5516 | 115.86827 | 7.75911 | 76.2606 | 106.8425 | .00 | 599.00 |
| | 8000～10000 元 | 144 | 72.8056 | 103.80666 | 8.65055 | 55.7061 | 89.9050 | .00 | 508.00 |
| | 1 万元以上 | 98 | 74.1020 | 100.69373 | 10.17160 | 53.9142 | 94.2899 | .00 | 336.00 |
| | 总计 | 994 | 65.6207 | 98.18845 | 3.11435 | 59.5093 | 71.7322 | .00 | 599.00 |
| 步行交通体力活动 | 小于 2000 元 | 135 | 77.5111 | 97.30065 | 8.37431 | 60.9482 | 94.0740 | .00 | 480.00 |
| | 2000～3999 元 | 125 | 73.6880 | 101.98011 | 9.12138 | 55.6342 | 91.7418 | .00 | 530.00 |
| | 4000～5999 元 | 269 | 101.5502 | 100.98187 | 6.15697 | 89.4280 | 113.6724 | .00 | 530.00 |
| | 6000～7999 元 | 223 | 114.0987 | 104.57507 | 7.00286 | 100.2981 | 127.8993 | .00 | 619.00 |
| | 8000～10000 元 | 144 | 127.5764 | 119.30437 | 9.94203 | 107.9241 | 147.2287 | .00 | 536.00 |
| | 1 万元以上 | 98 | 136.9898 | 132.95457 | 13.43044 | 110.3341 | 163.6455 | .00 | 560.00 |
| | 总计 | 994 | 104.8612 | 109.41961 | 3.47058 | 98.0507 | 111.6717 | .00 | 619.00 |
| 大强度家务体力活动 | 小于 2000 元 | 135 | 31.6963 | 69.59052 | 5.98940 | 19.8503 | 43.5423 | .00 | 331.00 |
| | 2000～3999 元 | 125 | 20.2320 | 58.67435 | 5.24799 | 9.8448 | 30.6192 | .00 | 376.00 |
| | 4000～5999 元 | 269 | 74.3346 | 106.22912 | 6.47690 | 61.5825 | 87.0867 | .00 | 480.00 |
| | 6000～7999 元 | 223 | 97.9686 | 113.70189 | 7.61404 | 82.9636 | 112.9737 | .00 | 553.00 |
| | 8000～10000 元 | 144 | 89.0139 | 112.13572 | 9.34464 | 70.5424 | 107.4854 | .00 | 413.00 |
| | 1 万元以上 | 98 | 68.4490 | 97.71968 | 9.87118 | 48.8574 | 88.0405 | .00 | 416.00 |
| | 总计 | 994 | 68.5885 | 102.49677 | 3.25100 | 62.2089 | 74.9682 | .00 | 553.00 |

（续表）

| | | 个案数 | 平均值 | 标准差 | 标准误 | 平均值的95%置信区间 | | 最小值 | 最大值 |
|---|---|---|---|---|---|---|---|---|---|
| | | | | | | 下限 | 上限 | | |
| 中等强度室外家务体力活动 | 小于2000元 | 135 | 41.5481 | 78.56338 | 6.76166 | 28.1748 | 54.9215 | .00 | 421.00 |
| | 2000～3999元 | 125 | 27.4720 | 66.81348 | 5.97598 | 15.6439 | 39.3001 | .00 | 390.00 |
| | 4000～5999元 | 269 | 61.3494 | 100.03431 | 6.09920 | 49.3410 | 73.3579 | .00 | 480.00 |
| | 6000～7999元 | 223 | 87.4305 | 124.50353 | 8.33737 | 71.0000 | 103.8610 | .00 | 616.00 |
| | 8000～10000元 | 144 | 91.1875 | 124.86586 | 10.40549 | 70.6191 | 111.7559 | .00 | 648.00 |
| | 1万元以上 | 98 | 74.7653 | 111.23680 | 11.23661 | 52.4637 | 97.0669 | .00 | 527.00 |
| | 总计 | 994 | 65.8964 | 107.17890 | 3.39951 | 59.2253 | 72.5674 | .00 | 648.00 |
| 中等强度室内家务体力活动 | 小于2000元 | 135 | 83.7037 | 96.34128 | 8.29174 | 67.3041 | 100.1033 | .00 | 481.00 |
| | 2000～3999元 | 125 | 56.2720 | 79.06432 | 7.07173 | 42.2751 | 70.2689 | .00 | 423.00 |
| | 4000～5999元 | 269 | 75.9554 | 98.18729 | 5.98658 | 64.1687 | 87.7421 | .00 | 485.00 |
| | 6000～7999元 | 223 | 95.2377 | 115.81732 | 7.75570 | 79.9535 | 110.5219 | .00 | 590.00 |
| | 8000～10000元 | 144 | 98.0417 | 118.30090 | 9.85841 | 78.5546 | 117.5287 | .00 | 536.00 |
| | 1万元以上 | 98 | 86.2551 | 91.03622 | 9.19605 | 68.0035 | 104.5067 | .00 | 372.00 |
| | 总计 | 994 | 83.0734 | 103.10075 | 3.27016 | 76.6562 | 89.4907 | .00 | 590.00 |
| 步行闲暇体力活动 | 小于2000元 | 135 | 63.55 | 77.954 | 6.709 | 50.28 | 76.82 | .00 | 321 |
| | 2000～3999元 | 125 | 47.23 | 74.030 | 6.621 | 34.13 | 60.34 | .00 | 396 |
| | 4000～5999元 | 269 | 96.06 | 98.987 | 6.035 | 84.18 | 107.94 | .00 | 520 |
| | 6000～7999元 | 223 | 124.07 | 117.772 | 7.887 | 108.53 | 139.61 | .00 | 635 |
| | 8000～10000元 | 144 | 113.84 | 110.310 | 9.192 | 95.67 | 132.01 | .00 | 496 |
| | 1万元以上 | 98 | 140.40 | 142.169 | 14.361 | 111.89 | 168.90 | .00 | 628 |
| | 总计 | 994 | 98.73 | 108.762 | 3.450 | 91.96 | 105.50 | .00 | 635 |
| 大强度闲暇体力活动 | 小于2000元 | 135 | 42.5481 | 70.56168 | 6.07298 | 30.5368 | 54.5594 | .00 | 306.00 |
| | 2000～3999元 | 125 | 33.3840 | 69.23031 | 6.19215 | 21.1280 | 45.6400 | .00 | 331.00 |
| | 4000～5999元 | 269 | 70.1524 | 92.24361 | 5.62419 | 59.0792 | 81.2256 | .00 | 468.00 |
| | 6000～7999元 | 223 | 100.0628 | 108.80330 | 7.28601 | 85.7042 | 114.4214 | .00 | 528.00 |
| | 8000～10000元 | 144 | 100.5833 | 116.04993 | 9.67083 | 81.4671 | 119.6996 | .00 | 646.00 |
| | 1万元以上 | 98 | 73.0510 | 78.87866 | 7.96795 | 57.2368 | 88.8652 | .00 | 271.00 |
| | 总计 | 994 | 73.1841 | 96.75357 | 3.06884 | 67.1620 | 79.2063 | .00 | 646.00 |
| 中等强度闲暇体力活动 | 小于2000元 | 135 | 42.3481 | 73.75963 | 6.34822 | 29.7925 | 54.9038 | .00 | 331.00 |
| | 2000～3999元 | 125 | 26.4480 | 63.51714 | 5.68115 | 15.2034 | 37.6926 | .00 | 381.00 |
| | 4000～5999元 | 269 | 93.1599 | 110.65302 | 6.74663 | 79.8767 | 106.4430 | .00 | 579.00 |
| | 6000～7999元 | 223 | 109.6816 | 122.87261 | 8.22816 | 93.4663 | 125.8969 | .00 | 557.00 |
| | 8000～10000元 | 144 | 119.6875 | 131.05588 | 10.92132 | 98.0994 | 141.2756 | .00 | 569.00 |
| | 1万元以上 | 98 | 105.8571 | 138.29194 | 13.96960 | 78.1314 | 133.5829 | .00 | 615.00 |
| | 总计 | 994 | 86.6710 | 115.35930 | 3.65897 | 79.4908 | 93.8512 | .00 | 615.00 |

（续表）

| | | 个案数 | 平均值 | 标准差 | 标准误 | 平均值的 95%置信区间 | | 最小值 | 最大值 |
|---|---|---|---|---|---|---|---|---|---|
| | | | | | | 下限 | 上限 | | |
| 工作日静坐时间 | 小于 2000 元 | 135 | 361.7111 | 323.64339 | 27.85479 | 306.6192 | 416.8030 | .00 | 1200.00 |
| | 2000～3999 元 | 125 | 314.8000 | 267.93945 | 23.96523 | 267.3661 | 362.2339 | .00 | 1096.00 |
| | 4000～5999 元 | 269 | 502.8513 | 353.25221 | 21.53817 | 460.4458 | 545.2568 | .00 | 1377.00 |
| | 6000～7999 元 | 223 | 532.4619 | 316.98688 | 21.22701 | 490.6297 | 574.2941 | .00 | 1329.00 |
| | 8000～10000 元 | 144 | 532.1389 | 310.44679 | 25.87057 | 481.0007 | 583.2770 | 30.00 | 1361.00 |
| | 1 万元以上 | 98 | 558.0714 | 292.78254 | 29.57550 | 499.3722 | 616.7706 | 10.00 | 1290.00 |
| | 总计 | 994 | 476.3642 | 329.50692 | 10.45132 | 455.8550 | 496.8734 | .00 | 1377.00 |
| 休息日静坐时间 | 小于 2000 元 | 135 | 431.9259 | 363.64202 | 31.29732 | 370.0253 | 493.8266 | .00 | 1336.00 |
| | 2000～3999 元 | 125 | 352.9760 | 280.17260 | 25.05940 | 303.3764 | 402.5756 | .00 | 1200.00 |
| | 4000～5999 元 | 269 | 549.6245 | 359.10916 | 21.89527 | 506.5159 | 592.7332 | .00 | 1367.00 |
| | 6000～7999 元 | 223 | 659.8386 | 316.82476 | 21.21616 | 618.0277 | 701.6494 | .00 | 1380.00 |
| | 8000～10000 元 | 144 | 634.4097 | 333.64709 | 27.80392 | 579.4499 | 689.3695 | .00 | 1357.00 |
| | 1 万元以上 | 98 | 609.5102 | 317.26350 | 32.04845 | 545.9029 | 673.1175 | 30.00 | 1375.00 |
| | 总计 | 994 | 24.4741 | 84.24589 | 7.25073 | 10.1334 | 38.8148 | .00 | 528.00 |

通过方差齐性检验显示，不同月收入居民在体力活动所有维度上的 $P$ 小于 0.05，即方差是不齐性的。进一步通过方差分析发现，不同月收入居民在大强度工作体力活动、中等强度工作体力活动时间上不存在显著差异，在其他维度上存在显著差异，具体如表 5－19 所示。因此，在进行事后比较时，根据各维度方差齐性情况，选择不同的事后比较法，方差齐性时选择 LSD 事后比较法，方差不齐时选择塔姆黑尼事后比较法。

**表 5－19　不同月收入居民的体力活动方差分析**

| | | 平方和 | 自由度 | 均方 | $F$ | 显著性 |
|---|---|---|---|---|---|---|
| 大强度工作体力活动 | 组间 | 62151.327 | 5 | 12430.265 | 1.475 | .195 |
| | 组内 | 8325518.404 | 988 | 8426.638 | | |
| | 总计 | 8387669.731 | 993 | | | |
| 中等强度工作体力活动 | 组间 | 167244.071 | 5 | 33448.814 | 2.101 | .063 |
| | 组内 | 15726291.047 | 988 | 15917.299 | | |
| | 总计 | 15893535.119 | 993 | | | |
| 步行性工作体力活动 | 组间 | 559222.804 | 5 | 111844.561 | 5.432 | .000 |
| | 组内 | 20342212.39 | 988 | 20589.284 | | |
| | 总计 | 20901435.20 | 993 | | | |
| 乘机动车交通体力活动 | 组间 | 670065.237 | 5 | 134013.047 | 11.509 | .000 |
| | 组内 | 11504404.108 | 988 | 11644.134 | | |
| | 总计 | 12174469.345 | 993 | | | |

（续表）

| | | 平方和 | 自由度 | 均方 | $F$ | 显著性 |
|---|---|---|---|---|---|---|
| 骑自行车交通体力活动 | 组间 | 362922.325 | 5 | 72584.465 | 7.786 | .000 |
| | 组内 | 9210561.688 | 988 | 9322.431 | | |
| | 总计 | 9573484.013 | 993 | | | |
| 步行交通体力活动 | 组间 | 419893.724 | 5 | 83978.745 | 7.234 | .000 |
| | 组内 | 11468949.117 | 988 | 11608.248 | | |
| | 总计 | 11888842.841 | 993 | | | |
| 大强度家务体力活动 | 组间 | 737485.003 | 5 | 147497.001 | 15.032 | .000 |
| | 组内 | 9694563.706 | 988 | 9812.311 | | |
| | 总计 | 10432048.709 | 993 | | | |
| 中等强度室外家务体力活动 | 组间 | 473374.373 | 5 | 94674.875 | 8.555 | .000 |
| | 组内 | 10933529.954 | 988 | 11066.326 | | |
| | 总计 | 11406904.327 | 993 | | | |
| 中等强度室内家务体力活动 | 组间 | 169724.498 | 5 | 33944.900 | 3.229 | .007 |
| | 组内 | 10385631.141 | 988 | 10511.772 | | |
| | 总计 | 10555355.639 | 993 | | | |
| 步行闲暇体力活动 | 组间 | 846710.329 | 5 | 169342.066 | 15.350 | .000 |
| | 组内 | 10899677.554 | 988 | 11032.062 | | |
| | 总计 | 11746387.883 | 993 | | | |
| 大强度闲暇体力活动 | 组间 | 596398.687 | 5 | 119279.737 | 13.547 | .000 |
| | 组内 | 8699326.622 | 988 | 8804.986 | | |
| | 总计 | 9295725.309 | 993 | | | |
| 中等强度闲暇体力活动 | 组间 | 1041010.418 | 5 | 208202.084 | 16.898 | .000 |
| | 组内 | 12173603.008 | 988 | 12321.461 | | |
| | 总计 | 13214613.426 | 993 | | | |
| 工作日静坐时间 | 组间 | 7030197.231 | 5 | 1406039.446 | 13.784 | .000 |
| | 组内 | 100784586.934 | 988 | 102008.691 | | |
| | 总计 | 107814784.165 | 993 | | | |
| 休息日静坐时间 | 组间 | 10794592.067 | 5 | 2158918.413 | 19.394 | .000 |
| | 组内 | 109980624.770 | 988 | 111316.422 | | |
| | 总计 | 120775216.837 | 993 | | | |

由表 5 - 18 和表 5 - 20 可以看出，不同月收入的居民之间在大强度工作体力活动、中等强度工作体力活动两个维度上不存在显著差异，在其他维度上都存在显著差异，对这些存在显著差异的维度进行进一步的事后比较分析。步行性工作体力活动由于方差不齐性采用塔姆黑尼事后比较法，发现月收入小于 2000 元的居民除与月收入 2000～3999 元的居民之间不存在显著差异外，与其他月收入的居民之间都存在显著差异，月收入 2000～3999 元的居民与月收入 6000～7999 元的居民之间存在显著差异。进一步通过均值比较发现，月收入小于 2000 元的居民在步行性工作体力活动的时间上显著低于其他月收入的居民（月收入 2000～3999 元的居民除外），月收入 2000～3999 元的居民在步行性工作体力活动的时间显著低于月收入 6000～7999 元的居民。乘机动车交通体力活动由于方差不齐性采用塔姆黑尼事后比较法，发现月收入小于 2000 元的居民除与月收入 2000～3999 元的居民之间不存在显著差异外，与其他月收入的居民之间都存在显著差异，月收入 2000～3999 元的居民除与月收入小于 2000 元的居民之间不存在显著差异外，与其他月收入的居民之间都存在显著差异。进一步通过均值比较发现，月收入小于 2000 元的居民在乘机动车交通体力活动的时间上显著低于其他月收入的居民（月收入 2000～3999 元的居民除外），月收入 2000～3999 元的居民在乘机动车交通体力活动的时间上显著低于其他月收入的居民（月收入小于 2000 元的居民除外）。骑自行车交通体力活动由于方差不齐性采用塔姆黑尼事后比较法，发现月收入小于 2000 元的居民与月收入 6000～7999 元的居民之间存在显著差异，月收入 2000～3999 元的居民除与月收入小于 2000 元的居民之间不存在显著差异外，与其他月收入的居民之间都存在显著差异，月收入 4000～5999 的居民与月收入 2000～3999、6000～7999 元的居民之间存在显著差异。进一步通过均值比较发现，月收入小于 2000 元的居民在骑自行车交通体力活动的时间上显著低于月收入 6000～7999 元的居民，月收入 2000～3999 元的居民在骑自行车交通体力活动的时间显著低于其他月收入的居民（月收入小于 2000 元的居民除外），月收入 4000～5999 的居民在骑自行车交通体力活动的时间上显著低于月收入 6000～7999 元的居民。步行交通体力活动由于方差不齐性采用塔姆黑尼事后比较法，发现月收入小于 2000 元、2000～3999 元的居民与月收入 6000～7999、8000～10000、1 万元以上的居民之间都存在显著差异。进一步通过均值比较发现，月收入小于 2000 元、2000～3999 元的居民在步行交通体力活动的时间上显著低于月收入 6000～7999、8000～10000、1 万元以上的居民。大强度家务体力活动由于方差不齐性采用塔姆黑尼事后比较法，发现月收入小于 2000 元的居民除与月收入 2000～3999 元的居民之间不存在显著差异外，与其他月收入的居民之间都存在显著差异，月收入 2000～3999 元的居民除与月收入小于 2000 元的居民之间不存在显著差异外，与其他月收入的居民之间都存在显著差异。进一步通过均值比较发现，月收入小于 2000 元的居民在大强度家务体力活动的时间上显著低于其他月收入的居民（月收入 2000～3999 元的居民除外），月收入 2000～3999 元的居民在大强度家务体力活动的时间上显著低于其他月收入的居民（月收入小于 2000 元的居民除外）。中等强度室外家务体力活动由于方差不齐性采用塔姆黑尼事后比较法，发现月收入小于 2000 元的居民与月收入 6000～7999 元、8000～10000 元的居民之间存在显著差异，进一步通过均值比较发现，月收入小于 2000 元的居民在中等强度室外家务体力活动的时间上显著低于月收入 6000～7999 元、8000～10000 元的居民。中等强度室内家务体力活动由于方差不齐性采用塔姆黑尼事后比较法，发现月收入2000～3999元的居民与月收入6000～7999元、8000～10000元的居民之间存在显著差异，其他月收入的居民之间都不存在显著差异。进一步通过均值比较发现，月收入2000～3999元的居民在中等强度室内家务体力活动的时间上显著低于月收入6000～7999元、8000～10000元的居民。步行闲暇体力活动由于方差不齐性采用塔姆黑尼事后比较法，发现月收入小于2000元、2000～3999元的居民与月收入4000～5999、6000～7999、8000～10000、1万元以上的居民之间都存在显著差异，月收入4000～5999元的居民除与月收入6000～7999、8000～10000元、1万元以上的居民之间不存在显著差异外与其他月收入的居民之间都存在显著差异。进一步通过均值比较发现，月收入小于2000元、2000～3999元的居民在步行闲暇体力活动的时间上显著低于月收入4000～5999、6000～7999、8000～10000、1万元以上的居民，月收入4000～5999元的居民在步行闲暇体力活动的时间上显著低于其他月收入的居民（月收入6000～7999、8000～10000元、1万元以上的居民除外）。大强度闲暇体力活动由于方差不齐性采用塔姆黑尼事后比较法，发现月收入小于2000元、2000～3999元的居民与月收入4000～5999、6000～7999、8000～10000、1万元以上的居民之间都存在显著差异，月收入4000～5999元的居民与月收入6000～7999元的居民之间存在显著差异。进一步通过均值比较发现，月收入小于2000元、2000～3999元的居民在大强度闲暇体力活动的时间上显著低于月收入4000～5999、6000～7999、8000～10000、1万元以上的居民，月收入4000～5999元的居民在大强度闲暇体力活动的时间上显著低于月收入6000～7999元的居民。中等强度闲暇体力活动由于方差不齐性采用塔姆黑尼事后比较法，发现月收入小于2000元的居民除与月收入2000～3999元的居民之间不存在显著差异外，与其他月收入的居民之间都存在显著差异，月收入2000～3999元的居民除与月收入小于2000元的居民之间不存在显著差异外，与其他月收入的居民之间都存在显著差异。进一步通过均值比较发现，月收入小于2000元的居民在中等强度闲暇体力活动的时间上显著低于其他月收入的居民（月收入2000～3999元的居民除外），月收入2000～3999元的居民在中等强度闲暇体力活动的时间上显著低于其他月收入的居民（月收入小于2000元的居民除外）。工作日静坐时间由于方差不齐性采用塔姆黑尼事后比较法，发现月收入小于2000元的居民除与月收入2000～3999元的居民之间不存在显著差异外，与其他月收入的居民之间都存在显著差异，月收入2000～3999元的居民除与月收入小于2000元的居民之间不存在显著差异外，与其他月收入的居民之间都存在显著差异。进一步通过均值比较发现，月收入小于2000元的居民在工作日静坐时间上显著低于其他月收入的居民（月收入2000～3999元的居民除外），月收入2000～3999元的居民在工作日静坐时间上显著低于其他月收入的居民（月收入小于2000元的居民除外）。休息日静坐时间由于方差不齐性采用塔姆黑尼事后比较法，发现月收入小于2000元、2000～3999元的居民与月收入4000～5999、6000～7999、8000～10000、1万元以上的居民之间都存在显著差异，月收入4000～5999元的居民与月收入6000～7999元的居民之间存在显著差异。进一步通过均值比较发现，月收入小于2000元、2000～3999元的居民在休息日静坐时间上显著低于月收入4000～5999、6000～7999、8000～10000、1万元以上的居民，月收入4000～5999元的居民在休息日静坐时间上显著低于月收入6000～7999元的居民。

**表5-20 不同月收入居民体力活动的事后多重比较**

| 因变量 | | (I)月平均收入 | (J)平均收入 | 平均值差值(I-J) | 标准误 | 显著性 | 95%置信区间 | |
|---|---|---|---|---|---|---|---|---|
| | | | | | | | 下限 | 上限 |
| 大强度工作体力活动 | 塔姆黑尼 | 小于2000元 | 2000～3999元 | 1.97007 | 9.58131 | 1.000 | -26.3475 | 30.2877 |
| | | | 4000～5999元 | -12.55567 | 9.25048 | .945 | -39.8594 | 14.7480 |
| | | | 6000～7999元 | -19.89364 | 9.79783 | .484 | -48.7981 | 9.0109 |
| | | | 8000～10000元 | -17.56065 | 11.20960 | .849 | -50.6708 | 15.5495 |
| | | | 1万元以上 | -13.30144 | 11.38712 | .985 | -47.0334 | 20.4306 |
| | | 2000～3999元 | 小于2000元 | -1.97007 | 9.58131 | 1.000 | -30.2877 | 26.3475 |
| | | | 4000～5999元 | -14.52574 | 8.49863 | .750 | -39.5973 | 10.5459 |
| | | | 6000～7999元 | -21.86371 | 9.09135 | .224 | -48.6776 | 4.9502 |
| | | | 8000～10000元 | -19.53072 | 10.59765 | .644 | -50.8540 | 11.7925 |
| | | | 1万元以上 | -15.27151 | 10.78525 | .925 | -47.2650 | 16.7220 |
| | | 4000～5999元 | 小于2000元 | 12.55567 | 9.25048 | .945 | -14.7480 | 39.8594 |
| | | | 2000～3999元 | 14.52574 | 8.49863 | .750 | -10.5459 | 39.5973 |
| | | | 6000～7999元 | -7.33797 | 8.74201 | 1.000 | -33.0651 | 18.3892 |
| | | | 8000～10000元 | -5.00498 | 10.29953 | 1.000 | -35.4276 | 25.4177 |
| | | | 1万元以上 | -.74577 | 10.49246 | 1.000 | -31.8666 | 30.3751 |
| | | 6000～7999元 | 小于2000元 | 19.89364 | 9.79783 | .484 | -9.0109 | 48.7981 |
| | | | 2000～3999元 | 21.86371 | 9.09135 | .224 | -4.9502 | 48.6776 |
| | | | 4000～5999元 | 7.33797 | 8.74201 | 1.000 | -18.3892 | 33.0651 |
| | | | 8000～10000元 | 2.33299 | 10.79381 | 1.000 | -29.5264 | 34.1924 |
| | | | 1万元以上 | 6.59220 | 10.97805 | 1.000 | -25.9227 | 39.1071 |
| | | 8000～10000元 | 小于2000元 | 17.56065 | 11.20960 | .849 | -15.5495 | 50.6708 |
| | | | 2000～3999元 | 19.53072 | 10.59765 | .644 | -11.7925 | 50.8540 |
| | | | 4000～5999元 | 5.00498 | 10.29953 | 1.000 | -25.4177 | 35.4276 |
| | | | 6000～7999元 | -2.33299 | 10.79381 | 1.000 | -34.1924 | 29.5264 |
| | | | 1万元以上 | 4.25921 | 12.25460 | 1.000 | -31.9989 | 40.5173 |
| | | 1万元以上 | 小于2000元 | 13.30144 | 11.38712 | .985 | -20.4306 | 47.0334 |
| | | | 2000～3999元 | 15.27151 | 10.78525 | .925 | -16.7220 | 47.2650 |
| | | | 4000～5999元 | .74577 | 10.49246 | 1.000 | -30.3751 | 31.8666 |
| | | | 6000～7999元 | -6.59220 | 10.97805 | 1.000 | -39.1071 | 25.9227 |
| | | | 8000～10000元 | -4.25921 | 12.25460 | 1.000 | -40.5173 | 31.9989 |

（续表）

| 因变量 | | (I)月平均收入 | (J)平均收入 | 平均值差值(I−J) | 标准误 | 显著性 | 95%置信区间 | |
|---|---|---|---|---|---|---|---|---|
| | | | | | | | 下限 | 上限 |
| 中等强度工作体力活动 | 塔姆黑尼 | 小于2000元 | 2000～3999元 | −6.45481 | 11.89830 | 1.000 | −41.6407 | 28.7311 |
| | | | 4000～5999元 | −37.68470 | 11.43002 | .016 | −71.3560 | −4.0134 |
| | | | 6000～7999元 | −26.23634 | 11.53399 | .300 | −60.2349 | 7.7623 |
| | | | 8000～10000元 | −22.07176 | 13.06557 | .766 | −60.6951 | 16.5516 |
| | | | 1万元以上 | −26.53930 | 14.91516 | .700 | −70.8791 | 17.8005 |
| | | 2000～3999元 | 小于2000元 | 6.45481 | 11.89830 | 1.000 | −28.7311 | 41.6407 |
| | | | 4000～5999元 | −31.22989 | 12.78808 | .205 | −68.9511 | 6.4913 |
| | | | 6000～7999元 | −19.78152 | 12.88109 | .867 | −57.7895 | 18.2264 |
| | | | 8000～10000元 | −15.61694 | 14.26881 | .992 | −57.7727 | 26.5388 |
| | | | 1万元以上 | −20.08449 | 15.97972 | .971 | −67.4829 | 27.3139 |
| | | 4000～5999元 | 小于2000元 | 37.68470 | 11.43002 | .016 | 4.0134 | 71.3560 |
| | | | 2000～3999元 | 31.22989 | 12.78808 | .205 | −6.4913 | 68.9511 |
| | | | 6000～7999元 | 11.44836 | 12.44983 | .999 | −25.1832 | 48.0799 |
| | | | 8000～10000元 | 15.61294 | 13.88073 | .989 | −25.3341 | 56.5600 |
| | | | 1万元以上 | 11.14540 | 15.63417 | 1.000 | −35.2091 | 57.4999 |
| | | 6000～7999元 | 小于2000元 | 26.23634 | 11.53399 | .300 | −7.7623 | 60.2349 |
| | | | 2000～3999元 | 19.78152 | 12.88109 | .867 | −18.2264 | 57.7895 |
| | | | 4000～5999元 | −11.44836 | 12.44983 | .999 | −48.0799 | 25.1832 |
| | | | 8000～10000元 | 4.16458 | 13.96646 | 1.000 | −37.0439 | 45.3731 |
| | | | 1万元以上 | −.30297 | 15.71034 | 1.000 | −46.8833 | 46.2774 |
| | | 8000～10000元 | 小于2000元 | 22.07176 | 13.06557 | .766 | −16.5516 | 60.6951 |
| | | | 2000～3999元 | 15.61694 | 14.26881 | .992 | −26.5388 | 57.7727 |
| | | | 4000～5999元 | −15.61294 | 13.88073 | .989 | −56.5600 | 25.3341 |
| | | | 6000～7999元 | −4.16458 | 13.96646 | 1.000 | −45.3731 | 37.0439 |
| | | | 1万元以上 | −4.46755 | 16.86687 | 1.000 | −54.4201 | 45.4850 |
| | | 1万元以上 | 小于2000元 | 26.53930 | 14.91516 | .700 | −17.8005 | 70.8791 |
| | | | 2000～3999元 | 20.08449 | 15.97972 | .971 | −27.3139 | 67.4829 |
| | | | 4000～5999元 | −11.14540 | 15.63417 | 1.000 | −57.4999 | 35.2091 |
| | | | 6000～7999元 | .30297 | 15.71034 | 1.000 | −46.2774 | 46.8833 |
| | | | 8000～10000元 | 4.46755 | 16.86687 | 1.000 | −45.4850 | 54.4201 |

（续表）

| 因变量 | | (I)月平均收入 | (J)平均收入 | 平均值差值(I−J) | 标准误 | 显著性 | 95%置信区间 | |
|---|---|---|---|---|---|---|---|---|
| | | | | | | | 下限 | 上限 |
| 步行性工作体力活动 | 塔姆黑尼 | 小于2000元 | 2000～3999元 | −18.27259 | 10.62070 | .745 | −49.7841 | 13.2389 |
| | | | 4000～5999元 | −46.61564 | 9.94235 | .000 | −75.9091 | −17.3222 |
| | | | 6000～7999元 | −67.84551 | 12.29826 | .000 | −104.1522 | −31.5388 |
| | | | 8000～10000元 | −56.51065 | 14.10510 | .001 | −98.3712 | −14.6501 |
| | | | 1万元以上 | −69.83137 | 18.16215 | .003 | −124.1779 | −15.4848 |
| | | 2000～3999元 | 小于2000元 | 18.27259 | 10.62070 | .745 | −13.2389 | 49.7841 |
| | | | 4000～5999元 | −28.34305 | 12.96227 | .362 | −66.5820 | 9.8959 |
| | | | 6000～7999元 | −49.57291 | 14.84646 | .014 | −93.3468 | −5.7990 |
| | | | 8000～10000元 | −38.23806 | 16.37449 | .265 | −86.6400 | 10.1639 |
| | | | 1万元以上 | −51.55878 | 19.97583 | .150 | −110.9760 | 7.8585 |
| | | 4000～5999元 | 小于2000元 | 46.61564 | 9.94235 | .000 | 17.3222 | 75.9091 |
| | | | 2000～3999元 | 28.34305 | 12.96227 | .362 | −9.8959 | 66.5820 |
| | | | 6000～7999元 | −21.22987 | 14.36901 | .896 | −63.5311 | 21.0714 |
| | | | 8000～10000元 | −9.89501 | 15.94287 | 1.000 | −56.9937 | 37.2036 |
| | | | 1万元以上 | −23.21573 | 19.62358 | .983 | −81.6112 | 35.1797 |
| | | 6000～7999元 | 小于2000元 | 67.84551 | 12.29826 | .000 | 31.5388 | 104.1522 |
| | | | 2000～3999元 | 49.57291 | 14.84646 | .014 | 5.7990 | 93.3468 |
| | | | 4000～5999元 | 21.22987 | 14.36901 | .896 | −21.0714 | 63.5311 |
| | | | 8000～10000元 | 11.33486 | 17.50919 | 1.000 | −40.3161 | 62.9858 |
| | | | 1万元以上 | −1.98586 | 20.91607 | 1.000 | −64.0406 | 60.0689 |
| | | 8000～10000元 | 小于2000元 | 56.51065 | 14.10510 | .001 | 14.6501 | 98.3712 |
| | | | 2000～3999元 | 38.23806 | 16.37449 | .265 | −10.1639 | 86.6400 |
| | | | 4000～5999元 | 9.89501 | 15.94287 | 1.000 | −37.2036 | 56.9937 |
| | | | 6000～7999元 | −11.33486 | 17.50919 | 1.000 | −62.9858 | 40.3161 |
| | | | 1万元以上 | −13.32072 | 22.02699 | 1.000 | −78.6054 | 51.9640 |
| | | 1万元以上 | 小于2000元 | 69.83137 | 18.16215 | .003 | 15.4848 | 124.1779 |
| | | | 2000～3999元 | 51.55878 | 19.97583 | .150 | −7.8585 | 110.9760 |
| | | | 4000～5999元 | 23.21573 | 19.62358 | .983 | −35.1797 | 81.6112 |
| | | | 6000～7999元 | 1.98586 | 20.91607 | 1.000 | −60.0689 | 64.0406 |
| | | | 8000～10000元 | 13.32072 | 22.02699 | 1.000 | −51.9640 | 78.6054 |

（续表）

| 因变量 | | (I)月平均收入 | (J)平均收入 | 平均值差值(I−J) | 标准误 | 显著性 | 95%置信区间 | |
|---|---|---|---|---|---|---|---|---|
| | | | | | | | 下限 | 上限 |
| 乘机动车交通体力活动 | 塔姆黑尼 | 小于2000元 | 2000～3999元 | 17.34667 | 10.95543 | .839 | −15.0521 | 49.7455 |
| | | | 4000～5999元 | −33.90508 | 10.91092 | .031 | −66.1360 | −1.6741 |
| | | | 6000～7999元 | −53.61854 | 11.74698 | .000 | −88.2824 | −18.9547 |
| | | | 8000～10000元 | −48.74861 | 12.84450 | .003 | −86.6822 | −10.8150 |
| | | | 1万元以上 | −60.90068 | 16.58885 | .005 | −110.1588 | −11.6426 |
| | | 2000～3999元 | 小于2000元 | −17.34667 | 10.95543 | .839 | −49.7455 | 15.0521 |
| | | | 4000～5999元 | −51.25175 | 9.00116 | .000 | −77.7942 | −24.7093 |
| | | | 6000～7999元 | −70.96520 | 9.99821 | .000 | −100.4441 | −41.4863 |
| | | | 8000～10000元 | −66.09528 | 11.26738 | .000 | −99.4062 | −32.7843 |
| | | | 1万元以上 | −78.24735 | 15.40009 | .000 | −124.1355 | −32.3592 |
| | | 4000～5999元 | 小于2000元 | 33.90508 | 10.91092 | .031 | 1.6741 | 66.1360 |
| | | | 2000～3999元 | 51.25175 | 9.00116 | .000 | 24.7093 | 77.7942 |
| | | | 6000～7999元 | −19.71345 | 9.94942 | .523 | −48.9980 | 9.5711 |
| | | | 8000～10000元 | −14.84353 | 11.22411 | .955 | −47.9934 | 18.3063 |
| | | | 1万元以上 | −26.99560 | 15.36846 | .719 | −72.7811 | 18.7899 |
| | | 6000～7999元 | 小于2000元 | 53.61854 | 11.74698 | .000 | 18.9547 | 88.2824 |
| | | | 2000～3999元 | 70.96520 | 9.99821 | .000 | 41.4863 | 100.4441 |
| | | | 4000～5999元 | 19.71345 | 9.94942 | .523 | −9.5711 | 48.9980 |
| | | | 8000～10000元 | 4.86992 | 12.03844 | 1.000 | −30.6485 | 40.3884 |
| | | | 1万元以上 | −7.28215 | 15.97288 | 1.000 | −54.7665 | 40.2022 |
| | | 8000～10000元 | 小于2000元 | 48.74861 | 12.84450 | .003 | 10.8150 | 86.6822 |
| | | | 2000～3999元 | 66.09528 | 11.26738 | .000 | 32.7843 | 99.4062 |
| | | | 4000～5999元 | 14.84353 | 11.22411 | .955 | −18.3063 | 47.9934 |
| | | | 6000～7999元 | −4.86992 | 12.03844 | 1.000 | −40.3884 | 30.6485 |
| | | | 1万元以上 | −12.15207 | 16.79650 | 1.000 | −62.0001 | 37.6960 |
| | | 1万元以上 | 小于2000元 | 60.90068 | 16.58885 | .005 | 11.6426 | 110.1588 |
| | | | 2000～3999元 | 78.24735 | 15.40009 | .000 | 32.3592 | 124.1355 |
| | | | 4000～5999元 | 26.99560 | 15.36846 | .719 | −18.7899 | 72.7811 |
| | | | 6000～7999元 | 7.28215 | 15.97288 | 1.000 | −40.2022 | 54.7665 |
| | | | 8000～10000元 | 12.15207 | 16.79650 | 1.000 | −37.6960 | 62.0001 |

（续表）

| 因变量 | | (I)月平均收入 | (J)平均收入 | 平均值差值(I−J) | 标准误 | 显著性 | 95%置信区间 | |
|---|---|---|---|---|---|---|---|---|
| | | | | | | | 下限 | 上限 |
| 骑自行车交通体力活动 | 塔姆黑尼 | 小于2000元 | 2000～3999元 | 18.51733 | 8.67431 | .403 | −7.1485 | 44.1831 |
| | | | 4000～5999元 | −13.38191 | 9.27647 | .913 | −40.7616 | 13.9978 |
| | | | 6000～7999元 | −42.81824 | 10.62670 | .001 | −74.1489 | −11.4876 |
| | | | 8000～10000元 | −24.07222 | 11.29402 | .404 | −57.4326 | 9.2881 |
| | | | 1万元以上 | −25.36871 | 12.49737 | .489 | −62.4347 | 11.6973 |
| | | 2000～3999元 | 小于2000元 | −18.51733 | 8.67431 | .403 | −44.1831 | 7.1485 |
| | | | 4000～5999元 | −31.89924 | 7.47334 | .000 | −53.9187 | −9.8798 |
| | | | 6000～7999元 | −61.33557 | 9.09530 | .000 | −88.1562 | −34.5150 |
| | | | 8000～10000元 | −42.58956 | 9.86675 | .000 | −71.7961 | −13.3830 |
| | | | 1万元以上 | −43.88604 | 11.22418 | .002 | −77.3244 | −10.4477 |
| | | 4000～5999元 | 小于2000元 | 13.38191 | 9.27647 | .913 | −13.9978 | 40.7616 |
| | | | 2000～3999元 | 31.89924 | 7.47334 | .000 | 9.8798 | 53.9187 |
| | | | 6000～7999元 | −29.43633 | 9.67130 | .037 | −57.9113 | −.9613 |
| | | | 8000～10000元 | −10.69031 | 10.40011 | .996 | −41.4117 | 20.0310 |
| | | | 1万元以上 | −11.98680 | 11.69580 | .996 | −46.7380 | 22.7644 |
| | | 6000～7999元 | 小于2000元 | 42.81824 | 10.62670 | .001 | 11.4876 | 74.1489 |
| | | | 2000～3999元 | 61.33557 | 9.09530 | .000 | 34.5150 | 88.1562 |
| | | | 4000～5999元 | 29.43633 | 9.67130 | .037 | .9613 | 57.9113 |
| | | | 8000～10000元 | 18.74601 | 11.62050 | .819 | −15.5259 | 53.0179 |
| | | | 1万元以上 | 17.44953 | 12.79318 | .943 | −20.4347 | 55.3337 |
| | | 8000～10000元 | 小于2000元 | 24.07222 | 11.29402 | .404 | −9.2881 | 57.4326 |
| | | | 2000～3999元 | 42.58956 | 9.86675 | .000 | 13.3830 | 71.7961 |
| | | | 4000～5999元 | 10.69031 | 10.40011 | .996 | −20.0310 | 41.4117 |
| | | | 6000～7999元 | −18.74601 | 11.62050 | .819 | −53.0179 | 15.5259 |
| | | | 1万元以上 | −1.29649 | 13.35266 | 1.000 | −40.8350 | 38.2420 |
| | | 1万元以上 | 小于2000元 | 25.36871 | 12.49737 | .489 | −11.6973 | 62.4347 |
| | | | 2000～3999元 | 43.88604 | 11.22418 | .002 | 10.4477 | 77.3244 |
| | | | 4000～5999元 | 11.98680 | 11.69580 | .996 | −22.7644 | 46.7380 |
| | | | 6000～7999元 | −17.44953 | 12.79318 | .943 | −55.3337 | 20.4347 |
| | | | 8000～10000元 | 1.29649 | 13.35266 | 1.000 | −38.2420 | 40.8350 |

（续表）

| 因变量 | | (*I*)月平均收入 | (*J*)平均收入 | 平均值差值(*I*−*J*) | 标准误 | 显著性 | 95%置信区间 | |
|---|---|---|---|---|---|---|---|---|
| | | | | | | | 下限 | 上限 |
| 步行交通体力活动 | 塔姆黑尼 | 小于2000元 | 2000～3999元 | 3.82311 | 12.38259 | 1.000 | −32.7750 | 40.4213 |
| | | | 4000～5999元 | −24.03907 | 10.39410 | .278 | −54.7355 | 6.6573 |
| | | | 6000～7999元 | −36.58754 | 10.91646 | .014 | −68.8067 | −4.3684 |
| | | | 8000～10000元 | −50.06528 | 12.99896 | .002 | −88.4614 | −11.6692 |
| | | | 1万元以上 | −59.47868 | 15.82737 | .004 | −106.4843 | −12.4731 |
| | | 2000～3999元 | 小于2000元 | −3.82311 | 12.38259 | 1.000 | −40.4213 | 32.7750 |
| | | | 4000～5999元 | −27.86219 | 11.00490 | .165 | −60.4069 | 4.6826 |
| | | | 6000～7999元 | −40.41065 | 11.49955 | .008 | −74.3887 | −6.4326 |
| | | | 8000～10000元 | −53.88839 | 13.49235 | .001 | −93.7483 | −14.0284 |
| | | | 1万元以上 | −63.30180 | 16.23503 | .002 | −111.4833 | −15.1203 |
| | | 4000～5999元 | 小于2000元 | 24.03907 | 10.39410 | .278 | −6.6573 | 54.7355 |
| | | | 2000～3999元 | 27.86219 | 11.00490 | .165 | −4.6826 | 60.4069 |
| | | | 6000～7999元 | −12.54847 | 9.32461 | .948 | −39.9897 | 14.8927 |
| | | | 8000～10000元 | −26.02620 | 11.69411 | .336 | −60.5899 | 8.5375 |
| | | | 1万元以上 | −35.43961 | 14.77447 | .236 | −79.4485 | 8.5692 |
| | | 6000～7999元 | 小于2000元 | 36.58754 | 10.91646 | .014 | 4.3684 | 68.8067 |
| | | | 2000～3999元 | 40.41065 | 11.49955 | .008 | 6.4326 | 74.3887 |
| | | | 4000～5999元 | 12.54847 | 9.32461 | .948 | −14.8927 | 39.9897 |
| | | | 8000～10000元 | −13.47773 | 12.16076 | .991 | −49.3928 | 22.4374 |
| | | | 1万元以上 | −22.89114 | 15.14651 | .882 | −67.9455 | 22.1632 |
| | | 8000～10000元 | 小于2000元 | 50.06528 | 12.99896 | .002 | 11.6692 | 88.4614 |
| | | | 2000～3999元 | 53.88839 | 13.49235 | .001 | 14.0284 | 93.7483 |
| | | | 4000～5999元 | 26.02620 | 11.69411 | .336 | −8.5375 | 60.5899 |
| | | | 6000～7999元 | 13.47773 | 12.16076 | .991 | −22.4374 | 49.3928 |
| | | | 1万元以上 | −9.41341 | 16.70990 | 1.000 | −58.9499 | 40.1231 |
| | | 1万元以上 | 小于2000元 | 59.47868 | 15.82737 | .004 | 12.4731 | 106.4843 |
| | | | 2000～3999元 | 63.30180 | 16.23503 | .002 | 15.1203 | 111.4833 |
| | | | 4000～5999元 | 35.43961 | 14.77447 | .236 | −8.5692 | 79.4485 |
| | | | 6000～7999元 | 22.89114 | 15.14651 | .882 | −22.1632 | 67.9455 |
| | | | 8000～10000元 | 9.41341 | 16.70990 | 1.000 | −40.1231 | 58.9499 |

（续表）

| 因变量 | | (I)月平均收入 | (J)平均收入 | 平均值差值(I－J) | 标准误 | 显著性 | 95%置信区间 | |
|---|---|---|---|---|---|---|---|---|
| | | | | | | | 下限 | 上限 |
| 大强度家务体力活动 | 塔姆黑尼 | 小于2000元 | 2000～3999元 | 11.46430 | 7.96331 | .914 | －12.0707 | 34.9993 |
| | | | 4000～5999元 | －42.63828 | 8.82174 | .000 | －68.6326 | －16.6440 |
| | | | 6000～7999元 | －66.27231 | 9.68744 | .000 | －94.8271 | －37.7176 |
| | | | 8000～10000元 | －57.31759 | 11.09934 | .000 | －90.1396 | －24.4956 |
| | | | 1万元以上 | －36.75268 | 11.54613 | .026 | －71.0533 | －2.4521 |
| | | 2000～3999元 | 小于2000元 | －11.46430 | 7.96331 | .914 | －34.9993 | 12.0707 |
| | | | 4000～5999元 | －54.10257 | 8.33617 | .000 | －78.6635 | －29.5417 |
| | | | 6000～7999元 | －77.73661 | 9.24744 | .000 | －105.0008 | －50.4724 |
| | | | 8000～10000元 | －68.78189 | 10.71745 | .000 | －100.5021 | －37.0617 |
| | | | 1万元以上 | －48.21698 | 11.17952 | .000 | －81.4776 | －14.9564 |
| | | 4000～5999元 | 小于2000元 | 42.63828 | 8.82174 | .000 | 16.6440 | 68.6326 |
| | | | 2000～3999元 | 54.10257 | 8.33617 | .000 | 29.5417 | 78.6635 |
| | | | 6000～7999元 | －23.63404 | 9.99620 | .244 | －53.0539 | 5.7858 |
| | | | 8000～10000元 | －14.67932 | 11.36981 | .963 | －48.2556 | 18.8970 |
| | | | 1万元以上 | 5.88559 | 11.80637 | 1.000 | －29.1311 | 40.9023 |
| | | 6000～7999元 | 小于2000元 | 66.27231 | 9.68744 | .000 | 37.7176 | 94.8271 |
| | | | 2000～3999元 | 77.73661 | 9.24744 | .000 | 50.4724 | 105.0008 |
| | | | 4000～5999元 | 23.63404 | 9.99620 | .244 | －5.7858 | 53.0539 |
| | | | 8000～10000元 | 8.95472 | 12.05388 | 1.000 | －26.6125 | 44.5219 |
| | | | 1万元以上 | 29.51963 | 12.46651 | .248 | －7.3928 | 66.4320 |
| | | 8000～10000元 | 小于2000元 | 57.31759 | 11.09934 | .000 | 24.4956 | 90.1396 |
| | | | 2000～3999元 | 68.78189 | 10.71745 | .000 | 37.0617 | 100.5021 |
| | | | 4000～5999元 | 14.67932 | 11.36981 | .963 | －18.8970 | 48.2556 |
| | | | 6000～7999元 | －8.95472 | 12.05388 | 1.000 | －44.5219 | 26.6125 |
| | | | 1万元以上 | 20.56491 | 13.59274 | .880 | －19.6579 | 60.7877 |
| | | 1万元以上 | 小于2000元 | 36.75268 | 11.54613 | .026 | 2.4521 | 71.0533 |
| | | | 2000～3999元 | 48.21698 | 11.17952 | .000 | 14.9564 | 81.4776 |
| | | | 4000～5999元 | －5.88559 | 11.80637 | 1.000 | －40.9023 | 29.1311 |
| | | | 6000～7999元 | －29.51963 | 12.46651 | .248 | －66.4320 | 7.3928 |
| | | | 8000～10000元 | －20.56491 | 13.59274 | .880 | －60.7877 | 19.6579 |

（续表）

| 因变量 | | (I)月平均收入 | (J)平均收入 | 平均值差值(I−J) | 标准误 | 显著性 | 95%置信区间 | |
|---|---|---|---|---|---|---|---|---|
| | | | | | | | 下限 | 上限 |
| 中等强度室外家务体力活动 | 塔姆黑尼 | 小于2000元 | 2000～3999元 | 13.97304 | 8.90108 | .847 | −12.3331 | 40.2792 |
| | | | 4000～5999元 | −19.58527 | 8.99361 | .368 | −46.1078 | 6.9373 |
| | | | 6000～7999元 | −45.54054 | 10.61797 | .000 | −76.8384 | −14.2427 |
| | | | 8000～10000元 | −49.02130 | 12.29208 | .001 | −85.3688 | −12.6737 |
| | | | 1万元以上 | −32.82827 | 12.97534 | .170 | −71.3798 | 5.7232 |
| | | 2000～3999元 | 小于2000元 | −13.97304 | 8.90108 | .847 | −40.2792 | 12.3331 |
| | | | 4000～5999元 | −33.55830 | 8.43532 | .001 | −58.4277 | −8.6889 |
| | | | 6000～7999元 | −59.51358 | 10.14943 | .000 | −89.4363 | −29.5908 |
| | | | 8000～10000元 | −62.99433 | 11.88970 | .000 | −98.1806 | −27.8081 |
| | | | 1万元以上 | −46.80131 | 12.59480 | .004 | −84.2741 | −9.3285 |
| | | 4000～5999元 | 小于2000元 | 19.58527 | 8.99361 | .368 | −6.9373 | 46.1078 |
| | | | 2000～3999元 | 33.55830 | 8.43532 | .001 | 8.6889 | 58.4277 |
| | | | 6000～7999元 | −25.95527 | 10.23067 | .160 | −56.0792 | 4.1687 |
| | | | 8000～10000元 | −29.43603 | 11.95912 | .197 | −64.7990 | 5.9269 |
| | | | 1万元以上 | −13.24300 | 12.66036 | .995 | −50.8813 | 24.3953 |
| | | 6000～7999元 | 小于2000元 | 45.54054 | 10.61797 | .000 | 14.2427 | 76.8384 |
| | | | 2000～3999元 | 59.51358 | 10.14943 | .000 | 29.5908 | 89.4363 |
| | | | 4000～5999元 | 25.95527 | 10.23067 | .160 | −4.1687 | 56.0792 |
| | | | 8000～10000元 | −3.48075 | 13.22411 | 1.000 | −42.5049 | 35.5434 |
| | | | 1万元以上 | 12.71227 | 13.86150 | .999 | −28.3479 | 53.7724 |
| | | 8000～10000元 | 小于2000元 | 49.02130 | 12.29208 | .001 | 12.6737 | 85.3688 |
| | | | 2000～3999元 | 62.99433 | 11.88970 | .000 | 27.8081 | 98.1806 |
| | | | 4000～5999元 | 29.43603 | 11.95912 | .197 | −5.9269 | 64.7990 |
| | | | 6000～7999元 | 3.48075 | 13.22411 | 1.000 | −35.5434 | 42.5049 |
| | | | 1万元以上 | 16.19303 | 15.18206 | .994 | −28.7376 | 61.1237 |
| | | 1万元以上 | 小于2000元 | 32.82827 | 12.97534 | .170 | −5.7232 | 71.3798 |
| | | | 2000～3999元 | 46.80131 | 12.59480 | .004 | 9.3285 | 84.2741 |
| | | | 4000～5999元 | 13.24300 | 12.66036 | .995 | −24.3953 | 50.8813 |
| | | | 6000～7999元 | −12.71227 | 13.86150 | .999 | −53.7724 | 28.3479 |
| | | | 8000～10000元 | −16.19303 | 15.18206 | .994 | −61.1237 | 28.7376 |

（续表）

| 因变量 | | (I)月平均收入 | (J)平均收入 | 平均值差值(I－J) | 标准误 | 显著性 | 95%置信区间 | |
|---|---|---|---|---|---|---|---|---|
| | | | | | | | 下限 | 上限 |
| 中等强度室内家务体力活动 | 塔姆黑尼 | 小于2000元 | 2000～3999元 | 27.43170 | 10.89781 | .171 | －4.7777 | 59.6411 |
| | | | 4000～5999元 | 7.74831 | 10.22703 | 1.000 | －22.4589 | 37.9556 |
| | | | 6000～7999元 | －11.53396 | 11.35358 | .996 | －45.0236 | 21.9556 |
| | | | 8000～10000元 | －14.33796 | 12.88181 | .990 | －52.3881 | 23.7122 |
| | | | 1万元以上 | －2.55140 | 12.38225 | 1.000 | －39.2106 | 34.1078 |
| | | 2000～3999元 | 小于2000元 | －27.43170 | 10.89781 | .171 | －59.6411 | 4.7777 |
| | | | 4000～5999元 | －19.68339 | 9.26545 | .409 | －47.0323 | 7.6655 |
| | | | 6000～7999元 | －38.96567 | 10.49572 | .004 | －69.9175 | －8.0139 |
| | | | 8000～10000元 | －41.76967 | 12.13250 | .010 | －77.6324 | －5.9069 |
| | | | 1万元以上 | －29.98310 | 11.60072 | .146 | －64.3739 | 4.4077 |
| | | 4000～5999元 | 小于2000元 | －7.74831 | 10.22703 | 1.000 | －37.9556 | 22.4589 |
| | | | 2000～3999元 | 19.68339 | 9.26545 | .409 | －7.6655 | 47.0323 |
| | | | 6000～7999元 | －19.28228 | 9.79745 | .534 | －48.1252 | 9.5606 |
| | | | 8000～10000元 | －22.08628 | 11.53375 | .583 | －56.1812 | 12.0086 |
| | | | 1万元以上 | －10.29971 | 10.97299 | .998 | －42.8478 | 22.2484 |
| | | 6000～7999元 | 小于2000元 | 11.53396 | 11.35358 | .996 | －21.9556 | 45.0236 |
| | | | 2000～3999元 | 38.96567 | 10.49572 | .004 | 8.0139 | 69.9175 |
| | | | 4000～5999元 | 19.28228 | 9.79745 | .534 | －9.5606 | 48.1252 |
| | | | 8000～10000元 | －2.80400 | 12.54349 | 1.000 | －39.8233 | 34.2153 |
| | | | 1万元以上 | 8.98257 | 12.02989 | 1.000 | －26.6043 | 44.5694 |
| | | 8000～10000元 | 小于2000元 | 14.33796 | 12.88181 | .990 | －23.7122 | 52.3881 |
| | | | 2000～3999元 | 41.76967 | 12.13250 | .010 | 5.9069 | 77.6324 |
| | | | 4000～5999元 | 22.08628 | 11.53375 | .583 | －12.0086 | 56.1812 |
| | | | 6000～7999元 | 2.80400 | 12.54349 | 1.000 | －34.2153 | 39.8233 |
| | | | 1万元以上 | 11.78656 | 13.48167 | .999 | －28.0885 | 51.6616 |
| | | 1万元以上 | 小于2000元 | 2.55140 | 12.38225 | 1.000 | －34.1078 | 39.2106 |
| | | | 2000～3999元 | 29.98310 | 11.60072 | .146 | －4.4077 | 64.3739 |
| | | | 4000～5999元 | 10.29971 | 10.97299 | .998 | －22.2484 | 42.8478 |
| | | | 6000～7999元 | －8.98257 | 12.02989 | 1.000 | －44.5694 | 26.6043 |
| | | | 8000～10000元 | －11.78656 | 13.48167 | .999 | －51.6616 | 28.0885 |

（续表）

| 因变量 | | (I)月平均收入 | (J)平均收入 | 平均值差值(I-J) | 标准误 | 显著性 | 95%置信区间 | |
|---|---|---|---|---|---|---|---|---|
| | | | | | | | 下限 | 上限 |
| 步行闲暇体力活动 | 塔姆黑尼 | 小于2000元 | 2000～3999元 | 16.196 | 9.307 | .728 | -11.31 | 43.70 |
| | | | 4000～5999元 | -32.081 | 8.928 | .006 | -58.41 | -5.75 |
| | | | 6000～7999元 | -59.965 | 10.262 | .000 | -90.21 | -29.72 |
| | | | 8000～10000元 | -49.613 | 11.291 | .000 | -82.98 | -16.24 |
| | | | 1万元以上 | -76.048 | 15.777 | .000 | -123.05 | -29.04 |
| | | 2000～3999元 | 小于2000元 | -16.196 | 9.307 | .728 | -43.70 | 11.31 |
| | | | 4000～5999元 | -48.277 | 8.869 | .000 | -74.44 | -22.11 |
| | | | 6000～7999元 | -76.161 | 10.211 | .000 | -106.27 | -46.06 |
| | | | 8000～10000元 | -65.809 | 11.245 | .000 | -99.05 | -32.57 |
| | | | 1万元以上 | -92.244 | 15.744 | .000 | -139.16 | -45.33 |
| | | 4000～5999元 | 小于2000元 | 32.081 | 8.928 | .006 | 5.75 | 58.41 |
| | | | 2000～3999元 | 48.277 | 8.869 | .000 | 22.11 | 74.44 |
| | | | 6000～7999元 | -27.884 | 9.866 | .071 | -56.93 | 1.16 |
| | | | 8000～10000元 | -17.532 | 10.933 | .826 | -49.83 | 14.77 |
| | | | 1万元以上 | -43.967 | 15.522 | .077 | -90.25 | 2.31 |
| | | 6000～7999元 | 小于2000元 | 59.965 | 10.262 | .000 | 29.72 | 90.21 |
| | | | 2000～3999元 | 76.161 | 10.211 | .000 | 46.06 | 106.27 |
| | | | 4000～5999元 | 27.884 | 9.866 | .071 | -1.16 | 56.93 |
| | | | 8000～10000元 | 10.352 | 12.047 | .999 | -25.18 | 45.89 |
| | | | 1万元以上 | -16.083 | 16.326 | .997 | -64.62 | 32.45 |
| | | 8000～10000元 | 小于2000元 | 49.613 | 11.291 | .000 | 16.24 | 82.98 |
| | | | 2000～3999元 | 65.809 | 11.245 | .000 | 32.57 | 99.05 |
| | | | 4000～5999元 | 17.532 | 10.933 | .826 | -14.77 | 49.83 |
| | | | 6000～7999元 | -10.352 | 12.047 | .999 | -45.89 | 25.18 |
| | | | 1万元以上 | -26.435 | 16.992 | .857 | -76.88 | 24.01 |
| | | 1万元以上 | 小于2000元 | 76.048 | 15.777 | .000 | 29.04 | 123.05 |
| | | | 2000～3999元 | 92.244 | 15.744 | .000 | 45.33 | 139.16 |
| | | | 4000～5999元 | 43.967 | 15.522 | .077 | -2.31 | 90.25 |
| | | | 6000～7999元 | 16.083 | 16.326 | .997 | -32.45 | 64.62 |
| | | | 8000～10000元 | 26.435 | 16.992 | .857 | -24.01 | 76.88 |

（续表）

| 因变量 | | (I)月平均收入 | (J)平均收入 | 平均值差值(I−J) | 标准误 | 显著性 | 95%置信区间 | |
|---|---|---|---|---|---|---|---|---|
| | | | | | | | 下限 | 上限 |
| 大强度闲暇体力活动 | 塔姆黑尼 | 小于2000元 | 2000～3999元 | 9.16415 | 8.67317 | .994 | −16.4675 | 34.7958 |
| | | | 4000～5999元 | −27.60427 | 8.27724 | .014 | −52.0110 | −3.1975 |
| | | | 6000～7999元 | −57.51463 | 9.48510 | .000 | −85.4738 | −29.5554 |
| | | | 8000～10000元 | −58.03519 | 11.41955 | .000 | −91.8080 | −24.2624 |
| | | | 1万元以上 | −30.50287 | 10.01845 | .039 | −60.1992 | −.8065 |
| | | 2000～3999元 | 小于2000元 | −9.16415 | 8.67317 | .994 | −34.7958 | 16.4675 |
| | | | 4000～5999元 | −36.76842 | 8.36506 | .000 | −61.4475 | −12.0893 |
| | | | 6000～7999元 | −66.67878 | 9.56183 | .000 | −94.8719 | −38.4856 |
| | | | 8000～10000元 | −67.19933 | 11.48336 | .000 | −101.1613 | −33.2373 |
| | | | 1万元以上 | −39.66702 | 10.09113 | .002 | −69.5801 | −9.7539 |
| | | 4000～5999元 | 小于2000元 | 27.60427 | 8.27724 | .014 | 3.1975 | 52.0110 |
| | | | 2000～3999元 | 36.76842 | 8.36506 | .000 | 12.0893 | 61.4475 |
| | | | 6000～7999元 | −29.91036 | 9.20421 | .019 | −57.0068 | −2.8139 |
| | | | 8000～10000元 | −30.43092 | 11.18733 | .100 | −63.5129 | 2.6511 |
| | | | 1万元以上 | −2.89860 | 9.75293 | 1.000 | −31.7991 | 26.0019 |
| | | 6000～7999元 | 小于2000元 | 57.51463 | 9.48510 | .000 | 29.5554 | 85.4738 |
| | | | 2000～3999元 | 66.67878 | 9.56183 | .000 | 38.4856 | 94.8719 |
| | | | 4000～5999元 | 29.91036 | 9.20421 | .019 | 2.8139 | 57.0068 |
| | | | 8000～10000元 | −.52055 | 12.10830 | 1.000 | −36.2649 | 35.2238 |
| | | | 1万元以上 | 27.01176 | 10.79695 | .178 | −4.9042 | 58.9277 |
| | | 8000～10000元 | 小于2000元 | 58.03519 | 11.41955 | .000 | 24.2624 | 91.8080 |
| | | | 2000～3999元 | 67.19933 | 11.48336 | .000 | 33.2373 | 101.1613 |
| | | | 4000～5999元 | 30.43092 | 11.18733 | .100 | −2.6511 | 63.5129 |
| | | | 6000～7999元 | .52055 | 12.10830 | 1.000 | −35.2238 | 36.2649 |
| | | | 1万元以上 | 27.53231 | 12.53049 | .356 | −9.5236 | 64.5882 |
| | | 1万元以上 | 小于2000元 | 30.50287 | 10.01845 | .039 | .8065 | 60.1992 |
| | | | 2000～3999元 | 39.66702 | 10.09113 | .002 | 9.7539 | 69.5801 |
| | | | 4000～5999元 | 2.89860 | 9.75293 | 1.000 | −26.0019 | 31.7991 |
| | | | 6000～7999元 | −27.01176 | 10.79695 | .178 | −58.9277 | 4.9042 |
| | | | 8000～10000元 | −27.53231 | 12.53049 | .356 | −64.5882 | 9.5236 |

（续表）

| 因变量 | | (*I*)月平均收入 | (*J*)平均收入 | 平均值差值(*I*−*J*) | 标准误 | 显著性 | 95%置信区间 | |
|---|---|---|---|---|---|---|---|---|
| | | | | | | | 下限 | 上限 |
| 中等强度闲暇体力活动 | 塔姆黑尼 | 小于2000元 | 2000～3999元 | 15.90015 | 8.51911 | .624 | −9.2767 | 41.0769 |
| | | | 4000～5999元 | −50.81170 | 9.26374 | .000 | −78.1101 | −23.5133 |
| | | | 6000～7999元 | −67.33347 | 10.39242 | .000 | −97.9662 | −36.7007 |
| | | | 8000～10000元 | −77.33935 | 12.63231 | .000 | −114.7159 | −39.9628 |
| | | | 1万元以上 | −63.50899 | 15.34436 | .001 | −109.2319 | −17.7861 |
| | | 2000～3999元 | 小于2000元 | −15.90015 | 8.51911 | .624 | −41.0769 | 9.2767 |
| | | | 4000～5999元 | −66.71185 | 8.82000 | .000 | −92.7007 | −40.7230 |
| | | | 6000～7999元 | −83.23361 | 9.99890 | .000 | −112.7133 | −53.7540 |
| | | | 8000～10000元 | −93.23950 | 12.31059 | .000 | −129.6918 | −56.7872 |
| | | | 1万元以上 | −79.40914 | 15.08062 | .000 | −124.3956 | −34.4227 |
| | | 4000～5999元 | 小于2000元 | 50.81170 | 9.26374 | .000 | 23.5133 | 78.1101 |
| | | | 2000～3999元 | 66.71185 | 8.82000 | .000 | 40.7230 | 92.7007 |
| | | | 6000～7999元 | −16.52176 | 10.64047 | .856 | −47.8408 | 14.7972 |
| | | | 8000～10000元 | −26.52765 | 12.83715 | .456 | −64.4704 | 11.4151 |
| | | | 1万元以上 | −12.69729 | 15.51343 | 1.000 | −58.8804 | 33.4858 |
| | | 6000～7999元 | 小于2000元 | 67.33347 | 10.39242 | .000 | 36.7007 | 97.9662 |
| | | | 2000～3999元 | 83.23361 | 9.99890 | .000 | 53.7540 | 112.7133 |
| | | | 4000～5999元 | 16.52176 | 10.64047 | .856 | −14.7972 | 47.8408 |
| | | | 8000～10000元 | −10.00589 | 13.67399 | 1.000 | −50.3723 | 30.3605 |
| | | | 1万元以上 | 3.82447 | 16.21272 | 1.000 | −44.3316 | 51.9805 |
| | | 8000～10000元 | 小于2000元 | 77.33935 | 12.63231 | .000 | 39.9628 | 114.7159 |
| | | | 2000～3999元 | 93.23950 | 12.31059 | .000 | 56.7872 | 129.6918 |
| | | | 4000～5999元 | 26.52765 | 12.83715 | .456 | −11.4151 | 64.4704 |
| | | | 6000～7999元 | 10.00589 | 13.67399 | 1.000 | −30.3605 | 50.3723 |
| | | | 1万元以上 | 13.83036 | 17.73203 | 1.000 | −38.7107 | 66.3714 |
| | | 1万元以上 | 小于2000元 | 63.50899 | 15.34436 | .001 | 17.7861 | 109.2319 |
| | | | 2000～3999元 | 79.40914 | 15.08062 | .000 | 34.4227 | 124.3956 |
| | | | 4000～5999元 | 12.69729 | 15.51343 | 1.000 | −33.4858 | 58.8804 |
| | | | 6000～7999元 | −3.82447 | 16.21272 | 1.000 | −51.9805 | 44.3316 |
| | | | 8000～10000元 | −13.83036 | 17.73203 | 1.000 | −66.3714 | 38.7107 |

（续表）

| 因变量 | | (I)月平均收入 | (J)平均收入 | 平均值差值(I−J) | 标准误 | 显著性 | 95%置信区间 | |
|---|---|---|---|---|---|---|---|---|
| | | | | | | | 下限 | 上限 |
| 工作日静坐时间 | 塔姆黑尼 | 小于2000元 | 2000～3999元 | 46.91111 | 36.74536 | .967 | −61.6908 | 155.5130 |
| | | | 4000～5999元 | −141.14019 | 35.21054 | .001 | −245.0860 | −37.1944 |
| | | | 6000～7999元 | −170.75077 | 35.02107 | .000 | −274.1744 | −67.3271 |
| | | | 8000～10000元 | −170.42778 | 38.01546 | .000 | −282.7097 | −58.1459 |
| | | | 1万元以上 | −196.36032 | 40.62757 | .000 | −316.6162 | −76.1044 |
| | | 2000～3999元 | 小于2000元 | −46.91111 | 36.74536 | .967 | −155.5130 | 61.6908 |
| | | | 4000～5999元 | −188.05130 | 32.22150 | .000 | −283.1198 | −92.9828 |
| | | | 6000～7999元 | −217.66188 | 32.01435 | .000 | −312.1625 | −123.1613 |
| | | | 8000～10000元 | −217.33889 | 35.26498 | .000 | −321.5207 | −113.1570 |
| | | | 1万元以上 | −243.27143 | 38.06629 | .000 | −356.0766 | −130.4662 |
| | | 4000～5999元 | 小于2000元 | 141.14019 | 35.21054 | .001 | 37.1944 | 245.0860 |
| | | | 2000～3999元 | 188.05130 | 32.22150 | .000 | 92.9828 | 283.1198 |
| | | | 6000～7999元 | −29.61058 | 30.24035 | .997 | −118.5853 | 59.3642 |
| | | | 8000～10000元 | −29.28759 | 33.66272 | .999 | −128.5730 | 69.9978 |
| | | | 1万元以上 | −55.22013 | 36.58692 | .882 | −163.5960 | 53.1557 |
| | | 6000～7999元 | 小于2000元 | 170.75077 | 35.02107 | .000 | 67.3271 | 274.1744 |
| | | | 2000～3999元 | 217.66188 | 32.01435 | .000 | 123.1613 | 312.1625 |
| | | | 4000～5999元 | 29.61058 | 30.24035 | .997 | −59.3642 | 118.5853 |
| | | | 8000～10000元 | .32299 | 33.46449 | 1.000 | −98.4163 | 99.0623 |
| | | | 1万元以上 | −25.60955 | 36.40462 | 1.000 | −133.4875 | 82.2684 |
| | | 8000～10000元 | 小于2000元 | 170.42778 | 38.01546 | .000 | 58.1459 | 282.7097 |
| | | | 2000～3999元 | 217.33889 | 35.26498 | .000 | 113.1570 | 321.5207 |
| | | | 4000～5999元 | 29.28759 | 33.66272 | .999 | −69.9978 | 128.5730 |
| | | | 6000～7999元 | −.32299 | 33.46449 | 1.000 | −99.0623 | 98.4163 |
| | | | 1万元以上 | −25.93254 | 39.29372 | 1.000 | −142.2624 | 90.3973 |
| | | 1万元以上 | 小于2000元 | 196.36032 | 40.62757 | .000 | 76.1044 | 316.6162 |
| | | | 2000～3999元 | 243.27143 | 38.06629 | .000 | 130.4662 | 356.0766 |
| | | | 4000～5999元 | 55.22013 | 36.58692 | .882 | −53.1557 | 163.5960 |
| | | | 6000～7999元 | 25.60955 | 36.40462 | 1.000 | −82.2684 | 133.4875 |
| | | | 8000～10000元 | 25.93254 | 39.29372 | 1.000 | −90.3973 | 142.2624 |

（续表）

| 因变量 | | (*I*)月平均收入 | (*J*)平均收入 | 平均值差值(*I*−*J*) | 标准误 | 显著性 | 95%置信区间 | |
|---|---|---|---|---|---|---|---|---|
| | | | | | | | 下限 | 上限 |
| 休息日静坐时间 | 塔姆黑尼 | 小于2000元 | 2000～3999元 | 78.94993 | 40.09359 | .537 | −39.5701 | 197.4700 |
| | | | 4000～5999元 | −117.69861 | 38.19588 | .034 | −230.5450 | −4.8523 |
| | | | 6000～7999元 | −227.91264 | 37.81068 | .000 | −339.6702 | −116.1551 |
| | | | 8000～10000元 | −202.48380 | 41.86383 | .000 | −326.1444 | −78.8232 |
| | | | 1万元以上 | −177.58428 | 44.79538 | .001 | −310.1559 | −45.0126 |
| | | 2000～3999元 | 小于2000元 | −78.94993 | 40.09359 | .537 | −197.4700 | 39.5701 |
| | | | 4000～5999元 | −196.64854 | 33.27727 | .000 | −294.8510 | −98.4461 |
| | | | 6000～7999元 | −306.86257 | 32.83441 | .000 | −403.8115 | −209.9136 |
| | | | 8000～10000元 | −281.43372 | 37.43036 | .000 | −392.0137 | −170.8538 |
| | | | 1万元以上 | −256.53420 | 40.68264 | .000 | −377.1241 | −135.9444 |
| | | 4000～5999元 | 小于2000元 | 117.69861 | 38.19588 | .034 | 4.8523 | 230.5450 |
| | | | 2000～3999元 | 196.64854 | 33.27727 | .000 | 98.4461 | 294.8510 |
| | | | 6000～7999元 | −110.21403 | 30.48816 | .005 | −199.9169 | −20.5112 |
| | | | 8000～10000元 | −84.78519 | 35.39013 | .229 | −189.2022 | 19.6318 |
| | | | 1万元以上 | −59.88567 | 38.81374 | .864 | −174.9465 | 55.1752 |
| | | 6000～7999元 | 小于2000元 | 227.91264 | 37.81068 | .000 | 116.1551 | 339.6702 |
| | | | 2000～3999元 | 306.86257 | 32.83441 | .000 | 209.9136 | 403.8115 |
| | | | 4000～5999元 | 110.21403 | 30.48816 | .005 | 20.5112 | 199.9169 |
| | | | 8000～10000元 | 25.42884 | 34.97404 | 1.000 | −77.8083 | 128.6660 |
| | | | 1万元以上 | 50.32836 | 38.43473 | .959 | −63.6730 | 164.3297 |
| | | 8000～10000元 | 小于2000元 | 202.48380 | 41.86383 | .000 | 78.8232 | 326.1444 |
| | | | 2000～3999元 | 281.43372 | 37.43036 | .000 | 170.8538 | 392.0137 |
| | | | 4000～5999元 | 84.78519 | 35.39013 | .229 | −19.6318 | 189.2022 |
| | | | 6000～7999元 | −25.42884 | 34.97404 | 1.000 | −128.6660 | 77.8083 |
| | | | 1万元以上 | 24.89952 | 42.42831 | 1.000 | −100.7173 | 150.5163 |
| | | 1万元以上 | 小于2000元 | 177.58428 | 44.79538 | .001 | 45.0126 | 310.1559 |
| | | | 2000～3999元 | 256.53420 | 40.68264 | .000 | 135.9444 | 377.1241 |
| | | | 4000～5999元 | 59.88567 | 38.81374 | .864 | −55.1752 | 174.9465 |
| | | | 6000～7999元 | −50.32836 | 38.43473 | .959 | −164.3297 | 63.6730 |
| | | | 8000～10000元 | −24.89952 | 42.42831 | 1.000 | −150.5163 | 100.7173 |

### 5.5.7 不同区域位置居民体力活动的差异比较

由表 5-21 可以看出，在大强度工作体力活动中，活动时间最长的是皖南居民，其次是皖北居民，最短的是皖中居民；在中等强度工作体力活动中，活动时间最长的是皖南居民，其次是皖北居民，最短的是皖中居民；在步行性工作体力活动中，活动时间最长的是皖南居民，其次是皖北居民，最短的是皖中居民；在乘机动车交通体力活动中，活动时间最长的是皖南居民，其次是皖北居民，最短的是皖中居民；在骑自行车交通体力活动中，活动时间最长的是皖南居民，其次是皖北居民，最短的是皖中居民；在步行交通体力活动中，活动时间最长的是皖南居民，其次是皖北居民，最短的是皖中居民；在大强度家务体力活动中，活动时间最长的是皖南居民，其次是皖北居民，最短的是皖中居民；在中等强度室外家务体力活动中，活动时间最长的是皖南居民，其次是皖北居民，最短的是皖中居民；在中等强度室内家务体力活动中，活动时间最长的是皖南居民，其次是皖北居民，最短的是皖中居民；在步行闲暇体力活动中，活动时间最长的是皖南居民，其次是皖北居民，最短的是皖中居民；在大强度闲暇体力活动中，活动时间最长的是皖南居民，其次是皖北居民，最短的是皖中居民；在中等强度闲暇体力活动中，活动时间最长的是皖南居民，其次是皖北居民，最短的是皖中居民；在工作日静坐时间中，活动时间最长的是皖南居民，其次是皖北居民，最短的是皖中居民；在休息日静坐时间中，活动时间最长的是皖南居民，其次是皖北居民，最短的是皖中居民。总的来说，不同区域位置的居民在不同维度上体力活动的时间是不同的，但活动时间最长的都是皖南居民，其次是皖北居民，时间最短的是皖中居民，这与居民所处区域位置的经济发展、产业结构、认知观念、自然环境、生活方式等是密切相关的。

**表 5-21 不同区域位置的安徽省居民体力活动的描述性统计**

| | | 个案数 | 平均值 | 标准差 | 标准误 | 平均值的 95% 置信区间 | | 最小值 | 最大值 |
|---|---|---|---|---|---|---|---|---|---|
| | | | | | | 下限 | 上限 | | |
| 大强度工作体力活动 | 皖中 | 307 | 20.0847 | 71.34148 | 4.07167 | 12.0727 | 28.0967 | .00 | 600.00 |
| | 皖南 | 318 | 51.3711 | 105.66730 | 5.92553 | 39.7127 | 63.0294 | .00 | 456.00 |
| | 皖北 | 369 | 35.8401 | 92.34063 | 4.80706 | 26.3874 | 45.2929 | .00 | 630.00 |
| | 总计 | 994 | 35.9427 | 91.90646 | 2.91510 | 30.2222 | 41.6631 | .00 | 630.00 |
| 中等强度工作体力活动 | 皖中 | 307 | 23.4202 | 73.47759 | 4.19359 | 15.1683 | 31.6721 | .00 | 600.00 |
| | 皖南 | 318 | 78.5660 | 162.38712 | 9.10622 | 60.6498 | 96.4823 | .00 | 753.00 |
| | 皖北 | 369 | 41.8266 | 120.97503 | 6.29771 | 29.4425 | 54.2106 | .00 | 671.00 |
| | 总计 | 994 | 47.8954 | 126.51314 | 4.01275 | 40.0209 | 55.7698 | .00 | 753.00 |
| 步行性工作体力活动 | 皖中 | 307 | 26.5440 | 61.85827 | 3.53044 | 19.5970 | 33.4910 | .00 | 600.00 |
| | 皖南 | 318 | 109.2421 | 194.85972 | 10.92719 | 87.7432 | 130.7411 | .00 | 745.00 |
| | 皖北 | 369 | 50.2818 | 133.38876 | 6.94394 | 36.6271 | 63.9366 | .00 | 636.00 |
| | 总计 | 994 | 61.8129 | 145.08197 | 4.60172 | 52.7827 | 70.8431 | .00 | 745.00 |

（续表）

| | | 个案数 | 平均值 | 标准差 | 标准误 | 平均值的 95% 置信区间 | | 最小值 | 最大值 |
|---|---|---|---|---|---|---|---|---|---|
| | | | | | | 下限 | 上限 | | |
| 乘机动车交通体力活动 | 皖中 | 307 | 48.0326 | 56.64791 | 3.23307 | 41.6707 | 54.3944 | .00 | 300.00 |
| | 皖南 | 318 | 140.5440 | 120.23879 | 6.74266 | 127.2780 | 153.8100 | .00 | 640.00 |
| | 皖北 | 369 | 90.9350 | 117.50216 | 6.11692 | 78.9065 | 102.9635 | .00 | 640.00 |
| | 总计 | 994 | 93.5553 | 109.86892 | 3.48483 | 86.7169 | 100.3938 | .00 | 640.00 |
| 骑自行车交通体力活动 | 皖中 | 307 | 19.8143 | 41.40318 | 2.36300 | 15.1645 | 24.4641 | .00 | 312.00 |
| | 皖南 | 318 | 120.0786 | 124.55892 | 6.98492 | 106.3360 | 133.8213 | .00 | 599.00 |
| | 皖北 | 369 | 56.7995 | 82.66537 | 4.30339 | 48.3371 | 65.2618 | .00 | 381.00 |
| | 总计 | 994 | 65.6207 | 98.18845 | 3.11435 | 59.5093 | 71.7322 | .00 | 599.00 |
| 步行交通体力活动 | 皖中 | 307 | 64.4919 | 80.47999 | 4.59324 | 55.4535 | 73.5302 | .00 | 530.00 |
| | 皖南 | 318 | 150.2579 | 121.45845 | 6.81105 | 136.8573 | 163.6584 | .00 | 619.00 |
| | 皖北 | 369 | 99.3252 | 105.08104 | 5.47030 | 88.5682 | 110.0822 | .00 | 560.00 |
| | 总计 | 994 | 104.8612 | 109.41961 | 3.47058 | 98.0507 | 111.6717 | .00 | 619.00 |
| 大强度家务体力活动 | 皖中 | 307 | 9.0847 | 32.91432 | 1.87852 | 5.3882 | 12.7811 | .00 | 360.00 |
| | 皖南 | 318 | 126.0723 | 118.01822 | 6.61813 | 113.0513 | 139.0933 | .00 | 553.00 |
| | 皖北 | 369 | 68.5556 | 98.18294 | 5.11120 | 58.5047 | 78.6064 | .00 | 480.00 |
| | 总计 | 994 | 68.5885 | 102.49677 | 3.25100 | 62.2089 | 74.9682 | .00 | 553.00 |
| 中等强度室外家务体力活动 | 皖中 | 307 | 21.4691 | 42.04769 | 2.39979 | 16.7469 | 26.1912 | .00 | 360.00 |
| | 皖南 | 318 | 106.6981 | 136.28020 | 7.64221 | 91.6622 | 121.7340 | .00 | 648.00 |
| | 皖北 | 369 | 72.1111 | 99.03467 | 5.15554 | 61.9731 | 82.2491 | .00 | 480.00 |
| | 总计 | 994 | 67.5352 | 106.12965 | 3.36623 | 60.9295 | 74.1409 | .00 | 648.00 |
| 中等强度室内家务体力活动 | 皖中 | 307 | 47.2248 | 61.38126 | 3.50321 | 40.3313 | 54.1182 | .00 | 423.00 |
| | 皖南 | 318 | 128.5000 | 130.22521 | 7.30267 | 114.1322 | 142.8678 | .00 | 590.00 |
| | 皖北 | 369 | 73.7507 | 89.43897 | 4.65601 | 64 5950 | 82.9064 | .00 | 481.00 |
| | 总计 | 994 | 83.0734 | 103.10075 | 3.27016 | 76.6562 | 89.4907 | .00 | 590.00 |
| 步行闲暇体力活动 | 皖中 | 307 | 41.4658 | 52.62043 | 3.00321 | 35.5562 | 47.3753 | .00 | 390.00 |
| | 皖南 | 318 | 160.1352 | 120.01079 | 6.72987 | 146.8944 | 173.3761 | .00 | 635.00 |
| | 皖北 | 369 | 95.6125 | 103.80489 | 5.40387 | 84.9861 | 106.2388 | .00 | 628.00 |
| | 总计 | 994 | 99.5312 | 108.02160 | 3.42624 | 92.8077 | 106.2547 | .00 | 635.00 |

（续表）

| | | 个案数 | 平均值 | 标准差 | 标准误 | 平均值的 95% 置信区间 | | 最小值 | 最大值 |
|---|---|---|---|---|---|---|---|---|---|
| | | | | | | 下限 | 上限 | | |
| 大强度闲暇体力活动 | 皖中 | 307 | 22.2052 | 45.51162 | 2.59749 | 17.0940 | 27.3164 | .00 | 320.00 |
| | 皖南 | 318 | 132.6730 | 115.70334 | 6.48832 | 119.9073 | 145.4386 | .00 | 646.00 |
| | 皖北 | 369 | 64.3306 | 81.86010 | 4.26147 | 55.9507 | 72.7105 | .00 | 390.00 |
| | 总计 | 994 | 73.1841 | 96.75357 | 3.06884 | 67.1620 | 79.2063 | .00 | 646.00 |
| 中等强度闲暇体力活动 | 皖中 | 307 | 17.1661 | 37.33021 | 2.13055 | 12.9737 | 21.3585 | .00 | 265.00 |
| | 皖南 | 318 | 153.9465 | 130.38819 | 7.31181 | 139.5607 | 168.3323 | .00 | 615.00 |
| | 皖北 | 369 | 86.5203 | 110.29205 | 5.74158 | 75.2299 | 97.8107 | .00 | 615.00 |
| | 总计 | 994 | 86.6710 | 115.35930 | 3.65897 | 79.4908 | 93.8512 | .00 | 615.00 |
| 工作日静坐时间 | 皖中 | 307 | 326.0065 | 214.47185 | 12.24056 | 301.9202 | 350.0928 | .00 | 1290.00 |
| | 皖南 | 318 | 637.7579 | 290.55899 | 16.29374 | 605.7003 | 669.8154 | 123.00 | 1361.00 |
| | 皖北 | 369 | 462.3713 | 374.74918 | 19.50866 | 424.0088 | 500.7337 | .00 | 1377.00 |
| | 总计 | 994 | 476.3642 | 329.50692 | 10.45132 | 455.8550 | 496.8734 | .00 | 1377.00 |
| 休息日静坐时间 | 皖中 | 307 | 363.8502 | 250.47686 | 14.29547 | 335.7203 | 391.9800 | .00 | 1350.00 |
| | 皖南 | 318 | 809.3522 | 220.59790 | 12.37052 | 785.0135 | 833.6909 | 144.00 | 1380.00 |
| | 皖北 | 369 | 486.2764 | 378.16735 | 19.68661 | 447.5641 | 524.9888 | .00 | 1375.00 |
| | 总计 | 994 | 551.8229 | 348.75006 | 11.06168 | 530.1160 | 573.5299 | .00 | 1380.00 |

通过方差齐性检验显示，不同区域位置的居民在体力活动所有维度上的方差都是非齐性的。进一步通过方差分析发现，所有维度在组间都存在显著差异，具体如表 5-22 所示。因此，在进行事后比较时，方差选择塔姆黑尼事后比较法。

**表 5-22　不同区域位置居民的体力活动方差分析**

| | | 平方和 | 自由度 | 均方 | $F$ | 显著性 |
|---|---|---|---|---|---|---|
| 大强度工作体力活动 | 组间 | 152902.153 | 2 | 76451.077 | 9.200 | .000 |
| | 组内 | 8234767.578 | 991 | 8309.554 | | |
| | 总计 | 8387669.731 | 993 | | | |
| 中等强度工作体力活动 | 组间 | 496633.311 | 2 | 248316.655 | 15.983 | .000 |
| | 组内 | 15396901.808 | 991 | 15536.732 | | |
| | 总计 | 15893535.119 | 993 | | | |
| 步行性工作体力活动 | 组间 | 1146291.995 | 2 | 573145.998 | 28.751 | .000 |
| | 组内 | 19755143.20 | 991 | 19934.554 | | |
| | 总计 | 20901435.20 | 993 | | | |

（续表）

| | | 平方和 | 自由度 | 均方 | $F$ | 显著性 |
|---|---|---|---|---|---|---|
| 乘机动车交通体力活动 | 组间 | 1340860.460 | 2 | 670430.230 | 62.409 | .000 |
| | 组内 | 10645820.997 | 991 | 10742.504 | | |
| | 总计 | 11986681.457 | 993 | | | |
| 骑自行车交通体力活动 | 组间 | 1615949.402 | 2 | 807974.701 | 100.622 | .000 |
| | 组内 | 7957534.611 | 991 | 8029.803 | | |
| | 总计 | 9573484.013 | 993 | | | |
| 步行交通体力活动 | 组间 | 1166974.280 | 2 | 583487.140 | 53.931 | .000 |
| | 组内 | 10721868.561 | 991 | 10819.242 | | |
| | 总计 | 11888842.841 | 993 | | | |
| 大强度家务体力活动 | 组间 | 2137792.464 | 2 | 1068896.232 | 127.712 | .000 |
| | 组内 | 8294256.246 | 991 | 8369.582 | | |
| | 总计 | 10432048.709 | 993 | | | |
| 中等强度室外家务体力活动 | 组间 | 1146935.348 | 2 | 573467.674 | 56.617 | .000 |
| | 组内 | 10037721.919 | 991 | 10128.882 | | |
| | 总计 | 11184657.268 | 993 | | | |
| 中等强度室内家务体力活动 | 组间 | 1082821.585 | 2 | 541410.792 | 56.641 | .000 |
| | 组内 | 9472534.054 | 991 | 9558.561 | | |
| | 总计 | 10555355.639 | 993 | | | |
| 步行闲暇体力活动 | 组间 | 2208710.374 | 2 | 1104355.187 | 116.697 | .000 |
| | 组内 | 9378275.159 | 991 | 9463.446 | | |
| | 总计 | 11586985.533 | 993 | | | |
| 大强度闲暇体力活动 | 组间 | 1952147.586 | 2 | 976073.793 | 131.719 | .000 |
| | 组内 | 7343577.723 | 991 | 7410.270 | | |
| | 总计 | 9295725.309 | 993 | | | |
| 中等强度闲暇体力活动 | 组间 | 2922370.709 | 2 | 1461185.355 | 140.692 | .000 |
| | 组内 | 10292242.716 | 991 | 10385.714 | | |
| | 总计 | 13214613.426 | 993 | | | |
| 工作日静坐时间 | 组间 | 15295969.687 | 2 | 7647984.844 | 81.920 | .000 |
| | 组内 | 92518814.478 | 991 | 93359.046 | | |
| | 总计 | 107814784.165 | 993 | | | |
| 休息日静坐时间 | 组间 | 33522997.371 | 2 | 16761498.686 | 190.375 | .000 |
| | 组内 | 87252219.466 | 991 | 88044.621 | | |
| | 总计 | 120775216.837 | 993 | | | |

由表5-21和表5-23可以看出,不同区域位置的居民群体之间在体力活动所有维度上都存在显著差异,对这些维度进行进一步的事后比较分析。大强度工作体力活动由于方差不齐性采用塔姆黑尼事后比较法,发现皖中居民与皖北居民、皖南居民之间存在显著差异。进一步通过均值比较发现,皖中居民在大强度工作体力活动时间上显著低于皖北居民、皖南居民。中等强度工作体力活动由于方差不齐性采用塔姆黑尼事后比较法,发现皖中居民、皖北居民、皖南居民之间互相存在显著差异。进一步通过均值比较发现,皖中居民在中等强度工作体力活动时间上显著低于皖北居民、皖南居民,皖南居民显著高于皖北、皖中居民,皖北居民显著高于皖中居民但显著低于皖南居民。步行性工作体力活动、乘机动车交通体力活动、骑自行车交通体力活动、步行交通体力活动、大强度家务体力活动、中等强度室外家务体力活动、中等强度室内家务体力活动、步行闲暇体力活动、大强度闲暇体力活动、中等强度闲暇体力活动、工作日静坐时间、休息日静坐时间由于方差不齐性采用塔姆黑尼事后比较法,发现皖中居民、皖北居民、皖南居民之间互相存在显著差异。进一步通过均值比较发现,皖中居民在步行性工作体力活动、乘机动车交通体力活动、骑自行车交通体力活动、步行交通体力活动、大强度家务体力活动、中等强度室外体力活动、中等强度室内家务体力活动、步行闲暇体力活动、大强度闲暇体力活动、中等强度闲暇体力活动、工作日静坐时间、休息日静坐时间上显著低于皖北居民、皖南居民,皖南居民显著高于皖北、皖中居民,皖北居民显著高于皖中居民但显著低于皖南居民。

**表5-23　不同区域位置居民间体力活动事后多重比较**

| 因变量 | | (I)区域 | (J)区域 | 平均值差值(I−J) | 标准误 | 显著性 | 95%置信区间 | |
|---|---|---|---|---|---|---|---|---|
| | | | | | | | 下限 | 上限 |
| 大强度工作体力活动 | 塔姆黑尼 | 皖中 | 皖南 | −31.28638 | 7.18960 | .000 | −48.5049 | −14.0678 |
| | | | 皖北 | −15.75542 | 6.29971 | .037 | −30.8352 | −.6757 |
| | | 皖南 | 皖中 | 31.28638 | 7.18960 | .000 | 14.0678 | 48.5049 |
| | | | 皖北 | 15.53096 | 7.63018 | .121 | −2.7361 | 33.7981 |
| | | 皖北 | 皖中 | 15.75542 | 6.29971 | .037 | .6757 | 30.8352 |
| | | | 皖南 | −15.53096 | 7.63018 | .121 | −33.7981 | 2.7361 |
| 中等强度工作体力活动 | 塔姆黑尼 | 皖中 | 皖南 | −55.14584 | 10.02544 | .000 | −79.1744 | −31.1173 |
| | | | 皖北 | −18.40636 | 7.56620 | .045 | −36.5214 | −.2913 |
| | | 皖南 | 皖中 | 55.14584 | 10.02544 | .000 | 31.1173 | 79.1744 |
| | | | 皖北 | 36.73948 | 11.07178 | .003 | 10.2262 | 63.2527 |
| | | 皖北 | 皖中 | 18.40636 | 7.56620 | .045 | .2913 | 36.5214 |
| | | | 皖南 | −36.73948 | 11.07178 | .003 | −63.2527 | −10.2262 |
| 步行性工作体力活动 | 塔姆黑尼 | 皖中 | 皖南 | −82.69816 | 11.48336 | .000 | −110.2381 | −55.1583 |
| | | | 皖北 | −23.73787 | 7.78989 | .007 | −42.3960 | −5.0797 |
| | | 皖南 | 皖中 | 82.69816 | 11.48336 | .000 | 55.1583 | 110.2381 |
| | | | 皖北 | 58.96030 | 12.94688 | .000 | 27.9517 | 89.9689 |
| | | 皖北 | 皖中 | 23.73787 | 7.78989 | .007 | 5.0797 | 42.3960 |
| | | | 皖南 | −58.96030 | 12.94688 | .000 | −89.9689 | −27.9517 |

（续表）

| 因变量 | | (I)区域 | (J)区域 | 平均值差值(I−J) | 标准误 | 显著性 | 95%置信区间 | |
|---|---|---|---|---|---|---|---|---|
| | | | | | | | 下限 | 上限 |
| 乘机动车交通体力活动 | 塔姆黑尼 | 皖中 | 皖南 | −92.51145 | 7.47771 | .000 | −110.4323 | −74.5906 |
| | | | 皖北 | −42.90239 | 6.91877 | .000 | −59.4730 | −26.3318 |
| | | 皖南 | 皖中 | 92.51145 | 7.47771 | .000 | 74.5906 | 110.4323 |
| | | | 皖北 | 49.60907 | 9.10385 | .000 | 27.8166 | 71.4015 |
| | | 皖北 | 皖中 | 42.90239 | 6.91877 | .000 | 26.3318 | 59.4730 |
| | | | 皖南 | −49.60907 | 9.10385 | .000 | −71.4015 | −27.8166 |
| 骑自行车交通体力活动 | 塔姆黑尼 | 皖中 | 皖南 | −100.26428 | 7.37380 | .000 | −117.9472 | −82.5813 |
| | | | 皖北 | −36.98513 | 4.90947 | .000 | −48.7427 | −25.2275 |
| | | 皖南 | 皖中 | 100.26428 | 7.37380 | .000 | 82.5813 | 117.9472 |
| | | | 皖北 | 63.27916 | 8.20416 | .000 | 43.6284 | 82.9299 |
| | | 皖北 | 皖中 | 36.98513 | 4.90947 | .000 | 25.2275 | 48.7427 |
| | | | 皖南 | −63.27916 | 8.20416 | .000 | −82.9299 | −43.6284 |
| 步行交通体力活动 | 塔姆黑尼 | 皖中 | 皖南 | −85.76600 | 8.21512 | .000 | −105.4412 | −66.0908 |
| | | | 皖北 | −34.83335 | 7.14297 | .000 | −51.9317 | −17.7350 |
| | | 皖南 | 皖中 | 85.76600 | 8.21512 | .000 | 66.0908 | 105.4412 |
| | | | 皖北 | 50.93266 | 8.73582 | .000 | 30.0183 | 71.8470 |
| | | 皖北 | 皖中 | 34.83335 | 7.14297 | .000 | 17.7350 | 51.9317 |
| | | | 皖南 | −50.93266 | 8.73582 | .000 | −71.8470 | −30.0183 |
| 大强度家务体力活动 | 塔姆黑尼 | 皖中 | 皖南 | −116.98764 | 6.87957 | .000 | −133.4894 | −100.4858 |
| | | | 皖北 | −59.47087 | 5.44547 | .000 | −72.5203 | −46.4214 |
| | | 皖南 | 皖中 | 116.98764 | 6.87957 | .000 | 100.4858 | 133.4894 |
| | | | 皖北 | 57.51677 | 8.36206 | .000 | 37.4961 | 77.5374 |
| | | 皖北 | 皖中 | 59.47087 | 5.44547 | .000 | 46.4214 | 72.5203 |
| | | | 皖南 | −57.51677 | 8.36206 | .000 | −77.5374 | −37.4961 |
| 中等强度室外家务体力活动 | 塔姆黑尼 | 皖中 | 皖南 | −85.22906 | 8.01014 | .000 | −104.4401 | −66.0180 |
| | | | 皖北 | −50.64206 | 5.68670 | .000 | −64.2647 | −37.0195 |
| | | 皖南 | 皖中 | 85.22906 | 8.01014 | .000 | 66.0180 | 104.4401 |
| | | | 皖北 | 34.58700 | 9.21862 | .001 | 12.5104 | 56.6636 |
| | | 皖北 | 皖中 | 50.64206 | 5.68670 | .000 | 37.0195 | 64.2647 |
| | | | 皖南 | −34.58700 | 9.21862 | .001 | −56.6636 | −12.5104 |

（续表）

| 因变量 | | (*I*)区域 | (*J*)区域 | 平均值差值(*I*−*J*) | 标准误 | 显著性 | 95%置信区间 | |
|---|---|---|---|---|---|---|---|---|
| | | | | | | | 下限 | 上限 |
| 中等强度室内家务体力活动 | 塔姆黑尼 | 皖中 | 皖南 | −81.27524 | 8.09947 | .000 | −100.6862 | −61.8643 |
| | | | 皖北 | −26.52592 | 5.82674 | .000 | −40.4745 | −12.5773 |
| | | 皖南 | 皖中 | 81.27524 | 8.09947 | .000 | 61.8643 | 100.6862 |
| | | | 皖北 | 54.74932 | 8.66068 | .000 | 34.0066 | 75.4920 |
| | | 皖北 | 皖中 | 26.52592 | 5.82674 | .000 | 12.5773 | 40.4745 |
| | | | 皖南 | −54.74932 | 8.66068 | .000 | −75.4920 | −34.0066 |
| 步行闲暇体力活动 | 塔姆黑尼 | 皖中 | 皖南 | −118.66942 | 7.36956 | .000 | −136.3336 | −101.0053 |
| | | | 皖北 | −54.14667 | 6.18232 | .000 | −68.9523 | −39.3411 |
| | | 皖南 | 皖中 | 118.66942 | 7.36956 | .000 | 101.0053 | 136.3336 |
| | | | 皖北 | 64.52275 | 8.63093 | .000 | 43.8595 | 85.1860 |
| | | 皖北 | 皖中 | 54.14667 | 6.18232 | .000 | 39.3411 | 68.9523 |
| | | | 皖南 | −64.52275 | 8.63093 | .000 | −85.1860 | −43.8595 |
| 大强度闲暇体力活动 | 塔姆黑尼 | 皖中 | 皖南 | −110.46774 | 6.98894 | .000 | −127.2230 | −93.7125 |
| | | | 皖北 | −42.12541 | 4.99069 | .000 | −54.0756 | −30.1752 |
| | | 皖南 | 皖中 | 110.46774 | 6.98894 | .000 | 93.7125 | 127.2230 |
| | | | 皖北 | 68.34233 | 7.76263 | .000 | 49.7516 | 86.9331 |
| | | 皖北 | 皖中 | 42.12541 | 4.99069 | .000 | 30.1752 | 54.0756 |
| | | | 皖南 | −68.34233 | 7.76263 | .000 | −86.9331 | −49.7516 |
| 中等强度闲暇体力活动 | 塔姆黑尼 | 皖中 | 皖南 | −136.78042 | 7.61589 | .000 | −155.0478 | −118.5131 |
| | | | 皖北 | −69.35420 | 6.12413 | .000 | −84.0298 | −54.6786 |
| | | 皖南 | 皖中 | 136.78042 | 7.61589 | .000 | 118.5131 | 155.0478 |
| | | | 皖北 | 67.42622 | 9.29668 | .000 | 45.1684 | 89.6840 |
| | | 皖北 | 皖中 | 69.35420 | 6.12413 | .000 | 54.6786 | 84.0298 |
| | | | 皖南 | −67.42622 | 9.29668 | .000 | −89.6840 | −45.1684 |
| 工作日静坐时间 | 塔姆黑尼 | 皖中 | 皖南 | −311.75135 | 20.37933 | .000 | −360.5520 | −262.9507 |
| | | | 皖北 | −136.36476 | 23.03083 | .000 | −191.5097 | −81.2199 |
| | | 皖南 | 皖中 | 311.75135 | 20.37933 | .000 | 262.9507 | 360.5520 |
| | | | 皖北 | 175.38659 | 25.41798 | .000 | 114.5447 | 236.2285 |
| | | 皖北 | 皖中 | 136.36476 | 23.03083 | .000 | 81.2199 | 191.5097 |
| | | | 皖南 | −175.38659 | 25.41798 | .000 | −236.2285 | −114.5447 |

（续表）

| 因变量 | | (I)区域 | (J)区域 | 平均值差值(I−J) | 标准误 | 显著性 | 95%置信区间 | |
|---|---|---|---|---|---|---|---|---|
| | | | | | | | 下限 | 上限 |
| 休息日静坐时间 | 塔姆黑尼 | 皖中 | 皖南 | −445.50204 | 18.90476 | .000 | −490.7665 | −400.2375 |
| | | | 皖北 | −122.42626 | 24.32947 | .000 | −180.6703 | −64.1822 |
| | | 皖南 | 皖中 | 445.50204 | 18.90476 | .000 | 400.2375 | 490.7665 |
| | | | 皖北 | 323.07578 | 23.25064 | .000 | 267.4055 | 378.7460 |
| | | 皖北 | 皖中 | 122.42626 | 24.32947 | .000 | 64.1822 | 180.6703 |
| | | | 皖南 | −323.07578 | 23.25064 | .000 | −378.7460 | −267.4055 |

## 5.6 小 结

### 5.6.1 安徽省居民体力活动的测量结果

(1)与工作有关的体力活动：在过去7天中有大强度工作体力活动的居民占比为48.18%，其中每周有1天进行大强度工作体力活动的居民最多，占50.27%，平均每天进行1小时及以下大强度工作体力活动的居民最多；在过去7天中有中等强度工作体力活动的居民占比为49.22%，其中每周有1天进行中等强度工作体力活动的居民最多，占41.27%，平均每天进行1小时及以下中等强度工作体力活动的居民最多；在过去7天中有步行性工作体力活动的居民占比为66.67%，其中每周有1天进行步行性体力活动的居民最多，占44.14%，平均每天进行1小时及以下步行性工作体力活动的居民最多。

(2)与交通有关的体力活动：安徽省66.70%的居民每周有乘机动车交通体力活动，每周有1天进行乘机动车交通体力活动的居民最多，占33.79%，平均每天乘车时间在1小时及以下的居民最多，占48.87%；安徽省46.98%的居民每周进行骑自行车交通体力活动，每周有1天进行骑自行车交通体力活动的居民最多，占32.55%，平均每天骑自行车时间在1小时及以下的居民最多，占到了47.54%；安徽省76.66%的居民每周进行步行交通体力活动，每周有1天进行步行交通体力活动的居民最多，占41.73%，平均每天步行交通时间在1小时及以下的居民最多，占51.18%。

(3)与家务有关的体力活动：安徽省42.05%的居民每周都有大强度家务体力活动，每周有1天进行大强度家务体力活动的居民最多，占31.82%，平均每天进行大强度家务体力活动时间在1小时及以下的居民最多，占37.32%；安徽省45.37%的居民每周在室外进行中等强度家务体力活动，每周有1天进行中等强度室外家务体力活动的居民最多，占35.48%，平均每天中等强度室外家务体力活动时间在1小时及以下的居民最多，占44.35%；安徽省63.08%的居民每周进行中等强度室内家务体力活动，每周有1天进行中等强度室内家务体力活动的居民最多，占45.45%，平均每天中等强度室内家务体力活动时间在1小时及以下的居民最多，占 50.72％。

(4)闲暇时间的体力活动：安徽省 73.44％的居民每周有步行闲暇体力活动，每周有 1 天进行步行闲暇体力活动的居民最多，占 32.74％，平均每天步行闲暇体力活动时间在 1 小时及以下的居民最多，占 52.33％；安徽省 50.80％的居民每周有大强度闲暇体力活动，每周有 1 天进行大强度闲暇体力活动的居民最多，占 26.73％，平均每天大强度闲暇体力活动时间在 1 小时及以下的居民最多，占 40.40％；安徽省 52.72％的居民每周有中等强度闲暇体力活动，每周有 1 天进行中等强度闲暇体力活动的居民最多，占 39.50％，平均每天进行中等强度闲暇体力活动时间在 1 小时及以下的居民最多，占 36.64％。

(5)静坐时间：在工作日，安徽省居民静坐时间在 12 小时以上的居民最多，占到了 31.49％，平均每天的静坐时间以 11 小时以上的最多；在休息日，安徽省居民静坐时间在 13～15 小时的居民最多，占到了 19.62％，平均每天的静坐时间以 11 小时以上的最多。整体上，安徽省居民的静坐时间还是比较长的，这对身体健康是不利的。

### 5.6.2 安徽省居民体力活动的评价分析

(1)男女居民在大强度工作体力活动、中等强度工作体力活动、步行性工作体力活动、乘机动车交通体力活动、骑自行车交通体力活动、步行交通体力活动、大强度家务体力活动、步行闲暇体力活动、大强度闲暇体力活动、中等强度闲暇体力活动、工作日静坐时间、休息日静坐时间上存在显著差异，并且男性居民的总活动时间明显高于女性居民；男性居民在中等强度室内家务体力活动上明显低于女性居民；男女居民在中等强度室外家务体力活动上不存在显著差异。

(2)不同年龄群体居民除在大强度工作体力活动、中等强度工作体力活动两个维度上不存在显著差异外，在其他维度上都存在显著差异。在步行性工作体力活动时间上，中年群体显著高于少年、青年、老年群体，青年群体显著高于老年群体。在乘机动车交通体力活动时间上，中年群体显著高于少年群体和青年群体，青年群体显著高于少年群体；在骑自行车交通体力活动时间上，中年群体显著高于少年、青年和老年群体，青年群体显著高于少年群体；在步行交通体力活动时间上，中年群体显著高于青年和老年群体。在大强度家务体力活动时间上，中年群体显著高于少年和青年群体，青年群体显著高于少年群体；在中等强度室外家务体力活动时间上，中年群体显著高于少年和青年群体，青年群体显著高于少年群体；在中等强度室内家务体力活动时间上，中年群体显著高于少年群体。在步行闲暇体力活动时间上，中年群体显著高于少年、青年和老年群体；在大强度闲暇体力活动时间上，中年群体显著高于少年、青年和老年群体；在中等强度闲暇体力活动时间上，中年群体显著高于其他三个群体，青年群体显著高于少年和老年群体。在工作日静坐时间上，中年群体显著高于其他三个群体，青年群体显著高于老年群体；在休息日静坐时间上，中年群体显著高于其他三个群体，青年群体显著高于老年群体。

(3)不同肥胖程度居民在步行性工作体力活动、中等强度工作体力活动、中等强度室外家务体力活动、中等强度室内家务体力活动和大强度闲暇体力活动五个维度上不存在显著差异，在其他维度上都存在显著差异。在大强度工作体力活动时间上，体重比正常的居民显著低于肥胖居民。在乘机动车交通体力活动时间上，体重比正常的居民显著低于体重过重、肥胖居民；在骑自行车交通体力活动时间上，肥胖居民显著高于其他居民；在步行交通体力活动时间上，肥胖居民显著高于其他居民。在大强度家务体力活动时间上，体重过轻居民显著低于体重过重、肥胖居民，体重过重居民显著高于体重正常居民。在步行闲暇体力活动时间上，体重过轻居民显著低于体重过重、肥胖居民，体重正常居民显著低于体重过重、肥胖居民。在大强度闲暇体力活动时间上，体重正常居民显著低于肥胖居民；在中等强度闲暇体力活动时间上，体重正常居民显著低于体重过重、肥胖居民。在工作日静坐时间上，体重肥胖居民显著高于其他居民，体重正常居民显著低于体重过重居民；在休息日静坐时间上，体重正常居民显著低于其他居民，体重过轻居民显著低于肥胖居民。

(4)不同文化程度居民在乘机动车交通体力活动、步行交通体力活动、大强度家务体力活动、中等强度室外家务体力活动、步行闲暇体力活动、大强度闲暇体力活动、中等强度闲暇体力活动、工作日静坐时间、休息日静坐时间九个维度上存在显著差异，在其他维度上不存在显著差异。在乘机动车交通体力活动时间上，初中及以下文化程度的居民显著低于高中、大学、研究生及以上文化程度的居民；在步行交通体力活动时间上，初中及以下文化程度的居民显著低于高中、研究生及以上文化程度的居民。在大强度家务体力活动时间上，初中及以下文化程度的居民显著低于高中、研究生及以上文化程度的居民，高中文化程度的居民显著高于大学文化程度的居民；在中等强度室外家务体力活动时间上，初中及以下文化程度的居民显著低于研究生及以上文化程度的居民。在步行闲暇体力活动时间上，初中及以下文化程度的居民显著低于高中、研究生及以上文化程度的居民，大学文化程度的居民显著低于高中文化程度的居民。在大强度闲暇体力活动时间上，初中及以下文化程度的居民显著低于高中、大学、研究生及以上文化程度的居民；在中等强度闲暇体力活动时间上，初中及以下文化程度的居民显著低于高中、大学、研究生及以上文化程度的居民。在工作日静坐时间上，初中及以下文化程度的居民显著低于高中、大学、研究生及以上文化程度的居民，研究生及以上文化程度的居民显著高于初中及以下、高中、大学文化程度的居民；在休息日静坐时间上，初中及以下文化程度的居民显著低于高中、大学、研究生及以上文化程度的居民，研究生及以上文化程度的居民显著高于初中及以下、高中、大学文化程度的居民。

(5)居民是否工作除在中等强度室内家务体力活动上不存在显著差异外，在其他维度上都存在显著差异。有工作的居民在工作体力活动时间、交通体力活动时间、大强度家务体力活动和中等强度室外家务体力活动时间、闲暇体力活动时间、静坐时间上都显著高于没有工作的居民。

(6)不同月收入居民除在大强度工作体力活动、中等强度工作体力活动两个维度上不存在显著差异外，在其他维度上都存在显著差异。在步行性工作体力活动时间上，月收入小于2000元的居民显著低于其他月收入的居民(月收入2000～3999元的居民除外)，月收入2000～3999元的居民显著低于月收入6000～7999元的居民。在乘机动车交通体力活动时间上，月收入小于2000元的居民显著低于其他月收入的居民(月收入2000～3999元的居民除外)，月收入2000～3999元的居民显著低于其他月收入的居民(月收入小于2000元的居民除外)；在骑自行车交通体力活动时间上，月收入小于2000元的居民显著低于月收入6000～7999元的居民，月收入2000～3999元的居民显著低于其他月收入的居民(月收入小于2000元的居民除外)，月收入4000～5999元的居民显著低于月收入6000～7999元的居民;在步行交通体力活动时间上,月收入小于2000元、2000～3999元的居民显著低于月收入6000～7999、8000～10000、1万元以上的居民。在大强度家务体力活动时间上,月收入小于2000元的居民显著低于其他月收入的居民(月收入2000～3999元的居民除外),月收入2000～3999元的居民显著低于其他月收入的居民(月收入小于2000元的居民除外);在中等强度室外家务体力活动时间上,月收入小于2000元的居民显著低于月收入6000～7999元、8000～10000元的居民,月收入2000～3999元的居民显著低于其他月收入的居民(月收入小于2000元的居民除外);在中等强度室内家务体力活动时间上,月收入2000～3999元的居民显著低于月收入6000～7999元、8000～10000元的居民。在步行闲暇体力活动时间上,月收入小于2000元、2000～3999元的居民显著低于月收入4000～5999、6000～7999、8000～10000、1万元以上的居民。在大强度闲暇体力活动时间上,月收入小于2000元、2000～3999元的居民显著低于月收入4000～5999、6000～7999、8000～10000、1万元以上的居民,月收入4000～5999元的居民显著低于月收入6000～7999元的居民;在中等强度闲暇体力活动时间上,月收入小于2000元的居民显著低于其他月收入的居民(月收入2000～3999元的居民除外),月收入2000～3999元的居民显著低于其他月收入的居民(月收入小于2000元的居民除外)。在工作日静坐时间上,月收入小于2000元的居民显著低于其他月收入的居民(月收入2000～3999元的居民除外),月收入2000～3999元的居民显著低于其他月收入的居民(月收入小于2000元的居民除外);在休息日静坐时间上,月收入小于2000元、2000～3999元的居民显著低于月收入4000～5999、6000～7999、8000～10000、1万元以上的居民,月收入4000～5999元居民显著低于月收入6000～7999元居民。

(7)不同区域位置居民在体力活动所有维度上都存在显著差异。在大强度工作体力活动时间上,皖中居民显著低于皖北居民、皖南居民。在中等强度工作体力活动时间、步行性工作体力活动时间、乘机动车交通体力活动时间、骑自行车交通体力活动时间、步行交通体力活动时间、大强度家务体力活动时间、中等强度室外家务体力活动时间、中等强度室内家务体力活动时间、步行闲暇体力活动时间、大强度闲暇体力活动时间、中等强度闲暇体力活动时间、工作日静坐时间、休息日静坐时间上,皖中居民显著低于皖北居民、皖南居民,皖南居民显著高于皖北、皖中居民,皖北居民显著高于皖中居民但显著低于皖南居民。

# 6 安徽省城市建成环境对居民体力活动的影响

## 6.1 引 言

随着全球城镇化进程的加快，关于城市建成环境对居民健康的影响研究逐渐成为人们关注的热点问题。城市建成环境通过对居民出行方式、闲暇活动等体力活动方式影响人们的健康，城市的规划和土地利用类型影响着居民的饮食健康、肥胖等慢性病的发生率等，大量研究证明，良好的城市建成环境对居民身心健康有积极的影响(李孟飞，2017；谭少华等，2015)。体力活动作为居民对建成环境的感知与响应的表现形式得以深入研究，建成环境的各种量化指标的构建为理解建成环境对体力活动的作用机制更是提供了科学依据(Mecredy 等，2011)。随着城市建成环境与居民体力活动关系研究的深入，我们越来越强调居民个体对城市生活环境的感知和心理反应，越来越关注城市实体环境对居民体力活动行为的作用机制。城市建成环境不同的指标结构对居民体力活动的作用力也不尽相同，而从体力活动的时间、频次、量度等方面量化城市建成环境要素对它的影响，可以帮助我们更好地理解其实际作用机制。国外关于建成环境对体力活动影响的研究起步较早，研究主要集中于西方欧美国家，研究的重点集中在与日常生活关系密切的社区建成环境的主客观影响因素及建成环境促进体力活动的框架设计和建成环境设计；国内关于建成环境与体力活动关系的讨论最早出现于运动健康领域，主要以综述、探索类研究为主，针对不同人群、区域的实证研究也逐渐出现，但理论框架的构建和实证研究有待进一步加强(王依明，2021)。已有研究仍存在较多不足：从理论层面来看，缺乏贯穿城市建成环境与体力活动关系的完整逻辑框架；从研究内容来看，对城市建成环境不同因素与不同类型体力活动的量化关系研究不足，特别是居民对城市建成环境主观感知关系的研究不足；从研究方法来看，缺乏纵向时间数据的收集与分析，对城市建成环境变化与居民体力活动的动态关系理解不够(曹阳等，2019)。本章通过实证调查，利用相关分析和回归模型对安徽省城市建成环境与居民体力活动之间的关系进行分析，了解城市建成环境不同维度与居民不同类型体力活动之间的相关程度，探索城市建成环境各因素对居民体力活动的量化关系，为安徽省的城市规划建设提供参考，为增进安徽省居民的体力活动和健康行为引导提供方案和策略。

## 6.2 研究工具

本章根据《安徽省城市建成环境、居民体力活动调查问卷》进行，问卷共包含了五大部分，主要对问卷中的城市建成环境与居民体力活动之间的关系进行分析，调查对象的基本情况见第四章中的表 4－1。

# 6.3 安徽省城市建成环境与居民体力活动的相关性分析

## 6.3.1 安徽省城市建成环境与居民工作体力活动的相关性分析

### 6.3.1.1 安徽省城市建成环境与居民工作体力活动的相关关系

Pearson(皮尔逊)相关系数的使用条件中要求变量间必须是线性相关、不存在极端值、双变量正态分布,否则会影响结果的可信性。积差相关系数的要求非常高,而 Spearman(斯皮尔曼)相关系数的要求没有那么高,因此,本章对城市建成环境与体力活动之间的相关性分析采用 Spearman 相关系数,即最常用的非参数相关分析(秩相关)(张文彤等,2011)。

从表 6-1 中可以看出,城市建成环境中的居住密度、土地混合度、街道连接性、治安安全的得分与居民大强度工作体力活动时间存在显著相关性且具有统计学意义($P<0.05$),其余城市建成环境各要素与居民大强度工作体力活动时间不存在显著相关性。城市建成环境中的土地混合度得分与居民中等强度工作体力活动时间存在显著相关性且具有统计学意义($P<0.05$),其余城市建成环境各要素与居民中等强度工作体力活动时间不存在显著相关性。城市建成环境中的交通安全、建成环境整体得分与居民步行性工作体力活动时间存在相关性且具有统计学意义($P<0.05$),其余城市建成环境各要素与居民步行性工作体力活动时间不存在显著相关性。

**表 6-1 城市建成环境与居民工作体力活动时间之间的相关关系**

| 建成环境 | 大强度工作体力活动时间 | 中等强度工作体力活动时间 | 步行性工作体力活动时间 |
|---|---|---|---|
| 居住密度 | .070* | .044 | .026 |
| 土地混合度 | .102** | .090** | .054 |
| 服务方便性 | -.027 | -.002 | .025 |
| 街道连接性 | -.083** | -.052 | -.056 |
| 骑行/步行基础设施 | -.040 | -.009 | .032 |
| 环境美观度 | -.033 | .012 | .042 |
| 交通安全 | -.010 | -.008 | .073* |
| 治安安全 | -.068* | -.041 | -.001 |
| 建成环境整体 | .027 | .043 | .068* |

注:* 表示显著性水平为 0.05,** 表示显著性水平为 0.01。

### 6.3.1.2 安徽省城市建成环境与不同性别居民工作体力活动的相关关系

从表 6-2 中可以看出,男性的土地混合度得分和女性的街道连接性、治安安全的得分与居民大强度工作体力活动时间存在显著相关性且具有统计学意义($P<0.05$),其余城市建成环境各要素与不同性别居民大强度工作体力活动时间不存在显著相关性。男性的土地混合度得分与居民中等强度工作体力活动时间存在显著相关性且具有统计学意义($P<0.05$),其余城市建成环境各要素与不同性别居民中等强度工作体力活动时间不存在显著相

关性。男性的土地混合度得分与居民步行性工作体力活动时间存在显著相关性且具有统计学意义($P<0.05$),其余城市建成环境各要素与不同性别居民步行性工作体力活动时间不存在显著相关性。

**表 6-2 城市建成环境与不同性别居民工作体力活动时间之间的相关关系**

| 建成环境 | 大强度工作体力活动时间 | | 中等强度工作体力活动时间 | | 步行性工作体力活动时间 | |
|---|---|---|---|---|---|---|
| | 男性 | 女性 | 男性 | 女性 | 男性 | 女性 |
| 居住密度 | .058 | .082 | .019 | .070 | —.023 | .071 |
| 土地混合度 | .118* | .083 | .153** | .025 | .107* | .003 |
| 服务方便性 | .032 | —.080 | .038 | —.032 | .019 | .037 |
| 街道连接性 | —.024 | —.135** | —.050 | —.045 | —.058 | —.050 |
| 骑行/步行基础设施 | .002 | —.080 | .029 | —.044 | .049 | .018 |
| 环境美观度 | —.016 | —.046 | .004 | .023 | .033 | .051 |
| 交通安全 | .026 | —.051 | .021 | —.039 | .074 | .072 |
| 治安安全 | —.035 | —.114** | —.051 | —.030 | —.009 | .008 |
| 建成环境整体 | .085 | —.031 | .088 | —.003 | .086 | .051 |

注:* 表示显著性水平为 0.05,** 表示显著性水平为 0.01。

6.3.1.3 安徽省城市建成环境与不同年龄居民工作体力活动的相关关系

从表 6-3 中可以看出,青年在土地混合度上的得分、中年在治安安全上的得分、老年在环境美观度上的得分与居民大强度工作体力活动时间存在显著相关性且具有统计学意义($P<0.05$),其余城市建成环境各要素与不同年龄居民大强度二作体力活动时间不存在显著相关性。少年在环境美观度上的得分、青年在土地混合度上的得分、中年在服务方便性上的得分与居民中等强度工作体力活动时间存在显著相关性且具有统计学意义($P<0.05$),其余城市建成环境各要素与不同年龄居民中等强度工作体力活动时间不存在显著相关性。少年在街道连接性、骑行/步行基础设施、环境美观度和建成环境整体上的得分,青年在居住密度、土地混合度和建成环境整体上的得分,中年在交通安全上的得分,老年在环境美观度上的得分,都与居民步行性工作体力活动时间存在显著相关性且具有统计学意义($P<0.05$),其余城市建成环境各要素与不同年龄居民步行性工作体力活动时间不存在显著相关性。

**表 6-3 城市建成环境与不同年龄居民工作体力活动时间之间的相关关系**

| 建成环境 | 大强度工作体力活动时间 | | | | 中等强度工作体力活动时间 | | | | 步行性工作体力活动时间 | | | |
|---|---|---|---|---|---|---|---|---|---|---|---|---|
| | 少年 | 青年 | 中年 | 老年 | 少年 | 青年 | 中年 | 老年 | 少年 | 青年 | 中年 | 老年 |
| 居住密度 | —.142 | .068 | .081 | .541 | —.192 | .053 | .024 | .655 | —.300 | .096* | —.039 | .541 |
| 土地混合度 | —.103 | .128* | .083 | .135 | .060 | .101* | .073 | .393 | .320 | .095* | —.012 | .135 |

（续表）

| 建成环境 | 大强度工作体力活动时间 | | | | 中等强度工作体力活动时间 | | | | 步行性工作体力活动时间 | | | |
|---|---|---|---|---|---|---|---|---|---|---|---|---|
| | 少年 | 青年 | 中年 | 老年 | 少年 | 青年 | 中年 | 老年 | 少年 | 青年 | 中年 | 老年 |
| 服务方便性 | .170 | −.076 | .012 | .487 | −.088 | −.092 | .092* | .000 | −.040 | −.019 | .070 | .487 |
| 街道连接性 | .063 | −.089 | −.078 | −.070 | .070 | −.043 | −.063 | .270 | .417* | −.086 | −.042 | −.070 |
| 骑行/步行基础设施 | .281 | −.026 | −.062 | .189 | .058 | .012 | −.028 | .664 | .442* | .034 | .022 | .189 |
| 环境美观度 | .286 | −.001 | −.074 | −.822* | .390* | .031 | −.018 | −.283 | .453* | .043 | .026 | −.822* |
| 交通安全 | .079 | .024 | −.038 | −.500 | .078 | .032 | −.040 | .310 | .295 | .043 | .100* | −.500 |
| 治安安全 | .011 | .000 | −.123** | .072 | −.157 | −.001 | −.068 | .696 | .116 | .063 | −.053 | .072 |
| 建成环境整体 | −.034 | .083 | −.020 | .068 | .103 | .083 | −.003 | .655 | .493** | .109* | .006 | .068 |

注：* 表示显著性水平为 0.05，** 表示显著性水平为 0.01。

6.3.1.4 *安徽省城市建成环境与不同文化程度居民工作体力活动的相关关系*

从表 6－4 中可以看出，初中及以下居民在街道连接性上的得分、高中居民在土地混合度上的得分、大学居民在居住密度上的得分与居民大强度工作体力活动时间存在显著相关性且具有统计学意义($P<0.05$)，其余城市建成环境各要素与不同文化程度居民大强度工作体力活动时间不存在显著相关性。初中及以下居民在土地混合度、服务方便性和街道连接性上的得分，大学居民在土地混合度上的得分，研究生及以上居民在服务方便性上的得分，都与居民中等强度工作体力活动时间存在显著相关性且具有统计学意义($P<0.05$)，其余城市建成环境各要素与不同文化程度居民中等强度工作体力活动时间不存在显著相关性。初中及以下居民在街道连接性和建成环境整体上的得分与居民步行性工作体力活动时间存在显著相关性且具有统计学意义($P<0.05$)，其余城市建成环境各要素与不同文化程度居民步行性工作体力活动时间不存在显著相关性。

**表 6－4　城市建成环境与不同文化程度居民体力活动时间之间的相关关系**

| 建成环境 | 大强度工作体力活动时间 | | | | 中等强度工作体力活动时间 | | | | 步行性工作体力活动时间 | | | |
|---|---|---|---|---|---|---|---|---|---|---|---|---|
| | 初中及以下 | 高中（含中专） | 大学（含大专） | 研究生及以上 | 初中及以下 | 高中（含中专） | 大学（含大专） | 研究生及以上 | 初中及以下 | 高中（含中专） | 大学（含大专） | 研究生及以上 |
| 居住密度 | .063 | −.016 | .095* | .138 | .145 | −.038 | .034 | .066 | .102 | −.084 | −.023 | .178 |

（续表）

| 建成环境 | 大强度工作体力活动时间 | | | | 中等强度工作体力活动时间 | | | | 步行性工作体力活动时间 | | | |
|---|---|---|---|---|---|---|---|---|---|---|---|---|
| | 初中及以下 | 高中（含中专） | 大学（含大专） | 研究生及以上 | 初中及以下 | 高中（含中专） | 大学（含大专） | 研究生及以上 | 初中及以下 | 高中（含中专） | 大学（含大专） | 研究生及以上 |
| 土地混合度 | .102 | .140* | .086 | .107 | .160* | .024 | .096* | .077 | .138 | .097 | .005 | .089 |
| 服务方便性 | —.136 | —.062 | .008 | .064 | —.253** | —.048 | .060 | .234* | —.130 | —.066 | .039 | .151 |
| 街道连接性 | —.225** | —.051 | —.072 | .109 | —.218** | .040 | —.057 | .011 | —.200** | —.047 | —.037 | .068 |
| 骑行/步行基础设施 | —.034 | .040 | —.020 | —.147 | .013 | —.013 | .017 | —.057 | .010 | .041 | .031 | .040 |
| 环境美观度 | .011 | —.017 | —.012 | —.109 | .120 | —.068 | .029 | —.028 | .094 | .011 | .044 | .054 |
| 交通安全 | —.105 | —.064 | .060 | —.024 | —.053 | —.096 | .021 | .111 | .071 | .031 | .072 | .136 |
| 治安安全 | —.100 | —.064 | —.023 | —.143 | .009 | —.114 | —.009 | —.072 | .054 | —.088 | .021 | —.012 |
| 建成环境整体 | .036 | .031 | .048 | —.011 | .132 | —.070 | .070 | .031 | .152* | .048 | .043 | .118 |

注：* 表示显著性水平为 0.05，** 表示显著性水平为 0.01。

#### 6.3.1.5 安徽省城市建成环境与不同月收入居民工作体力活动的相关关系

从表 6-5 中可以看出，月收入 4000～5999 元的居民在土地混合度、街道连接性、骑行/步行基础设施和治安安全上的得分与居民大强度工作体力活动时间存在显著相关性且具有统计学意义（$P<0.05$），其余城市建成环境各要素与不同月收入居民大强度工作体力活动时间不存在显著相关性。月收入 4000～5999 元的居民在街道连接性、骑行/步行基础设施、治安安全上的得分，月收入 8000～10000 元的居民在交通安全上的得分，都与居民中等强度工作体力活动时间存在显著相关性且具有统计学意义（$P<0.05$），其余城市建成环境各要素与不同月收入居民中等强度工作体力活动时间不存在显著相关性。月收入小于 2000 元的居民在土地混合度和建成环境整体上的得分，月收入 2000～3999 元的居民在骑行/步行基础设施上的得分，月收入 8000～10000 元的居民在交通安全上的得分，月收入 1 万元以上的居民在环境美观度、交通安全和建成环境整体上的得分，都与居民步行性工作体力活动时间存在显著相关性且具有统计学意义（$P<0.05$），其余城市建成环境各要素与不同月收入居民步行性工作体力活动时间不存在显著相关性。

表 6-5　城市建成环境与不同月收入居民体力活动时间之间的相关关系

| 建成环境 | 大强度工作体力活动时间 | | | | | | 中等强度工作体力活动时间 | | | | | | 步行性工作体力活动时间 | | | | | |
|---|---|---|---|---|---|---|---|---|---|---|---|---|---|---|---|---|---|---|
| | 小于2000元 | 2000～3999元 | 4000～5999元 | 6000～7999元 | 8000～10000元 | 1万元以上 | 小于2000元 | 2000～3999元 | 4000～5999元 | 6000～7999元 | 8000～10000元 | 1万元以上 | 小于2000元 | 2000～3999元 | 4000～5999元 | 6000～7999元 | 8000～10000元 | 1万元以上 |
| 居住密度 | −.051 | .025 | .101 | .081 | .027 | .077 | −.061 | .083 | .106 | −.015 | −.054 | .114 | −.053 | .001 | .049 | −.055 | .041 | −.038 |
| 土地混合度 | .116 | −.027 | .133* | .097 | .106 | .089 | .142 | −.013 | .102 | .131 | .028 | .099 | .180* | −.033 | .022 | .085 | −.046 | .149 |
| 服务方便性 | .043 | −.140 | −.008 | −.002 | −.101 | .011 | .021 | −.097 | −.072 | −.009 | .098 | .135 | −.076 | .042 | .027 | −.032 | .092 | .106 |
| 街道连接性 | −.165 | .042 | −.162** | −.124 | .059 | .038 | −.166 | .010 | −.123* | −.014 | .055 | .002 | −.025 | −.057 | −.071 | −.092 | .038 | −.004 |
| 骑行/步行基础设施 | −.069 | .126 | −.133* | −.053 | −.024 | .099 | −.073 | .092 | −.178** | .077 | .163 | .010 | .056 | .187* | −.075 | −.010 | .091 | .164 |
| 环境美观度 | .026 | .017 | −.108 | −.089 | −.027 | .150 | .080 | −.011 | −.114 | .046 | .124 | .067 | .053 | .134 | −.024 | −.043 | .107 | .200* |
| 交通安全 | −.040 | −.010 | −.005 | −.068 | .004 | .135 | −.074 | −.071 | −.074 | −.061 | .214* | .105 | .034 | .101 | .080 | −.034 | .195* | .229* |
| 治安安全 | −.088 | −.096 | −.172** | −.005 | −.096 | .106 | −.129 | −.139 | −.188** | .052 | .102 | .084 | −.121 | .094 | −.078 | −.029 | .079 | .142 |
| 建成环境整体 | .083 | −.020 | −.021 | .019 | −.012 | .149 | .114 | −.029 | −.065 | .108 | .111 | .083 | .171* | .089 | −.015 | .033 | .044 | .247* |

注：* 表示显著性水平为 0.05，** 表示显著性水平为 0.01。

6.3.1.6　安徽省城市建成环境与不同区域位置居民工作体力活动的相关关系

从表 6-6 中可以看出,皖中居民在土地混合度、交通安全和建成环境整体上的得分,皖北居民在土地混合度和街道连接性上的得分,都与居民大强度工作体力活动时间存在显著相关性且具有统计学意义($P<0.05$),其余城市建成环境各要素与不同区域位置居民大强度工作体力活动时间不存在显著相关性。皖中居民在交通安全和建成环境整体上的得分、皖北居民在土地混合度和街道连接性上的得分与居民中等强度工作体力活动时间存在显著相关性且具有统计学意义($P<0.05$),其余城市建成环境各要素与不同区域位置居民中等强度工作体力活动时间不存在显著相关性。皖中居民在骑行/步行基础设施、环境美观度、交通安全、治安安全和建成环境整体上的得分,皖北居民在土地混合度和街道连接性上的得分,都与居民步行性工作体力活动时间存在显著相关性且具有统计学意义($P<0.05$),其余城市建成环境各要素与不同区域位置居民步行性工作体力活动时间不存在显著相关性。

表 6-6　城市建成环境与不同区域位置居民体力活动时间之间的相关关系

| 建成环境 | 大强度工作体力活动时间 | | | 中等强度工作体力活动时间 | | | 步行性工作体力活动时间 | | |
|---|---|---|---|---|---|---|---|---|---|
| | 皖中 | 皖南 | 皖北 | 皖中 | 皖南 | 皖北 | 皖中 | 皖南 | 皖北 |
| 居住密度 | .009 | .031 | .100 | .027 | −.021 | .067 | −.012 | −.094 | .098 |
| 土地混合度 | .116* | −.047 | .125* | .093 | −.006 | .123* | .002 | −.032 | .120* |
| 服务方便性 | .002 | .014 | −.007 | .000 | .013 | .024 | .100 | .007 | −.010 |
| 街道连接性 | .011 | .004 | −.164** | .007 | .040 | −.168** | .006 | .042 | −.193** |
| 骑行/步行基础设施 | .111 | −.017 | −.084 | .093 | .011 | −.071 | .240** | −.019 | −.058 |
| 环境美观度 | .036 | −.058 | −.042 | .102 | −.033 | −.007 | .244** | −.027 | −.038 |
| 交通安全 | .138* | −.022 | −.028 | .133* | −.059 | −.014 | .234** | .045 | .019 |
| 治安安全 | −.067 | −.024 | −.075 | −.046 | −.030 | −.056 | .142* | −.028 | −.101 |
| 建成环境整体 | .123* | −.052 | .056 | .134* | −.051 | .068 | .161** | −.025 | .050 |

注:* 表示显著性水平为 0.05,** 表示显著性水平为 0.01。

### 6.3.2　安徽省城市建成环境与居民交通体力活动的相关性分析

6.3.2.1　安徽省城市建成环境与居民交通体力活动的相关关系

从表 6-7 中可以看出,城市建成环境中的居住密度、土地混合度、服务方便性、街道连接性、骑行/步行基础设施、建成环境整体的得分与居民乘机动车交通体力活动时间存在显著相关性且具有统计学意义($P<0.05$),其余城市建成环境各要素与居民乘机动车交通体力活动时间不存在显著相关性。城市建成环境中的居住密度、土地混合度、服务方便性、街道连接性、骑行/步行基础设施、环境美观度、治安安全的得分与居民骑自行车交通体力活动时间存在显著相关性且具有统计学意义($P<0.05$),其余城市建成环境各要素与居民骑自行车交通体力活动时间不存在显著相关性。城市建成环境中的居住密度、土地混合度、街道

连接性、骑行/步行基础设施、治安安全的得分与居民步行交通体力活动时间存在显著相关性且具有统计学意义($P<0.05$)，其余城市建成环境各要素与居民步行交通体力活动时间不存在显著相关性。由此可见，居住密度、土地混合度、街道连接性、骑行/步行基础设施对居民任何形式的交通体力活动都有影响，尤其是“土地混合度是居民是否选择步行或骑车交通体力活动的重要因素之一”已经得到许多研究的证实(温煦等，2014)。

表 6-7　城市建成环境与居民交通体力活动时间之间的相关关系

| 建成环境 | 乘机动车交通体力活动时间 | 骑自行车交通体力活动时间 | 步行交通体力活动时间 |
|---|---|---|---|
| 居住密度 | .303** | .189** | .207** |
| 土地混合度 | .231** | .183** | .156** |
| 服务方便性 | −.067* | −.106** | −.019 |
| 街道连接性 | −.213** | −.223** | −.249** |
| 骑行/步行基础设施 | −.079* | −.124** | −.105** |
| 环境美观度 | .006 | −.066* | −.028 |
| 交通安全 | −.059 | −.059 | .000 |
| 治安安全 | −.028 | −.116** | −.091** |
| 建成环境整体 | .114** | .033 | .044 |

注：* 表示显著性水平为 0.05，** 表示显著性水平为 0.01。

6.3.2.2　安徽省城市建成环境与不同性别居民交通体力活动的相关关系

从表 6-8 中可以看出，男性在土地混合度、环境美观度、建成环境整体上的得分，女性在环境美观度和治安安全上的得分，与居民乘机动车交通体力活动时间不存在显著相关性($P>0.05$)，其余城市建成环境各要素与不同性别居民乘机动车交通体力活动时间都存在显著相关性且具有统计学意义($P<0.05$)。男性在环境美观度、建成环境整体和女性在建成环境整体上的得分与居民骑自行车交通体力活动时间不存在显著相关性($P>0.05$)，其余城市建成环境各要素与不同性别居民骑自行车交通体力活动时间都存在显著相关性且具有统计学意义($P<0.05$)。男性在居住密度、街道连接性、治安安全上的得分和女性在居住密度、土地混合度、街道连接性、骑行/步行基础设施、治安安全上的得分与居民步行交通体力活动时间存在显著相关性且具有统计学意义($P<0.05$)，其余城市建成环境各要素与不同性别居民步行交通体力活动时间不存在显著相关性。

表 6-8　城市建成环境与不同性别居民交通体力活动时间之间的相关关系

| 建成环境 | 乘机动车交通体力活动时间 | | 骑自行车交通体力活动时间 | | 步行交通体力活动时间 | |
|---|---|---|---|---|---|---|
| | 男性 | 女性 | 男性 | 女性 | 男性 | 女性 |
| 居住密度 | .289** | .241** | .165** | .177** | .168** | .187** |
| 土地混合度 | .085 | .215** | .224** | .139** | .064 | .141** |
| 服务方便性 | −.126** | −.091* | −.134** | −.130** | −.028 | −.009 |
| 街道连接性 | −.178** | −.189** | −.233** | −.169** | −.196** | −.158** |

（续表）

| 建成环境 | 乘机动车交通体力活动时间 | | 骑自行车交通体力活动时间 | | 步行交通体力活动时间 | |
|---|---|---|---|---|---|---|
| | 男性 | 女性 | 男性 | 女性 | 男性 | 女性 |
| 骑行/步行基础设施 | —.093* | —.114** | —.151** | —.190** | —.073 | —.180** |
| 环境美观度 | .008 | —.022 | —.083 | —.102* | —.003 | —.063 |
| 交通安全 | —.153** | —.110* | —.112* | —.156** | —.064 | —.062 |
| 治安安全 | —.163** | —.068 | —.203** | —.162** | —.127** | —.165** |
| 建成环境整体 | —.004 | .129** | .052 | —.007 | .000 | .040 |

注：* 表示显著性水平为 0.05，** 表示显著性水平为 0.01。

6.3.2.3　安徽省城市建成环境与不同年龄居民交通体力活动的相关关系

从表 6-9 中可以看出，少年在街道连接性上的得分，青年在居住密度、土地混合度、街道连接性、建成环境整体上的得分，中年在居住密度、服务方便性、街道连接性、骑行/步行基础设施、交通安全、治安安全上的得分，都与居民乘机动车交通体力活动时间存在显著相关性且具有统计学意义（$P<0.05$），其余城市建成环境各要素与不同年龄居民乘机动车交通体力活动时间不存在显著相关性。青年在居住密度、土地混合度、服务方便性、街道连接性、骑行/步行基础设施、环境美观度、交通安全、治安安全和中年在居住密度、土地混合度、街道连接性、骑行/步行基础设施、交通安全、治安安全上的得分与居民骑自行车交通体力活动时间存在显著相关性且具有统计学意义（$P<0.05$），其余城市建成环境各要素与不同年龄居民骑自行车交通体力活动时间不存在显著相关性。少年在骑行/步行基础设施上的得分，青年在居住密度、土地混合度、街道连接性、骑行/步行基础设施、治安安全、建成环境整体上的得分，中年在居住密度、街道连接性、骑行/步行基础设施、治安安全上的得分，都与居民步行交通体力活动时间存在显著相关性且具有统计学意义（$P<0.05$），其余城市建成环境各要素与不同年龄居民步行交通体力活动时间不存在显著相关性。

**表 6-9　城市建成环境与不同年龄居民交通体力活动时间之间的相关关系**

| 建成环境 | 乘机动车交通体力活动时间 | | | | 骑自行车交通体力活动时间 | | | | 步行交通体力活动时间 | | | |
|---|---|---|---|---|---|---|---|---|---|---|---|---|
| | 少年 | 青年 | 中年 | 老年 | 少年 | 青年 | 中年 | 老年 | 少年 | 青年 | 中年 | 老年 |
| 居住密度 | .221 | .254** | .236** | .307 | —.067 | .148** | .160** | .075 | .024 | .162** | .157** | .073 |
| 土地混合度 | —.057 | .251** | .059 | .449 | —.044 | .177** | .174** | .493 | .041 | .184** | .010 | .126 |
| 服务方便性 | .034 | —.070 | —.124** | —.395 | .022 | —.166** | —.086 | —.213 | .116 | —.023 | .005 | —.282 |
| 街道连接性 | —.540** | —.120** | —.214** | .000 | .058 | —.180** | —.213** | —.133 | .215 | —.167** | —.197** | .000 |
| 骑行/步行基础设施 | .035 | —.060 | —.110* | —.521 | —.067 | —.188** | —.140** | —.645 | .408* | —.131** | —.120** | —.573 |
| 环境美观度 | —.318 | .017 | —.017 | —.169 | .279 | —.140** | —.059 | —.562 | .310 | —.063 | —.026 | —.169 |

（续表）

| 建成环境 | 乘机动车交通体力活动时间 | | | | 骑自行车交通体力活动时间 | | | | 步行交通体力活动时间 | | | |
|---|---|---|---|---|---|---|---|---|---|---|---|---|
| | 少年 | 青年 | 中年 | 老年 | 少年 | 青年 | 中年 | 老年 | 少年 | 青年 | 中年 | 老年 |
| 交通安全 | .029 | —.079 | —.137** | —.050 | .255 | —.156** | —.096* | —.324 | .108 | —.029 | —.060 | —.248 |
| 治安安全 | —.235 | —.068 | —.130** | —.104 | .354 | —.232** | —.144** | —.430 | .221 | —.163** | —.133** | —.209 |
| 建成环境整体 | —.130 | .200** | —.041 | .356 | .071 | —.001 | .033 | .206 | .226 | .090* | —.061 | —.038 |

注：* 表示显著性水平为 0.05，** 表示显著性水平为 0.01。

6.3.2.4　安徽省城市建成环境与不同文化程度居民交通体力活动的相关关系

从表 6－10 中可以看出，初中及以下居民在居住密度、土地混合度、建成环境整体上的得分，高中居民在居住密度、服务方便性、街道连接性、交通安全上的得分，大学居民在居住密度、土地混合度、服务方便性、街道连接性、骑行/步行基础设施、交通安全、治安安全上的得分，研究生及以上居民在居住密度、土地混合度、建成环境整体上的得分，都与居民乘机动车交通体力活动时间存在显著相关性且具有统计学意义（$P<0.05$），其余城市建成环境各要素与不同文化程度居民乘机动车交通体力活动时间不存在显著相关性。初中及以下居民在居住密度、土地混合度、街道连接性、骑行/步行基础设施、治安安全上的得分，高中居民在服务方便性、街道连接性、骑行/步行基础设施、交通安全、治安安全上的得分，大学居民在居住密度、土地混合度、服务方便性、街道连接性、骑行/步行基础设施、交通安全、治安安全上的得分，研究生及以上居民在居住密度、土地混合度、街道连接性、骑行/步行基础设施、环境美观度、治安安全上的得分，都与居民骑自行车交通体力活动时间存在显著相关性且具有统计学意义（$P<0.05$），其余城市建成环境各要素与不同文化程度居民骑自行车交通体力活动时间不存在显著相关性。初中及以下居民在居住密度、土地混合度、骑行/步行基础设施、交通安全、建成环境整体上的得分，高中居民在居住密度、街道连接性、治安安全上的得分，大学居民在居住密度、土地混合度、街道连接性、骑行/步行基础设施、交通安全、治安安全上的得分，研究生及以上居民在土地混合度、街道连接性、骑行/步行基础设施上的得分，都与居民步行交通体力活动时间存在显著相关性且具有统计学意义（$P<0.05$），其余城市建成环境各要素与不同文化程度居民步行交通体力活动时间不存在显著相关性。

**表 6－10　城市建成环境与不同文化程度居民交通体力活动时间之间的相关关系**

| 建成环境 | 乘机动车交通体力活动时间 | | | | 骑自行车交通体力活动时间 | | | | 步行交通体力活动时间 | | | |
|---|---|---|---|---|---|---|---|---|---|---|---|---|
| | 初中及以下 | 高中（含中专） | 大学（含大专） | 研究生及以上 | 初中及以下 | 高中（含中专） | 大学（含大专） | 研究生及以上 | 初中及以下 | 高中（含中专） | 大学（含大专） | 研究生及以上 |
| 居住密度 | .290** | .322** | .180** | .213* | .286** | .108 | .139** | .213* | .213** | .165* | .145** | .140 |
| 土地混合度 | .180* | —.008 | .232** | .357** | .166* | .102 | .232** | .227* | .156* | .042 | .109* | .290** |
| 服务方便性 | —.113 | —.162* | —.097* | —.040 | —.020 | —.134* | —.185** | —.082 | —.074 | —.082 | .047 | —.047 |

（续表）

| 建成环境 | 乘机动车交通体力活动时间 | | | | 骑自行车交通体力活动时间 | | | | 步行交通体力活动时间 | | | |
|---|---|---|---|---|---|---|---|---|---|---|---|---|
| | 初中及以下 | 高中（含中专） | 大学（含大专） | 研究生及以上 | 初中及以下 | 高中（含中专） | 大学（含大专） | 研究生及以上 | 初中及以下 | 高中（含中专） | 大学（含大专） | 研究生及以上 |
| 街道连接性 | −.129 | −.223** | −.178** | −.180 | −.202** | −.231** | −.165** | −.291** | −.131 | −.221** | −.153** | −.239* |
| 骑行/步行基础设施 | −.103 | −.032 | −.153** | −.087 | −.172* | −.218** | −.113* | −.300** | −.152* | −.120 | −.097* | −.223* |
| 环境美观度 | .011 | .056 | −.059 | .049 | −.107 | −.122 | −.032 | −.225* | −.017 | .007 | −.043 | −.065 |
| 交通安全 | −.028 | −.147* | −.190** | .019 | −.105 | −.143* | −.135** | −.126 | .153* | −.044 | −.148** | .006 |
| 治安安全 | −.074 | −.093 | −.176** | −.032 | −.229** | −.217** | −.143** | −.195* | .022 | −.161* | −.175** | −.183 |
| 建成环境整体 | .160* | −.045 | .065 | .232* | .079 | −.079 | .081 | −.052 | .161* | −.037 | .006 | .077 |

注：* 表示显著性水平为 0.05，** 表示显著性水平为 0.01。

6.3.2.5　安徽省城市建成环境与不同月收入居民交通体力活动的相关关系

从表 6－11 中可以看出，月收入小于 2000 元的居民在居住密度、街道连接性上的得分，月收入 2000～3999 元的居民在居住密度、街道连接性上的得分，月收入 4000～5999 元的居民在居住密度、街道连接性上的得分，月收入 6000～7999 元的居民在居住密度、土地混合度、街道连接性、治安安全上的得分，月收入在 8000～10000 元的居民在土地混合度上的得分，月收入 1 万元以上的居民在居住密度、土地混合度、服务方便性、街道连接性、治安安全、建成环境整体上的得分，都与居民乘机动车交通体力活动时间存在显著相关性且具有统计学意义（$P<0.05$），其余城市建成环境各要素与不同月收入居民乘机动车交通体力活动时间不存在显著相关性。月收入小于 2000 元的居民在居住密度、街道连接性、骑行/步行基础设施、治安安全上的得分，月收入 2000～3999 元的居民在居住密度、街道连接性、骑行/步行基础设施、治安安全上的得分，月收入 4000～5999 元的居民在居住密度、街道连接性、骑行/步行基础设施、治安安全上的得分，月收入 6000～7999 元的居民在土地混合度、服务方便性、街道连接性、治安安全上的得分，月收入 8000～10000 元的居民在服务方便性、街道连接性、骑行/步行基础设施、环境美观度、交通安全、治安安全、建成环境整体上的得分，月收入 1 万元以上的居民在居住密度、土地混合度、街道连接性、骑行/步行基础设施上的得分，都与居民骑自行车交通体力活动时间存在显著相关性且具有统计学意义（$P<0.05$），其余城市建成环境各要素与不同月收入居民骑自行车交通体力活动时间不存在显著相关性。月收入 6000～7999 元的居民在居住密度、街道连接性、治安安全上的得分，月收入 8000～10000 元的居民在土地混合度、骑行/步行基础设施、治安安全上的得分，月收入 1 万元以上的居民在街道连接性上的得分，都与居民步行交通体力活动时间存在显著相关性且具有统计学意义（$P<0.05$），其余城市建成环境各要素与不同月收入居民步行交通体力活动时间不存在显著相关性。

**表 6-11　城市建成环境与不同月收入居民交通体力活动时间之间的相关关系**

| 建成环境 | 乘机动车交通体力活动时间 | | | | | | 骑自行车交通体力活动时间 | | | | | | 步行交通体力活动时间 | | | | | |
|---|---|---|---|---|---|---|---|---|---|---|---|---|---|---|---|---|---|---|
| | 小于2000元 | 2000～3999元 | 4000～5999元 | 6000～7999元 | 8000～10000元 | 1万元以上 | 小于2000元 | 2000～3999元 | 4000～5999元 | 6000～7999元 | 8000～10000元 | 1万元以上 | 小于2000元 | 2000～3999元 | 4000～5999元 | 6000～7999元 | 8000～10000元 | 1万元以上 |
| 居住密度 | .230** | .230** | .230** | .293** | .124 | .219* | .176* | .176* | .176* | .104 | .134 | .225* | .067 | .067 | .067 | .219** | .054 | .170 |
| 土地混合度 | .163 | .163 | .163 | .221** | .177* | −.251* | .139 | .139 | .139 | .178** | .023 | .268** | .063 | .063 | .063 | .079 | .278** | −.181 |
| 服务方便性 | −.159 | −.159 | −.159 | −.127 | .035 | −.241* | −.072 | −.072 | −.072 | −.138* | −.282** | −.063 | −.010 | −.010 | −.010 | −.076 | .025 | −.124 |
| 街道连接性 | −.215* | −.215* | −.215* | −.225** | −.018 | −.341** | −.311** | −.311** | −.311** | −.184** | −.304** | −.253* | −.074 | −.074 | −.074 | −.183** | −.143 | −.238* |
| 骑行/步行基础设施 | −.095 | −.095 | −.095 | −.116 | −.067 | −.057 | −.189* | −.189* | −.189* | −.097 | −.323** | −.243* | .013 | .013 | .013 | −.116 | −.253** | −.055 |
| 环境美观度 | .044 | .044 | .044 | −.021 | −.051 | .030 | −.138 | −.138 | −.138 | −.076 | −.257** | −.066 | .077 | .077 | .077 | −.085 | −.139 | .082 |
| 交通安全 | −.169 | −.169 | −.169 | −.091 | −.106 | −.113 | −.155 | −.155 | −.155 | −.089 | −.181* | −.142 | .087 | .087 | .087 | −.057 | −.102 | −.040 |
| 治安安全 | −.033 | −.033 | −.033 | −.148* | −.055 | −.211* | −.205* | −.205* | −.205* | −.138* | −.334** | −.174 | .034 | .034 | .034 | −.143* | −.274** | −.189 |
| 建成环境整体 | .114 | .114 | .114 | .099 | .088 | −.291** | .004 | .004 | .004 | .038 | −.244** | .085 | .099 | .099 | .099 | −.020 | .044 | −.193 |

注：* 表示显著性水平为 0.05，** 表示显著性水平为 0.01。

#### 6.3.2.6 安徽省城市建成环境与不同区域位置居民交通体力活动的相关关系

从表 6-12 中可以看出，皖中居民在居住密度、建成环境整体上的得分，皖南居民在居住密度上的得分，皖北居民在居住密度、土地混合度、服务方便性、街道连接性、建成环境整体上的得分，都与居民乘机动车交通体力活动时间存在显著相关性且具有统计学意义（$P<0.05$），其余城市建成环境各要素与不同区域位置居民乘机动车交通体力活动时间不存在显著相关性。皖北居民在居住密度、土地混合度、街道连接性、骑行/步行基础设施、环境美观度、交通安全、治安安全上的得分与居民骑自行车交通体力活动时间存在显著相关性且具有统计学意义（$P<0.05$），其余城市建成环境各要素与不同区域位置居民骑自行车交通体力活动时间不存在显著相关性。皖中居民在服务方便性、骑行/步行基础设施、环境美观度、交通安全、治安安全上的得分和皖北居民在居住密度、土地混合度、街道连接性、骑行/步行基础设施、治安安全上的得分上与居民步行交通体力活动时间存在显著相关性且具有统计学意义（$P<0.05$），其余城市建成环境各要素与不同区域位置居民步行交通体力活动时间不存在显著相关性。

表 6-12 城市建成环境与不同区域位置居民交通体力活动时间之间的相关关系

| 建成环境 | 乘机动车交通体力活动时间 | | | 骑自行车交通体力活动时间 | | | 步行交通体力活动时间 | | |
|---|---|---|---|---|---|---|---|---|---|
| | 皖中 | 皖南 | 皖北 | 皖中 | 皖南 | 皖北 | 皖中 | 皖南 | 皖北 |
| 居住密度 | .127* | .143* | .326** | .040 | −.086 | .279** | −.011 | .024 | .272** |
| 土地混合度 | .090 | .010 | .152** | .026 | .003 | .274** | −.078 | −.052 | .198** |
| 服务方便性 | .061 | .043 | −.138** | −.043 | −.107 | .005 | .204** | .096 | −.073 |
| 街道连接性 | −.025 | .011 | −.266** | .020 | −.010 | −.317** | .090 | −.041 | −.312** |
| 骑行/步行基础设施 | .102 | .008 | −.074 | .058 | .030 | −.278** | .266** | −.085 | −.160** |
| 环境美观度 | .080 | .024 | −.022 | .057 | −.008 | −.235** | .262** | −.078 | −.098 |
| 交通安全 | −.050 | −.053 | −.060 | −.029 | .018 | −.135** | .148** | −.004 | −.017 |
| 治安安全 | .039 | .002 | −.086 | .044 | −.007 | −.252** | .237** | −.091 | −.175** |
| 建成环境整体 | .137* | .020 | .103* | .048 | −.010 | .076 | .106 | −.083 | .092 |

注：* 表示显著性水平为 0.05，** 表示显著性水平为 0.01。

### 6.3.3 安徽省城市建成环境与居民家务体力活动的相关性分析

#### 6.3.3.1 安徽省城市建成环境与居民家务体力活动的相关关系

从表 6-13 中可以看出，城市建成环境中的居住密度、土地混合度、服务方便性、街道连接性、骑行/步行基础设施、环境美观度、交通安全、治安安全的得分与居民大强度家务体力活动时间存在显著相关性且具有统计学意义（$P<0.05$），其余城市建成环境各要素与居民大强度家务体力活动时间不存在显著相关性。城市建成环境中除建成环境整体得分与居民中等强度室外家务体力活动时间不存在显著相关性（$P>0.05$）外，其余城市建成环境各要素与居民中等强度室外家务体力活动时间都存在显著相关性且具有统计学意义。城市建成环境中除环境美观度和建成环境整体得分与居民中等强度室内家务体力活动时间不存在显著相关性($P>0.05$)外,其余城市建成环境各要素与居民中等强度室内家务体力活动时间都存在显著相关性且具有统计学意义。

表 6-13 城市建成环境与居民家务体力活动时间之间的相关关系

| 建成环境 | 大强度家务体力活动时间 | 中等强度室外家务体力活动时间 | 中等强度室内家务体力活动时间 |
|---|---|---|---|
| 居住密度 | .212** | .154** | .141** |
| 土地混合度 | .205** | .146** | .115** |
| 服务方便性 | -.094** | -.092** | -.064* |
| 街道连接性 | -.224** | -.148** | -.107** |
| 骑行/步行基础设施 | -.197** | -.139** | -.102** |
| 环境美观度 | -.081* | -.071* | .002 |
| 交通安全 | -.176** | -.140** | -.072* |
| 治安安全 | -.165** | -.159** | -.090** |
| 建成环境整体 | .044 | .016 | .045 |

注:* 表示显著性水平为 0.05,** 表示显著性水平为 0.01。

6.3.3.2 安徽省城市建成环境与不同性别居民家务体力活动的相关关系

从表 6-14 中可以看出,男性在居住密度、土地混合度、服务方便性、街道连接性、骑行/步行基础设施、交通安全、治安安全上的得分和女性在居住密度、土地混合度、街道连接性、骑行/步行基础设施、环境美观度、交通安全、治安安全上的得分与居民大强度家务体力活动时间存在显著相关性且具有统计学意义($P<0.05$),其余城市建成环境各要素与不同性别居民大强度家务体力活动时间不存在显著相关性。男性除了在服务方便性、环境美观度、建成环境整体上的得分和女性在居住密度、建成环境整体上的得分与居民中等强度室外家务体力活动时间不存在显著相关性($P>0.05$),其余城市建成环境各要素与不同性别居民中等强度室外家务体力活动时间都存在显著相关性且具有统计学意义。男性在居住密度、土地混合度、环境美观度、建成环境整体上的得分和女性在居住密度、土地混合度、服务方便性、街道连接性、骑行/步行基础设施、环境美观度、交通安全、治安安全上的得分与居民中等强度室内家务体力活动时间存在显著相关性且具有统计学意义($P<0.05$),其余城市建成环境各要素与不同性别居民中等强度室内家务体力活动时间不存在显著相关性。

表 6-14 城市建成环境与不同性别居民家务体力活动时间之间的相关关系

| 建成环境 | 大强度家务体力活动时间 | | 中等强度室外家务体力活动时间 | | 中等强度室内家务体力活动时间 | |
|---|---|---|---|---|---|---|
| | 男性 | 女性 | 男性 | 女性 | 男性 | 女性 |
| 居住密度 | .270** | .166** | .238** | .081 | .105* | .180** |
| 土地混合度 | .240** | .173** | .131** | .159** | .094* | .144** |
| 服务方便性 | -.096* | -.077 | -.080 | -.099* | -.033 | -.111* |
| 街道连接性 | -.224** | -.196** | -.136** | -.151** | -.024 | -.220** |

（续表）

| 建成环境 | 大强度家务体力活动时间 | | 中等强度室外家务体力活动时间 | | 中等强度室内家务体力活动时间 | |
|---|---|---|---|---|---|---|
| | 男性 | 女性 | 男性 | 女性 | 男性 | 女性 |
| 骑行/步行基础设施 | —.166** | —.224** | —.108* | —.166** | .024 | —.232** |
| 环境美观度 | —.050 | —.102* | —.035 | —.104* | .115* | —.119** |
| 交通安全 | —.190** | —.163** | —.111* | —.169** | —.033 | —.116** |
| 治安安全 | —.167** | —.164** | —.135** | —.184** | —.038 | —.149** |
| 建成环境整体 | .080 | .014 | .037 | —.003 | .097* | —.008 |

注：* 表示显著性水平为0.05，** 表示显著性水平为0.01。

6.3.3.3 安徽省城市建成环境与不同年龄居民家务体力活动的相关关系

从表6-15中可以看出，青年在居住密度、土地混合度、街道连接性、骑行/步行基础设施、交通安全、治安安全上的得分和中年在居住密度、土地混合度、街道连接性、骑行/步行基础设施、环境美观度、交通安全、治安安全上的得分与居民大强度家务体力活动时间存在显著相关性且具有统计学意义（$P<0.05$），其余城市建成环境各要素与不同年龄居民大强度家务体力活动时间不存在显著相关性。少年在服务方便性上的得分，青年在居住密度、土地混合度、街道连接性、骑行/步行基础设施、交通安全、治安安全上的得分，中年在居住密度、土地混合度、服务方便性、街道连接性、骑行/步行基础设施、交通安全、治安安全上的得分，都与居民中等强度室外家务体力活动时间存在显著相关性且具有统计学意义（$P<0.05$），其余城市建成环境各要素与不同年龄居民中等强度室外家务体力活动时间不存在显著相关性。青年在居住密度、街道连接性、骑行/步行基础设施、治安安全上的得分和中年在居住密度、土地混合度、服务方便性上的得分与居民中等强度室内家务体力活动时间存在显著相关性且具有统计学意义（$P<0.05$），其余城市建成环境各要素与不同年龄居民中等强度室内家务体力活动时间不存在显著相关性。

**表6-15 城市建成环境与不同年龄居民家务体力活动时间之间的相关关系**

| 建成环境 | 大强度家务体力活动时间 | | | | 中等强度室外家务体力活动时间 | | | | 中等强度室内家务体力活动时间 | | | |
|---|---|---|---|---|---|---|---|---|---|---|---|---|
| | 少年 | 青年 | 中年 | 老年 | 少年 | 青年 | 中年 | 老年 | 少年 | 青年 | 中年 | 老年 |
| 居住密度 | .263 | .170** | .206** | —.168 | .263 | .132** | .134** | —.035 | .253 | .096* | .154** | —.160 |
| 土地混合度 | —.028 | .185** | .203** | .416 | —.032 | .097* | .170** | .309 | .158 | .062 | .153** | .266 |
| 服务方便性 | .261 | —.085 | —.068 | —.707 | .373* | —.071 | —.092* | —.262 | .186 | —.013 | —.106* | —.628 |
| 街道连接性 | .157 | —.181** | —.237** | —.113 | .116 | —.140** | —.137** | —.107 | .024 | —.128** | —.076 | —.072 |
| 骑行/步行基础设施 | .088 | —.151** | —.200** | —.780 | .052 | —.145** | —.109* | —.711 | .255 | —.115* | —.083 | —.720 |

（续表）

| 建成环境 | 大强度家务体力活动时间 | | | | 中等强度室外家务体力活动时间 | | | | 中等强度室内家务体力活动时间 | | | |
|---|---|---|---|---|---|---|---|---|---|---|---|---|
| | 少年 | 青年 | 中年 | 老年 | 少年 | 青年 | 中年 | 老年 | 少年 | 青年 | 中年 | 老年 |
| 环境美观度 | .043 | −.040 | −.109* | .210 | .026 | −.076 | −.064 | −.416 | −.037 | .020 | −.012 | .224 |
| 交通安全 | −.013 | −.192** | −.133** | .211 | −.033 | −.171** | −.094* | −.341 | .009 | −.067 | −.060 | .138 |
| 治安安全 | .094 | −.149** | −.158** | −.399 | .098 | −.170** | −.140** | −.442 | −.040 | −.104* | −.072 | −.335 |
| 建成环境整体 | .092 | .057 | .028 | .170 | .088 | −.025 | .040 | .009 | .227 | .004 | .072 | .052 |

注：* 表示显著性水平为 0.05，** 表示显著性水平为 0.01。

6.3.3.4　安徽省城市建成环境与不同文化程度居民家务体力活动的相关关系

从表 6－16 中可以看出，初中及以下居民在居住密度、服务方便性、街道连接性上的得分，高中居民在居住密度、土地混合度、街道连接性、骑行/步行基础设施、交通安全、治安安全上的得分，大学居民除了在环境美观度和建成环境整体上的得分，研究生及以上居民在土地混合度、街道连接性、骑行/步行基础设施、环境美观度、治安安全上的得分，都与居民大强度家务体力活动时间存在显著相关性且具有统计学意义($P<0.05$)，其余城市建成环境各要素与不同文化程度居民大强度家务体力活动时间不存在显著相关性。初中及以下居民在居住密度上的得分，高中居民在居住密度、土地混合度、交通安全、治安安全上的得分，大学居民在居住密度、土地混合度、服务方便性、街道连接性、骑行/步行基础设施、交通安全、治安安全上的得分，研究生及以上居民在土地混合度、街道连接性、骑行/步行基础设施、环境美观度、交通安全、治安安全、建成环境整体上的得分，都与居民中等强度室外家务体力活动时间存在显著相关性且具有统计学意义($P<0.05$)，其余城市建成环境各要素与不同文化程度居民中等强度室外家务体力活动时间不存在显著相关性。高中居民在居住密度、土地混合度、骑行/步行基础设施上的得分，大学居民在居住密度、土地混合度、服务方便性、街道连接性、交通安全上的得分，研究生及以上居民在居住密度、土地混合度上的得分，都与居民中等强度室内家务体力活动时间存在显著相关性且具有统计学意义($P<0.05$)，其余城市建成环境各要素与不同文化程度居民中等强度室内家务体力活动时间不存在显著相关性。

**表 6－16　城市建成环境与不同文化程度居民家务体力活动时间之间的相关关系**

| 建成环境 | 大强度家务体力活动时间 | | | | 中等强度室外家务体力活动时间 | | | | 中等强度室内家务体力活动时间 | | | |
|---|---|---|---|---|---|---|---|---|---|---|---|---|
| | 初中及以下 | 高中（含中专） | 大学（含大专） | 研究生及以上 | 初中及以下 | 高中（含中专） | 大学（含大专） | 研究生及以上 | 初中及以下 | 高中（含中专） | 大学（含大专） | 研究生及以上 |
| 居住密度 | .295** | .250** | .176** | −.028 | .165* | .144* | .182** | −.036 | .136 | .169** | .103* | .193* |
| 土地混合度 | .042 | .209** | .259** | .316** | .033 | .194** | .156** | .205* | −.106 | .178** | .136** | .310** |
| 服务方便性 | −.183* | −.027 | −.127** | .042 | −.129 | −.048 | −.121** | .007 | −.039 | −.017 | −.097* | −.060 |

（续表）

| 建成环境 | 大强度家务体力活动时间 | | | | 中等强度室外家务体力活动时间 | | | | 中等强度室内家务体力活动时间 | | | |
|---|---|---|---|---|---|---|---|---|---|---|---|---|
| | 初中及以下 | 高中（含中专） | 大学（含大专） | 研究生及以上 | 初中及以下 | 高中（含中专） | 大学（含大专） | 研究生及以上 | 初中及以下 | 高中（含中专） | 大学（含大专） | 研究生及以上 |
| 街道连接性 | —.202** | —.192** | —.223** | —.257** | —.036 | —.121 | —.139** | —.348** | —.056 | —.105 | —.116* | —.078 |
| 骑行/步行基础设施 | —.083 | —.225** | —.172** | —.287** | —.026 | —.091 | —.122** | —.381** | —.147 | —.134* | —.052 | —.131 |
| 环境美观度 | .033 | —.074 | —.061 | —.197* | .085 | —.045 | —.045 | —.350** | —.012 | —.037 | 058 | —.047 |
| 交通安全 | —.033 | —.199** | —.200** | —.142 | —.036 | —.139* | —.116* | —.311** | —.026 | —.029 | —.094* | —.094 |
| 治安安全 | .006 | —.156* | —.183** | —.245** | .059 | —.162* | —.152** | —.388** | —.062 | —.097 | —.066 | —.164 |
| 建成环境整体 | .045 | .058 | .070 | —.006 | .059 | .079 | .033 | —.221* | —.119 | .102 | .069 | .118 |

注：* 表示显著性水平为 0.05，** 表示显著性水平为 0.01。

#### 6.3.3.5 安徽省城市建成环境与不同月收入居民家务体力活动的相关关系

从表 6 - 17 中可以看出，月收入小于 2000 元的居民在居住密度、街道连接性、交通安全、治安安全上的得分，月收入 2000～3999 元的居民在居住密度、交通安全、建成环境整体上的得分，月收入 4000～5999 元的居民在居住密度、土地混合度、服务方便性、街道连接性、骑行/步行基础设施、交通安全、治安安全上的得分，月收入 6000～7999 元的居民在居住密度、土地混合度、街道连接性上的得分，月收入在 8000～10000 元的居民在土地混合度、街道连接性、骑行/步行基础设施、环境美观度、交通安全、治安安全上的得分，月收入 1 万元以上的居民在土地混合度上的得分，都与居民大强度家务体力活动时间存在显著相关性且具有统计学意义（$P<0.05$），其余城市建成环境各要素与不同月收入居民大强度家务体力活动时间不存在显著相关性。月收入 2000～3999 元的居民在环境美观度上的得分，月收入 4000～5999 元的居民在居住密度、土地混合度、服务方便性、街道连接性、治安安全上的得分，月收入 6000～7999 元的居民在居住密度、服务方便性、街道连接性、骑行/步行基础设施、环境美观度上的得分，月收入 1 万元以上的居民在土地混合度、街道连接性、骑行/步行基础设施、交通安全、治安安全上的得分，都与居民中等强度室外家务体力活动时间存在显著相关性且具有统计学意义（$P<0.05$），其余城市建成环境各要素与不同月收入居民中等强度室外家务体力活动时间不存在显著相关性。月收入小于 2000 元的居民在街道连接性上的得分，月收入 4000～5999 元的居民在居住密度、土地混合度、服务方便性上的得分，月收入 6000～7999 元的居民在服务方便性、街道连接性上的得分，月收入在 8000～10000 元的居民在土地混合度、建成环境整体上的得分，月收入 1 万元以上的居民在土地混合度、街道连接性、骑行/步行基础设施上的得分，都与居民中等强度室内家务体力活动时间存在显著相关性且具有统计学意义（$P<0.05$），其余城市建成环境各要素与不同月收入居民中等强度室内家务体力活动时间不存在显著相关性。

表 6－17　城市建成环境与不同月收入居民家务体力活动时间之间的相关关系

| 建成环境 | 大强度家务体力活动时间 | | | | | | 中等强度室外家务体力活动时间 | | | | | | 中等强度室内家务体力活动时间 | | | | | |
|---|---|---|---|---|---|---|---|---|---|---|---|---|---|---|---|---|---|---|
| | 小于2000元 | 2000～3999元 | 4000～5999元 | 6000～7999元 | 8000～10000元 | 1万元以上 | 小于2000元 | 2000～3999元 | 4000～5999元 | 6000～7999元 | 8000～10000元 | 1万元以上 | 小于2000元 | 2000～3999元 | 4000～5999元 | 6000～7999元 | 8000～10000元 | 1万元以上 |
| 居住密度 | .175* | .179* | .246** | .183** | .128 | .132 | －.059 | .168 | .198** | .207** | .090 | .054 | .089 | .155 | .253** | .013 | .145 | .175 |
| 土地混合度 | .025 | .174 | .264** | .209** | .227** | .199* | .024 | －.007 | .242** | .108 | .133 | .232* | －.084 | －.031 | .175** | .001 | .304** | .298** |
| 服务方便性 | －.013 | －.126 | －.146* | －.104 | －.083 | －.165 | .064 | －.076 | －.174** | －.159* | －.105 | .032 | .033 | .121 | －.132* | －.163* | －.001 | －.084 |
| 街道连接性 | －.256** | －.157 | －.250** | －.188** | －.207* | －.160 | －.121 | .060 | －.151* | －.197** | －.021 | －.277** | －.261** | .039 | －.078 | －.186** | .130 | －.263** |
| 骑行/步行基础设施 | －.158 | －.103 | －.230** | －.120 | －.320** | －.127 | －.153 | －.022 | －.114 | －.148* | －.091 | －.251* | －.162 | .035 | －.100 | －.130 | .023 | －.242* |
| 环境美观度 | .000 | .107 | －.102 | －.056 | －.263** | .043 | .012 | .205* | －.078 | －.153* | －.006 | －.166 | .050 | .095 | －.011 | －.041 | .098 | －.098 |
| 交通安全 | －.170* | .200* | －.275** | －.067 | －.292** | －.043 | －.066 | －.080 | －.113 | －.115 | －.108 | －.275** | －.032 | .034 | －.059 | －.102 | －.042 | －.133 |
| 治安安全 | －.183* | －.033 | －.196** | －.089 | －.274** | －.093 | －.134 | －.072 | －.146* | －.129 | －.093 | －.360** | －.083 | －.030 | －.086 | －.091 | －.020 | －.159 |
| 建成环境整体 | －.057 | .189* | .034 | .091 | －.077 | .095 | －.056 | .034 | .092 | －.039 | .032 | －.034 | －.121 | .054 | .102 | －.111 | .256** | .099 |

注：* 表示显著性水平为 0.05，** 表示显著性水平为 0.01。

#### 6.3.3.6 安徽省城市建成环境与不同区域位置居民家务体力活动的相关关系

从表 6－18 中可以看出，皖中居民在土地混合度、建成环境整体上的得分和皖北居民在居住密度、土地混合度、街道连接性、骑行/步行基础设施、环境美观度、交通安全、治安安全上的得分与居民大强度家务体力活动时间存在显著相关性且具有统计学意义（$P<0.05$），其余城市建成环境各要素与不同区域位置居民大强度家务体力活动时间不存在显著相关性。皖中居民在居住密度、土地混合度、服务方便性、街道连接性、骑行/步行基础设施、环境美观度、治安安全、建成环境整体上的得分和皖北居民在居住密度、土地混合度、街道连接性、骑行/步行基础设施、环境美观度、治安安全上的得分与居民的中等强度室外家务体力活动时间存在显著相关性且具有统计学意义（$P<0.05$），其余城市建成环境各要素与不同区域位置居民中等强度室外家务体力活动时间不存在显著相关性。皖中居民在居住密度、服务方便性、骑行/步行基础设施、环境美观度、建成环境整体上的得分和皖北居民在居住密度、街道连接性上的得分与居民中等强度室内家务体力活动时间存在显著相关性且具有统计学意义（$P<0.05$），其余城市建成环境各要素与不同区域位置居民中等强度室内家务体力活动时间不存在显著相关性。

**表 6－18 城市建成环境与不同区域位置居民家务体力活动时间之间的相关关系**

| 建成环境 | 大强度家务体力活动时间 | | | 中等强度室外家务体力活动时间 | | | 中等强度室内家务体力活动时间 | | |
|---|---|---|---|---|---|---|---|---|---|
| | 皖中 | 皖南 | 皖北 | 皖中 | 皖南 | 皖北 | 皖中 | 皖南 | 皖北 |
| 居住密度 | .082 | −.014 | .306** | .183** | −.024 | .213** | .141* | −.029 | .145** |
| 土地混合度 | .135* | .016 | .255** | .138* | .011 | .171** | .077 | .014 | .081 |
| 服务方便性 | −.009 | .084 | −.025 | .120* | −.025 | −.047 | .139* | .003 | −.061 |
| 街道连接性 | .055 | .070 | −.382** | .122* | .044 | −.279** | .034 | .047 | −.154** |
| 骑行/步行基础设施 | .029 | .049 | −.262** | .118* | .045 | −.224** | .150** | −.020 | −.101 |
| 环境美观度 | .016 | .052 | −.203** | .171** | −.024 | −.152** | .151** | .014 | −.033 |
| 交通安全 | −.015 | −.005 | −.162** | .053 | −.061 | −.091 | .098 | −.010 | −.010 |
| 治安安全 | .031 | .103 | −.241** | .124* | −.001 | −.225** | .086 | −.022 | −.031 |
| 建成环境整体 | .147** | .067 | .061 | .255** | −.002 | .013 | .189** | .003 | .039 |

注：* 表示显著性水平为 0.05，** 表示显著性水平为 0.01。

### 6.3.4 安徽省城市建成环境与居民闲暇体力活动的相关性分析

#### 6.3.4.1 安徽省城市建成环境与居民闲暇体力活动的相关关系

从表 6－19 中可以看出，城市建成环境中的居住密度、土地混合度、服务方便性、街道连接性、骑行/步行基础设施、交通安全、治安安全的得分与居民步行闲暇体力活动时间存在显著相关性且具有统计学意义（$P<0.05$），其余城市建成环境各要素与居民步行闲暇体力活动时间不存在显著相关性。城市建成环境中除环境美观度和建成环境整体得分与居民大强度闲暇体力活动时间不存在显著相关性（$P>0.05$）外，其余城市建成环境各要素与居民大强度闲暇体力活动时间都存在显著相关性且具有统计学意义。城市建成环境中除建成环境整体得分与居民中等强度闲暇体力活动时间不存在显著相关性（$P>0.05$）外，其余城市建成环境各要素与居民中等强度闲暇体力活动时间都存在显著相关性且具有统计学意义。

表 6 - 19　城市建成环境与居民闲暇体力活动时间之间的相关关系

| 建成环境 | 步行闲暇体力活动时间 | 大强度闲暇体力活动时间 | 中等强度闲暇体力活动时间 |
|---|---|---|---|
| 居住密度 | .260** | .199** | .256** |
| 土地混合度 | .119** | .140** | .165** |
| 服务方便性 | —.139** | —.121** | —.169** |
| 街道连接性 | —.203** | —.161** | —.240** |
| 骑行/步行基础设施 | —.157** | —.105** | —.177** |
| 环境美观度 | —.060 | .008 | —.081* |
| 交通安全 | —.156** | —.125** | —.136** |
| 治安安全 | —.212** | —.149** | —.193** |
| 建成环境整体 | —.016 | .041 | .013 |

注：* 表示显著性水平为 0.05，** 表示显著性水平为 0.01。

6.3.4.2　安徽省城市建成环境与不同性别居民闲暇体力活动的相关关系

从表 6 - 20 中可以看出，男性在居住密度、服务方便性、街道连接性、骑行/步行基础设施、交通安全、治安安全上的得分和女性在居住密度、土地混合度、服务方便性、街道连接性、骑行/步行基础设施、环境美观度、交通安全、治安安全上的得分与居民步行闲暇体力活动时间存在显著相关性且具有统计学意义（$P<0.05$），其余城市建成环境各要素与不同性别居民步行闲暇体力活动时间不存在显著相关性。男性在骑行/步行基础设施、环境美观度、建成环境整体上的得分和女性在环境美观度、建成环境整体上的得分与居民大强度休闲体力活动时间不存在显著相关性（$P>0.05$），其余城市建成环境各要素与不同性别居民大强度休闲体力活动时间存在显著相关性且具有统计学意义。男性在居住密度、土地混合度、服务方便性、街道连接性、骑行/步行基础设施、交通安全、治安安全上的得分和女性在居住密度、土地混合度、服务方便性、街道连接性、骑行/步行基础设施、环境美观度、交通安全、治安安全上的得分与居民中等强度闲暇体力活动时间存在显著相关性且具有统计学意义（$P<0.05$），其余城市建成环境各要素与不同性别居民中等强度闲暇体力活动时间不存在显著相关性。

表 6 - 20　城市建成环境与不同性别居民闲暇体力活动时间之间的相关关系

| 建成环境 | 步行闲暇体力活动时间 | | 大强度闲暇体力活动时间 | | 中等强度闲暇体力活动时间 | |
|---|---|---|---|---|---|---|
| | 男性 | 女性 | 男性 | 女性 | 男性 | 女性 |
| 居住密度 | .272** | .252** | .173** | .226** | .285** | .235** |
| 土地混合度 | .086 | .148** | .151** | .128** | .142** | .187** |
| 服务方便性 | —.149** | —.123** | —.111* | —.124** | —.206** | —.123** |
| 街道连接性 | —.179** | —.212** | —.128** | —.181** | —.241** | —.221** |

（续表）

| 建成环境 | 步行闲暇体力活动时间 | | 大强度闲暇体力活动时间 | | 中等强度闲暇体力活动时间 | |
|---|---|---|---|---|---|---|
| | 男性 | 女性 | 男性 | 女性 | 男性 | 女性 |
| 骑行/步行基础设施 | —.099* | —.208** | —.049 | —.158** | —.138** | —.212** |
| 环境美观度 | —.026 | —.088* | .040 | —.020 | —.052 | —.103* |
| 交通安全 | —.173** | —.138** | —.148** | —.098* | —.141** | —.130** |
| 治安安全 | —.215** | —.209** | —.151** | —.146** | —.173** | —.216** |
| 建成环境整体 | —.031 | .002 | .057 | .028 | .004 | .028 |

注：* 表示显著性水平为 0.05，** 表示显著性水平为 0.01。

6.3.4.3 安徽省城市建成环境与不同年龄居民闲暇体力活动的相关关系

从表 6-21 中可以看出，少年在交通安全上的得分，青年在居住密度、土地混合度、服务方便性、街道连接性、骑行/步行基础设施、环境美观度、交通安全、治安安全上的得分，中年在居住密度、服务方便性、街道连接性、交通安全、治安安全上的得分与居民步行闲暇体力活动时间存在显著相关性且具有统计学意义（$P<0.05$），其余城市建成环境各要素与不同年龄居民步行闲暇体力活动时间不存在显著相关性。青年在居住密度、服务方便性、街道连接性、治安安全上的得分和中年在居住密度、土地混合度、服务方便性、街道连接性、骑行/步行基础设施、交通安全、治安安全上的得分与居民大强度闲暇体力活动时间存在显著相关性且具有统计学意义（$P<0.05$），其余城市建成环境各要素与不同年龄居民大强度闲暇体力活动时间不存在显著相关性。青年在居住密度、土地混合度、服务方便性、街道连接性、骑行/步行基础设施、交通安全、治安安全上的得分和中年在居住密度、土地混合度、服务方便性、街道连接性、骑行/步行基础设施、治安安全上的得分与居民中等强度闲暇体力活动时间存在显著相关性且具有统计学意义（$P<0.05$），其余城市建成环境各要素与不同年龄居民中等强度闲暇体力活动时间不存在显著相关性。

表 6-21 城市建成环境与不同年龄居民闲暇体力活动时间之间的相关关系

| 建成环境 | 步行闲暇体力活动时间 | | | | 大强度闲暇体力活动时间 | | | | 中等强度闲暇体力活动时间 | | | |
|---|---|---|---|---|---|---|---|---|---|---|---|---|
| | 少年 | 青年 | 中年 | 老年 | 少年 | 青年 | 中年 | 老年 | 少年 | 青年 | 中年 | 老年 |
| 居住密度 | .058 | .247** | .242** | .051 | .218 | .173** | .180** | —.172 | .082 | .214** | .255** | .287 |
| 土地混合度 | .119 | .198** | .022 | .417 | .027 | .072 | .179** | .387 | .147 | .180** | .125** | .650 |
| 服务方便性 | .080 | —.106* | —.140** | —.065 | —.202 | —.098* | —.111* | —.221 | —.043 | —.151** | —.155** | —.582 |
| 街道连接性 | .018 | —.196** | —.190** | —.139 | .075 | —.137** | —.163** | —.189 | .106 | —.222** | —.239** | —.041 |
| 骑行/步行基础设施 | .176 | —.217** | —.086 | —.587 | .067 | —.059 | —.113* | —.765 | —.046 | —.121** | —.134** | —.560 |
| 环境美观度 | —.044 | —.097* | —.030 | —.700 | .099 | .040 | —.013 | —.552 | —.006 | —.084 | —.077 | —.012 |
| 交通安全 | .408* | —.181** | —.115* | —.458 | .357 | —.074 | —.138** | —.389 | .235 | —.155** | —.086 | .198 |

（续表）

| 建成环境 | 步行闲暇体力活动时间 | | | | 大强度闲暇体力活动时间 | | | | 中等强度闲暇体力活动时间 | | | |
|---|---|---|---|---|---|---|---|---|---|---|---|---|
| | 少年 | 青年 | 中年 | 老年 | 少年 | 青年 | 中年 | 老年 | 少年 | 青年 | 中年 | 老年 |
| 治安安全 | −.082 | −.218** | −.194** | −.451 | −.015 | −.114* | −.159** | −.612 | −.163 | −.228** | −.154** | −.132 |
| 建成环境整体 | .166 | .041 | −.076 | .114 | .099 | .026 | .045 | −.008 | .129 | .020 | −.006 | .556 |

注：* 表示显著性水平为 0.05，** 表示显著性水平为 0.01。

#### 6.3.4.4 安徽省城市建成环境与不同文化程度居民闲暇体力活动的相关关系

从表 6－22 中可以看出，初中及以下居民在居住密度、土地混合度、建成环境整体上的得分，高中居民在居住密度、服务方便性、街道连接性、交通安全、治安安全上的得分，大学居民在居住密度、土地混合度、服务方便性、街道连接性、骑行/步行基础设施、交通安全、治安安全上的得分，研究生及以上居民在居住密度、土地混合度、街道连接性、骑行/步行基础设施、治安安全上的得分，都与居民步行闲暇体力活动时间存在显著相关性且具有统计学意义（$P<0.05$），其余城市建成环境各要素与不同文化程度居民步行闲暇体力活动时间不存在显著相关性。初中及以下居民在居住密度上的得分，高中居民在居住密度、土地混合度、街道连接性、治安安全上的得分，大学居民在居住密度、土地混合度、服务方便性、街道连接性、骑行/步行基础设施、交通安全、治安安全上的得分，研究生及以上居民在土地混合度、服务方便性、街道连接性、治安安全上的得分，都与居民大强度闲暇体力活动时间存在显著相关性且具有统计学意义（$P<0.05$），其余城市建成环境各要素与不同文化程度居民大强度闲暇体力活动时间不存在显著相关性。初中及以下居民在居住密度、街道连接性、骑行/步行基础设施上的得分，高中居民在居住密度、服务方便性、街道连接性、骑行/步行基础设施、治安安全上的得分，大学居民在居住密度、土地混合度、服务方便性、街道连接性、骑行/步行基础设施、交通安全、治安安全上的得分，研究生及以上居民在土地混合度、街道连接性、骑行/步行基础设施、环境美观度、交通安全、治安安全上的得分，都与居民中等强度闲暇体力活动时间存在显著相关性且具有统计学意义（$P<0.05$），其余城市建成环境各要素与不同文化程度居民中等强度闲暇体力活动时间不存在显著相关性。

**表 6－22　城市建成环境与不同文化程度居民闲暇体力活动时间之间的相关关系**

| 建成环境 | 步行闲暇体力活动时间 | | | | 大强度闲暇体力活动时间 | | | | 中等强度闲暇体力活动时间 | | | |
|---|---|---|---|---|---|---|---|---|---|---|---|---|
| | 初中及以下 | 高中（含中专） | 大学（含大专） | 研究生及以上 | 初中及以下 | 高中（含中专） | 大学（含大专） | 研究生及以上 | 初中及以下 | 高中（含中专） | 大学（含大专） | 研究生及以上 |
| 居住密度 | .300** | .283** | .231** | .190* | .250** | .198** | .156** | .083 | .361** | .252** | .216** | .048 |
| 土地混合度 | .191* | .000 | .125** | .422** | .043 | .153* | .169** | .230* | .079 | .048 | .270** | .274** |
| 服务方便性 | −.144 | −.186** | −.124** | −.029 | −.109 | −.093 | −.120** | −.235* | −.125 | −.188** | −.172** | −.173 |
| 街道连接性 | −.117 | −.200** | −.210** | −.211* | −.019 | −.162* | −.166** | −.211* | −.152* | −.237** | −.239** | −.297** |
| 骑行/步行基础设施 | −.102 | −.125 | −.141** | −.300** | −.012 | −.101 | −.104* | −.155 | −.192* | −.139* | −.174** | −.233* |

（续表）

| 建成环境 | 步行闲暇体力活动时间 | | | | 大强度闲暇体力活动时间 | | | | 中等强度闲暇体力活动时间 | | | |
|---|---|---|---|---|---|---|---|---|---|---|---|---|
| | 初中及以下 | 高中（含中专） | 大学（含大专） | 研究生及以上 | 初中及以下 | 高中（含中专） | 大学（含大专） | 研究生及以上 | 初中及以下 | 高中（含中专） | 大学（含大专） | 研究生及以上 |
| 环境美观度 | .062 | −.058 | −.045 | −.183 | .057 | .028 | .032 | −.086 | .039 | −.073 | −.061 | −.249** |
| 交通安全 | −.013 | −.190** | −.157** | −.179 | −.059 | −.080 | −.163** | −.068 | .094 | −.110 | −.184** | −.212* |
| 治安安全 | −.015 | −.176** | −.265** | −.298** | .019 | −.133* | −.176** | −.238* | −.002 | −.223** | −.189** | −.358** |
| 建成环境整体 | .191* | −.113 | −.027 | .065 | .076 | .073 | .043 | −.007 | .104 | −.080 | 079 | −.095 |

注：* 表示显著性水平为 0.05，** 表示显著性水平为 0.01。

6.3.4.5 安徽省城市建成环境与不同月收入居民闲暇体力活动的相关关系

从表 6－23 中可以看出，月收入小于 2000 元的居民在居住密度、街道连接性上的得分，月收入 2000～3999 元的居民在土地混合度上的得分，月收入 4000～5999 元的居民在居住密度、土地混合度、街道连接性、骑行/步行基础设施、环境美观度、交通安全、治安安全上的得分，月收入 6000～7999 元的居民在居住密度、服务方便性、街道连接性、治安安全上的得分，月收入 8000～10000 元的居民在土地混合度、服务方便性、骑行/步行基础设施、交通安全上的得分，月收入 1 万元以上的居民在居住密度、服务方便性、街道连接性、治安安全、建成环境整体上的得分，都与居民步行闲暇体力活动时间存在显著相关性且具有统计学意义（$P<0.05$），其余城市建成环境各要素与不同月收入居民步行闲暇体力活动时间不存在显著相关性。月收入小于 2000 元的居民在居住密度上的得分，月收入 2000～3999 元的居民在土地混合度、环境美观度、交通安全、建成环境整体上的得分，月收入 4000～5999 元的居民在居住密度、土地混合度、服务方便性、街道连接性、骑行/步行基础设施、交通安全、治安安全上的得分，月收入 6000～7999 元的居民在土地混合度、服务方便性、街道连接性上的得分，月收入 8000～10000 元的居民在交通安全上的得分，月收入 1 万元以上的居民在土地混合度、街道连接性上的得分，都与居民大强度闲暇体力活动时间存在显著相关性且具有统计学意义（$P<0.05$），其余城市建成环境各要素与不同月收入居民大强度闲暇体力活动时间不存在显著相关性。月收入小于 2000 元的居民在居住密度、街道连接性、骑行/步行基础设施、治安安全上的得分，月收入 2000～3999 元的居民在居住密度、土地混合度、骑行/步行基础设施、治安安全上的得分，月收入 4000～5999 元的居民在居住密度、土地混合度、服务方便性、街道连接性、骑行/步行基础设施、交通安全、治安安全上的得分，月收入 6000～7999 元的居民在居住密度、土地混合度、服务方便性、街道连接性、建成环境整体上的得分，月收入 8000～10000 元的居民在居住密度、土地混合度、服务方便性、街道连接性、骑行/步行基础设施、环境美观度、交通安全、治安安全上的得分，月收入 1 万元以上的居民在居住密度、土地混合度、服务方便性、街道连接性、交通安全、治安安全、建成环境整体上的得分，都与居民中等强度闲暇体力活动时间存在显著相关性且具有统计学意义（$P<0.05$），其余城市建成环境各要素与不同月收入居民中等强度闲暇体力活动时间不存在显著相关性。

表6-23 城市建成环境与不同月收入居民闲暇体力活动时间之间的相关关系

| 建成环境 | 步行闲暇体力活动时间 | | | | | | 大强度闲暇体力活动时间 | | | | | | 中等强度闲暇体力活动时间 | | | | | |
|---|---|---|---|---|---|---|---|---|---|---|---|---|---|---|---|---|---|---|
| | 小于2000元 | 2000～3999元 | 4000～5999元 | 6000～7999元 | 8000～10000元 | 1万元以上 | 小于2000元 | 2000～3999元 | 4000～5999元 | 6000～7999元 | 8000～10000元 | 1万元以上 | 小于2000元 | 2000～3999元 | 4000～5999元 | 6000～7999元 | 8000～10000元 | 1万元以上 |
| 居住密度 | .239** | .146 | .331** | .211** | .122 | .288** | .256** | .165 | .229** | .092 | .139 | .126 | .201* | .216* | .317** | .213** | .169* | .201* |
| 土地混合度 | .088 | .192* | .241** | .006 | .312** | —.172 | —.051 | .176* | .131* | .151* | .116 | .328** | .018 | .196* | .276** | .271** | .185* | —.219* |
| 服务方便性 | —.054 | —.065 | —.100 | —.218** | —.191* | —.239* | —.094 | —.068 | —.192** | —.146* | —.113 | —.131 | —.108 | —.004 | —.214** | —.172** | —.263** | —.289** |
| 街道连接性 | —.244** | —.155 | —.242** | —.162* | —.089 | —.225* | —.121 | —.103 | —.162** | —.194** | —.052 | —.206* | —.221** | —.122 | —.234** | —.198** | —.249** | —.303** |
| 骑行/步行基础设施 | —.130 | —.049 | —.253** | —.082 | —.165* | —.128 | —.089 | —.002 | —.168** | —.045 | —.077 | —.167 | —.209* | —.241** | —.236** | —.053 | —.253** | —.079 |
| 环境美观度 | .103 | .085 | —.129* | —.078 | —.068 | —.054 | .082 | .179* | —.056 | .018 | .018 | —.016 | —.003 | .038 | —.060 | —.045 | —.252** | —.032 |
| 交通安全 | .005 | .064 | —.221** | —.103 | —.198* | —.160 | —.100 | .221* | —.145* | —.092 | —.166* | —.181 | —.072 | .063 | —.134* | —.024 | —.212* | —.220* |
| 治安安全 | —.079 | —.159 | —.288** | —.165* | —.128 | —.314** | —.101 | —.084 | —.269** | —.086 | —.073 | —.144 | —.241** | —.179* | —.238** | —.051 | —.266** | —.202* |
| 建成环境整体 | .079 | .168 | .015 | —.101 | .097 | —.271** | —.053 | .230** | —.040 | .054 | .022 | .139 | —.072 | .150 | .076 | .168* | —.094 | —.305** |

注：* 表示显著性水平为0.05，** 表示显著性水平为0.01。

#### 6.3.4.6 安徽省城市建成环境与不同区域位置居民闲暇体力活动的相关关系

从表 6 - 24 中可以看出，皖中居民在服务方便性、骑行/步行基础设施、环境美观度、交通安全、治安安全、建成环境整体上的得分，皖南居民在居住密度上的得分，皖北居民在居住密度、土地混合度、街道连接性、骑行/步行基础设施、环境美观度、交通安全、治安安全上的得分，都与居民步行闲暇体力活动时间存在显著相关性且具有统计学意义（$P<0.05$），其余城市建成环境各要素与不同区域位置居民步行闲暇体力活动时间不存在显著相关性。皖中居民在骑行/步行基础设施、环境美观度、交通安全上的得分和皖北居民在居住密度、土地混合度、服务方便性、街道连接性、治安安全、建成环境整体上的得分与居民大强度闲暇体力活动时间存在显著相关性且具有统计学意义（$P<0.05$），其余城市建成环境各要素与不同区域位置居民大强度闲暇体力活动时间不存在显著相关性。皖中居民在居住密度、服务方便性、街道连接性、骑行/步行基础设施、环境美观度、交通安全、建成环境整体上的得分和皖北居民在居住密度、土地混合度、服务方便性、街道连接性、骑行/步行基础设施、环境美观度、交通安全、治安安全上的得分与居民中等强度闲暇体力活动时间存在显著相关性且具有统计学意义（$P<0.05$），其余城市建成环境各要素与不同区域位置居民中等强度闲暇体力活动时间不存在显著相关性。

**表 6 - 24 城市建成环境与不同区域位置居民闲暇体力活动时间之间的相关关系**

| 建成环境 | 步行闲暇体力活动时间 | | | 大强度闲暇体力活动时间 | | | 中等强度闲暇体力活动时间 | | |
|---|---|---|---|---|---|---|---|---|---|
| | 皖中 | 皖南 | 皖北 | 皖中 | 皖南 | 皖北 | 皖中 | 皖南 | 皖北 |
| 居住密度 | .088 | .130* | .338** | .089 | −.015 | .266** | .112* | .071 | .357** |
| 土地混合度 | .004 | −.107 | .165** | −.019 | −.067 | .209** | .053 | .037 | .138** |
| 服务方便性 | .142* | −.071 | −.094 | .045 | .041 | −.115* | .168** | −.101 | −.106* |
| 街道连接性 | .100 | .041 | −.332** | .028 | .067 | −.224** | .187** | −.004 | −.379** |
| 骑行/步行基础设施 | .138* | .019 | −.170** | .141* | .057 | −.077 | .154** | .033 | −.198** |
| 环境美观度 | .145* | −.013 | −.125* | .127* | .077 | −.043 | .158** | −.012 | −.158** |
| 交通安全 | .149** | .024 | −.194** | .197** | −.005 | −.092 | .164** | .046 | −.128* |
| 治安安全 | .152** | −.066 | −.234** | .066 | .037 | −.169** | .079 | .041 | −.241** |
| 建成环境整体 | .136* | −.076 | .016 | .086 | −.002 | .118* | .191** | .043 | −.011 |

注：* 表示显著性水平为 0.05，** 表示显著性水平为 0.01。

### 6.3.5 安徽省城市建成环境与居民静坐时间的相关性分析

#### 6.3.5.1 安徽省城市建成环境与居民静坐时间的相关关系

从表 6 - 25 可以看出，城市建成环境中的居住密度、土地混合度、服务方便性、街道连接性、骑行/步行基础设施、环境美观度、交通安全、治安安全的得分与居民工作日静坐时间存在显著相关性且具有统计学意义（$P<0.05$），其余城市建成环境各要素与居民工作日静坐时间不存在显著相关性。城市建成环境中除建成环境整体得分与居民休息日静坐时间不存在显著相关性（$P>0.05$）外，其余城市建成环境各要素与居民休息日静坐时间都存在显著相关性且具有统计学意义。

表 6-25　城市建成环境与居民静坐时间之间的相关关系

| 建成环境 | 工作日静坐时间 | 休息日静坐时间 |
|---|---|---|
| 居住密度 | .328** | .294** |
| 土地混合度 | .217** | .252** |
| 服务方便性 | —.084** | —.124** |
| 街道连接性 | —.331** | —.300** |
| 骑行/步行基础设施 | —.228** | —.223** |
| 环境美观度 | —.158** | —.107** |
| 交通安全 | —.178** | —.207** |
| 治安安全 | —.208** | —.229** |
| 建成环境整体 | .032 | .055 |

注：* 表示显著性水平为 0.05，** 表示显著性水平为 0.01。

6.3.5.2　安徽省城市建成环境与不同性别居民静坐时间的相关关系

从表 6-26 中可以看出，男性在居住密度、土地混合度、街道连接性、骑行/步行基础设施、环境美观度、交通安全、治安安全上的得分和女性在居住密度、土地混合度、服务方便性、街道连接性、骑行/步行基础设施、环境美观度、交通安全、治安安全上的得分与居民工作日静坐时间存在显著相关性且具有统计学意义（$P<0.05$），其余城市建成环境各要素与不同性别居民工作日静坐时间不存在显著相关性。男性除在建成环境整体上与居民休息日静坐时间不存在显著相关性（$P>0.05$）外，其余城市建成环境各要素与不同性别居民休息日静坐时间都存在显著相关性且具有统计学意义（$P<0.05$）。

表 6-26　城市建成环境与不同性别居民静坐时间之间的相关关系

| 建成环境 | 工作日静坐时间 | | 休息日静坐时间 | |
|---|---|---|---|---|
| | 男性 | 女性 | 男性 | 女性 |
| 居住密度 | .335** | .325** | .343** | .259** |
| 土地混合度 | .212** | .219** | .225** | .272** |
| 服务方便性 | —.067 | —.088* | —.111* | —.127** |
| 街道连接性 | —.309** | —.335** | —.305** | —.283** |
| 骑行/步行基础设施 | —.206** | —.243** | —.223** | —.220** |
| 环境美观度 | —.129** | —.179** | —.107* | —.102* |
| 交通安全 | —.144** | —.211** | —.193** | —.219** |
| 治安安全 | —.227** | —.190** | —.293** | —.172** |
| 建成环境整体 | .036 | .032 | .020 | .088* |

注：* 表示显著性水平为 0.05，** 表示显著性水平为 0.01。

6.3.5.3　安徽省城市建成环境与不同年龄居民静坐时间的相关关系

从表 6-27 中可以看出，少年在居住密度、服务方便性上的得分，青年在居住密度、土地混合度、街道连接性、骑行/步行基础设施、环境美观度、交通安全、治安安全上的得分，中年在居住密度、土地混合度、街道连接性、骑行/步行基础设施、环境美观度、交通安全、治安安全上的得分，都与居民工作日静坐时间存在显著相关性且具有统计学意义（$P<0.05$），其余城市建成环境各要素与不同年龄居民工作日静坐时间不存在显著相关性。青年在居住密度、土地混合度、服务方便性、街道连接性、骑行/步行基础设施、环境美观度、交通安全、治安安全上的得分，中年在居住密度、土地混合度、服务方便性、街道连接性、骑行/步行基础设施、环境美观度、交通安全、治安安全上的得分，老年在居住密度上的得分，都与居民休息日静坐时间存在显著相关性且具有统计学意义（$P<0.05$），其余城市建成环境各要素与不同年龄居民休息日静坐时间不存在显著相关性。

**表 6-27 城市建成环境与不同年龄居民静坐时间之间的相关关系**

| 建成环境 | 工作日静坐时间 | | | | 休息日静坐时间 | | | |
|---|---|---|---|---|---|---|---|---|
| | 少年 | 青年 | 中年 | 老年 | 少年 | 青年 | 中年 | 老年 |
| 居住密度 | .411* | .264** | .338** | .623 | .248 | .209** | .325** | .840* |
| 土地混合度 | −.216 | .239** | .196** | .174 | −.287 | .265** | .248** | .265 |
| 服务方便性 | .387* | −.068 | −.089 | .063 | .332 | −.101* | −.134** | .065 |
| 街道连接性 | .029 | −.268** | −.391** | .677 | −.082 | −.252** | −.338** | .498 |
| 骑行/步行基础设施 | .298 | −.223** | −.230** | .588 | −.050 | −.209** | −.214** | .624 |
| 环境美观度 | −.012 | −.187** | −.143** | .279 | .174 | −.118** | −.123* | .189 |
| 交通安全 | .181 | −.196** | −.146** | .495 | −.131 | −.186** | −.198** | .433 |
| 治安安全 | .278 | −.216** | −.211** | .668 | −.112 | −.219** | −.230** | .779 |
| 建成环境整体 | .032 | .056 | −.003 | .635 | −.193 | .084 | .029 | .763 |

注：* 表示显著性水平为 0.05，** 表示显著性水平为 0.01。

6.3.5.4 安徽省城市建成环境与不同文化程度居民静坐时间的相关关系

从表 6-28 中可以看出，初中及以下居民在居住密度、街道连接性、环境美观度、交通安全上的得分，高中居民在居住密度、土地混合度、街道连接性、骑行/步行基础设施、交通安全、治安安全上的得分，大学居民除了在建成环境整体上的得分，研究生及以上居民在居住密度、土地混合度、街道连接性、骑行/步行基础设施、环境美观度、治安安全上的得分，都与居民工作日静坐时间存在显著相关性且具有统计学意义（$P<0.05$），其余城市建成环境各要素与不同文化程度居民工作日静坐时间不存在显著相关性。初中及以下居民在居住密度上的得分，高中居民在居住密度、土地混合度、服务方便性、街道连接性、骑行/步行基础设施、交通安全、治安安全上的得分，大学居民在居住密度、土地混合度、服务方便性、街道连接性、骑行/步行基础设施、环境美观度、交通安全、治安安全上的得分，研究生及以上居民在土地混合度、街道连接性、骑行/步行基础设施、环境美观度、交通安全、治安安全上的得分，都与居民休息日静坐时间存在显著相关性且具有统计学意义（$P<0.05$），其余城市建成环境各要素与不同文化程度居民休息日静坐时间不存在显著相关性。

表 6-28 城市建成环境与不同文化程度居民静坐时间之间的相关关系

| 建成环境 | 工作日静坐时间 | | | | 休息日静坐时间 | | | |
|---|---|---|---|---|---|---|---|---|
| | 初中及以下 | 高中（含中专） | 大学（含大专） | 研究生及以上 | 初中及以下 | 高中（含中专） | 大学（含大专） | 研究生及以上 |
| 居住密度 | .361** | .365** | .217** | .211* | .273** | .383** | .194** | .090 |
| 土地混合度 | .053 | .248** | .296** | .375** | .074 | .296** | .347** | .351** |
| 服务方便性 | −.078 | −.119 | −.105* | −.037 | −.048 | −.137* | −.180** | −.082 |
| 街道连接性 | −.162* | −.387** | −.335** | −.350** | −.104 | −.351** | −.319** | −.342** |
| 骑行/步行基础设施 | −.112 | −.239** | −.220** | −.367** | −.139 | −.214** | −.241** | −.304** |
| 环境美观度 | −.153* | −.090 | −.142** | −.268** | −.026 | −.117 | −.092* | −.185* |
| 交通安全 | −.168* | −.150* | −.188** | −.162 | −.111 | −.243** | −.220** | −.192* |
| 治安安全 | −.111 | −.200** | −.224** | −.359** | −.085 | −.264** | −.277** | −.273** |
| 建成环境整体 | .003 | .072 | .066 | −.023 | .045 | .085 | .084 | −.010 |

注：* 表示显著性水平为 0.05，** 表示显著性水平为 0.01。

6.3.5.5 安徽省城市建成环境与不同月收入居民静坐时间的相关关系

从表 6-29 中可以看出，月收入小于 2000 元的居民在居住密度、街道连接性上的得分，月收入 2000～3999 元的居民在居住密度、土地混合度、街道连接性、建成环境整体上的得分，月收入 4000～5999 元的居民在居住密度、土地混合度、服务方便性、街道连接性、骑行/步行基础设施、环境美观度、交通安全、治安安全上的得分，月收入 6000～7999 元的居民在居住密度、土地混合度、服务方便性、街道连接性、骑行/步行基础设施、环境美观度、交通安全上的得分，月收入在 8000～10000 元居民在居住密度、土地混合度、街道连接性、骑行/步行基础设施、环境美观度、交通安全、治安安全上的得分，月收入 1 万元以上的居民在居住密度、街道连接性、骑行/步行基础设施上的得分，都与居民工作日静坐时间存在显著相关性且具有统计学意义（$P<0.05$），其余城市建成环境各要素与不同月收入居民工作日静坐时间不存在显著相关性。月收入小于 2000 元的居民在居住密度、街道连接性、交通安全上的得分，月收入 4000～5999 元的居民在居住密度、土地混合度、服务方便性、街道连接性、骑行/步行基础设施、交通安全、治安安全上的得分，月收入 6000～7999 元的居民在居住密度、土地混合度、服务方便性、街道连接性、骑行/步行基础设施、环境美观度、交通安全、治安安全上的得分，月收入 8000～10000 元的居民在居住密度、土地混合度、服务方便性、街道连接性、骑行/步行基础设施、环境美观度、交通安全、治安安全上的得分，月收入 1 万元以上的居民在居住密度、土地混合度、街道连接性、治安安全上的得分，都与居民休息日静坐时间存在显著相关性且具有统计学意义（$P<0.05$），其余城市建成环境各要素与不同月收入居民休息日静坐时间不存在显著相关性。

在所有的建成环境因素中，只有环境美观度和居住密度与老年人的体力活动显著相关，尤其是居住密度与老年人的静坐时间显著相关，这与宋彦李青等（2019）的研究结论一致。因此，安徽省规划部门在制定促进老年人体力活动的相关政策时，要重点考虑改善环境美观度和居住密度因素，进而改变老年人久坐的生活方式，促进其健康水平。

表 6－29 城市建成环境与不同月收入居民静坐时间之间的相关关系

| 建成环境 | 工作日静坐时间 | | | | | | 休息日静坐时间 | | | | | |
|---|---|---|---|---|---|---|---|---|---|---|---|---|
| | 小于2000元 | 2000～3999元 | 4000～5999元 | 6000～7999元 | 8000～10000元 | 1万元以上 | 小于2000元 | 2000～3999元 | 4000～5999元 | 6000～7999元 | 8000～10000元 | 1万元以上 |
| 居住密度 | .315$^{**}$ | .309$^{**}$ | .306$^{**}$ | .296$^{**}$ | .292$^{**}$ | .250$^{*}$ | .245$^{**}$ | .162 | .307$^{**}$ | .274$^{**}$ | .268$^{**}$ | .261$^{**}$ |
| 土地混合度 | .033 | .193$^{*}$ | .305$^{**}$ | .244$^{**}$ | .197$^{*}$ | .187 | .013 | .103 | .342$^{**}$ | .285$^{**}$ | .302$^{**}$ | .353$^{**}$ |
| 服务方便性 | .088 | .002 | −.190$^{**}$ | −.166$^{*}$ | −.123 | .021 | .129 | .010 | −.187$^{**}$ | −.274$^{**}$ | −.253$^{**}$ | −.127 |
| 街道连接性 | −.309$^{**}$ | −.181$^{*}$ | −.315$^{**}$ | −.325$^{**}$ | −.436$^{**}$ | −.293$^{**}$ | −.252$^{**}$ | −.109 | −.324$^{**}$ | −.313$^{**}$ | −.311$^{**}$ | −.293$^{**}$ |
| 骑行/步行基础设施 | −.136 | −.070 | −.266$^{**}$ | −.170$^{*}$ | −.370$^{**}$ | −.210$^{*}$ | −.088 | −.052 | −.253$^{**}$ | −.224$^{**}$ | −.380$^{**}$ | −.153 |
| 环境美观度 | −.126 | −.007 | −.152$^{*}$ | −.144$^{*}$ | −.317$^{**}$ | −.150 | −.048 | .103 | −.091 | −.134$^{*}$ | −.274$^{**}$ | −.099 |
| 交通安全 | −.152 | .082 | −.199$^{**}$ | −.155$^{*}$ | −.258$^{**}$ | −.137 | −.192$^{*}$ | .000 | −.199$^{**}$ | −.172$^{*}$ | −.303$^{**}$ | −.195 |
| 治安安全 | −.087 | −.133 | −.239$^{**}$ | −.124 | −.401$^{**}$ | −.157 | −.093 | −.053 | −.245$^{**}$ | −.212$^{**}$ | −.350$^{**}$ | −.272$^{**}$ |
| 建成环境整体 | −.010 | .197$^{*}$ | .052 | .059 | −.143 | .026 | .016 | .118 | .097 | .045 | −.067 | .128 |

注：$^{*}$表示显著性水平为 0.05，$^{**}$表示显著性水平为 0.01。

6.3.5.6 安徽省城市建成环境与不同区域位置居民静坐时间的相关关系

从表 6-30 中可以看出，皖南居民在居住密度、街道连接性上的得分和皖北居民在居住密度、土地混合度、街道连接性、骑行/步行基础设施、环境美观度、交通安全、治安安全、建成环境整体上的得分与居民工作日静坐时间存在显著相关性且具有统计学意义（$P<0.05$），其余城市建成环境各要素与不同区域位置居民工作日静坐时间不存在显著相关性。皖南居民在土地混合度上的得分和皖北居民在居住密度、土地混合度、街道连接性、骑行/步行基础设施、环境美观度、交通安全、治安安全上的得分与居民休息日静坐时间存在显著相关性且具有统计学意义（$P<0.05$），其余城市建成环境各要素与不同区域位置居民休息日静坐时间不存在显著相关性。

表 6-30 城市建成环境与不同区域位置居民静坐时间之间的相关关系

| 建成环境 | 工作日静坐时间 | | | 休息日静坐时间 | | |
|---|---|---|---|---|---|---|
| | 皖中 | 皖南 | 皖北 | 皖中 | 皖南 | 皖北 |
| 居住密度 | .067 | .213** | .423** | −.006 | .010 | .382** |
| 土地混合度 | .039 | .040 | .275** | .054 | .141* | .246** |
| 服务方便性 | .039 | .052 | −.037 | .049 | −.029 | −.047 |
| 街道连接性 | −.037 | −.242** | −.390** | −.064 | −.054 | −.363** |
| 骑行/步行基础设施 | .007 | −.103 | −.229** | −.005 | .006 | −.244** |
| 环境美观度 | −.058 | −.101 | −.219** | .034 | −.009 | −.213** |
| 交通安全 | −.080 | −.059 | −.133* | −.099 | .024 | −.197** |
| 治安安全 | −.020 | −.019 | −.236** | −.106 | .006 | −.221** |
| 建成环境整体 | .026 | −.031 | .111* | .025 | .096 | .066 |

注：* 表示显著性水平为 0.05，** 表示显著性水平为 0.01。

## 6.4 安徽省城市建成环境对居民体力活动水平的影响分析

为进一步探索影响居民不同体力活动水平的城市建成环境要素，本研究采用线性回归法，将人口统计学要素：性别、年龄分组、肥胖程度、文化程度、月收入、区域位置作为控制变量，与居民不同体力活动时间有显著相关性且具有统计学意义的城市建成环境指标作为自变量，居民不同体力活动时间分别作为因变量。此外，由于作为控制变量的人口统计学要素含多种类型的变量，本研究对此进行相应的处理，设立哑变量（dummy variables），其中性别为二分类变量，年龄分组为多分类变量，肥胖程度为多分类变量，文化程度为有序分类变量，月收入为有序分类变量，区域位置为多分类变量（方飞，2020）。因此，本研究中性别哑变量为女性，以男性为参照；年龄分组 1 为老年，年龄分组 2 为中年，年龄分组 3 为青年，年龄分组共三个哑变量，以少年为参照；肥胖程度 1 为体重过轻，肥胖程度 2 为体重过重，肥胖程度 3 为体重肥胖，以体重正常为参照；文化程度 1 为高中，文化程度 2 为大学，文化程度 3 为研究生及以上，以初中及以下为参照；月收入 1 为 2000～3999 元，月收入 2 为 4000～5999 元，月收入 3 为 6000～7999 元，月收入 4 为 8000～10000 元.月收入 5 为 1 万元以上，以小于 2000 元为参照；区域位置 1 为皖南，区域位置 2 位皖北，以皖中为参照，从而使统计符合规范。

## 6.4.1 安徽省城市建成环境对居民工作体力活动水平的影响

6.4.1.1 城市建成环境对居民大强度工作体力活动时间的影响

由表 6－31 可以看出，在居民大强度工作体力活动时间的回归关系中，模型 1 中的性别、区域位置 1、肥胖程度 3、文化程度 1、文化程度 2 对大强度工作体力活动有显著影响，贡献率为 4.0%；模型 2 中的性别、区域位置 1、肥胖程度 3、文化程度 1、文化程度 2 对大强度工作体力活动有显著影响，贡献率为 4.4%。可见，在对居民大强度工作体力活动时间的影响中，主要是控制变量的影响，城市建成环境对居民大强度工作体力活动的影响不显著，因此模型 2 中虽然加入了城市建成环境因素，但贡献率变化不大。

**表 6－31 城市建成环境对居民大强度工作体力活动时间的回归分析**

| 模型 | 变量 | $R$ | $R^2$ | 调整后 $R^2$ | $B$ | 标准误 | Beta | $t$ 值 | 显著性 |
|---|---|---|---|---|---|---|---|---|---|
| 模型 1 | | .237 | .056 | .040 | | | | | |
| | 性别 | | | | −21.941 | 6.190 | −.119** | −3.545 | .000 |
| | 年龄分组 1 | | | | −22.191 | 19.045 | −.121 | −1.165 | .244 |
| | 年龄分组 2 | | | | −22.977 | 19.543 | −.125 | −1.176 | .240 |
| | 年龄分组 3 | | | | −13.830 | 41.492 | −.012 | −.333 | .739 |
| | 区域位置 1 | | | | 29.406 | 8.170 | .149** | 3.599 | .000 |
| | 区域位置 2 | | | | 10.521 | 8.080 | .055 | 1.302 | .193 |
| | 肥胖程度 1 | | | | 10.911 | 9.386 | .038 | 1.162 | .245 |
| | 肥胖程度 2 | | | | −8.767 | 7.006 | −.042 | −1.251 | .211 |
| | 肥胖程度 3 | | | | 33.087 | 9.966 | .109** | 3.320 | .001 |
| | 文化程度 1 | | | | −19.186 | 9.432 | −.088* | −2.034 | .042 |
| | 文化程度 2 | | | | −18.110 | 9.107 | −.098* | −1.989 | .047 |
| | 文化程度 3 | | | | .562 | 11.529 | .002 | .049 | .961 |
| | 月收入 1 | | | | 5.278 | 11.717 | .019 | .450 | .653 |
| | 月收入 2 | | | | 10.270 | 10.650 | .050 | .964 | .335 |
| | 月收入 3 | | | | 13.198 | 11.231 | .060 | 1.175 | .240 |
| | 月收入 4 | | | | 12.304 | 12.101 | .047 | 1.017 | .309 |
| | 月收入 5 | | | | 13.039 | 13.179 | .042 | .992 | .322 |

(续表)

| 模型 | 变量 | $R$ | $R^2$ | 调整后 $R^2$ | $B$ | 标准误 | Beta | $t$ 值 | 显著性 |
|---|---|---|---|---|---|---|---|---|---|
| 模型 2 | | .253 | .064 | .044 | | | | | |
| | 性别 | | | | −21.090 | 6.213 | −.115** | −3.394 | .001 |
| | 年龄分组 1 | | | | −23.153 | 19.053 | −.126 | −1.215 | .225 |
| | 年龄分组 2 | | | | −24.086 | 19.585 | −.131 | −1.230 | .219 |
| | 年龄分组 3 | | | | −15.817 | 41.529 | −.013 | −.381 | .703 |
| | 区域位置 1 | | | | 21.324 | 8.651 | .108* | 2.465 | .014 |
| | 区域位置 2 | | | | 6.401 | 8.260 | .034 | .775 | .439 |
| | 肥胖程度 1 | | | | 9.475 | 9.383 | .033 | 1.010 | .313 |
| | 肥胖程度 2 | | | | −8.674 | 6.999 | −.042 | −1.239 | .216 |
| | 肥胖程度 3 | | | | 32.186 | 9.991 | .106** | 3.221 | .001 |
| | 文化程度 1 | | | | −19.820 | 9.532 | −.091* | −2.079 | .038 |
| | 文化程度 2 | | | | −17.664 | 9.277 | −.096* | −1.904 | .057 |
| | 文化程度 3 | | | | −.716 | 11.767 | −.002 | −.061 | .951 |
| | 月收入 1 | | | | 8.848 | 11.797 | .032 | .750 | .453 |
| | 月收入 2 | | | | 12.704 | 10.686 | .061 | 1.189 | .235 |
| | 月收入 3 | | | | 15.731 | 11.270 | .071 | 1.396 | .163 |
| | 月收入 4 | | | | 13.683 | 12.136 | .052 | 1.127 | .260 |
| | 月收入 5 | | | | 13.557 | 13.220 | .044 | 1.025 | .305 |
| | 居住密度 | | | | .316 | 1.041 | .010 | .303 | .762 |
| | 土地混合度 | | | | .255 | .190 | .044 | 1.342 | .180 |
| | 街道连接性 | | | | −1.482 | 1.874 | −.028 | −.791 | .429 |
| | 治安安全 | | | | −1.471 | .853 | −.062 | −1.725 | .085 |

注:$R$ 为复相关系数;$R^2$ 为判定系数;$B$ 为未标准化系数;Beta 为标准化系数。

#### 6.4.1.2 城市建成环境对居民中等强度工作体力活动时间的影响

由表 6－32 可以看出,在居民中等强度工作体力活动时间的回归关系中,模型 1 中的性别、区域位置 1、肥胖程度 3、文化程度 1、文化程度 2、月收入 2 对中等强度工作体力活动有显著影响,贡献率为 4.7%;模型 2 中的性别、区域位置 1、肥胖程度 3、文化程度 1、文化程度 2、月收入 2 对中等强度工作体力活动有显著影响,贡献率为 4.8%。可见,在对居民中等强度工作体力活动时间的影响中,主要是控制变量的影响,城市建成环境对居民中等强度工作体力活动的影响不显著,因此模型 2 中虽然加入了城市建成环境因素,但贡献率变化不大。

**表 6-32　城市建成环境对居民中等强度工作体力活动时间的回归分析**

| 模型 | 变量 | $R$ | $R^2$ | 调整后 $R^2$ | $B$ | 标准误 | Beta | $t$ 值 | 显著性 |
|---|---|---|---|---|---|---|---|---|---|
| 模型 1 | | .251 | .063 | .047 | | | | | |
| | 性别 | | | | −18.250 | 8.489 | −.072* | −2.150 | .032 |
| | 年龄分组 1 | | | | 8.275 | 26.120 | .033 | .317 | .751 |
| | 年龄分组 2 | | | | 3.876 | 26.803 | .015 | .145 | .885 |
| | 年龄分组 3 | | | | −38.431 | 56.907 | −.024 | −.675 | .500 |
| | 区域位置 1 | | | | 51.925 | 11.205 | .192** | 4.634 | .000 |
| | 区域位置 2 | | | | 6.856 | 11.082 | .026 | .619 | .536 |
| | 肥胖程度 1 | | | | 15.010 | 12.873 | .038 | 1.166 | .244 |
| | 肥胖程度 2 | | | | −11.011 | 9.609 | −.039 | −1.146 | .252 |
| | 肥胖程度 3 | | | | 30.988 | 13.668 | .074* | 2.267 | .024 |
| | 文化程度 1 | | | | −39.989 | 12.936 | −.134** | −3.091 | .002 |
| | 文化程度 2 | | | | −44.688 | 12.490 | −.176** | −3.578 | .000 |
| | 文化程度 3 | | | | −27.576 | 15.813 | −.070 | −1.744 | .081 |
| | 月收入 1 | | | | 14.577 | 16.070 | .038 | .907 | .365 |
| | 月收入 2 | | | | 33.425 | 14.607 | .117* | 2.288 | .022 |
| | 月收入 3 | | | | 15.540 | 15.403 | .051 | 1.009 | .313 |
| | 月收入 4 | | | | 15.660 | 16.596 | .044 | .944 | .346 |
| | 月收入 5 | | | | 27.755 | 18.076 | .065 | 1.535 | .125 |
| 模型 2 | | .256 | .066 | .048 | | | | | |
| | 性别 | | | | −17.820 | 8.486 | −.070* | −2.100 | .036 |
| | 年龄分组 1 | | | | 6.887 | 26.110 | .027 | .264 | .792 |
| | 年龄分组 2 | | | | 1.851 | 26.806 | .007 | .069 | .945 |
| | 年龄分组 3 | | | | −41.062 | 56.878 | −.025 | −.722 | .471 |
| | 区域位置 1 | | | | 48.856 | 11.346 | .180** | 4.306 | .000 |
| | 区域位置 2 | | | | 6.786 | 11.073 | .026 | .613 | .540 |
| | 肥胖程度 1 | | | | 14.257 | 12.869 | .036 | 1.108 | .268 |
| | 肥胖程度 2 | | | | −10.356 | 9.609 | −.036 | −1.078 | .281 |
| | 肥胖程度 3 | | | | 30.071 | 13.667 | .072* | 2.200 | .028 |
| | 文化程度 1 | | | | −38.584 | 12.952 | −.129** | −2.979 | .003 |
| | 文化程度 2 | | | | −42.697 | 12.536 | −.169** | −3.406 | .001 |
| | 文化程度 3 | | | | −26.311 | 15.817 | −.067 | −1.663 | .097 |
| | 月收入 1 | | | | 17.348 | 16.142 | .045 | 1.075 | .283 |
| | 月收入 2 | | | | 34.859 | 14.620 | .122* | 2.384 | .017 |
| | 月收入 3 | | | | 16.910 | 15.411 | .056 | 1.097 | .273 |
| | 月收入 4 | | | | 17.424 | 16.615 | .048 | 1.049 | .295 |
| | 月收入 5 | | | | 28.941 | 18.073 | .068 | 1.601 | .110 |
| | 土地混合度 | | | | .430 | .259 | .053 | 1.662 | .097 |

注：$R$ 为复相关系数；$R^2$ 为判定系数；$B$ 为未标准化系数；Beta 为标准化系数。

6.4.1.3 城市建成环境对居民步行性工作体力活动时间的影响

由表 6-33 可以看出，在居民步行性工作体力活动时间的回归关系中，模型 1 中的区域位置 1、肥胖程度 3、月收入 2、月收入 3、月收入 4、月收入 5 对步行性工作体力活动有显著影响，贡献率为 6.1%；模型 2 中的区域位置 1、肥胖程度 3、月收入 2、月收入 3、月收入 4、月收入 5 对步行性工作体力活动有显著影响，贡献率为 6.0%。可见，在对居民步行性工作体力活动时间的影响中，模型 1 和模型 2 的差别不大，显著影响因素和贡献率基本是一样的，并且控制变量中的月收入因素对步行性工作体力活动影响较大。

表 6-33 城市建成环境对居民步行性工作体力活动时间的回归分析

| 模型 | 变量 | $R$ | $R^2$ | 调整后 $R^2$ | $B$ | 标准误 | Beta | $t$ 值 | 显著性 |
|---|---|---|---|---|---|---|---|---|---|
| 模型 1 | | .277 | .077 | .061 | | | | | |
| | 性别 | | | | −14.353 | 9.674 | −.049 | −1.484 | .138 |
| | 年龄分组 1 | | | | −25.101 | 29.797 | −.086 | −.842 | .400 |
| | 年龄分组 2 | | | | −19.891 | 30.574 | −.068 | −.651 | .515 |
| | 年龄分组 3 | | | | −51.187 | 64.848 | −.027 | −.789 | .430 |
| | 区域位置 1 | | | | 72.816 | 12.791 | .234** | 5.693 | .000 |
| | 区域位置 2 | | | | 20.597 | 12.645 | .069 | 1.629 | .104 |
| | 肥胖程度 1 | | | | 22.812 | 14.711 | .051 | 1.551 | .121 |
| | 肥胖程度 2 | | | | −1.879 | 10.962 | −.006 | −.171 | .864 |
| | 肥胖程度 3 | | | | 30.306 | 15.573 | .063* | 1.946 | .052 |
| | 文化程度 1 | | | | .430 | 14.739 | .001 | .029 | .977 |
| | 文化程度 2 | | | | −9.243 | 14.234 | −.032 | −.649 | .516 |
| | 文化程度 3 | | | | 3.861 | 18.016 | .009 | .214 | .830 |
| | 月收入 1 | | | | 27.610 | 18.360 | .063 | 1.504 | .133 |
| | 月收入 2 | | | | 36.366 | 16.702 | .111* | 2.177 | .030 |
| | 月收入 3 | | | | 46.894 | 17.600 | .135** | 2.664 | .008 |
| | 月收入 4 | | | | 39.950 | 18.957 | .097* | 2.107 | .035 |
| | 月收入 5 | | | | 62.105 | 20.639 | .128** | 3.009 | .003 |

（续表）

| 模型 | 变量 | $R$ | $R^2$ | 调整后 $R^2$ | $B$ | 标准误 | Beta | $t$ 值 | 显著性 |
|---|---|---|---|---|---|---|---|---|---|
| 模型2 | | .278 | .078 | .060 | | | | | |
| | 性别 | | | | −14.323 | 9.675 | −.049 | −1.481 | .139 |
| | 年龄分组 1 | | | | −24.622 | 29.805 | −.085 | −.826 | .409 |
| | 年龄分组 2 | | | | −19.381 | 30.582 | −.067 | −.634 | .526 |
| | 年龄分组 3 | | | | −50.427 | 64.859 | −.027 | −.777 | .437 |
| | 区域位置 1 | | | | 75.493 | 13.129 | .243** | 5.750 | .000 |
| | 区域位置 2 | | | | 22.607 | 12.840 | .075 | 1.761 | .079 |
| | 肥胖程度 1 | | | | 22.557 | 14.715 | .050 | 1.533 | .126 |
| | 肥胖程度 2 | | | | −2.194 | 10.969 | −.007 | −.200 | .841 |
| | 肥胖程度 3 | | | | 29.995 | 15.579 | .062* | 1.925 | .054 |
| | 文化程度 1 | | | | 1.044 | 14.756 | .003 | .071 | .944 |
| | 文化程度 2 | | | | −8.653 | 14.250 | −.030 | −.607 | .544 |
| | 文化程度 3 | | | | 4.721 | 18.043 | .010 | .262 | .794 |
| | 月收入 1 | | | | 27.623 | 18.362 | .063 | 1.504 | .133 |
| | 月收入 2 | | | | 36.424 | 16.704 | .111* | 2.181 | .029 |
| | 月收入 3 | | | | 46.884 | 17.601 | .135** | 2.664 | .008 |
| | 月收入 4 | | | | 40.198 | 18.960 | .098* | 2.120 | .034 |
| | 月收入 5 | | | | 62.495 | 20.646 | .128** | 3.027 | .003 |
| | 土地混合度 | | | | 1.143 | 1.262 | .029 | .906 | .365 |

注：$R$ 为复相关系数；$R^2$ 为判定系数；$B$ 为未标准化系数；Beta 为标准化系数。

### 6.4.2　安徽省城市建成环境对居民交通体力活动水平的影响

#### 6.4.2.1　城市建成环境对居民乘机动车交通体力活动时间的影响

由表 6－34 可以看出，在居民乘机动车交通体力活动时间的回归关系中，模型 1 中的性别、区域位置 1、区域位置 2、肥胖程度 3、文化程度 1、文化程度 2、月收入 5 对乘机动车交通体力活动有显著影响，贡献率为 14.1％；模型 2 中的性别、区域位置 1、区域位置 2、月收入 5、居住密度、街道连接性对乘机动车交通体力活动有显著影响，贡献率为 17.8％。可见，在对居民乘机动车交通体力活动时间的影响中，与模型 1 相比，模型 2 中的居住密度和街道连接性对乘机动车交通体力活动的影响显著，贡献率也由 14.1％上升至 17.8％。这一结果与张延吉等(2019)的研究一致，住所周边的主干道密度越大，街道连接性越差，对居民体力活动有明显的负向影响，安徽省城市环境中的街道连接性对居民乘机动车交通体力活动有明显的负向影响。

**表 6-34　城市建成环境对居民乘机动车交通体力活动时间的回归分析**

| 模型 | 变量 | $R$ | $R^2$ | 调整后 $R^2$ | $B$ | 标准误 | Beta | $t$ 值 | 显著性 |
|---|---|---|---|---|---|---|---|---|---|
| 模型 1 | | .395 | .156 | .141 | | | | | |
| | 性别 | | | | −15.039 | 6.997 | −.068* | −2.149 | .032 |
| | 年龄分组 1 | | | | 6.617 | 21.529 | .030 | .307 | .759 |
| | 年龄分组 2 | | | | 13.690 | 22.092 | .062 | .620 | .536 |
| | 年龄分组 3 | | | | −18.972 | 46.905 | −.013 | −.404 | .686 |
| | 区域位置 1 | | | | 78.871 | 9.236 | .335** | 8.540 | .000 |
| | 区域位置 2 | | | | 43.790 | 9.135 | .193** | 4.794 | .000 |
| | 肥胖程度 1 | | | | 17.242 | 10.610 | .051 | 1.625 | .104 |
| | 肥胖程度 2 | | | | 12.576 | 7.920 | .051 | 1.588 | .113 |
| | 肥胖程度 3 | | | | 24.039 | 11.266 | .066* | 2.134 | .033 |
| | 文化程度 1 | | | | 27.488 | 10.662 | .106* | 2.578 | .010 |
| | 文化程度 2 | | | | 23.654 | 10.295 | .108* | 2.298 | .022 |
| | 文化程度 3 | | | | 25.411 | 13.033 | .074 | 1.950 | .052 |
| | 月收入 1 | | | | −17.743 | 13.246 | −.054 | −1.340 | .181 |
| | 月收入 2 | | | | 8.567 | 12.040 | .035 | .712 | .477 |
| | 月收入 3 | | | | 15.848 | 12.696 | .060 | 1.248 | .212 |
| | 月收入 4 | | | | 15.348 | 13.679 | .049 | 1.122 | .262 |
| | 月收入 5 | | | | 35.602 | 14.899 | .097* | 2.390 | .017 |
| 模型 2 | | .444 | .197 | .178 | | | | | |
| | 性别 | | | | −14.114 | 6.900 | −.064* | −2.045 | .041 |
| | 年龄分组 1 | | | | −3.740 | 21.122 | −.017 | −.177 | .859 |
| | 年龄分组 2 | | | | .894 | 21.709 | .004 | .041 | .967 |
| | 年龄分组 3 | | | | −2.946 | 46.042 | −.002 | −.064 | .949 |
| | 区域位置 1 | | | | 64.584 | 9.766 | .274** | 6.613 | .000 |
| | 区域位置 2 | | | | 43.615 | 9.361 | .192** | 4.659 | .000 |
| | 肥胖程度 1 | | | | 15.624 | 10.401 | .046 | 1.502 | .133 |
| | 肥胖程度 2 | | | | 13.543 | 7.770 | .055 | 1.743 | .082 |
| | 肥胖程度 3 | | | | 17.784 | 11.103 | .049 | 1.602 | .110 |
| | 文化程度 1 | | | | 20.397 | 10.594 | .079 | 1.925 | .054 |
| | 文化程度 2 | | | | 15.311 | 10.297 | .070 | 1.487 | .137 |
| | 文化程度 3 | | | | 11.102 | 13.054 | .032 | .850 | .395 |
| | 月收入 1 | | | | −16.978 | 13.058 | −.051 | −1.300 | .194 |
| | 月收入 2 | | | | 7.726 | 11.867 | .031 | .651 | .515 |
| | 月收入 3 | | | | 14.000 | 12.531 | .053 | 1.117 | .264 |
| | 月收入 4 | | | | 11.777 | 13.512 | .038 | .872 | .384 |
| | 月收入 5 | | | | 29.149 | 14.665 | .079* | 1.988 | .047 |

（续表）

| 模型 | 变量 | $R$ | $R^2$ | 调整后 $R^2$ | $B$ | 标准误 | Beta | $t$ 值 | 显著性 |
|---|---|---|---|---|---|---|---|---|---|
| 模型 2 | 居住密度 | | | | 6.661 | 1.260 | .182** | 5.285 | .000 |
| | 土地混合度 | | | | .724 | .542 | .104 | 1.336 | .182 |
| | 服务方便性 | | | | -.346 | 1.460 | -.008 | -.237 | .813 |
| | 街道连接性 | | | | -5.012 | 2.251 | -.080* | -2.227 | .026 |
| | 骑行/步行基础设施 | | | | 1.565 | 1.563 | .058 | 1.001 | .317 |
| | 建成环境整体 | | | | -.163 | .496 | -.028 | -.328 | .743 |

注：$R$ 为复相关系数；$R^2$ 为判定系数；$B$ 为未标准化系数；Beta 为标准化系数。

#### 6.4.2.2 城市建成环境对居民骑自行车交通体力活动时间的影响

由表 6-35 可以看出，在居民骑自行车交通体力活动时间的回归关系中，模型 1 中的区域位置 1、区域位置 2、肥胖程度 3 对骑自行车交通体力活动有显著影响，贡献率为 17.9%；模型 2 中的区域位置 1、区域位置 2、肥胖程度 3、居住密度、土地混合度对骑自行车交通体力活动有显著影响，贡献率为 19.5%。可见，在模型 2 中输入的城市建成环境因素中的居住密度和土地混合度对居民骑自行车交通体力活动的影响显著，贡献率也有所提升。安徽省的城市土地混合度处于中等水平，对居民骑自行车交通体力活动有正向影响，这与张延吉等(2019)的研究一致。

**表 6-35 城市建成环境对居民骑自行车交通体力活动时间的回归分析**

| 模型 | 变量 | $R$ | $R^2$ | 调整后 $R^2$ | $B$ | 标准误 | Beta | $t$ 值 | 显著性 |
|---|---|---|---|---|---|---|---|---|---|
| 模型 1 | | .440 | .193 | .179 | | | | | |
| | 性别 | | | | -11.448 | 6.113 | -.058 | -1.873 | .061 |
| | 年龄分组 1 | | | | 10.735 | 18.810 | .055 | .571 | .568 |
| | 年龄分组 2 | | | | 4.629 | 19.302 | .024 | .240 | .811 |
| | 年龄分组 3 | | | | -8.278 | 40.981 | -.007 | -.202 | .840 |
| | 区域位置 1 | | | | 96.238 | 8.069 | .457** | 11.927 | .000 |
| | 区域位置 2 | | | | 36.560 | 7.981 | .180** | 4.581 | .000 |
| | 肥胖程度 1 | | | | 3.735 | 9.270 | .012 | .403 | .687 |
| | 肥胖程度 2 | | | | -6.628 | 6.920 | -.030 | -.958 | .338 |
| | 肥胖程度 3 | | | | 33.333 | 9.843 | .103** | 3.386 | .001 |
| | 文化程度 1 | | | | 7.855 | 9.316 | .034 | .843 | .399 |
| | 文化程度 2 | | | | 7.224 | 8.994 | .037 | .803 | .422 |
| | 文化程度 3 | | | | 12.115 | 11.387 | .039 | 1.064 | .288 |
| | 月收入 1 | | | | -16.592 | 11.573 | -.056 | -1.434 | .152 |
| | 月收入 2 | | | | -8.494 | 10.519 | -.038 | -.807 | .420 |
| | 月收入 3 | | | | 8.424 | 11.092 | .036 | .759 | .448 |
| | 月收入 4 | | | | -3.950 | 11.952 | -.014 | -.331 | .741 |
| | 月收入 5 | | | | 5.823 | 13.017 | .018 | .447 | .655 |

（续表）

| 模型 | 变量 | $R$ | $R^2$ | 调整后 $R^2$ | $B$ | 标准误 | Beta | $t$ 值 | 显著性 |
|---|---|---|---|---|---|---|---|---|---|
| 模型 2 | | .463 | .215 | .195 | | | | | |
| | 性别 | | | | −9.854 | 6.107 | −.050 | −1.613 | .107 |
| | 年龄分组 1 | | | | 6.078 | 18.676 | .031 | .325 | .745 |
| | 年龄分组 2 | | | | −1.210 | 19.197 | −.006 | −.063 | .950 |
| | 年龄分组 3 | | | | −5.336 | 40.715 | −.004 | −.131 | .896 |
| | 区域位置 1 | | | | 81.843 | 8.903 | .389** | 9.193 | .000 |
| | 区域位置 2 | | | | 31.074 | 8.377 | .153** | 3.710 | .000 |
| | 肥胖程度 1 | | | | 1.439 | 9.212 | .005 | .156 | .876 |
| | 肥胖程度 2 | | | | −6.194 | 6.871 | −.028 | −.902 | .368 |
| | 肥胖程度 3 | | | | 30.026 | 9.818 | .092** | 3.058 | .002 |
| | 文化程度 1 | | | | 4.260 | 9.376 | .018 | .454 | .650 |
| | 文化程度 2 | | | | 4.409 | 9.127 | .022 | .483 | .629 |
| | 文化程度 3 | | | | 5.598 | 11.562 | .018 | .484 | .628 |
| | 月收入 1 | | | | −12.387 | 11.568 | −.042 | −1.071 | .285 |
| | 月收入 2 | | | | −5.606 | 10.509 | −.025 | −.534 | .594 |
| | 月收入 3 | | | | 11.379 | 11.090 | .048 | 1.026 | .305 |
| | 月收入 4 | | | | −2.697 | 11.947 | −.010 | −.226 | .821 |
| | 月收入 5 | | | | 4.811 | 12.975 | .015 | .371 | .711 |
| | 居住密度 | | | | 2.565 | 1.022 | .078* | 2.511 | .012 |
| | 土地混合度 | | | | .473 | .189 | .076* | 2.501 | .013 |
| | 服务方便性 | | | | −1.039 | 1.214 | −.026 | −.856 | .392 |
| | 街道连接性 | | | | −2.872 | 1.904 | −.052 | −1.509 | .132 |
| | 骑行/步行基础设施 | | | | .156 | 1.127 | .006 | .138 | .890 |
| | 环境美观性 | | | | −.416 | 1.192 | −.016 | −.349 | .727 |
| | 治安安全 | | | | −1.221 | 1.104 | −.048 | −1.106 | .269 |

注：$R$ 为复相关系数；$R^2$ 为判定系数；$B$ 为未标准化系数；Beta 为标准化系数。

#### 6.4.2.3 城市建成环境对居民步行交通体力活动时间的影响

由表 6-36 可以看出，在居民步行交通体力活动时间的回归关系中，模型 1 中的性别、区域位置 1、区域位置 2、肥胖程度 3、文化程度 1、月收入 5 对步行交通体力活动有显著影响，贡献率为 13.0%；模型 2 中新增的变量居住密度和街道连接性对步行交通体力活动有显著影响，贡献率上升为 14.1%。本研究中的环境美观度对步行交通体力活动没有显著影响，这与一些国外学者“环境美观度与步行交通体力活动负相关”（Hoehner 等，2005；Van Dyck 等，2010）的研究结论不一致，这可能是国情不一样导致的。

表 6-36 城市建成环境对居民步行交通体力活动时间的回归分析

| 模型 | 变量 | $R$ | $R^2$ | 调整后 $R^2$ | $B$ | 标准误 | Beta | $t$ 值 | 显著性 |
|---|---|---|---|---|---|---|---|---|---|
| 模型1 | | .381 | .145 | .130 | | | | | |
| | 性别 | | | | −16.007 | 7.012 | −.073* | −2.283 | .023 |
| | 年龄分组 1 | | | | −19.219 | 21.574 | −.088 | −.891 | .373 |
| | 年龄分组 2 | | | | .378 | 22.138 | .002 | .017 | .986 |
| | 年龄分组 3 | | | | −47.771 | 47.003 | −.034 | −1.016 | .310 |
| | 区域位置 1 | | | | 75.522 | 9.255 | .322** | 8.160 | .000 |
| | 区域位置 2 | | | | 36.932 | 9.154 | .163** | 4.035 | .000 |
| | 肥胖程度 1 | | | | 17.573 | 10.632 | .052 | 1.653 | .099 |
| | 肥胖程度 2 | | | | −6.589 | 7.937 | −.027 | −.830 | .407 |
| | 肥胖程度 3 | | | | 29.212 | 11.290 | .081* | 2.588 | .010 |
| | 文化程度 1 | | | | 29.541 | 10.685 | .114** | 2.765 | .006 |
| | 文化程度 2 | | | | 17.826 | 10.316 | .081 | 1.728 | .084 |
| | 文化程度 3 | | | | 17.831 | 13.061 | .052 | 1.365 | .172 |
| | 月收入 1 | | | | .125 | 13.273 | .000 | .009 | .992 |
| | 月收入 2 | | | | 4.782 | 12.065 | .019 | .396 | .692 |
| | 月收入 3 | | | | 4.193 | 12.722 | .016 | .330 | .742 |
| | 月收入 4 | | | | 23.238 | 13.708 | .075 | 1.695 | .090 |
| | 月收入 5 | | | | 41.403 | 14.930 | .113** | 2.773 | .006 |
| 模型2 | | .400 | .160 | .141 | | | | | |
| | 性别 | | | | −14.930 | 7.011 | −.068* | −2.129 | .033 |
| | 年龄分组 1 | | | | −23.706 | 21.501 | −.108 | −1.103 | .270 |
| | 年龄分组 2 | | | | −4.797 | 22.101 | −.022 | −.217 | .828 |
| | 年龄分组 3 | | | | −40.378 | 46.864 | −.029 | −.862 | .389 |
| | 区域位置 1 | | | | 64.085 | 9.788 | .273** | 6.547 | .000 |
| | 区域位置 2 | | | | 33.466 | 9.362 | .148** | 3.575 | .000 |
| | 肥胖程度 1 | | | | 16.250 | 10.595 | .048 | 1.534 | .125 |
| | 肥胖程度 2 | | | | −6.517 | 7.903 | −.026 | −.825 | .410 |
| | 肥胖程度 3 | | | | 26.034 | 11.301 | .072* | 2.304 | .021 |
| | 文化程度 1 | | | | 25.039 | 10.762 | .097* | 2.327 | .020 |
| | 文化程度 2 | | | | 13.187 | 10.485 | .060 | 1.258 | .209 |
| | 文化程度 3 | | | | 9.248 | 13.300 | .027 | .695 | .487 |
| | 月收入 1 | | | | 1.622 | 13.315 | .005 | .122 | .903 |
| | 月收入 2 | | | | 5.462 | 12.062 | .022 | .453 | .651 |

（续表）

| 模型 | 变量 | $R$ | $R^2$ | 调整后 $R^2$ | $B$ | 标准误 | Beta | $t$ 值 | 显著性 |
|---|---|---|---|---|---|---|---|---|---|
| 模型2 | 月收入 3 | | | | 4.543 | 12.719 | .017 | .357 | .721 |
| | 月收入 4 | | | | 21.483 | 13.697 | .069 | 1.569 | .117 |
| | 月收入 5 | | | | 38.128 | 14.918 | .104* | 2.556 | .011 |
| | 居住密度 | | | | 3.091 | 1.176 | .085** | 2.628 | .009 |
| | 土地混合度 | | | | .190 | .215 | .027 | .882 | .378 |
| | 街道连接性 | | | | −4.534 | 2.173 | −.073* | −2.087 | .037 |
| | 骑行/步行基础设施 | | | | .626 | 1.120 | .023 | .559 | .577 |
| | 治安安全 | | | | −1.200 | 1.157 | −.043 | −1.037 | .300 |

注：$R$ 为复相关系数；$R^2$ 为判定系数；$B$ 为未标准化系数；Beta 为标准化系数。

### 6.4.3 安徽省城市建成环境对居民家务体力活动水平的影响

#### 6.4.3.1 城市建成环境对居民大强度家务体力活动时间的影响

由表 6－37 可以看出，在居民大强度家务体力活动时间的回归关系中，模型 1 中的性别、区域位置 1、区域位置 2、文化程度 1、文化程度 2、文化程度 3 对大强度家务体力活动有显著影响，贡献率为 24.6％；模型 2 中新增的居住密度、土地混合度、街道连接性对大强度家务体力活动有显著影响，贡献率上升为 27.5％。

**表 6－37 城市建成环境对居民大强度家务体力活动时间的回归分析**

| 模型 | 变量 | $R$ | $R^2$ | 调整后 $R^2$ | $B$ | 标准误 | Beta | $t$ 值 | 显著性 |
|---|---|---|---|---|---|---|---|---|---|
| 模型1 | | .509 | .259 | .246 | | | | | |
| | 性别 | | | | −28.327 | 6.116 | −.138** | −4.632 | .000 |
| | 年龄分组 1 | | | | −7.672 | 18.818 | −.037 | −.408 | .684 |
| | 年龄分组 2 | | | | .371 | 19.310 | .002 | .019 | .985 |
| | 年龄分组 3 | | | | −32.702 | 40.998 | −.025 | −.798 | .425 |
| | 区域位置 1 | | | | 103.448 | 8.073 | .471** | 12.815 | .000 |
| | 区域位置 2 | | | | 58.627 | 7.984 | .276** | 7.343 | .000 |
| | 肥胖程度 1 | | | | −1.585 | 9.274 | −.005 | −.171 | .864 |
| | 肥胖程度 2 | | | | 1.863 | 6.923 | .008 | .269 | .788 |
| | 肥胖程度 3 | | | | 9.804 | 9.847 | .029 | .996 | .320 |
| | 文化程度 1 | | | | 33.082 | 9.320 | .137** | 3.550 | .000 |
| | 文化程度 2 | | | | 20.268 | 8.998 | .099* | 2.253 | .025 |
| | 文化程度 3 | | | | 28.890 | 11.392 | .090* | 2.536 | .011 |
| | 月收入 1 | | | | −8.310 | 11.578 | −.027 | −.718 | .473 |
| | 月收入 2 | | | | 13.123 | 10.524 | .057 | 1.247 | .213 |
| | 月收入 3 | | | | 20.656 | 11.097 | .084 | 1.861 | .063 |
| | 月收入 4 | | | | 18.289 | 11.957 | .063 | 1.530 | .126 |
| | 月收入 5 | | | | 7.043 | 13.022 | .020 | .541 | .589 |

（续表）

| 模型 | 变量 | $R$ | $R^2$ | 调整后 $R^2$ | $B$ | 标准误 | Beta | $t$ 值 | 显著性 |
|---|---|---|---|---|---|---|---|---|---|
| 模型2 | | .542 | .293 | .275 | | | | | |
| | 性别 | | | | −28.051 | 6.053 | −.137** | −4.635 | .000 |
| | 年龄分组 1 | | | | −15.275 | 18.508 | −.075 | −.825 | .409 |
| | 年龄分组 2 | | | | −9.325 | 19.026 | −.045 | −.490 | .624 |
| | 年龄分组 3 | | | | −24.944 | 40.340 | −.019 | −.613 | .536 |
| | 区域位置 1 | | | | 88.468 | 8.951 | .403** | 9.884 | .000 |
| | 区域位置 2 | | | | 56.527 | 8.360 | .267** | 6.762 | .000 |
| | 肥胖程度 1 | | | | −1.589 | 9.134 | −.005 | −.174 | .862 |
| | 肥胖程度 2 | | | | 2.742 | 6.813 | .012 | .402 | .687 |
| | 肥胖程度 3 | | | | 3.825 | 9.733 | .011 | .393 | .694 |
| | 文化程度 1 | | | | 30.221 | 9.290 | .125** | 3.253 | .001 |
| | 文化程度 2 | | | | 16.610 | 9.046 | .081 | 1.836 | .067 |
| | 文化程度 3 | | | | 19.428 | 11.459 | .061 | 1.695 | .090 |
| | 月收入 1 | | | | −5.574 | 11.471 | −.018 | −.486 | .627 |
| | 月收入 2 | | | | 11.978 | 10.418 | .052 | 1.150 | .251 |
| | 月收入 3 | | | | 19.237 | 10.996 | .078 | 1.750 | .081 |
| | 月收入 4 | | | | 15.801 | 11.842 | .054 | 1.334 | .182 |
| | 月收入 5 | | | | 2.723 | 12.865 | .008 | .212 | .832 |
| | 居住密度 | | | | 3.929 | 1.012 | .115** | 3.882 | .000 |
| | 土地混合度 | | | | .770 | .187 | .118** | 4.110 | .000 |
| | 服务方便性 | | | | 2.031 | 1.203 | .049 | 1.689 | .092 |
| | 街道连接性 | | | | −3.819 | 1.887 | −.066* | −2.024 | .043 |
| | 骑行/步行基础设施 | | | | −1.147 | 1.117 | −.045 | −1.027 | .305 |
| | 环境美观度 | | | | .983 | 1.226 | .037 | .802 | .423 |
| | 交通安全 | | | | −1.426 | .892 | −.051 | −1.598 | .110 |
| | 治安安全 | | | | .467 | 1.098 | .018 | .425 | .671 |

注：$R$ 为复相关系数；$R^2$ 为判定系数；$B$ 为未标准化系数；Beta 为标准化系数。

6.4.3.2 城市建成环境对居民中等强度室外家务体力活动时间的影响

由表 6－38 可以看出，在居民中等强度室外家务体力活动时间的回归关系中，模型 1 中的区域位置 1、区域位置 2、月收入 4 对中等强度室外家务体力活动有显著影响，贡献率为 11.1%；模型 2 中新增的居住密度、土地混合度对中等强度室外家务体力活动有显著影响，贡献率上升为 12.4%。

**表 6-38 城市建成环境对居民中等强度室外家务体力活动时间的回归分析**

| 模型 | 变量 | $R$ | $R^2$ | 调整后 $R^2$ | $B$ | 标准误 | Beta | $t$ 值 | 显著性 |
|---|---|---|---|---|---|---|---|---|---|
| 模型1 | | .356 | .127 | .111 | | | | | |
| | 性别 | | | | −1.340 | 6.875 | −.006 | −.195 | .846 |
| | 年龄分组 1 | | | | −10.174 | 21.154 | −.048 | −.481 | .631 |
| | 年龄分组 2 | | | | −1.385 | 21.707 | −.007 | −.064 | .949 |
| | 年龄分组 3 | | | | −14.659 | 46.088 | −.011 | −.318 | .751 |
| | 区域位置 1 | | | | 74.260 | 9.075 | .327** | 8.183 | .000 |
| | 区域位置 2 | | | | 48.546 | 8.975 | .221** | 5.409 | .000 |
| | 肥胖程度 1 | | | | 6.094 | 10.425 | .019 | .585 | .559 |
| | 肥胖程度 2 | | | | 4.875 | 7.782 | .020 | .626 | .531 |
| | 肥胖程度 3 | | | | −5.861 | 11.070 | −.017 | −.529 | .597 |
| | 文化程度 1 | | | | 17.504 | 10.477 | .070 | 1.671 | .095 |
| | 文化程度 2 | | | | 8.703 | 10.115 | .041 | .860 | .390 |
| | 文化程度 3 | | | | 20.406 | 12.806 | .062 | 1.593 | .111 |
| | 月收入 1 | | | | −7.438 | 13.015 | −.023 | −.571 | .568 |
| | 月收入 2 | | | | 7.180 | 11.830 | .030 | .607 | .544 |
| | 月收入 3 | | | | 22.706 | 12.474 | .089 | 1.820 | .069 |
| | 月收入 4 | | | | 29.874 | 13.441 | .099* | 2.223 | .026 |
| | 月收入 5 | | | | 21.035 | 14.639 | .059 | 1.437 | .151 |
| 模型2 | | .382 | .146 | .124 | | | | | |
| | 性别 | | | | −1.146 | 6.890 | −.005 | −.166 | .868 |
| | 年龄分组 1 | | | | −16.101 | 21.069 | −.076 | −.764 | .445 |
| | 年龄分组 2 | | | | −8.916 | 21.658 | −.042 | −.412 | .681 |
| | 年龄分组 3 | | | | −10.001 | 45.921 | −.007 | −.218 | .828 |
| | 区域位置 1 | | | | 59.553 | 10.189 | .262** | 5.845 | .000 |
| | 区域位置 2 | | | | 44.146 | 9.516 | .201** | 4.639 | .000 |
| | 肥胖程度 1 | | | | 4.526 | 10.398 | .014 | .435 | .663 |
| | 肥胖程度 2 | | | | 5.607 | 7.755 | .023 | .723 | .470 |
| | 肥胖程度 3 | | | | −9.011 | 11.080 | −.026 | −.813 | .416 |
| | 文化程度 1 | | | | 14.451 | 10.575 | .058 | 1.366 | .172 |
| | 文化程度 2 | | | | 6.068 | 10.298 | .029 | .589 | .556 |
| | 文化程度 3 | | | | 13.972 | 13.045 | .042 | 1.071 | .284 |
| | 月收入 1 | | | | −4.000 | 13.058 | −.013 | −.306 | .759 |
| | 月收入 2 | | | | 8.315 | 11.860 | .035 | .701 | .483 |

（续表）

| 模型 | 变量 | $R$ | $R^2$ | 调整后 $R^2$ | $B$ | 标准误 | Beta | $t$ 值 | 显著性 |
|---|---|---|---|---|---|---|---|---|---|
| 模型 2 | 月收入 3 | | | | 23.393 | 12.517 | .092 | 1.869 | .062 |
| | 月收入 4 | | | | 29.358 | 13.481 | .097* | 2.178 | .030 |
| | 月收入 5 | | | | 18.038 | 14.645 | .051 | 1.232 | .218 |
| | 居住密度 | | | | 3.204 | 1.152 | .091** | 2.780 | .006 |
| | 土地混合度 | | | | .558 | .213 | .083** | 2.617 | .009 |
| | 服务方便性 | | | | .040 | 1.369 | .001 | .029 | .976 |
| | 街道连接性 | | | | −1.374 | 2.148 | −.023 | −.639 | .523 |
| | 骑行/步行基础设施 | | | | .090 | 1.272 | .003 | .071 | .944 |
| | 环境美观度 | | | | .712 | 1.395 | .026 | .511 | .610 |
| | 交通安全 | | | | −1.156 | 1.016 | −.040 | −1.138 | .255 |
| | 治安安全 | | | | −1.494 | 1.250 | −.055 | −1.195 | .232 |

注：$R$ 为复相关系数；$R^2$ 为判定系数；$B$ 为未标准化系数；Beta 为标准化系数。

6.4.3.3　城市建成环境对居民中等强度室内家务体力活动时间的影响

由表 6－39 可以看出，在居民中等强度室内家务体力活动时间的回归关系中，模型 1 中的性别、区域位置 1、区域位置 2、文化程度 3 对中等强度室内家务体力活动有显著影响，贡献率为 14.0%；模型 2 中新增的居住密度对中等强度室内家务体力活动有显著影响，但影响程度不是很大。

**表 6－39　城市建成环境对居民中等强度室内家务体力活动时间的回归分析**

| 模型 | 变量 | $R$ | $R^2$ | 调整后 $R^2$ | $B$ | 标准误 | Beta | $t$ 值 | 显著性 |
|---|---|---|---|---|---|---|---|---|---|
| 模型 1 | | .393 | .154 | .140 | | | | | |
| | 性别 | | | | 43.025 | 6.571 | .208** | 6.547 | .000 |
| | 年龄分组 1 | | | | 1.847 | 20.220 | .009 | .091 | .927 |
| | 年龄分组 2 | | | | −1.289 | 20.748 | −.006 | −.062 | .950 |
| | 年龄分组 3 | | | | −21.628 | 44.051 | −.016 | −.491 | .624 |
| | 区域位置 1 | | | | 80.500 | 8.674 | .364** | 9.281 | .000 |
| | 区域位置 2 | | | | 25.535 | 8.579 | .120** | 2.977 | .003 |
| | 肥胖程度 1 | | | | −.680 | 9.965 | −.002 | −.068 | .946 |
| | 肥胖程度 2 | | | | 3.905 | 7.438 | .017 | .525 | .600 |
| | 肥胖程度 3 | | | | 1.391 | 10.581 | .004 | .131 | .895 |
| | 文化程度 1 | | | | 15.622 | 10.014 | .064 | 1.560 | .119 |
| | 文化程度 2 | | | | 9.869 | 9.668 | .048 | 1.021 | .308 |
| | 文化程度 3 | | | | 29.288 | 12.240 | .091* | 2.393 | .017 |
| | 月收入 1 | | | | −19.847 | 12.440 | −.064 | −1.595 | .111 |
| | 月收入 2 | | | | −10.373 | 11.307 | −.045 | −.917 | .359 |
| | 月收入 3 | | | | .821 | 11.923 | .003 | .069 | .945 |
| | 月收入 4 | | | | 4.650 | 12.847 | .016 | .362 | .717 |
| | 月收入 5 | | | | −1.180 | 13.992 | −.003 | −.084 | .933 |

（续表）

| 模型 | 变量 | $R$ | $R^2$ | 调整后 $R^2$ | $B$ | 标准误 | Beta | $t$ 值 | 显著性 |
|---|---|---|---|---|---|---|---|---|---|
| 模型2 | | .402 | .162 | .141 | | | | | |
| | 性别 | | | | 43.446 | 6.622 | .210** | 6.561 | .000 |
| | 年龄分组1 | | | | −1.670 | 20.267 | −.008 | −.082 | .934 |
| | 年龄分组2 | | | | −5.954 | 20.833 | −.029 | −.286 | .775 |
| | 年龄分组3 | | | | −16.385 | 44.162 | −.012 | −.371 | .711 |
| | 区域位置1 | | | | 75.451 | 9.461 | .342** | 7.975 | .000 |
| | 区域位置2 | | | | 25.798 | 9.027 | .121** | 2.858 | .004 |
| | 肥胖程度1 | | | | −1.016 | 10.001 | −.003 | −.102 | .919 |
| | 肥胖程度2 | | | | 4.010 | 7.456 | .017 | .538 | .591 |
| | 肥胖程度3 | | | | −2.023 | 10.657 | −.006 | −.190 | .849 |
| | 文化程度1 | | | | 13.752 | 10.157 | .057 | 1.354 | .176 |
| | 文化程度2 | | | | 7.464 | 9.896 | .036 | .754 | .451 |
| | 文化程度3 | | | | 24.441 | 12.541 | .076* | 1.949 | .052 |
| | 月收入1 | | | | −18.953 | 12.554 | −.061 | −1.510 | .131 |
| | 月收入2 | | | | −10.726 | 11.406 | −.046 | −.940 | .347 |
| | 月收入3 | | | | .501 | 12.036 | .002 | .042 | .967 |
| | 月收入4 | | | | 4.029 | 12.967 | .014 | .311 | .756 |
| | 月收入5 | | | | −2.789 | 14.073 | −.008 | −.198 | .843 |
| | 居住密度 | | | | 2.201 | 1.108 | .064* | 1.986 | .047 |
| | 土地混合度 | | | | .320 | .205 | .049 | 1.560 | .119 |
| | 服务方便性 | | | | .173 | 1.317 | .004 | .131 | .896 |
| | 街道连接性 | | | | −1.507 | 2.066 | −.026 | −.729 | .466 |
| | 骑行/步行基础设施 | | | | −.687 | 1.072 | −.027 | −.641 | .522 |
| | 交通安全 | | | | .416 | .942 | .015 | .442 | .659 |
| | 治安安全 | | | | .658 | 1.115 | .025 | .590 | .556 |

注：$R$ 为复相关系数；$R^2$ 为判定系数；$B$ 为未标准化系数；Beta 为标准化系数。

### 6.4.4 安徽省城市建成环境对居民闲暇体力活动水平的影响

#### 6.4.4.1 城市建成环境对居民步行闲暇体力活动时间的影响

由表 6-40 可以看出，在居民步行闲暇体力活动时间的回归关系中，模型 1 中的区域位置 1、区域位置 2、文化程度 1、文化程度 3、月收入 3、月收入 5 对步行闲暇体力活动有显著影响，贡献率为 22.9%；模型 2 中新增的居住密度和治安安全对步行闲暇体力活动有显著影响，贡献率上升为 25.8%。治安安全对居民体力活动有显著影响，特别是对步行闲暇体力活动作用明显，这与一些学者的研究结论是一致的(鲁斐栋等，2015)。在段银娟等(2020)的研究中，居住密度对步行闲暇体力活动有正向影响，本研究与之一致；街道连接性对步行闲暇体力活动有正向影响，本研究是负向影响；环境美观度对步行闲暇体力活动有王向影响，而本研究的结果是没有显著影响。

**表 6-40　城市建成环境对居民步行闲暇体力活动时间的回归分析**

| 模型 | 变量 | $R$ | $R^2$ | 调整后 $R^2$ | $B$ | 标准误 | Beta | $t$ 值 | 显著性 |
|---|---|---|---|---|---|---|---|---|---|
| 模型1 | | .492 | .242 | .229 | | | | | |
| | 性别 | | | | -3.553 | 6.519 | -.016 | -.545 | .586 |
| | 年龄分组1 | | | | -30.480 | 20.058 | -.141 | -1.520 | .129 |
| | 年龄分组2 | | | | -11.917 | 20.582 | -.055 | -.579 | .563 |
| | 年龄分组3 | | | | -65.723 | 43.699 | -.047 | -1.504 | .133 |
| | 区域位置1 | | | | 102.580 | 8.604 | .443** | 11.922 | .000 |
| | 区域位置2 | | | | 51.371 | 8.510 | .230** | 6.036 | .000 |
| | 肥胖程度1 | | | | 2.663 | 9.885 | .008 | .269 | .788 |
| | 肥胖程度2 | | | | 6.733 | 7.379 | .028 | .912 | .362 |
| | 肥胖程度3 | | | | 17.881 | 10.496 | .050 | 1.704 | .089 |
| | 文化程度1 | | | | 26.878 | 9.933 | .105** | 2.706 | .007 |
| | 文化程度2 | | | | 13.117 | 9.591 | .061 | 1.368 | .172 |
| | 文化程度3 | | | | 25.371 | 12.142 | .075* | 2.089 | .037 |
| | 月收入1 | | | | -6.076 | 12.340 | -.019 | -.492 | .623 |
| | 月收入2 | | | | 14.884 | 11.217 | .061 | 1.327 | .185 |
| | 月收入3 | | | | 27.033 | 11.828 | .104* | 2.286 | .022 |
| | 月收入4 | | | | 21.746 | 12.744 | .071 | 1.706 | .088 |
| | 月收入5 | | | | 58.887 | 13.880 | .163** | 4.242 | .000 |
| 模型2 | | .526 | .276 | .258 | | | | | |
| | 性别 | | | | -3.407 | 6.446 | -.016 | -.528 | .597 |
| | 年龄分组1 | | | | -37.810 | 19.730 | -.175 | -1.916 | .056 |
| | 年龄分组2 | | | | -20.639 | 20.281 | -.096 | -1.018 | .309 |
| | 年龄分组3 | | | | -52.695 | 42.992 | -.038 | -1.226 | .221 |
| | 区域位置1 | | | | 86.566 | 9.210 | .374** | 9.399 | .000 |
| | 区域位置2 | | | | 46.091 | 8.787 | .206** | 5.245 | .000 |
| | 肥胖程度1 | | | | -.083 | 9.736 | .000 | -.009 | .993 |
| | 肥胖程度2 | | | | 6.766 | 7.259 | .028 | .932 | .352 |
| | 肥胖程度3 | | | | 14.795 | 10.375 | .041 | 1.426 | .154 |
| | 文化程度1 | | | | 18.486 | 9.888 | .073 | 1.870 | .062 |

（续表）

| 模型 | 变量 | $R$ | $R^2$ | 调整后 $R^2$ | $B$ | 标准误 | Beta | $t$ 值 | 显著性 |
|---|---|---|---|---|---|---|---|---|---|
| 模型 2 | 文化程度 2 | | | | 4.871 | 9.633 | .023 | .506 | .613 |
| | 文化程度 3 | | | | 12.725 | 12.209 | .038 | 1.042 | .298 |
| | 月收入 1 | | | | −4.751 | 12.221 | −.015 | −.389 | .698 |
| | 月收入 2 | | | | 15.693 | 11.104 | .065 | 1.413 | .158 |
| | 月收入 3 | | | | 26.923 | 11.717 | .104* | 2.298 | .022 |
| | 月收入 4 | | | | 18.642 | 12.624 | .061 | 1.477 | .140 |
| | 月收入 5 | | | | 52.596 | 13.700 | .145** | 3.839 | .000 |
| | 居住密度 | | | | 5.684 | 1.079 | .158** | 5.268 | .000 |
| | 土地混合度 | | | | .100 | .200 | .015 | .501 | .616 |
| | 服务方便性 | | | | −1.277 | 1.282 | −.029 | −.996 | .320 |
| | 街道连接性 | | | | −2.390 | 2.011 | −.039 | −1.188 | .235 |
| | 骑行/步行基础设施 | | | | 1.767 | 1.044 | .066 | 1.693 | .091 |
| | 交通安全 | | | | −.398 | .917 | −.014 | −.434 | .664 |
| | 治安安全 | | | | −3.205 | 1.086 | −.115** | −2.951 | .003 |

注：$R$ 为复相关系数；$R^2$ 为判定系数；$B$ 为未标准化系数；Beta 为标准化系数。

6.4.4.2　城市建成环境对居民大强度闲暇体力活动时间的影响

由表 6－41 可以看出，在居民大强度闲暇体力活动时间的回归关系中，模型 1 中的区域位置 1、区域位置 2、文化程度 1、文化程度 2、文化程度 3、月收入 3、月收入 4 对大强度闲暇体力活动有显著影响，贡献率为 23.3%；模型 2 中新增的居住密度和骑行/步行基础设施对大强度闲暇体力活动有显著影响，贡献率上升为 24.0%。

**表 6－41　城市建成环境对居民大强度闲暇体力活动时间的回归分析**

| 模型 | 变量 | $R$ | $R^2$ | 调整后 $R^2$ | $B$ | 标准误 | Beta | $t$ 值 | 显著性 |
|---|---|---|---|---|---|---|---|---|---|
| 模型 1 | | .496 | .246 | .233 | | | | | |
| | 性别 | | | | −8.961 | 5.822 | −.046 | −1.539 | .124 |
| | 年龄分组 1 | | | | −26.812 | 17.913 | −.139 | −1.497 | .135 |
| | 年龄分组 2 | | | | −23.692 | 18.381 | −.122 | −1.289 | .198 |
| | 年龄分组 3 | | | | −46.570 | 39.025 | −.037 | −1.193 | .233 |
| | 区域位置 1 | | | | 105.577 | 7.684 | .509** | 13.740 | .000 |
| | 区域位置 2 | | | | 46.532 | 7.600 | .232** | 6.123 | .000 |
| | 肥胖程度 1 | | | | 5.038 | 8.828 | .017 | .571 | .568 |
| | 肥胖程度 2 | | | | −7.129 | 6.590 | −.033 | −1.082 | .280 |
| | 肥胖程度 3 | | | | 11.429 | 9.373 | .036 | 1.219 | .223 |
| | 文化程度 1 | | | | 26.632 | 8.871 | .117** | 3.002 | .003 |

（续表）

| 模型 | 变量 | $R$ | $R^2$ | 调整后 $R^2$ | $B$ | 标准误 | Beta | $t$ 值 | 显著性 |
|---|---|---|---|---|---|---|---|---|---|
| 模型1 | 文化程度2 | | | | 23.580 | 8.565 | .122** | 2.753 | .006 |
| | 文化程度3 | | | | 40.039 | 10.844 | .132** | 3.692 | .000 |
| | 月收入1 | | | | −1.847 | 11.020 | −.006 | −.168 | .867 |
| | 月收入2 | | | | 6.683 | 10.017 | .031 | .667 | .505 |
| | 月收入3 | | | | 21.396 | 10.563 | .092* | 2.026 | .043 |
| | 月收入4 | | | | 27.029 | 11.381 | .098* | 2.375 | .018 |
| | 月收入5 | | | | 8.261 | 12.396 | .025 | .666 | .505 |
| 模型2 | | .509 | .259 | .240 | | | | | |
| | 性别 | | | | −9.000 | 5.843 | −.046 | −1.540 | .124 |
| | 年龄分组1 | | | | −31.221 | 17.885 | −.161 | −1.746 | .081 |
| | 年龄分组2 | | | | −29.049 | 18.385 | −.150 | −1.580 | .114 |
| | 年龄分组3 | | | | −41.784 | 38.972 | −.033 | −1.072 | .284 |
| | 区域位置1 | | | | 99.588 | 8.349 | .480** | 11.928 | .000 |
| | 区域位置2 | | | | 46.631 | 7.966 | .233** | 5.854 | .000 |
| | 肥胖程度1 | | | | 3.268 | 8.825 | .011 | .370 | .711 |
| | 肥胖程度2 | | | | −6.377 | 6.580 | −.029 | −.969 | .333 |
| | 肥胖程度3 | | | | 10.330 | 9.405 | .032 | 1.098 | .272 |
| | 文化程度1 | | | | 24.317 | 8.964 | .107** | 2.713 | .007 |
| | 文化程度2 | | | | 21.616 | 8.733 | .112* | 2.475 | .013 |
| | 文化程度3 | | | | 36.250 | 11.067 | .120** | 3.275 | .001 |
| | 月收入1 | | | | −.168 | 11.078 | −.001 | −.015 | .988 |
| | 月收入2 | | | | 7.502 | 10.066 | .034 | .745 | .456 |
| | 月收入3 | | | | 21.215 | 10.621 | .092* | 1.997 | .046 |
| | 月收入4 | | | | 26.087 | 11.443 | .095* | 2.280 | .023 |
| | 月收入5 | | | | 5.756 | 12.419 | .018 | .463 | .643 |
| | 居住密度 | | | | 2.623 | .978 | .081** | 2.681 | .007 |
| | 土地混合度 | | | | .301 | .181 | .049 | 1.664 | .096 |
| | 服务方便性 | | | | −.538 | 1.162 | −.014 | −.463 | .643 |
| | 街道连接性 | | | | −.876 | 1.823 | −.016 | −.481 | .631 |
| | 骑行/步行基础设施 | | | | 1.968 | .946 | .082* | 2.080 | .038 |
| | 交通安全 | | | | −.121 | .831 | −.005 | −.146 | .884 |
| | 治安安全 | | | | −1.690 | .984 | −.068 | −1.717 | .086 |

注：$R$ 为复相关系数；$R^2$ 为判定系数；$B$ 为未标准化系数；Beta 为标准化系数。

6.4.4.3 城市建成环境对居民中等强度闲暇体力活动时间的影响

由表 6-42 可以看出，在居民中等强度闲暇体力活动时间的回归关系中，模型 1 中的性别、区域位置 1、区域位置 2、肥胖程度 1、肥胖程度 3、文化程度 1、文化程度 2、文化程度 3、月收入 2、月收入 4、月收入 5 对中等强度闲暇体力活动有显著影响，贡献率为 27.1%；模型 2 中的性别、年龄分组 1、区域位置 1、区域位置 2、肥胖程度 3、文化程度 1、文化程度 2、月收入 2、月收入 4、月收入 5，以及新增变量居住密度、土地混合度、街道连接性对中等强度闲暇体力活动有显著影响，贡献率上升为 29.7%。

**表 6-42 城市建成环境对居民中等强度闲暇体力活动时间的回归分析**

| 模型 | 变量 | $R$ | $R^2$ | 调整后 $R^2$ | $B$ | 标准误 | Beta | $t$ 值 | 显著性 |
|---|---|---|---|---|---|---|---|---|---|
| 模型 1 | | .532 | .283 | .271 | | | | | |
| | 性别 | | | | −16.099 | 6.771 | −.070* | −2.378 | .018 |
| | 年龄分组 1 | | | | −32.731 | 20.832 | −.142 | −1.571 | .116 |
| | 年龄分组 2 | | | | −11.326 | 21.376 | −.049 | −.530 | .596 |
| | 年龄分组 3 | | | | −65.728 | 45.386 | −.044 | −1.448 | .148 |
| | 区域位置 1 | | | | 120.433 | 8.937 | .487** | 13.476 | .000 |
| | 区域位置 2 | | | | 73.435 | 8.839 | .308** | 8.308 | .000 |
| | 肥胖程度 1 | | | | 20.049 | 10.267 | .056* | 1.953 | .051 |
| | 肥胖程度 2 | | | | 2.456 | 7.664 | .009 | .320 | .749 |
| | 肥胖程度 3 | | | | 31.937 | 10.901 | .084** | 2.930 | .003 |
| | 文化程度 1 | | | | 35.198 | 10.317 | .129** | 3.412 | .001 |
| | 文化程度 2 | | | | 31.990 | 9.961 | .139** | 3.212 | .001 |
| | 文化程度 3 | | | | 31.105 | 12.611 | .086* | 2.466 | .014 |
| | 月收入 1 | | | | −8.184 | 12.817 | −.024 | −.639 | .523 |
| | 月收入 2 | | | | 24.754 | 11.650 | .095* | 2.125 | .034 |
| | 月收入 3 | | | | 21.936 | 12.284 | .079 | 1.786 | .074 |
| | 月收入 4 | | | | 39.981 | 13.236 | .122** | 3.021 | .003 |
| | 月收入 5 | | | | 39.130 | 14.416 | .101** | 2.714 | .007 |
| 模型 2 | | .561 | .315 | .297 | | | | | |
| | 性别 | | | | −14.450 | 6.708 | −.063* | −2.154 | .031 |
| | 年龄分组 1 | | | | −40.695 | 20.512 | −.176* | −1.984 | .048 |
| | 年龄分组 2 | | | | −21.154 | 21.085 | −.092 | −1.003 | .316 |
| | 年龄分组 3 | | | | −53.264 | 44.707 | −.036 | −1.191 | .234 |
| | 区域位置 1 | | | | 102.177 | 9.920 | .413** | 10.300 | .000 |
| | 区域位置 2 | | | | 68.187 | 9.265 | .286** | 7.360 | .000 |
| | 肥胖程度 1 | | | | 17.202 | 10.123 | .048 | 1.699 | .090 |

（续表）

| 模型 | 变量 | $R$ | $R^2$ | 调整后 $R^2$ | $B$ | 标准误 | Beta | $t$ 值 | 显著性 |
|---|---|---|---|---|---|---|---|---|---|
| 模型2 | 肥胖程度 2 | | | | 2.673 | 7.550 | .010 | .354 | .723 |
| | 肥胖程度 3 | | | | 26.818 | 10.787 | .070* | 2.486 | .013 |
| | 文化程度 1 | | | | 28.259 | 10.296 | .104** | 2.745 | .006 |
| | 文化程度 2 | | | | 24.935 | 10.026 | .108* | 2.487 | .013 |
| | 文化程度 3 | | | | 18.816 | 12.700 | .052 | 1.482 | .139 |
| | 月收入 1 | | | | −5.800 | 12.713 | −.017 | −.456 | .648 |
| | 月收入 2 | | | | 26.639 | 11.546 | .103* | 2.307 | .021 |
| | 月收入 3 | | | | 23.303 | 12.186 | .084 | 1.912 | .056 |
| | 月收入 4 | | | | 39.164 | 13.124 | .120** | 2.984 | .003 |
| | 月收入 5 | | | | 34.671 | 14.258 | .090* | 2.432 | .015 |
| | 居住密度 | | | | 5.358 | 1.122 | .139** | 4.776 | .000 |
| | 土地混合度 | | | | .420 | .208 | .057* | 2.023 | .043 |
| | 服务方便性 | | | | −1.918 | 1.333 | −.041 | −1.439 | .150 |
| | 街道连接性 | | | | −4.737 | 2.091 | −.072* | −2.265 | .024 |
| | 骑行/步行基础设施 | | | | .772 | 1.238 | .027 | .623 | .533 |
| | 环境美观度 | | | | .201 | 1.358 | .007 | .148 | .883 |
| | 交通安全 | | | | .509 | .989 | .016 | .514 | .607 |
| | 治安安全 | | | | −1.651 | 1.217 | −.056 | −1.356 | .175 |

注：$R$ 为复相关系数；$R^2$ 为判定系数；$B$ 为未标准化系数；Beta 为标准化系数。

### 6.4.5 安徽省城市建成环境对居民静坐水平的影响

#### 6.4.5.1 城市建成环境对居民工作日静坐时间的影响

由表 6-43 可以看出，在居民工作日静坐时间的回归关系中，模型 1 中的性别、年龄分组 3、区域位置 1、区域位置 2、肥胖程度 2、肥胖程度 3、文化程度 1、文化程度 2、文化程度 3 对工作日静坐时间有显著影响，贡献率为 24.6%；模型 2 中的性别、年龄分组 1、年龄分组 2、年龄分组 3、区域位置 1、区域位置 2、肥胖程度 2、肥胖程度 3、文化程度 1、文化程度 2、文化程度 3、居住密度、土地混合度、街道连接性对工作日静坐时间都有显著影响，贡献率显著上升为 33.4%。

**表 6-43 城市建成环境对居民工作日静坐时间的回归分析**

| 模型 | 变量 | $R$ | $R^2$ | 调整后 $R^2$ | $B$ | 标准误 | Beta | $t$ 值 | 显著性 |
|---|---|---|---|---|---|---|---|---|---|
| 模型1 | | .509 | .259 | .246 | | | | | |
| | 性别 | | | | −49.977 | 19.657 | −.076* | −2.542 | .011 |
| | 年龄分组 1 | | | | −87.936 | 60.483 | −.133 | −1.454 | .146 |

（续表）

| 模型 | 变量 | $R$ | $R^2$ | 调整后 $R^2$ | $B$ | 标准误 | Beta | $t$ 值 | 显著性 |
|---|---|---|---|---|---|---|---|---|---|
| 模型1 | 年龄分组 2 | | | | −72.000 | 62.063 | −.109 | −1.160 | .246 |
| | 年龄分组 3 | | | | −336.219 | 131.770 | −.079* | −2.552 | .011 |
| | 区域位置 1 | | | | 294.695 | 25.946 | .417** | 11.358 | .000 |
| | 区域位置 2 | | | | 153.712 | 25.662 | .225** | 5.990 | .000 |
| | 肥胖程度 1 | | | | 56.838 | 29.808 | .056 | 1.907 | .057 |
| | 肥胖程度 2 | | | | 45.515 | 22.251 | .061* | 2.046 | .041 |
| | 肥胖程度 3 | | | | 150.340 | 31.650 | .138** | 4.750 | .000 |
| | 文化程度 1 | | | | 92.959 | 29.954 | .120** | 3.103 | .002 |
| | 文化程度 2 | | | | 151.887 | 28.921 | .230** | 5.252 | .000 |
| | 文化程度 3 | | | | 304.123 | 36.615 | .295** | 8.306 | .000 |
| | 月收入 1 | | | | −30.614 | 37.211 | −.031 | −.823 | .411 |
| | 月收入 2 | | | | 54.073 | 33.824 | .073 | 1.599 | .110 |
| | 月收入 3 | | | | 31.351 | 35.666 | .040 | .879 | .380 |
| | 月收入 4 | | | | 24.714 | 38.429 | .026 | .643 | .520 |
| | 月收入 5 | | | | 80.746 | 41.855 | .073 | 1.929 | .054 |
| 模型2 | | .593 | .351 | .334 | | | | | |
| | 性别 | | | | −42.003 | 18.644 | −.064* | −2.253 | .024 |
| | 年龄分组 1 | | | | −125.310 | 57.014 | −.190* | −2.198 | .028 |
| | 年龄分组 2 | | | | −116.845 | 58.607 | −.177* | −1.994 | .046 |
| | 年龄分组 3 | | | | −293.808 | 124.264 | −.069* | −2.364 | .018 |
| | 区域位置 1 | | | | 222.155 | 27.572 | .315** | 8.057 | .000 |
| | 区域位置 2 | | | | 141.765 | 25.751 | .208** | 5.505 | .000 |
| | 肥胖程度 1 | | | | 51.345 | 28.138 | .050 | 1.825 | .068 |
| | 肥胖程度 2 | | | | 49.458 | 20.986 | .067* | 2.357 | .019 |
| | 肥胖程度 3 | | | | 120.475 | 29.982 | .111** | 4.018 | .000 |
| | 文化程度 1 | | | | 65.627 | 28.618 | .084* | 2.293 | .022 |
| | 文化程度 2 | | | | 122.236 | 27.867 | .185** | 4.386 | .000 |
| | 文化程度 3 | | | | 242.341 | 35.300 | .235** | 6.865 | .000 |
| | 月收入 1 | | | | −14.551 | 35.336 | −.015 | −.412 | .681 |
| | 月收入 2 | | | | 55.211 | 32.093 | .074 | 1.720 | .086 |
| | 月收入 3 | | | | 31.503 | 33.872 | .040 | .930 | .353 |
| | 月收入 4 | | | | 11.538 | 36.479 | .012 | .316 | .752 |
| | 月收入 5 | | | | 60.930 | 39.630 | .055 | 1.537 | .125 |

（续表）

| 模型 | 变量 | $R$ | $R^2$ | 调整后 $R^2$ | $B$ | 标准误 | Beta | $t$ 值 | 显著性 |
|---|---|---|---|---|---|---|---|---|---|
| 模型2 | 居住密度 | | | | 21.552 | 3.118 | .196** | 6.912 | .000 |
| | 土地混合度 | | | | 2.901 | .577 | .138** | 5.024 | .000 |
| | 服务方便性 | | | | 6.456 | 3.705 | .048 | 1.742 | .082 |
| | 街道连接性 | | | | −32.283 | 5.813 | −.173** | −5.554 | .000 |
| | 骑行/步行基础设施 | | | | 2.177 | 3.441 | .027 | .633 | .527 |
| | 环境美观度 | | | | −4.739 | 3.776 | −.055 | −1.255 | .210 |
| | 交通安全 | | | | −2.301 | 2.749 | −.026 | −.837 | .403 |
| | 治安安全 | | | | −.096 | 3.384 | −.001 | −.028 | .977 |

注：$R$ 为复相关系数；$R^2$ 为判定系数；$B$ 为未标准化系数；Beta 为标准化系数。

#### 6.4.5.2　城市建成环境对居民休息日静坐时间的影响

由表 6－44 可以看出，在居民休息日静坐时间的回归关系中，模型 1 中的年龄分组 1、年龄分组 3、区域位置 1、区域位置 2、肥胖程度 1、肥胖程度 2、肥胖程度 3、文化程度 1、文化程度 2、文化程度 3 对休息日静坐时间有显著影响，贡献率为 35.1％；模型 2 中的年龄分组 1、年龄分组 2、年龄分组 3、区域位置 1、区域位置 2、肥胖程度 1、肥胖程度 2、肥胖程度 3、文化程度 1、文化程度 2、文化程度 3、居住密度、土地混合度、街道连接性、交通安全对休息日静坐时间有显著影响，贡献率显著上升为 40.2％。

**表 6－44　城市建成环境对居民休息日静坐时间的回归分析**

| 模型 | 变量 | $R$ | $R^2$ | 调整后 $R^2$ | $B$ | 标准误 | Beta | $t$ 值 | 显著性 |
|---|---|---|---|---|---|---|---|---|---|
| 模型1 | | .601 | .362 | .351 | | | | | |
| | 性别 | | | | −22.948 | 19.314 | −.033 | −1.188 | .235 |
| | 年龄分组 1 | | | | −132.104 | 59.427 | −.189* | −2.223 | .026 |
| | 年龄分组 2 | | | | −90.410 | 60.980 | −.130 | −1.483 | .138 |
| | 年龄分组 3 | | | | −354.023 | 129.470 | −.079** | −2.734 | .006 |
| | 区域位置 1 | | | | 415.071 | 25.493 | .555** | 16.282 | .000 |
| | 区域位置 2 | | | | 140.212 | 25.214 | .194** | 5.561 | .000 |
| | 肥胖程度 1 | | | | 80.421 | 29.287 | .075** | 2.746 | .006 |
| | 肥胖程度 2 | | | | 46.969 | 21.862 | .060* | 2.148 | .032 |
| | 肥胖程度 3 | | | | 119.165 | 31.097 | .103** | 3.832 | .000 |
| | 文化程度 1 | | | | 101.695 | 29.431 | .124** | 3.455 | .001 |
| | 文化程度 2 | | | | 145.515 | 28.416 | .208** | 5.121 | .000 |
| | 文化程度 3 | | | | 249.227 | 35.976 | .229** | 6.928 | .000 |
| | 月收入 1 | | | | −50.655 | 36.561 | −.048 | −1.385 | .166 |
| | 月收入 2 | | | | 19.511 | 33.233 | .025 | .587 | .557 |

（续表）

| 模型 | 变量 | $R$ | $R^2$ | 调整后 $R^2$ | $B$ | 标准误 | Beta | $t$ 值 | 显著性 |
|---|---|---|---|---|---|---|---|---|---|
| 模型1 | 月收入 3 | | | | 61.183 | 35.043 | .073 | 1.746 | .081 |
| | 月收入 4 | | | | 43.203 | 37.758 | .044 | 1.144 | .253 |
| | 月收入 5 | | | | 58.295 | 41.124 | .050 | 1.418 | .157 |
| 模型2 | | .646 | .417 | .402 | | | | | |
| | 性别 | | | | −17.603 | 18.698 | −.025 | −.941 | .347 |
| | 年龄分组 1 | | | | −162.042 | 57.178 | −.232** | −2.834 | .005 |
| | 年龄分组 2 | | | | −127.079 | 58.776 | −.182* | −2.162 | .031 |
| | 年龄分组 3 | | | | −330.260 | 124.621 | −.073** | −2.650 | .008 |
| | 区域位置 1 | | | | 331.845 | 27.652 | .444** | 12.001 | .000 |
| | 区域位置 2 | | | | 115.016 | 25.826 | .159** | 4.454 | .000 |
| | 肥胖程度 1 | | | | 74.125 | 28.219 | .069** | 2.627 | .009 |
| | 肥胖程度 2 | | | | 50.980 | 21.046 | .065* | 2.422 | .016 |
| | 肥胖程度 3 | | | | 99.536 | 30.068 | .086** | 3.310 | .001 |
| | 文化程度 1 | | | | 87.795 | 28.700 | .107** | 3.059 | .002 |
| | 文化程度 2 | | | | 132.405 | 27.947 | .190** | 4.738 | .000 |
| | 文化程度 3 | | | | 211.868 | 35.401 | .194** | 5.985 | .000 |
| | 月收入 1 | | | | −32.753 | 35.437 | −.031 | −.924 | .356 |
| | 月收入 2 | | | | 25.642 | 32.185 | .033 | .797 | .426 |
| | 月收入 3 | | | | 65.432 | 33.969 | .078 | 1.926 | .054 |
| | 月收入 4 | | | | 39.764 | 36.584 | .040 | 1.087 | .277 |
| | 月收入 5 | | | | 43.850 | 39.744 | .038 | 1.103 | .270 |
| | 居住密度 | | | | 14.640 | 3.127 | .126** | 4.681 | .000 |
| | 土地混合度 | | | | 3.056 | .579 | .138** | 5.279 | .000 |
| | 服务方便性 | | | | 2.800 | 3.716 | .020 | .753 | .451 |
| | 街道连接性 | | | | −22.258 | 5.830 | −.112** | −3.818 | .000 |
| | 骑行/步行基础设施 | | | | −.042 | 3.451 | .000 | −.012 | .990 |
| | 环境美观度 | | | | 4.450 | 3.786 | .049 | 1.175 | .240 |
| | 交通安全 | | | | −5.691 | 2.757 | −.060* | −2.064 | .039 |
| | 治安安全 | | | | −5.276 | 3.393 | −.059 | −1.555 | .120 |

注：$R$ 为复相关系数；$R^2$ 为判定系数；$B$ 为未标准化系数；Beta 为标准化系数。

# 6.5 小结

## 6.5.1 安徽省城市建成环境与居民体力活动的相关性

城市建成环境中的居住密度、土地混合度、街道连接性、治安安全与居民大强度工作体力活动时间存在显著相关性；城市建成环境中的土地混合度与居民中等强度工作体力活动时间存在显著相关性；城市建成环境中的交通安全、建成环境整体与居民步行性工作体力活动时间存在显著相关性。城市建成环境中的居住密度、土地混合度、服务方便性、街道连接性、骑行/步行基础设施、建成环境整体与居民乘机动车交通体力活动时间存在显著相关性；城市建成环境中的居住密度、土地混合度、服务方便性、街道连接性、骑行/步行基础设施、环境美观度、治安安全与居民骑自行车交通体力活动时间存在显著相关性；城市建成环境中的居住密度、土地混合度、街道连接性、骑行/步行基础设施、治安安全与居民步行交通体力活动时间存在显著相关性。城市建成环境中的居住密度、土地混合度、服务方便性、街道连接性、骑行/步行基础设施、环境美观度、交通安全、治安安全与居民大强度家务体力活动时间存在显著相关性；城市建成环境中除建成环境整体都与居民中等强度室外家务体力活动时间存在显著相关性；城市建成环境中除环境美观度与建成环境整体外，都与中等强度室内家务体力活动时间存在显著相关性。城市建成环境中的居住密度、土地混合度、服务方便性、街道连接性、骑行/步行基础设施、交通安全、治安安全与居民步行闲暇体力活动时间存在显著相关性；城市建成环境中除环境美观度和建成环境整体外，都与居民大强度闲暇体力活动时间存在显著相关；城市建成环境中除建成环境整体外，都与中等强度闲暇体力活动时间存在显著相关性。城市建成环境中的居住密度、土地混合度、服务方便性、街道连接性、骑行/步行基础设施、环境美观度、交通安全、治安安全与居民工作日静坐时间存在显著相关性；城市建成环境中除建成环境整体外，都与居民休息日静坐时间存在显著相关性。安徽省城市建成环境对不同人口学特征、区域位置的居民在不同体力活动水平的相关性上存在一定的差异。

## 6.5.2 安徽省城市建成环境对居民体力活动水平的影响

对居民大强度、中等强度、步行性工作体力活动水平的影响中，控制变量起到主要的影响作用，城市建成环境对居民工作体力活动水平的影响不显著。居住密度和街道连接性对居民乘机动车交通体力活动水平有显著影响，居住密度和土地混合度对居民骑自行车交通体力活动水平有显著影响，居住密度和街道连接性对居民步行交通体力活动水平有显著影响。居住密度、土地混合度、街道连接性对居民大强度家务体力活动水平有显著影响，居住密度、土地混合度对居民中等强度室外家务体力活动水平有显著影响，居住密度对居民中等强度室内家务体力活动水平有显著影响。居住密度和治安安全对居民步行闲暇体力活动水平有显著影响，居住密度和骑行/步行基础设施对居民大强度闲暇体力活动水平有显著影响，居住密度、土地混合度、街道连接性对中等强度闲暇体力活动水平有显著影响。居住密度、土地混合度、街道连接性对居民工作日静坐水平有显著影响，居住密度、土地混合度、街道连接性、交通安全对居民休息日静坐水平有显著影响。

# 7 结论与建议

## 7.1 研究结论

### 7.1.1 建成环境与体力活动研究进展

文献基本情况：国内学者在建成环境与体力活动方面的研究晚于国外学者，在发文量上也远远少于国外；建成环境在国内的研究成果主要发表在城市规划、地理科学等学科领域的期刊上，国外的研究成果主要集中在建筑、能源、计算机、环境卫生、清洁等学科领域的期刊上；体力活动在国内的研究成果主要发表在卫生医学杂志和体育学杂志上，国外的研究成果主要集中医学和体育等学科领域；建成环境与体力活动的研究成果在国内主要分布在体育学、城市经济学、城乡规划与市政学、公共卫生与预防医学、社会学、特种医学等领域，在国外主要集中在医学和体育学等学科领域；国内外的研究机构都主要集中在高校。

研究热点：关于建成环境的研究热点在国内主要有城市建成环境的规划与设计、建成环境与居民体力活动的关系、建成环境对不同人群的影响、不同城市的建成环境现状，在国外主要有建成环境发展的可持续性、建成环境与体力活动的关系、高科技发展对环境建设的影响、气候与建成环境的关系；关于体力活动的研究热点在国内主要有体力活动与疾病的关系研究、不同群体的体力活动研究、体力活动与建成环境的关系研究、体力活动的影响因素和运动方式等的研究，在国外主要有不同人群的体力活动研究、体力活动对一些疾病的干预研究、体力活动的有效性研究；关于建成环境与体力活动的研究热点在国内主要有建成环境与体力活动自身的相关研究、不同群体的研究、体力活动与建成环境在健康城市、人类健康发展中的研究，在国外主要有建成环境与步行性体力活动的关系研究、建成环境与体力活动对人类健康的影响研究、建成环境与体力活动的关联性研究、建成环境与体力活动在不同人群中的研究。

研究前沿：关于建成环境的研究前沿在国内主要有建成环境自身方面的相关研究、城市建成环境与规划、建成环境与体力活动的关系、全面建成小康社会背景下的建成环境研究，在国外主要有环境自身的结构与设计、建成环境对成年人的影响、建成环境对居民身体健康的影响、如何对建成环境进行干预等方面；关于体力活动的研究前沿在国内有体力活动与疾病的关系研究、体力活动与建成环境的关系研究、儿童的体力活动、体力活动的危险因素研究、体力活动与生活方式的关系研究等，在国外主要有体力活动对一些疾病的影响研究、体力活动的影响因素研究、不同强度的体力活动研究、关于体力活动研究的元分析；关于建成环境与体力活动的研究前沿在国内主要有建成环境与老年人体力活动的关系研究，在国外主要有步行性体力活动、城市扩张、居民生活质量、旅游休闲活动等方面。

### 7.1.2　城市建成环境对居民体力活动影响的Meta分析

城市建成环境整体和各要素均对居民体力活动有着显著的正向影响，其中居住密度影响效果最大，环境美观度影响效果最小；中介变量、文化因素、样本因素均对城市建成环境与居民体力活动之间的关系有显著的影响，其中在有中介变量、东方文化背景、成年人的情况下，城市建成环境对居民体力活动的影响更大。

### 7.1.3　安徽省城市建成环境的测量与评价

测量结果：安徽省城市建成环境各要素的平均得分处于中等水平或中等偏上水平，说明安徽省城市建成环境的情况总体上是不错的。其中，得分最高的是土地混合度，居民对便利店/小卖部、快递点/快递站、公交站/地铁站/共享单车站的重视程度排在前三位，对日常生活的用、行、吃等基本条件是否便利比较重视，而对图书馆、娱乐中心、电影院等休闲生活条件的重视程度排在后三位；得分较低的是交通安全和环境美观度，安徽省城市管理部门和规划部门在未来应该加强这两方面的建设。

评价分析：安徽省女性居民在街道连接性上的得分明显高于男性居民，在城市建成环境其他维度上不存在显著差异；不同年龄居民在居住密度、土地混合度、服务方便性、街道连接性、骑行/步行基础设施、交通安全六个维度上存在显著性差异；不同肥胖程度居民在居住密度、街道连接性和骑行/步行基础设施三个维度上存在显著差异；不同文化程度居民在居住密度、街道连接性、骑行/步行基础设施、环境美观度、治安安全五个维度上存在显著差异；居民是否工作在居住密度和街道连接性两个维度上存在显著差异；不同月收入居民在居住密度、土地混合度、街道连接性、治安安全四个维度上存在显著差异；不同区域位置居民在建成环境所有维度上都存在显著差异。

### 7.1.4　安徽省居民体力活动的测量与评价

测量结果：在过去7天中，有大强度体力活动的居民占比为48.18%，有中等强度工作体力活动的居民占比为49.22%，有步行性工作体力活动的居民占比为66.67%；每周有乘机动车交通体力活动的居民有66.70%，每周有骑自行车交通体力活动的居民有46.98%，每周有步行交通体力活动的居民占76.66%；每周有大强度家务体力活动的居民占42.05%，每周有中等强度室外家务体力活动的居民占45.37%，每周有中等强度室内家务体力活动的居民占63.08%；每周有步行闲暇体力活动的居民占73.44%，每周有大强度闲暇体力活动的居民占50.80%，每周有中等强度闲暇体力活动的居民占52.72%；在工作日，静坐时间在12小时以上的居民最多，在休息日，静坐时间在13～15小时的居民最多。

评价分析：男女居民除中等强度室外家务体力活动上不存在显著差异、男性居民在中等强度室内家务体力活动上明显低于女性居民外，男性居民的体力活动时间都明显高于女性居民；不同年龄群体居民除在大强度工作体力活动、中等强度工作体力活动两个维度上不存在显著差异外，在其他维度上都存在显著差异；不同肥胖程度居民在步行性工作体力活动、中等强度

工作体力活动、中等强度室外家务体力活动、中等强度室内家务体力活动和大强度闲暇体力活动五个维度上不存在显著差异外,在其他维度上都存在显著差异;不同文化程度居民在乘机动车交通体力活动、步行交通体力活动、大强度家务体力活动、中等强度室外家务体力活动、步行闲暇体力活动、大强度闲暇体力活动、中等强度闲暇体力活动、工作日静坐时间、休息日静坐时间九个维度上存在显著差异外,在其他维度上不存在显著差异;居民是否工作除在中等强度室内家务体力活动上不存在显著差异外,在其他维度上都存在显著差异;不同月收入居民除在大强度工作体力活动、中等强度工作体力活动两个维度上不存在显著差异外,在其他维度上都存在显著差异;不同区域位置居民在体力活动所有维度上都存在显著差异。

### 7.1.5 安徽省城市建成环境对居民体力活动的影响

相关性:城市建成环境中的居住密度、土地混合度、街道连接性、治安安全、交通安全与居民工作体力活动时间存在显著相关性;城市建成环境中的居住密度、土地混合度、服务方便性、街道连接性、骑行/步行基础设施、环境美观度、治安安全与居民交通体力活动时间存在显著相关性;城市建成环境中的居住密度、土地混合度、服务方便性、街道连接性、骑行/步行基础设施、环境美观度、交通安全、治安安全与居民家务体力活动时间存在显著相关性;城市建成环境中的居住密度、土地混合度、服务方便性、街道连接性、骑行/步行基础设施、交通安全、治安安全与居民闲暇体力活动时间存在显著相关性;城市建成环境中各要素与居民静坐时间都存在显著相关性。安徽省城市建成环境对不同人口学特征、区域位置的居民在不同体力活动水平的相关性上存在一定的差异。

影响:对居民大强度、中等强度、步行性工作体力活动水平的影响中,控制变量起到主要的影响作用;居住密度和街道连接性对居民乘机动车、步行交通体力活动水平有显著影响,居住密度和土地混合度对居民骑自行车交通体力活动水平有显著影响;居住密度、土地混合度、街道连接性对居民大强度家务体力活动水平有显著影响,居住密度、土地混合度对居民中等强度室外家务体力活动水平有显著影响,居住密度对居民中等强度室内家务体力活动水平有显著影响;居住密度和治安安全对居民步行闲暇体力活动水平有显著影响,居住密度和骑行/步行基础设施对居民大强度闲暇体力活动水平有显著影响,居住密度、土地混合度、街道连接性对居民中等强度闲暇体力活动水平有显著影响;居住密度、土地混合度、街道连接性对居民工作日静坐水平有显著影响,居住密度、土地混合度、街道连接性、交通安全对居民休息日静坐水平有显著影响。

## 7.2 建 议

7.2.1 在一段时间内,学者依然应该关注建成环境与体力活动在人类健康发展中的研究、建成环境与体力活动在不同群体中的研究等热点问题,未来的研究趋势和研究前沿主要是关于建成环境与老年人体力活动的关系、城市扩张、居民生活质量、旅游休闲活动等方面。

7.2.2 促进居民体力活动可以从城市建成环境的整体和各要素的规划与设计着手,尤其是对居住密度的设计规划,另外要关注相关控制变量在城市建成环境对居民体力活动影响中的作用。

7.2.3 城市规划部门和管理部门要随着经济、科技等的发展不断创新和改善城市建成环境的设计理念，最大限度满足居民对城市建成环境的需求，对城市建成环境指标的规划设计没有最好只有更好。城市建成环境的规划设计要从实际、实践出发，根据城市规模、人口数量、区域特点、社区规模、社区性质、人群特征等方面对城市建成环境、小区住宅进行综合考虑。安徽省城市建成环境土地混合度得分最高，居民对用、行、吃等基本条件是否便利比较重视，而对休闲生活条件的重视程度不高，但随着经济的发展和生活方式的改变，居民的需求也会发生变化，因此要动态地对待城市建成环境的规划设计。此外，安徽省城市管理部门和规划部门近期内应该重点加强城市交通安全和环境美观度方面的建设管理，文明城市创建是非常不错的措施，还需要更多有效的激励措施和政策出现。

7.2.4 居民体力活动水平是居民身心健康的一个重要指标，目前对居民体力活动影响因素的关注主要在城市建成环境、居住环境、公共服务和设施等方面，应该加强对影响居民体力活动的心理因素、工作环境、健康认知等的关注和研究，建立影响居民体力活动的全方位体系框架和系统测试，全面挖掘影响因素，促进居民体力活动水平。安徽省居民在工作体力活动和交通体力活动上的水平都非常高，甚至达到了80%以上，这并不是一个乐观的现象，如果居民是因生活压力和工作需要而导致工作体力活动和交通体力活动水平高，那么这并不有利于居民的健康。安徽省闲暇体力活动水平也非常高，说明居民的体育锻炼还是比较多的，这是促进居民健康的一个好现象。另外，安徽省居民的静坐时间是非常多的，这对健康是不利的。今后应该加强居民的心理、工作环境、健康认知等因素与体力活动关系的研究。

7.2.5 安徽省城市建成环境中除环境美观度外，所有的因素都与居民闲暇体力活动水平有显著的相关性。闲暇体力活动水平体现的是居民的体育锻炼水平，因此城市管理部门和规划部门应该加强城市建成环境各方面的“软件”和“硬件”建设，并在一定时间和空间范围内尽可能将闲暇体力活动最大化。通过城市建成环境规划建设和政策倾向，减少居民的工作、交通、家务体力活动和静坐时间，促使居民将有限的体力活动时间尽可能转移到闲暇体力活动上，进而最大程度促进居民的健康水平。

## 7.3 研究局限

7.3.1 本书对安徽省城市建成环境与居民体力活动的测量只采用了主观调查，没有采用工具进行客观的测量。

7.3.2 本书对安徽省居民体力活动达标情况的统计，没有进行纵向的对比追踪。

7.3.3 本书缺乏干预研究，没有借助新的研究方法及技术手段来干预和影响居民的体力活动需求和城市建成环境的布局，未来健康城市发展的一个重要方向就是优化城市生活轨迹。

7.3.4 本书只对城市建成环境和不同类型的居民体力活动进行了测量，缺乏社会经济地位、社会支持、个人偏好、体育价值观等中介变量如何影响城市建成环境与居民体力活动之间关系的研究。

# 参考文献

[1] 中国科学院．科技革命与中国的现代化:关于中国面向2050年科技发展战略的思考[M]．北京:科学出版社,2009.

[2] 刘耀阳,谭少华,宋莎莎,等．促进人群健康的住区绿地环境研究[J]．建筑与文化,2016(8):188-190.

[3] 谭少华,雷京．促进人群健康的社区环境与规划策略研究[J]．建筑与文化,2015,(1):136-138.

[4] 刘琪．社会生态理论模型与体力活动行为研究[J]．运动,2014,(13):147-148.

[5] 本刊记者．四川省首座环境放射性废物库建成投入使用[J]．四川环境,1992,(3):80-81.

[6] 朱建明,王兴,林文弢．国际运动疗法改善老年人平衡能力研究的热点与动态分析[J]．首都体育学院学报,2018,30(1):88-96.

[7] 赵丙军．国外力量训练研究知识网络的结构及演化特征[D]．上海:上海体育学院,2013.

[8] 马婧,周倩．国际混合学习领域热点主题与前沿趋势研究——基于科学知识图谱方法的实证分析[J]．华东师范大学学报(教育科学版),2019,37(4):116-128.

[9] 吴志建,王竹影,宋彦李青．老年人休闲性体力活动建成环境影响因素的meta分析[J]．上海体育学院学报,2018,42(1):64-71+78.

[10] 吴志建,王竹影,张帆,等．城市建成环境对老年人健康的影响:以体力活动为中介的模型验证[J]．中国体育科技,2019,55(10):41-49.

[11] 黄晓燕,曹小曙,殷江滨,等．城市轨道交通和建成环境对居民步行行为的影响[J]．地理学报,2020,75(6):1256-1271.

[12] 吴嘉玉,何仲禹．社区建成环境对居民久坐行为的影响研究:以南京市为例[J]．现代城市研究,2021,36(1):124-131.

[13] 段银娟,杨淞淳,韩雨廷,等．四城市成年人主观感知建成环境与休闲性体力活动的相关性研究[J]．中华流行病学杂志,2020,41(8):1280-1285.

[14] 王厚雷,王竹影,朱建勇,等．我国城市社区建成环境对社区老年居民的户外体力活动及身体健康自我评价的影响:以南京市为例[J]．首都体育学院学报,2020,32(6):570-576.

[15] 王丽岩,冯宁,王洪彪,等．中老年人邻里建成环境的感知与体力活动的关系[J].

沈阳体育学院学报,2017,36(2):67-71+84.

[16] 吴轶辉,王杰龙.建成环境对老年人休闲性体力活动影响综述[J].中国运动医学杂志,2016,35(11):1074-1082.

[17] 鲁斐栋,谭少华.建成环境对体力活动的影响研究:进展与思考[J].国际城市规划,2015,30(2):62-70.

[18] 靳明,王静,及化娟,等.体力活动促进自我决定理论模型的拓展:建成环境支持的增值贡献[J].沈阳体育学院学报,2017,36(4):84-91.

[19] 吕和武,王德涛,吴贻刚.国外建成环境干预全民体力活动的启示[J].山东体育学院学报,2016,32(6):1-6.

[20] 沈晶,杨秋颖,郑家鲲,等.建成环境对中国儿童青少年体力活动与肥胖的影响:系统文献综述[J].中国运动医学杂志,2019,38(4):312-326.

[21] 朱慧,周根贵.社会资本促进了组织创新吗?——一项基于 Meta 分析的研究[J].科学学研究.2013,31(11):1717-1725.

[22] 罗杰,冷卫东.系统评价/Meta 分析理论与实践[M].北京:军事医学科学出版社,2013.

[23] 王兰,杜怡锐.建成环境对体力活动的影响研究进展[J].科技导报,2020,38(7):53-60.

[24] 吴轶辉.建成环境与出行方式对老年人休闲性体力活动的影响研究[D].苏州:苏州大学,2017.

[25] 朱雯.宁波市 15~74 岁居民身体活动现状及其与建成环境的相关性研究[D].宁波:宁波大学,2017.

[26] 李孟飞.城市建成环境健康性研究综述[J].北京联合大学学报,2017,31(4):37-43.

[27] 张文彤,邝春伟.Spss 统计分析基础教程[M].2 版.北京:高等教育出版社,2011.

[28] 陈庆果,温煦.建成环境与休闲性体力活动关系的研究:系统综述[J].体育与科学,2014,35(1):46-51.

[29] 曹阳,甄峰,姜玉培.基于活动视角的城市建成环境与居民健康关系研究框架[J].地理科学,2019,39(10):1612-1620.

[30] 方飞.城市公园建成环境对使用者体力活动的影响研究[D].上海:上海体育学院,2020.

[31] 张延吉,陈小辉,赵立珍,等.城市建成环境对居民体力活动的影响:以福州市的经验研究为例[J].地理科学,2019,39(5):779-787.

[32] 宋彦李青,王竹影.城市老年人户外体力活动、久坐时间与客观建成环境因素关系研究[J].成都体育学院学报,2019,45(4):113-120.

[33] 温煦,何晓龙.建成环境对交通性体力活动的影响:研究进展概述[J].体育与科学,2014,35(1):41-45+40.

[34] 张洁,俞敏,陈雅萍,等.浙江省成年居民体力活动模式与影响因素研究[J].疾病

监测,2008,23(4):244－246.

[35] 汤强,李森,盛蕾,等. 江苏省成年人体力活动水平及其影响因素分析:基于大样本横断面调查[J]. 体育与科学,2015,36(3):87－91.

[36] 邓倩,王宇菲,朱璟捷,等. 成都市成年居民体力活动现状及影响因素分析[J]. 现代预防医学,2021,48(15):2791－2796.

[37] 潘钰婷,尤莉莉,闵开元,等. 健康城市建设背景下四川省泸州市居民体力活动状况及其影响因素[J]. 中国健康教育,2019,35(9):807－812.

[38] 李骁天,向祖兵,郭世豪,等. 北京市居民体力活动时间现状研究:基于北京市第3次群众体育现状调查的数据[J]. 天津体育学院学报,2016,31(4):322－327＋339.

[39] 徐英,雷林,郭艳芳,等. 广东省深圳市成人体力活动模式特征分析[J]. 中国健康教育,2021,37(7):643－647.

[40] 王耀武,孙宇,戴冬晖. 基于社会生态模型的国外城镇居民体力活动研究综述[J]. 现代城市研究,2020,35(4):27－35.

[41] 张闻洋,孙平辉,孟鑫,等. 吉林省居民体力活动现状及影响因素分析[J]. 中国公共卫生,2014,30(12):1530－1533.

[42] 王依明. 健康支持性环境对城乡居民规律性体力活动的影响:基于社会生态学的视角[J]. 现代城市研究,2021,36(10):111－117.

[43] 胡蕾蕾,滕聿峰,王心国,等. 青岛市李沧区35岁以上居民体力活动水平及影响因素分析[J]. 预防医学论坛,2016,22(8):593－595＋598.

[44] 崔树强,朱佩娟,张美芳,等. 城市建成环境对共享单车使用空间分布的影响:以长沙市为例[J]. 西南大学学报(自然科学版),2020,42(6):89－99.

[45] 张延吉,秦波,唐杰. 城市建成环境对居住安全感的影响:基于全国278个城市社区的实证分析[J]. 地理科学,2017,37(9):1318－1325.

[46] 武力. 陈云与1957年前后中央地方经济关系的调整[J]. 党史研究与教学,2009(1):64－70.

[47] 张子成. 试卷生成管理系统的设计与实现[D]. 天津:天津大学,2007.

[48] 张莹,翁锡全. 建成环境、体力活动与健康关系研究的过去、现在和将来[J]. 体育与科学,2014,35(1):30－34.

[49] 郭琼. 现代教育技术[M]. 北京:人民邮电出版社,2012.

[50] Adlakha D, Hipp A J, Marx C, et al. Home and workplace built environment supports for physical activity[J]. American Journal of Preventive Medicine, 2015, 48(1): 104－107.

[51] Alfonzo M A. To walk or not to walk? The hierarchy of walking needs [J]. Environment and Behavior, 2005, 37(6): 808－836.

[52] Buck C, Pohlabeln H, Huybrechts I, et al. Development and application of a moveability index to quantify possibilities for physical activity in the built environment of children[J]. Health & Place, 2011, 17(6): 1191－1201.

[53] Buck C, Tkaczick T, Pitsiladis Y, et al. Objective measures of the built

environment and physical activity in children: From walkability to moveability [J]. Journal of Urban Health, 2015, 92(1): 24 - 38.

[54] Boone - Heinonen J, Gordon - Larsen P. Life stage and sex specificity in relationships between the built and socioeconomic environments and physical activity [J]. Journal of Epidemiology and Community Health, 2011, 65(10): 847 - 852.

[55] Boone - Heinonen J, Guilkey D K, Evenson K R, et al. Residential self - selection bias in the estimation of built environment effects on physical activity between adolescence and young adulthood [J]. International Journal of Behavioral Nutrition and Physical Activity, 2010, 7(1): 70.

[56] Carlson J A, Sallis J F, Conway T L, et al. Interactions between psychosocial and built environment factors in explaining older adults' physical activity [J]. Preventive Medicine, 2012, 54(1): 68 - 73.

[57] Carroll - Scott A, Gilstad - Hayden K, Rosenthal L, et al. Disentangling neighborhood contextual associations with child body mass index, diet, and physical activity: The role of built, socioeconomic, and social environments [J]. Social Science & Medicine, 2013, 95(Complete): 106 - 114.

[58] Calise T V, Dumith S C, Dejong W, et al. The effect of a neighborhood built environment on physical activity behaviors [J]. Journal of Physical Activity & Health, 2012, 9(8): 1089 - 1097.

[59] Christie C D, Consoli A, Ronksley P E, et al. Associations between the built environment and physical activity among adults with low socio - economic status in Canada: a systematic review [J]. Canadian journal of public health. Revue canadienne de santé publique, 2020, 112(1): 152 - 165.

[60] Cerin E, Sit C, Cheung M C, et al. Reliable and valid NEWS for Chinese seniors: measuring perceived neighborhood attributes related to walking [J]. International Journal of Behavioral Nutrition and Physical Activity, 2010, 7(1): 84..

[61] Durand C P, Andalib M, Dunton G F, et al. A systematic review of built environment factors related to physical activity and obesity risk: implications for smart growth urban planning [J]. Obesity Reviews, 2011, 12(5): e173 - e182.

[62] Derose K P, Han B, Park S, et al. The mediating role of perceived crime in gender and built environment associations with park use and park - based physical activity among park users in high poverty neighborhoods [J]. Preventive Medicine, 2019, 129: 105846 -.

[63] Ellis G, Hunter R, Tully M A, et al. Connectivity and physical activity: using footpath networks to measure the walkability of built environments [J]. Environment and Planning, 2016(43): 130 - 151.

[64] Elshahat S, O'Rorke M, Adlakha D. Built environment correlates of physical activity in low — and middle — income countries A systematic review [J]. PLOS ONE, 2020, 15(3): e0230454.

[65] Ewing, Reid. Can the physical environment determine physical activity levels? [J]. Exercise and Sport Sciences Reviews, 2005, 33(2): 69 - 75.

[66] Frank L D, Saelens B E, Powell K E, et al. Stepping towards causation: Do built environments or neighborhood and travel preferences explain physical activity, driving, and obesity? [J]. Social Science & Medicine, 2007, 65(9): 1898 - 1914.

[67] Frank L D, Andresen M A, Schmid T L. Obesity relationships with community design, physical activity, and time spent in cars [J]. American Journal of Preventive Medicine, 2004, 27(2): 87 - 96.

[68] Heinrich K M, Lee R E, Suminski R R, et al. Associations between the built environment and physical activity in public housing residents [J]. International Journal of Behavioral Nutrition and Physical Activity 2007, 4(1): 56.

[69] Hager E R, Witherspoon D O, Candice G, et al. The perceived and built environment surrounding urban schools and physical activity among adolescent girls [J]. Annals of Behavioral Medicine, 2013, 45(Suppl. 1): S68 - S75.

[70] Humpel N, Owen N, Leslie E, et al. Associations of location and perceived environmental attributes with walking in neighborhoods [J]. American Journal of Health Promotion, 2004, 18(3): 239 - 242.

[71] Jackson L E. The relationship of urban design to human health and condition [J]. Landscape and Urban Planning, 2003, 64(4): 191 - 200.

[72] Kolbe - Alexander T L, Pacheco K, Tomaz S A, et al. The relationship between the built environment and habitual levels of physical activity in South African older adults: a pilot study [J]. BMC Public Health, 2015, 15(1): e156.

[73] Kytta M, Kuoppa J, Hirvonen J, et al. Perceived safety of the retrofit neighborhood: A location— based approach [J]. Urban Design International, 2014, 19(4): 311 - 328.

[74] Lu Y, Chen L, Yang Y, et al. The association of built environment and physical activity in older adults: using a citywide public housing scheme to reduce residential self - selection bias [J]. International journal of environmental research and public health, 2018, 15(9): 1973.

[75] Loh V, Veitch J, Salmon J, et al. Built environment and physical activity among adolescents: the moderating effects of neighborhood safety and social support [J]. The International Journal of Behavioral Nutrition and Physical Activity, 2019, 16(1): 132.

[76] Li F, Harmer P A, Cardinal B J, et al. Built environment, adiposity, and physical activity in adults aged 50—75[J]. American Journal of Preventive Medicine, 2008, 35(1): 38 - 46.

[77] Learnihan V, Niel K P V, Giles - Corti B, et al. Effect of scale on the links between walking and urban design [J]. Geographical Research, 2011, 49(2): 183 - 191.

[78] Maddison R, Hoorn V S, Jiang Y, et al. The environment and physical activity:

The influence of psychosocial, perceived and built environmental factors [J]. International Journal of Behavioral Nutrition & Physical Activity, 2009, 6(1): 1 - 10.

[79] Mecredy G, Pickett W, Janssen I. Street connectivity is negatively associated with physical activity in Canadian youth [J]. International Journal of Environmental Research & Public Health, 2011, 8(8): 3333 - 3350.

[80] Organization W H. The world health report 2002 — reducing risks, promoting healthy life[J]. Education for Health, 2003, 16(16): 230.

[82] Rhodes R E, Zhang R, Zhang C Q. Direct and indirect relationships between the built environment and individual - level perceptions of physical activity: a systematic review [J]. Annals of Behavioral Medicine, 2020, 54(7): 495 - 509.

[83] Rhodes R E, Brown S G, McIntyre C A. Integrating the perceived neighborhood environment and the theory of planned behavior when predicting walking in a Canadian adult sample[J]. American Journal of Health Promotion, 2006, 21(2): 110 - 118.

[84] Sun Y, He C, Zhang X, et al. Association of built environment with physical activity and physical fitness in men and women living inside the city wall of Xi'an, China [J]. International Journal of Environmental Research and Public Health, 2020, 17 (14): 4940.

[85] Su M, Tan Y Y, Liu Q M, et al. Association between perceived urban built environment attributes and leisure - time physical activity among adults in Hangzhou, China [J]. Preventive Medicine, 2014, 66(1): 60 - 64.

[86] Sallis J F, Cerin E, Kerr J, et al. Built environment, physical activity, and obesity: findings from the international physical activity and environment network (IPEN) adult study [J]. Annual Review of Public Health, 2020, 41(1): 119 - 139.

[87] Troped P J, Wilson J S, Matthews C E, et al. The built environment and location — based physical activity [J]. American Journal of Preventive Medicine, 2010, 38 (4): 429 - 438.

[88] Tamura K, Wilson J S, Goldfeld K, et al. Accelerometer and GPS data to analyze built environments and physical activity [J]. Research Quarterly for Exercise and Sport, 2019, 90(3): 395 - 402.

[89] Timperio A, Reid J, Veitch J. Playability: built and social environment features that promote physical activity within children [J]. Current Obesity Reports, 2015, 4(4): 460 - 476.

[90] Vancampfort D, Hert M D, Herdt A D, et al. Associations between physical activity and the built environment in patients with schizophrenia: a multi - centre study [J]. General Hospital Psychiatry, 2013, 35(6): 653 - 658.

[91] Vancampfort D, Stubbs B, Sallis J F, et al. Associations of the built environment with physical activity and sedentary time in ugandan outpatients with mental health problems[J]. Journal of Physical Activity & Health, 2019, 16(4): 1 - 8.

[92] Witten K, Blakely T, Bagheri N, et al. Neighborhood built environment and transport and leisure physical activity: findings using objective exposure and outcome measures in new zealand [J]. Environmental Health Perspectives, 2012, 120(7): 971 - 977.

[93] Wineman J D, Marans R W, Schulz A J, et al. Designing healthy neighborhoods: contributions of the built environment to physical activity in detroit [J]. Journal of Planning Education and Research, 2014, 34(2): 180 - 189.

[94] Ying Z, Ning L D, Xin L. Relationship between built environment, physical activity, adiposity and health in adults aged 46 - 80 in Shanghai, China [J]. Journal of Physical Activity and Health, 2015, 12(4): 569 - 578.

[95] Yu T, Fu M, Zhang B, et al. Neighborhood built environment and leisure - time physical activity: a cross - sectional study in Southern China[J]. European Journal of Sport Science, 2020, 21(3): 1 - 19.

[96] Zhang T, Li H, Skitmore M. Built environment and physical activity in suburban guangzhou residences: a people—environment transaction perspective [J]. Journal of Urban Planning and Development, 2019, 145(4): 05019013.

[97] Wu Z J, Song Y, Wang H L, et al. Influence of the built environment of Nanjing's Urban Community on the leisure physical activity of the elderly: an empirical study [J]. BMC Public Health, 2019, 19(1): 1459.

[98] Zapata - Diomedi B, Veerman J L. The association between built environment features and physical activity in the Australian context: a synthesis of the literature [J]. BMC Public Health, 2016, 16(1): 1 - 10.

# 附　录

## 安徽省城市建成环境、居民体力活动调查问卷

亲爱的朋友：

您好，首先非常感谢您参与本次调查！本问卷主要调查您所在城市的建成环境和您的日常体力活动情况。我们承诺所调查的数据仅用于学术研究，所有涉及的个人基本信息都会隐去，请您放心填写。再次感谢您的支持！

### 一、个人基本情况

1. 您的性别：□男　　□女　　(请用√勾选)

2. 年龄__________周岁，身高__________厘米，体重__________千克(公斤)。

3. 您的居住地在安徽省________市__________区/街道______________小区(小区名称)。

4. 您的文化程度：

□ 初中及以下　□ 高中(含中专)　□ 大学(含大专)　□ 研究生及以上

5. 您现在还在工作吗？

□ 有　□ 没有

6. 您每月平均收入：

□ 小于2000元　□ 2000～3999元　□ 4000～5999元

□ 6000～7999元　□ 8000～10000元　□ 1万元以上

### 二、城市建成环境情况

A. 居住密度

| 请勾出(√)最适用于您和您邻近地区的答案 | 没有<br>① | 很少<br>② | 有些<br>③ | 很多<br>④ | 全部<br>⑤ |
|---|---|---|---|---|---|
| A1 您家附近3层以下的住宅有多普遍(包括独栋住宅、别墅、联排别墅、小洋房) | | | | | |
| A2 您家附近4～6层的住宅楼有多普遍(主要指没有电梯的多层住址，不包括阁楼) | | | | | |

（续表）

| 请勾出(√)最适用于您和您邻近地区的答案 | 没有<br>① | 很少<br>② | 有些<br>③ | 很多<br>④ | 全部<br>⑤ |
|---|---|---|---|---|---|
| A3 您家附近 7～12 层的住宅楼有多普遍 | | | | | |
| A4 您家附近 13～20 层的住宅楼有多普遍 | | | | | |
| A5 您家附近 20 层以上的住宅楼有多普遍 | | | | | |

B. 土地混合度

| 若您由您家步行到最接近的下列店铺或设施，大约需多久？每题只能用一个(√)勾选 | 1～5<br>分钟<br>① | 6～10<br>分钟<br>② | 11～20<br>分钟<br>③ | 20～30<br>分钟<br>④ | 30 分钟<br>以上<br>⑤ | 不知道<br>⑧ |
|---|---|---|---|---|---|---|
| 例子：加油站 | | | √ | | | |
| B1 便利店/小卖部 | | | | | | |
| B2 大型超市/商场 | | | | | | |
| B3 五金店 | | | | | | |
| B4 菜市场 | | | | | | |
| B5 洗衣店/干洗店 | | | | | | |
| B6 服装店/鞋店 | | | | | | |
| B7 药店/药房 | | | | | | |
| B8 理发店/美容店 | | | | | | |
| B9 图书馆 | | | | | | |
| B10 小学 | | | | | | |
| B11 幼儿园/其他学校 | | | | | | |
| B12 快递点/快递站 | | | | | | |
| B13 银行/信用社 | | | | | | |
| B14 快餐店(西式或中式) | | | | | | |
| B15 普通的餐厅或饭店 | | | | | | |
| B16 电影院 | | | | | | |
| B17 医院 | | | | | | |
| B18 公交站/地铁站/共享单车站 | | | | | | |
| B19 公园 | | | | | | |
| B20 公共停车场 | | | | | | |
| B21 娱乐中心 | | | | | | |
| B22 健身房/体育馆 | | | | | | |

C. 服务方便性

| 请勾出(√)最适合您的答案。附近及步行的范围是指由您家步行10～15分钟可到之处 | 非常不同意<br>① | 比较不同意<br>② | 比较同意<br>③ | 非常同意<br>④ |
|---|---|---|---|---|
| C1 从我家可以轻松步行到达很多小商店 | | | | |
| C2 在附近的购物场所停车很困难 | | | | |
| C3 在我家附近有很多地方可以去 | | | | |
| C4 从我家步行到公交站或地铁站或共享单车站很容易 | | | | |
| C5 我家附近有很多的步行障碍(如高速公路、轨道、河流、隧道),令我感到步行到其他地方很困难 | | | | |

D. 街道连接性

| 请勾出(√)最适合您的答案 | 非常不同意<br>① | 比较不同意<br>② | 比较同意<br>③ | 非常同意<br>④ |
|---|---|---|---|---|
| D1 我家附近没有很多走不通的路 | | | | |
| D2 我家附近的路口与路口之间的距离通常较短 | | | | |
| D3 我可以选择不同的路线到达附近的地方 | | | | |

E. 骑行/步行基础设施

| 请勾出(√)最适合您的答案 | 非常不同意<br>① | 比较不同意<br>② | 比较同意<br>③ | 非常同意<br>④ |
|---|---|---|---|---|
| E1 我家附近大部分的道路两边都有人行道 | | | | |
| E2 我家附近的人行道和机动车道之间有护栏或绿化带 | | | | |
| E3 我家附近有可供步行的场地,如操场、公园、广场等 | | | | |
| E4 我家附近区域有可供坐下休息的设施,如长椅 | | | | |
| E5 我家附近的人行道很差,令我步行困难。 | | | | |

F. 环境美观度

| 请勾出(√)最适合您的答案 | 非常不同意<br>① | 比较不同意<br>② | 比较同意<br>③ | 非常同意<br>④ |
|---|---|---|---|---|
| F1 我家附近的街道两旁都有树木 | | | | |
| F2 在我家附近步行时,能看到很多有趣的事物 | | | | |
| F3 我家附近的自然景色很吸引人,如山、水等 | | | | |

（续表）

| 请勾出(√)最适合您的答案 | 非常不同意<br>① | 比较不同意<br>② | 比较同意<br>③ | 非常同意<br>④ |
| --- | --- | --- | --- | --- |
| F4 我家附近有很多吸引人的建筑或住宅 | | | | |
| F5 我家附近的街道非常干净，地面上一般没有垃圾 | | | | |

G. 交通安全

| 请勾出(√)最适合您的答案 | 非常不同意<br>① | 比较不同意<br>② | 比较同意<br>③ | 非常同意<br>④ |
| --- | --- | --- | --- | --- |
| G1 我家附近的道路交通十分繁忙，令人感到步行困难或不乐意去步行 | | | | |
| G2 我家附近的道路行车速度较慢（每小时不超过 40 公里） | | | | |
| G3 大多数司机在我家附近开车时都是超速的 | | | | |
| G4 我家附近的道路都有斑马线和交通信号灯。 | | | | |
| G5 在我家附近有很多汽车尾气，令我不想步行 | | | | |

H. 治安安全

| 请勾出(√)最适合您的答案 | 非常不同意<br>① | 比较不同意<br>② | 比较同意<br>③ | 非常同意<br>④ |
| --- | --- | --- | --- | --- |
| H1 我家附近的街道晚上灯火通明 | | | | |
| H2 我家附近路上的行人很容易被其他人看到 | | | | |
| H3 我家附近的治安情况很好 | | | | |
| H4 我家附近白天的治安情况很好，可以放心外出步行 | | | | |
| H5 我家附近晚上的治安情况很好，可以放心外出步行 | | | | |

## 三、体力活动情况

本部分的问题是针对您在过去 7 天中进行各种体力活动的时间，包含工作、交通、家务、闲暇、静坐五个方面的活动行为，请注意区分不同的体力活动内容，并回答每个问题，非常感谢！

▲▲大强度体力活动是指花费大量力气完成，呼吸比平常明显增强的活动。

▲▲中等强度体力活动是指需要花费中等力气完成，呼吸比平常稍微增强的活动。

## 第一部分　与工作有关的体力活动

本部分询问您在工作中的体力活动情况，不包括家务劳动。

1. 您现在在职或在家庭外从事无偿性的工作吗？〔单选题〕

(1)是　　　　　　　　　　　　(2)否(请跳至第二部分)

下面是关于您在过去7天工作中的体力活动，不包括上下班路上的活动。请只考虑每次至少10分钟的体力活动。

2. 在过去7天中，您有几天在工作中进行大强度体力活动？如搬(举)重物、挖掘、铲土、装卸货物、爬楼梯等活动(只计算那些每次至少10分钟的体力活动)。

(1)有，每周____天　　　　　　　　(2)没有(请跳至第4题)

3. 在这几天中，您每天在工作中进行这些大强度体力活动的时间。

平均每天________小时________分钟。

4. 在过去7天中，您有几天在工作中进行中等强度体力活动[如搬(举)轻物(只计算那些每次至少10分钟的体力活动)]？请不要包括走路。

(1)有，每周____天　　　　　　　　(2)没有(请跳至第6题)

5. 在这几天中，您每天在工作中进行这些中等强度体力活动的时间。

平均每天________小时________分钟。

6. 在过去7天中，您有几天在工作中每次步行至少10分钟？不包括上下班路上的步行。

(1)有，每周____天　　　　　　　　(2)没有(请跳至第二部分)

7. 在这几天中，您每天在工作中步行的时间。

平均每天________小时________分钟。

## 第二部分　与交通有关的体力活动

本部分是指您用何种交通工具出行的体力活动，包括上下班、购物、买菜等。

8. 在过去7天中，您有几天乘机动车[如火车、公共汽车、电车、轿车(出租车)]？

(1)有，每周____天　　　　　　　　(2)没有(请跳至第10题)

9. 在这几天中，您每天乘车的时间。

平均每天________小时________分钟。

10. 在过去7天中，您有几天骑自行车(每次至少10分钟)？

(1)有,每周____天　　　　(2)没有(请跳至第12题)

11. 在这几天中,您每天骑车的时间。

平均每天________小时________分钟。

12. 在过去7天中,您有几天步行(每次至少10分钟)?

(1)有,每周____天　　　　(2)没有(请跳至第三部分)

13. 在这几天中,您每天步行的时间。

平均每天________小时________分钟。

## 第三部分　与家务有关的体力活动

本部分是关于您的家务劳动情况。请只考虑那些每次至少10分钟的体力活动。

14. 在过去7天中,您有几天在院子里进行大强度体力活动[如搬(举)重物]?(只计算那些每次至少10分钟的体力活动)。

(1)有,每周____天　　　　(2)没有(请跳至第16题)

15. 在这几天中,您每天在院子里进行大强度体力活动的时间。

平均每天________小时________分钟。

16. 在过去7天中,您有几天在院子里进行中等强度体力活动[如搬(举)轻物、打扫、除草等]?(只计算那些每次至少10分钟的体力活动)。

(1)有,每周____天　　　　(2)没有(请跳至第18题)

17. 在这几天中,您每天在院子里进行中等强度体力活动的时间。

平均每天________小时________分钟。

18. 在过去7天中,您有几天在家里 指室内 进行中等强度体力活动[如搬(举)轻物、擦窗户、拖地、手洗衣服等]?(只计算那些每次至少10分钟的体力活动)。

(1)有,每周____天　　　　(2)没有(请跳至第四部分)

19. 在这几天中,您每天在家里 指室内 进行中等强度体力活动的时间。

平均每天________小时________分钟。

## 第四部分　闲暇时间的体力活动

本部分是关于您在过去7天中在闲暇时进行的体育锻炼或运动,只考虑那些每次至少

10分钟的体力活动且不包括那些您在上面已经回答过的体力活动。

20. 不计算您前面已经提过的步行，在过去7天中，闲暇时您有几天每次步行至少10分钟？

(1)有，每周____天　　　　　　　　　(2)没有(请跳至第22题)

21. 在这几天中，您每天步行的时间。

平均每天________小时________分钟。

22. 在过去7天中，您有几天在闲暇时进行大强度体力活动(如跑步、游泳、踢足球、打篮球、打网球、跳绳等)？(只计算那些每次至少10分钟的体力活动)。

(1)有，每周____天　　　　　　　　　(2)没有(请跳至第24题)

23. 在这几天中，您每天进行大强度体力活动的时间。

平均每天________小时________分钟。

24. 在过去7天中，您有几天在闲暇时进行中等强度体力活动(如打太极拳、交谊舞、慢跑等)？

(1)有，每周____天　　　　　　　　　(2)没有(请跳至第五部分)

25. 在这几天中，您每天进行中等强度体力活动的时间。

平均每天________小时________分钟。

## 第五部分　静坐时间

本部分询问关于您处于静态的时间，包括您在工作单位和家中，坐在办公桌前、电脑前、坐着或躺着看电视、拜访朋友和看书等的时间，但不包括搭乘交通工具(如坐在车里)的时间。

26. 在过去7天中，在每个工作日，您处于静态的时间。

平均每天________小时________分钟。

27. 在过去7天中，在每个休息日，您处于静态的时间。

平均每天________小时________分钟。

问卷到此结束，感谢您的合作！

**图书在版编目(CIP)数据**

安徽省城市建成环境对居民体力活动影响的实证研究/孙文树著．—合肥：合肥工业大学出版社，2022.4

ISBN 978-7-5650-5875-2

Ⅰ.①安…　Ⅱ.①孙…　Ⅲ.①城市规划—环境设计—影响—居民—本育锻炼—研究—安徽　Ⅳ.①G806

中国版本图书馆 CIP 数据核字(2022)第 067249 号

**安徽省城市建成环境对居民体力活动影响的实证研究**

孙文树　著

**责任编辑**　张择瑞
**出版发行**　合肥工业大学出版社
**地　　址**　(230009)合肥市屯溪路 193 号
**网　　址**　www.hfutpress.com.cn
**电　　话**　理工图书出版中心：0551-62903204
营销与储运管理中心：0551-62903198
**开　　本**　787 毫米×1092 毫米　1/16
**印　　张**　16.75
**字　　数**　398 千字
**版　　次**　2022 年 4 月第 1 版
**印　　次**　2022 年 4 月第 1 次印刷
**印　　刷**　安徽昶颉包装印务有限责任公司
**书　　号**　ISBN 978-7-5650-5875-2
**定　　价**　48.00 元